Gerrit Hohendorf

Der Tod als Erlösung vom Leiden

Gerrit Hohendorf

Der Tod als Erlösung vom Leiden

Geschichte und Ethik der Sterbehilfe seit dem Ende des 19. Jahrhunderts in Deutschland

WALLSTEIN VERLAG

Für
Ulrich Müller (1944-2010)

Bibliografische Information der Deutschen Nationalbibliothek
Die Deutsche Nationalbibliothek verzeichnet
diese Publikation in der Deutschen Nationalbibliografie;
detaillierte bibliografische Daten sind im Internet
über http://dnb.d-nb.de abrufbar.

Überarbeitete Fassung der Habilitationsschrift zur Erlangung
der Lehrbefugnis für das Fach Psychiatrie und Psychotherapie
an der Medizinischen Fakultät der Technischen Universität München.

Die Drucklegung wurde finanziell gefördert
mit Mitteln des Instituts für Geschichte und Ethik der Medizin
der Technischen Universität München.

www.wallstein-verlag.de
Vom Verlag gesetzt aus der Adobe Garamond
Umschlaggestaltung: Susanne Gerhards, Düsseldorf
Druck und Verarbeitung: Hubert & Co, Göttingen
ISBN 978-3-8353-1172-5

Inhalt

Vorwort 7

1. Einleitung: Der Tod als Erlösung vom Leiden 9

2. Die nationalsozialistische »Euthanasie« zwischen Tabu und Argument oder: Läßt sich aus der Geschichte lernen? 14

3. Der gute Tod und die »Vernichtung lebensunwerten Lebens« – Debatten um die Euthanasie in Deutschland 1895-1945 27
   3.1. Von der Kunst des Sterbens zum »Recht auf den Tod« – Geschichte und sozialdarwinistische Prägung des Begriffs der Euthanasie 27
   3.2. Vom Recht auf den Tod zur »Vernichtung lebensunwerten Lebens« 39
   3.3. Von der Diskussion der Euthanasie zur Praxis des Tötens. . 64

4. »Euthanasie« im Nationalsozialismus 72
   4.1. Krieg und Krankenmord 73
   4.2. Der »Reichsausschuß zur wissenschaftlichen Erfassung erb- und anlagebedingter schwerer Leiden« und die sogenannte »Kindereuthanasie« 80
   4.3. Die »Aktion T4« 1939-1941 87
      4.3.1. Erfassung, Selektion und Vernichtung der Anstaltspatienten 87
      4.3.2. Die Ökonomie der Erlösung 94
      4.3.3. Leopoldine S.: Die Verdinglichung des Menschen und die Bürokratie des Todes 109
      4.3.4. Die Opfer als Gruppe. 111
      4.3.5. Handlungsspielräume und Reaktionen der Angehörigen 116
   4.4. Töten durch Hunger und Medikamente 120
   4.5. »Euthanasie« und Holocaust 126
   4.6. Die Motive der ärztlichen Täter – Heilen und Vernichten 126
   4.7. Zusammenfassung 130

5. Der Umgang mit den »Euthanasie«-Verbrechen in den deutschen Nachkriegsgesellschaften 132

6. Ethik der Erinnerung 141

7. Zwischen Autonomie und Erlösung – Sterbehilfe heute 145
7.1. Die Entwicklung der aktuellen Debatte um die Sterbehilfe in Deutschland 146
7.2. Definitionen: Formen der Sterbehilfe und die Aufgaben der Palliativmedizin 153
7.3. Betroffene Menschen: Zwischen Selbstbestimmung und dem Anspruch auf Fürsorge 158
7.4. Früheuthanasie 167
7.5. Ethische Positionen: Der Wert des Lebens und die Autonomie 170
7.6. Das vorausverfügte Sterben: Möglichkeiten und Grenzen von Patientenverfügungen. . 177
7.7. Die Niederlande: Ein Beispiel? 180
7.8. Der assistierte Suizid: Ein Ausweg? 185

8. Die Fragen der Geschichte. 191
8.1. Mitleid und Erlösung 192
8.2. Die Ökonomie der Erlösung 197
8.3. Von der »Tötung auf Verlangen« zur Euthanasie nichteinwilligungsfähiger Menschen 199
8.4. Haben alle Menschen ein Recht auf Leben? Oder: die Ersetzbarkeit von behinderten Neugeborenen 202
8.5. Entscheidungen über den Wert menschlichen Lebens: Töten als ärztliche Aufgabe?. 205
8.6. Euthanasie und das Argument der schiefen Ebene 207

9. Abschließende Überlegungen 217

Anmerkungen 220

Quellen und Literatur 261

Abbildungen 305

Dank 322

Personenregister 325

Vorwort

Dieses Buch ist das Ergebnis der Beschäftigung mit Fragen, die mich seit meiner Zeit als Medizinstudent bewegen. Die Konfrontation mit der Vergangenheit der Medizin im Nationalsozialismus, Anfang der 1990er Jahre noch vielerorts ein Tabu, führte zu einer Auseinandersetzung mit den nationalsozialistischen »Euthanasie«-Verbrechen, die sich bis heute in verschiedenen Initiativen und Projekten fortsetzt. Zugleich war ich immer auch an ethischen Problemen in der Medizin interessiert, so daß es naheliegend war zu fragen, was wir aus den nationalsozialistischen »Euthanasie«-Verbrechen für unsere heutigen Debatten um Sterbehilfe und den ärztlich assistierten Suizid lernen können. Die folgende Darstellung zur Geschichte und Ethik und Sterbehilfe in Deutschland seit Ende des 19. Jahrhunderts verbindet diese beiden Interessen.

»Der Tod als Erlösung vom Leiden« ist die überarbeitete und erweiterte Fassung meiner Habilitationsschrift, die im Jahr 2009 von der Medizinischen Fakultät der Technischen Universität München unter dem Fachmentorat von Herrn Prof. Dr. Hans Förstl, Herrn Dekan Prof. Dr. Peter Henningsen und Herrn Prof Dr. Reiner Gradinger, Ärztlicher Direktor des Klinikums rechts der Isar, angenommen worden ist.[1] Der Leser und die Leserin finden in diesem Buch eine Untersuchung der Debatte um die Euthanasie seit dem Ende des 19. Jahrhunderts in Deutschland, eine Darstellung der Geschichte der Morde an psychisch kranken, geistig behinderten, pflegebedürftigen und sozial auffälligen Menschen im Nationalsozialismus mit ihren Nachwirkungen bis in die Gegenwart hinein sowie eine Skizze der aktuellen Debatte um die Sterbehilfe.

Die historische Darstellung der Krankenmorde im Nationalsozialismus beruht ganz wesentlich auf der gemeinsamen Arbeit in dem DFG-Projekt zu den Krankenakten der Opfer der NS-»Euthanasie«. Ein Teil der Ergebnisse dieses Projekts, insbesondere die Analyse des Selektionsverfahrens der »Aktion T4«, wird hier noch einmal im Zusammenhang dargestellt.

Die Frage nach der Bedeutung der historischen Erfahrung der NS-»Euthanasie« für unsere gegenwärtigen ethischen Debatten wird kontrovers diskutiert. Viele sehen die deutsche Diskussion um die Sterbehilfe durch ein historisches Tabu belastet. Meiner Meinung nach kann dieses Tabu nur dann sinnvoll aufgelöst werden, wenn man sich mit der Entstehungsgeschichte der nationalsozialistischen Krankenmorde auf dem

Stand der historischen Forschung auseinandersetzt. Dann wird deutlich werden, welche Gemeinsamkeiten und Unterschiede zwischen der historischen und der gegenwärtigen Debatte um die Euthanasie bestehen und wie gegenwärtige ethische Fragen aus dem Blickwinkel der Geschichte neu oder anders gestellt werden können.

Durch dieses Buch zieht sich wie ein roter Faden die Frage, wie Gesellschaften mit beeinträchtigtem menschlichen Leben und dem Wunsch nach dem Tod als Erlösung vom Leiden umgehen sollen. Beim Abschluß des Manuskripts sagte mir meine elfjähige Tocher Sarah, nachdem ich ihr erzählte, worüber ich schreibe, ganz spontan: »Du solltest Gott mehr einbeziehen, der Selbstmord ist ja auch ein Mord, und das soll nicht sein.« Vielleicht ist Idee der Unverfügbarkeit des menschlichen Lebens doch tiefer in unseren moralischen Intuitionen verwurzelt als rationale Kritik wahrhaben möchte.

Dachau und München im Juli 2013
Gerrit Hohendorf

1. Einleitung: Der Tod als Erlösung vom Leiden

Als Pfarrer Oberlin mit dem an seiner Seele leidenden Dichter Jakob Michael Reinhold Lenz in der Erzählung von Georg Büchner über Gott sprach, sah Lenz Oberlin »mit einem Ausdruck unendlichen Leidens an, und sagte endlich: ›Aber ich, wär ich allmächtig, sehen Sie, wenn ich so wäre, ich könnte das Leiden nicht ertragen, ich würde retten, retten; ich will ja nichts als Ruhe, Ruhe, nur ein wenig Ruhe, um schlafen zu können.‹ Oberlin sagte, dies sei eine Profanation.[1] Lenz schüttelte trostlos mit dem Kopfe. Die halben Versuche zum Entleiben, die er indes fortwährend machte, waren nicht ganz ernst. Es war weniger der Wunsch des Todes – für ihn war ja keine Ruhe und Hoffnung im Tode -, es war mehr in Augenblicken der dumpfen ans Nichtsein grenzenden Ruhe ein Versuch, sich zu sich selbst zu bringen durch physischen Schmerz.«[2]

Heute begegnet uns der Wunsch nach endgültiger Ruhe, nach dem Tod als Erlösung vom Leiden in säkularisierter Form. So schreibt Gabriele L. an den Humanistischen Verband Deutschland: »Wenn ein sterbenskranker oder hochbetagter Mensch, der nur noch den Tod wünscht, sein Leben von allem Leid beenden möchte, entscheidet er das nur für sich selbst und nicht der Staat, die Kirchen oder irgendwelche Moral-Ethikkommissionen. Menschen mitunter über Jahre in unerträglicher Weise und mit Schmerzen ›dahinvegetieren‹ zu lassen ist gegen jede Würde, Barmherzigkeit und nur menschenverachtend.«[3]

Doch was sollen wir auf diese Wünsche nach dem Tod als Erlösung antworten? Pfarrer Oberlin hat Lenz nach seinem Suizidversuch gerettet, weitere Suizidversuche hat man unterbunden. Das war möglicherweise richtig, Lenz war geistig umnachtet, nur in Momenten sprach er klar. In der Zeit des Nationalsozialismus wäre er, in einer Anstalt verwahrt, höchstwahrscheinlich der »Aktion T4« zum Opfer gefallen. Aber wie gehen wir mit dem Ruf nach einem selbstbestimmten Tod um, formuliert von Menschen, die Freiheit und Würde für sich in Anspruch nehmen, um ihrem Begehren nach Sterbehilfe oder Hilfe zum Suizid Ausdruck zu verleihen? Hat das eine überhaupt etwas mit dem anderen zu tun?

Dieses Buch erzählt die Geschichte der Euthanasie in Deutschland seit dem Ende des 19. Jahrhunderts, ohne die Zeit des Nationalsozialismus mit einer eingrenzenden Klammer zu versehen. Es geht um epochenübergreifende Fragen und Entwicklungen moderner Gesellschaften im Umgang mit schwerem Leid und Behinderung sowie die Möglichkeit eines von Menschen für Menschen gemachten Todes, der Erlösung zu versprechen scheint. Zugleich greift dieses Buch, durchaus normativ, in die aktuelle Debatte um die Sterbehilfe in Deutschland ein. Dabei geht die Darstellung der Geschichte und Ethik der Sterbehilfe in Deutschland von folgenden Überlegungen aus:

1. Eine Enttabuisierung der Sterbehilfedebatte in Deutschland kann in einem konstruktiven Sinne nur dann gelingen, wenn die Geschichte der nationalsozialistischen Krankenmorde auch in einer breiten Öffentlichkeit als Teil der nationalsozialistischen Vergangenheit anerkannt wird und die Gesellschaft, die Medizin und die Psychiatrie hierfür eine historische Verantwortung übernehmen.

2. Für die Frage, welche konkrete Bedeutung die nationalsozialistische »Euthanasie« für unsere gegenwärtige ethische Debatte haben kann und soll, ist ein vertieftes historisches Verständnis der Ursachen, Ermöglichungsbedingungen und der Selektionspraxis der nationalsozialistischen Krankentötungen erforderlich.

3. Die historische Untersuchung der Genese und Praxis der NS-»Euthanasie« führt weder zu direkten Handlungsanweisungen in der gegenwärtige Debatte um die Sterbehilfe, noch kann sie moralische Gebote oder Verbote unmittelbar begründen. Vielmehr schärft sie den kritischen Blick auf die in der gegenwärtigen Debatte verwendeten Begriffe, z. B. den des Lebenswertes, den der Erlösung oder den des Mitleids. Sie kann weiter auf die Gefahr einer Aushöhlung der ursprünglich eng gefaßten Grenzen und Kriterien einer Legalisierung der aktiven Sterbehilfe durch eine sich selbst legitimierende und ausweitende Praxis medizinischer Lebensbeendigung hinweisen.

Diese Arbeit versucht, geschichtliches Wissen, historische Forschung und ethisches Nachdenken zur Frage des guten, selbstbestimmten und erlösenden Todes miteinander zu verknüpfen. Historische Forschung und normative Ethik werden gerne isoliert voneinander betrieben und dargestellt. Insofern mag der Versuch einer epochenübergreifenden Darstellung der Probleme und Abgründe der modernen Debatte um die Sterbehilfe den einen oder anderen Leser, die eine oder die andere Leserin[4] zunächst einmal befremden. Gleichwohl kann aus diesem Befremden durchaus etwas Weiterführendes werden, wenn sich Ethik auf Geschichte und Geschichte auf Ethik einlassen können. Insofern will dieses Buch weder moralisieren noch belehren. Vielmehr soll der Leser und die Leserin angeregt werden, in einer Debatte, in der schon alles gesagt zu sein scheint, die zentralen Fragen neu zu stellen: dies betrifft den Wert menschlichen Lebens, das Verhältnis von Selbstbestimmung und Fremdbestimmung bei Entscheidungen über Lebensbeendigung, die Deutung des Mitleids und schließlich die gesellschaftliche Dynamik einer Ökonomie der Erlösung.

Kapitel 2 stellt die gegenwärtige Auseinandersetzung um die Bedeutung der historischen Erfahrung der NS-»Euthanasie« für die gegenwärtige Debatte um die Sterbehilfe dar. Die zentrale Frage ist, wie das sogenannte Euthanasie-Tabu, das angeblich eine offene Auseinandersetzung um die Sterbehilfe in Deutschland verunmöglicht, am besten aufgelöst werden kann. Kapitel 3 rekonstruiert die ideengeschichtliche Entwicklung der Debatte um die Euthanasie in Deutschland seit dem Ende des 19. Jahrhunderts und analysiert die Bedeutung der Forderungen nach »Vernichtung lebensunwerten Lebens« für die scheinbare Legitimation der nationalsozialistischen Krankenmorde. Die sprachliche Entwertung individuellen menschlichen Lebens und Leidens hat wesentlich dazu beigetragen, die Krankenmorde im Nationalsozialismus zu ermöglichen. Die nationalsozialistische »Euthanasie« wird in Kapitel 4 auf dem Stand der historischen Forschung dargestellt. Dabei sollen die Opfer, die ermordeten Menschen im Mittelpunkt stehen. Darin anknüpfend werden die Motive der Täter und die Praxis der Selektion zur Sprache kommen. Hinter dem hochgespannten Ideal der Erlösung der »Geisteskranken« von ihrem »unheilbaren Leiden« verbarg sich ein Kalkül ökonomischer Nützlichkeit, mit dem die Patienten bewertet worden sind. Kapitel 5 beleuchtet den Umgang mit den nationalsozialistischen Medizinverbrechen, mit »Euthanasie« und Zwangssterilisation, in beiden deutschen Nachkriegsgesellschaften. Dabei werden die Kontinuitäten der Idee des »lebensunwerten Lebens« aufgezeigt. Erst die vollständige Erinnerung an die ermordeten Menschen ermöglicht, wie Kapitel 6 ausführt, eine offene, aber durch die historische Erfahrung der NS-»Euthanasie« angereicherte Debatte um die Sterbehilfe heute. Kapitel 7 versucht, die umfangreiche und verzweigte aktuelle Sterbehilfe-Debatte unter Berücksichtigung der Rechtslage in Deutschland zu skizzieren. Die Darstellung orientiert sich an den Betroffenen: körperlich oder auch psychisch schwer kranke Menschen, Menschen und Neugeborene mit schweren Behinderungen, Menschen im Wachkoma, Menschen mit Demenz. Zugleich werden die ethischen Argumente, mit denen aktive Sterbehilfe und ärztlich assistierter Suizid gerechtfertigt werden, rekonstruiert. Schließlich geht es um die eingangs gestellte Frage nach dem Umgang mit Todeswünschen, auf die vielleicht eine solidarische, soziale Sinngebung vermittelnde Antwort gegeben werden könnte.

Kapitel 8 stellt, anknüpfend an epochenübergreifende Strukturmomente der Debatte um die Euthanasie (Mitleid, Ökonomie der Erlösung, selbstbestimmter und fremdbestimmter Tod, Wert des Lebens, Töten als ärztliche Aufgabe), kritische Anfragen an die gegenwärtige Debatte um die Euthanasie. Dabei lassen die Abgründe der nationalsozialistischen

Krankenmorde Gefährdungspotentiale erkennen, denen gegenüber auch demokratische und pluralistisch orientierte Gesellschaften nicht immun sind. Erinnert sei in diesem Zusammenhang nur an offen oder verdeckt zu Tage tretende ökonomische Argumentationsmuster, denen die Angst, den anderen oder der Gesellschaft im Zustand der Pflegebedürftigkeit zur Last zu fallen, entspricht. Abschließend wird ein die historische Erfahrung des NS-»Euthanasie« und ihre Entstehungsgeschichte einbeziehendes Argument der schiefen Ebene (»slippery slope«) formuliert. Es wird aufgezeigt, daß weder damals noch heute die Selbstbestimmung über das eigene Leben und den eigenen Tod eine stabile Grenze in der Debatte über den Umgang mit beeinträchtigtem menschlichen Leben bildet.[5] Damals wie heute tendiert die Debatte um den von Menschen gemachten erlösenden Tod dazu, sich auszuweiten auf Menschen, die nicht mehr in der Lage, ihren aktuellen (Lebens)willen zu äußern.

Noch ein paar Anmerkungen zur Begriffsklärung: *Euthanasie*, griechisch der gute Tod, ist ein vielschichtiger, schillernder Begriff, der sowohl Hilfe im Sterben, ganzheitliche Sterbebegleitung und palliativmedizinische Betreuung als auch Hilfe zum Sterben im Sinne von medizinischer Lebensbeendigung bedeuten kann. Was konkret unter Euthanasie verstanden wird, sollte aus dem jeweiligen Kontext deutlich werden. Sind die nationalsozialistischen Krankenmorde, der angebliche »Gnadentod« für etwa 300.000 psychisch kranke, sieche und geistig behinderte sowie sozial auffällige Menschen, gemeint, steht der Begriff *»Euthanasie«* in Anführungszeichen. Um Assoziationen zum nationalsozialistischen »Euthanasie«-Programm zu vermeiden, wird im deutschen Sprachraum häufig von *Sterbehilfe* gesprochen. Der Begriff der Euthanasie ebenso wie der der Sterbehilfe wird gewöhnlich mit den Gegensatzpaaren der Adjektive aktiv und passiv, direkt und indirekt, freiwillig und nichtfreiwillig versehen. Trotz aller terminologischen Schwierigkeiten einer adäquaten Beschreibung der mit der Euthanasie verbundenen Handlungen wird am gewohnten Sprachgebrauch festgehalten:

1. *Aktive Sterbehilfe* meint die Tötung eines Menschen, um sein aussichtsloses Leiden zu beenden. Erfolgt die Handlung, die den Tod kausal verursacht, auf ausdrücklichen Wunsch des Betroffenen, spricht man von *Tötung auf Verlangen* oder von *freiwilliger Euthanasie*. Kann der Patient ein solches Verlangen nicht mehr äußern, verwendet man den Begriff *nichtfreiwillige Euthanasie*.

2. *Passive Sterbehilfe* meint den Verzicht auf oder den Abbruch von lebensverlängernden Maßnahmen, entsprechend dem tatsächlich geäußerten, dem in einer Patientenverfügung niedergelegten oder dem mutmaßlichen Willen des Betroffenen.

3. Die Unterscheidung zwischen *direkter* und *indirekter Sterbehilfe* versucht, eine Unterscheidung zu treffen zwischen der Intention, den Tod herbeizuführen, und der Inkaufnahme einer Lebensverkürzung durch die Therapie von Schmerzen und anderen Symptomen am Lebensende.

Im folgenden Kapitel soll die Auseinandersetzung um das Geschichtsargument in der Sterbehilfe-Debatte dargestellt werden.

2. Die nationalsozialistische »Euthanasie« zwischen Tabu und Argument oder: Läßt sich aus der Geschichte lernen?

Wer in den aktuellen bioethischen Debatten über den Wert menschlichen Lebens, über Präimplantationsdiagnostik, aktive Sterbehilfe oder die Zulässigkeit des ärztlich assistierten Suizids auf die nationalsozialistischen Medizinverbrechen, ihre Entstehungsgeschichte und ihre gesellschaftlichen Nachwirkungen hinweist, muß sich auf heftige Gegenreaktionen einstellen. Mit leichter Hand, aber doch sehr emotional, wird das Geschichtsargument als »Auschwitzkeule« zurückgewiesen: die Geschichte werde instrumentalisiert, um eine offene Debatte über ethische Fragen z. B. am Beginn oder am Ende des menschlichen Lebens von vornherein zu verhindern.[1] Befürworter einer Legalisierung von aktiver Sterbehilfe und ärztlich assistiertem Suizid in Deutschland beklagen dementsprechend ein durch die nationalsozialistische »Euthanasie« bedingtes Tabu, das es aufzulösen gelte. So scheibt der Jurist Frank Czerner in seiner 2004 erschienenen Streitschrift für die Legalisierung der aktiven Sterbehilfe:

»Die bisweilen vordergründig-apodiktische Instrumentalisierung der [nationalsozialistischen] ›Euthanasie‹ (als sprichwörtliches ›Totschlagsargument‹) führt damit nicht nur zum Ende einer gesellschafts- und kriminalpolitischen Diskussion, sondern im Ergebnis auch zu einer ›legislativen Totalverweigerung‹. Deutsche Vergangenheit fungiert hierbei als Quasi-Legitimation für die normative Abstinenz des Gesetzgebers«.[2]

Auch der Philosoph Klaus-M. Kodalle betrachtet den Hinweis auf die Euthanasie-Praxis der Nationalsozialisten als ein »Denk-Abbruch« oder ein »Denk-Verbot«.[3] Der Rechtsphilosoph Norbert Hörster schließlich setzt einen historischen Vergleich zwischen der gegenwärtigen Debatte um die (aktive) Sterbehilfe mit den nationalsozialistischen Krankenmorden folgendermaßen ins Unrecht: »Die Zulassung einer humanen Sterbehilfe mit der nationalsozialistischen Euthanasiepraxis gleichzusetzen, ist angesichts dieser Fakten absurd und spricht nur für die ideologische Befangenheit derer, die dies tun.«[4]

Ebenso klar grenzt der Palliativmediziner Michael de Ridder die gegenwärtigen Fragen der Sterbehilfe von der nationalsozialistischen »Euthanasie« ab:

»Ärztliches Handeln mag zwar ethisch bedenklich oder gar unvertretbar sein […]; es aber mit dem Etikett ›Nazi-Medizin‹ zu belegen und

Ärzte als Euthanasieärzte zu verunglimpfen, muss unmissverständlich zurückgewiesen werden, weil hinter der Euthanasiepraxis der Nationalsozialisten ein *Mordprogramm* stand, mit dem weder ein kurativer Behandlungsabbruch noch die ärztliche Beihilfe zur Selbsttötung, ja selbst die freiwillige aktive Sterbehilfe auch nur das Geringste zu tun haben.«[5]

So ist die Sache scheinbar klar: Was wir heute als selbstbestimmtes Sterben, als Erlösung von unerträglichem Leiden auf ausdrücklichen Wunsch des Patienten diskutieren, hat mit den Krankenmorden im Nationalsozialismus, mit der »Euthanasie« wider den Willen der Betroffenen nichts zu tun. Und von daher wünschen sich manche Medizinethiker und Medizinethikerinnen eine von der Geschichte der nationalsozialistischen »Euthanasie« unbelastete Debatte. Die Erinnerung an die Opfer ist dann allenfalls eine notwendige Pflichtübung.

Überhaupt läßt sich in der gegenwärtigen Bioethik eine Tendenz beobachten, aktuelle ethische Fragen der modernen Medizin pragmatisch und ohne Rückbezug auf tradierte Werte und Normen zu lösen. Komplexe Fragen, die erst durch den medizinisch-technischen Fortschritt aufgetreten seien, etwa im Bereich der Intensivmedizin, der Gentechnologie und der Reproduktionsmedizin, könnten, so wird argumentiert, durch tradierte Werte und Normen, wie den hippokratischen Eid oder das Prinzip der Heiligkeit des Lebens, nicht mehr eindeutig gelöst werden, zumal die zugrundeliegenden Prinzipien, religiös oder metaphysisch begründet, nicht mehr allgemein anerkannt seien.[6] In diesem Zusammenhang sprach Hans-Martin Sass bereits 1994 pointiert von der Notwendigkeit einer »nachhippokratischen Medizinethik«.[7] Das im Hippokratischen Eid überlieferte Verbot, dem, der es wünscht, ein tödliches Gift zu verschaffen oder einen entsprechenden Rat zu erteilen, ist dann allenfalls noch von historischem Interesse.[8]

Gleichwohl ist die medizinethische und öffentliche Diskussion um die Sterbehilfe in Deutschland in einer expliziten oder impliziten Weise durch die geschichtliche Erfahrung der nationalsozialistischen »Euthanasie« geprägt. Der international gebräuchliche Begriff der Euthanasie, der alle Formen der Sterbehilfe – einschließlich medizinischer Lebensbeendigung – umfaßt, ist durch die nationalsozialistischen Krankenmorde diskreditiert und wird in Deutschland und Österreich weitgehend vermieden. In den 1990er Jahren findet sich in Gerichtsbeschlüssen zu Fragen der medizinischen Lebensbeendigung eine Bezugnahme auf die historische Erfahrung der nationalsozialistischen »Euthanasie«. So wies ein Amtsrichter in Hanau 1995 den Antrag auf Genehmigung der Einstellung künstlicher Ernährung bei einer Wachkoma-Patientin mit den Worten zurück: »›Hier soll dem Richter angesonnen werden, eine Entscheidung gerade mit dem Ziel des Todes der Betreuten zu treffen; er wird hier allein zum Herr über den Tod. Dies sieht die deutsche Rechtsordnung in keiner gesetzlichen Bestimmung vor und darf letztlich auch, nicht zuletzt aus rechtsethischen und –historischen Gründen [...], nicht vom Richter abverlangt werden.‹«[9]

Auch der Nationale Ethikrat hat im Jahr 2006 in seiner Stellungnahme »Selbstbestimmung und Fürsorge am Lebensende« ausdrücklich auf die historische Erfahrung der nationalsozialistischen »Euthanasie« hingewiesen und den Konsens, das Verbot der Tötung auf Verlangen aufrechtzuerhalten, unter anderem mit der »politischen Rücksicht auf die besondere Situation, in der sich Deutschland angesichts der Geschichte der Euthanasie-Verbrechen des Naziregimes befindet«, begründet.[10] Nähere Ausführungen zu den Voraussetzungen und Konsequenzen des Geschichtsarguments hat der Nationale Ethikrat jedoch nicht gemacht. Reicht aber politische Rücksichtnahme aus, um das Geschichtsargument als sinnvolles Argument in der gegenwärtigen Debatte stark zu machen?

Lernen anhand der Geschichte

In diesem Buch geht es nicht um einen ethischen Imperativ der Geschichte, die für sich genommen gar keine moralische Instanz sein kann. Aus der historischen Erfahrung der NS-»Euthanasie« läßt sich nicht automatisch ein grundsätzliches Verbot aktiver Sterbehilfe oder des ärztlich assistierten Suizids ableiten. Dies bedarf vielmehr einer differenzierten Begründung unter Berücksichtigung von Gemeinsamkeiten und Unterschieden, von Kontinuitäten und Diskontinuitäten zwischen der historischen und gegenwärtigen Debatte um die Sterbehilfe. Auf der anderen Seite läßt sich die gegenwärtige Debatte um die Euthanasie nicht von ihren historischen Wurzeln ablösen, läßt sich über Euthanasie in Deutschland nicht geschichtslos diskutieren. Die Geschichte des Nationalsozialismus ist immer noch eine »Vergangenheit, die nicht vergehen will«.[11] Die Ermordung von psychisch kranken und geistig behinderten Menschen mitten in der deutschen Gesellschaft 1939 bis 1945 läßt nicht endgültig historisieren, zu bedeutsam sind die Nachwirkungen in vielen betroffenen Familien. Doch läßt sich überhaupt aus der Geschichte lernen?

Grundsätzlich geht der Medizinethiker Urban Wiesing davon aus, daß geschichtliche Erfahrungen eine Rolle bei der Analyse, Kritik, Konstruktion und Umsetzung von Normen oder ethischen Prinzipien spielen können.[12] Doch hängt die Möglichkeit, aus der Geschichte zu lernen und ethische Wert- und Normbegründungen auf geschichtliche Erfahrungen zu beziehen, davon ab, welcher geschichtsphilosophische und wissenschaftstheoretische Ort der Geschichtswissenschaft zugeschrieben wird. Von einem postmodernen Geschichtsverständnis aus, das bewußt auf übergeordnete, an der Struktur geschichtlicher Prozesse orientierte Erklärungsmuster verzichtet, läßt sich nur schwer für die ethische Relevanz geschichtlicher Erfahrungen für gegenwärtige Problemstellungen argumentieren. Für die ethische Relevanz geschichtlicher Erfahrungen ist also ein Minimum an theoriegeleiteter Interpretation historischer Prozesse erforderlich.[13] Dann können Werte und Normen auch auf Erfahrungen inhumaner Praxis, auf die Entwürdigung und Demütigung von Menschen und Menschengruppen zurückgeführt werden. So ist Artikel 1 des Grundgesetzes – »Die Würde des Menschen ist unantastbar« – eine Antwort auf die Verbrechen des Nationalsozialismus, auf die Verfolgung und Vernichtung von Menschen aus rassischen, ökonomischen und politischen Gründen, auf das System der nationalsozialistischen Justiz und der Konzentrationslager.[14] Weiterhin läßt sich am Beispiel der Menschenversuche in den Konzentrationslagern zeigen, wie der Nürnberger Kodex, der im Rahmen des Nürnberger Ärzteprozesses der rechtlichen Beurteilung des Mißbrauchs von Menschen durch Ärzte zu Versuchszwecken gedient hat, zu einem bedeutsamen, wenn auch in seiner Verbindlichkeit nicht unumstrittenen medizinethischen Dokument wurde. Der Nürnberger Kodex schreibt die informierte und freiwillige Zustimmung des Probanden, den »informed consent«, als verbindliches Prinzip für die Durchführung von medizinischen Versuchen am Menschen vor. Seine Entstehung im Rahmen des Nürnberger Ärzteprozesses zeigt, wie Normen zwar nicht aus der historischen Erfahrung einer besonders eklatanten Form der Normüberschreitung heraus »erfunden« werden, aber doch an Verbindlichkeit und universaler Gültigkeit gewinnen können.[15] Für die historische Erfahrung der nationalsozialistischen »Euthanasie« existiert ein vergleichbares medizinethisches Dokument nicht.[16]

Aus der Geschichte der nationalsozialistischen »Euthanasie«-Verbrechen lernen heißt also nicht, eine einfache Analogie zwischen den Krankenmorden im Nationalsozialismus und der gegenwärtigen Debatte um die Sterbehilfe zu behaupten, wie dies etwa Ernst Klee mit Bl
die neue Euthanasiedebatte Anfang der 1990er Jahre getan hat: »
wird kaum etwas formuliert, was die NS-Euthanasierer nicht sch
sagt hätten.«[17]

Lernen aus der Geschichte oder besser anhand der Geschichte bedeutet demgegenüber, sich auf die Geschichte der nationalsozialistischen »Euthanasie« einzulassen, die Entstehungsbedingungen und die Nachwirkungen der Verbrechen zu analysieren, um dann zu einem vertieften

Problemverständnis der gegenwärtigen Debatte zu gelangen. Lernen anhand der Geschichte heißt, weniger fertige Antworten parat zu haben, vielmehr sollen die gegenwärtigen ethischen Fragen aus der historischen Perspektive neu oder anders gestellt werden. Bevor die Diskursgeschichte, die Realgeschichte und die Nachwirkungen der nationalsozialistischen »Euthanasie« zur Darstellung kommen (Kapitel 3 bis 5), sollen die verschiedenen Formen und Bewertungen des Geschichtsarguments diskutiert werden. Konkret geht es um die »Nazi-Analogie« und das »Argument der schiefen Ebene«.

Geschichte als Argument

Die Heftigkeit und die Emotionalisierung der Debatte um die »Praktische Ethik« des australischen Bioethikers Peter Singer Anfang der 1990er Jahre läßt sich nicht verstehen ohne die geschichtliche Erfahrung der nationalsozialistischen »Euthanasie«. Peter Singer argumentiert aus einer präferenzutilitaristischen Position heraus für die Legalisierung der Tötung auf Verlangen bei unheilbar kranken und schwer leidenden Menschen (freiwillige Euthanasie), für die Möglichkeit der Tötung von dauerhaft bewußtlosen und nicht mehr kommunikationsfähigen Patienten (nichtfreiwillige Euthanasie) und unter bestimmten Umständen auch für die Möglichkeit der Tötung schwerbehinderter Neugeborener (sogenannte Früheuthanasie). Als besonders umstritten gilt der von Singer verwendete Begriff der Person, der ein uneingeschränktes Lebensrecht an das Vorliegen bestimmter Kriterien wie Selbstbewußtsein, Autonomie oder Rationalität knüpft. Auch Singers Eintreten für eine unterschiedliche Wertbestimmung verschiedener Formen menschlichen Lebens führte zu Widerspruch.[18] Zur Diskussion stand Anfang der 1990er Jahre auch die Frage, ob Positionen wie die Peter Singers angesichts der damals 50 Jahre zurückliegenden nationalsozialistischen »Euthanasie«-Verbrechen überhaupt diskutiert werden dürfen oder ob die öffentliche Debatte nicht dazu führen könnte, daß der Gruppe von behinderten, kranken und alten Menschen in der Gesellschaft das Lebensrecht abgesprochen würde.[19] Dabei wird häufig auf die Debatte um die »Vernichtung lebensunwerten Lebens« seit Ende des 19. Jahrhunderts und auf die Praxis der nationalsozialistischen »Euthanasie« Bezug genommen, ohne ausführlich auf die methodischen Schwierigkeiten dieses historischen Vergleichs einzugehen.[20] Demgegenüber betonen die Befürworter einer Liberalisierung der Sterbehilfe in Deutschland, daß die Abwägung des Lebenswertes im Sinne der Interessen der Betroffenen und aus deren Binnenperspektive heraus nichts zu tun habe mit der Bestimmung des

Lebenswertes im Sinne gesellschaftlicher Nützlichkeit während des Nationalsozialismus.[21] Singers Antwort auf die gegen ihn erhobenen Vorwürfe ist allerdings durch eine eigenwillige und einseitige Interpretation der Genese der nationalsozialistischen Genozide geprägt:

»Möglicherweise ist es gar nicht die Euthanasie-Bewegung gewesen, die als Wegbereiter des nationalsozialistischen Völkermordes anzusehen ist, sondern die auch heute im modernen Deutschland scheinbar unausrottbare, fanatische Sicherheit der eigenen Überzeugung, die Weigerung zuzuhören und in eine rationale Diskussion mit jemandem einzutreten, der eine konträre Ansicht vertritt.«[22]

Die »Nazi-Analogie« wird von Peter Singer rhetorisch geschickt an seine Gegner zurückgespielt, ohne daß sie dabei jedoch an historischer Plausibilität gewonnen hätte. Mit dem Begriff der »Nazi-Analogie« wird auf eine rhetorische Argumentationsfigur hingewiesen, die seit den 1970er und 1980er Jahren in der bioethischen Debatte in den USA eine große Rolle spielt. So veranstaltete das Hastings-Center 1976 eine Konferenz über den korrekten Gebrauch der »Nazi-Analogie« in ethischen Debatten. Zwar waren sich alle Teilnehmer der Diskussionsrunde einig, daß die nationalsozialistischen Medizinverbrechen Auswirkungen auf gegenwärtig kontrovers diskutierte Themen der biomedizinischen Ethik haben. Gewarnt wurde jedoch vor einer vorschnellen Gleichsetzung der nationalsozialistischen »Euthanasie« mit gegenwärtigen Fragen der Sterbehilfe und des Abbruchs lebensverlängernder Maßnahmen bei unheilbar kranken und schwer leidenden Patienten. Die nationalsozialistische »Euthanasie« sei im wesentlichen durch einen völkisch geprägten Rassismus motiviert gewesen und unterscheide sich daher in ihren Mitteln und Zielen eindeutig von den gegenwärtigen ethischen Fragestellungen und Positionen.[23] Allerdings wurde in bezug auf die soziale Nützlichkeit als mögliches Entscheidungskriterium für die Zuteilung medizinischer Ressourcen, in bezug auf die Euthanasie und die Abtreibung, durchaus eine Parallele zur Praxis medizinischer Selektion im Nationalsozialismus im Sinne eines »Slippery slope«, des Abgleitens auf einer schiefen Ebene, gesehen.[24] In diesem Zusammenhang hat Arthur Caplan darauf hingewiesen, daß die »Nazi-Analogie« nur dann sinnvoll verwendet werden kann, wenn sie in einer spezifischen Form vorgebracht wird, wenn sie die notwendigen Unterschiede in der Beurteilung der jeweiligen Sachverhalte herausarbeitet und nicht bei oberflächlichen Ähnlichkeiten stehen bleibt, die bei genauer Betrachtung auf unterschiedliche Ursachen zurückgeführt werden können.[25]

Eine differenzierte Form der »Nazi-Analogie« findet sich bei der amerikanischen Philosophin Philippa Foot. Vom Beispiel der nationalsozialistischen »Euthanasie« ausgehend macht sie zunächst klar, daß Euthanasie im heutigen Sinne nur so verstanden werden könne, daß der herbeigeführte oder beabsichtigte Tod zum Wohl desjenigen sei, der sterbe. In bezug auf das Sterbenlassen von Kindern mit Down-Syndrom, z. B. durch Nicht-Behandlung einer zusätzlichen körperlichen Komplikation, kommt sie zu dem Schluß: »Auf jeden Fall ist eindringlich hervorzuheben, daß, wenn man Kinder mit Down-Syndrom sterben läßt, dies nichts anderes ist als Euthanasie im Sinne Hitlers.«[26] Ihr Vergleichspunkt ist, daß die Entscheidung für den Tod von neugeborenen Kindern mit Down-Syndrom – ähnlich wie bei der Kindereuthanasie im Nationalsozialismus – durch fremde Interessen bestimmt ist, nämlich durch die betroffenen Familien und die Gesellschaft.

Demgegenüber weisen Anhänger der Regelung des ärztlich assistierten Suizids für terminal kranke Patienten im US-Bundesstaat Oregon die Nazi-Analogie entschieden zurück.[27] Kritisch beurteilt auch der englische Historiker Michael Burleigh den Gebrauch der »Nazi-Analogie«. Die Nazi-Analogie könne keinen wesentlichen Beitrag zur gegenwärtigen Diskussion um die Euthanasie leisten, zumal fraglich sei, ob aus dem Nationalsozialismus und seinen Massenverbrechen mehr gelernt werden könne, als ohnehin selbstverständlich sei. Schließlich führe der Bezug auf Nazi-Deutschland zu einer unnötigen Emotionalisierung der Diskussion.[28] Demgegenüber hält Karl-Heinz Leven aus medizinhistorischer Sicht einen Vergleich zwischen der Abwertung bestimmter Formen menschlichen Lebens (z. B. bei Peter Singer) und der Debatte um »lebensunwertes Leben« in den 1920er Jahren zumindest für diskussionswürdig.[29] Sicherlich ist den Kritikern der Nazi-Analogie zuzugestehen, daß eine vorschnelle Gleichsetzung der NS-»Euthanasie« mit gegenwärtigen medizinethischen Problemen zu einer Verharmlosung der Mordaktionen führt und den Opfern nicht gerecht wird. Eine Zurückweisung methodisch unreflektierter Vergleiche bedeutet jedoch nicht, daß aus der NS-»Euthanasie« nichts oder nur wenig für die gegenwärtige Diskussion gelernt werden kann.

In der gegenwärtigen Debatte um die Euthanasie fällt auf, daß häufig von einer eindimensionalen Vorstellung der Genese der nationalsozialistischen »Euthanasie«-Verbrechen ausgegangen wird. Diese werden entweder allein den Nationalsozialisten bzw. Hitler persönlich zugeschrieben, oder die Motivation der Krankentötungen wird ausschließlich in den rassistischen Vorstellungen der Nazis gesucht. So heißt es z. B. bei der Ethikerin Barbara Guckes:

»Hitler argumentierte nicht aus der Innenperspektive der betroffenen Individuen heraus, ordnete, auch wenn er seinen Befehl entsprechend formulierte, ›Euthanasie‹ nicht aus Menschenliebe an und glitt nicht ohne Halt finden zu können immer weiter ab. Er ist nicht als Opfer guter Intentionen zu betrachten, sondern ist von Beginn an der Täter, der ein klares Konzept hatte, wie er sein Ziel, nämlich die ›Vernichtung unerwünschten Lebens‹, verwirklichen kann.«[30]

Diese auf die Person Hitlers zentrierte und dabei spekulative Deutung der Genese der NS-»Euthanasie« wird dem Stand historischen Wissens über die komplexe Entstehungsgeschichte und die Ermöglichungsbedingungen der nationalsozialistischen Krankentötungen nicht gerecht. So kommt der Historiker Hans-Walter Schmuhl in seinem Überblick über »Nationalsozialismus als Argument im Medizinethik-Diskurs« zu dem Schluß, daß der Nationalsozialismus und seine Verbrechen in medizinethischen Texten zum Teil holzschnittartig und ohne Rezeption des aktuellen geschichtswissenschaftlichen Forschungsstandes beschrieben werden.[31] Er unterscheidet Mißbrauchsargumente, Dammbruch- oder »Schiefe-Ebene«-Argumente, Kontinuitäts- und Inkompatibilitätsargumente.

Mißbrauchsargumente beziehen sich darauf, daß eine gesetzliche Freigabe der aktiven Sterbehilfe zu eigennützigen oder böswilligen Zwecken Dritter mißbraucht werden könne, ähnlich wie der Begriff der »Euthanasie« oder des »Gnadentodes« im Nationalsozialismus mißbraucht worden sei, um die wahren Absichten des Krankenmordes zu verschleiern. *Kontinuitätsargumente* gehen davon aus, daß es Strukturmomente des gesellschaftlichen Umgangs mit menschlichem Leiden und beschädigten oder – in der Sprache des Nationalsozialismus – »minderwertigen« Formen menschlichen Lebens gibt, die bereits vor dem Aufkommen des Nationalsozialismus nachweisbar waren und die die Epochenzäsur von 1945 überdauert haben. So weist der Theologe Eberhard Schockenhoff auf bemerkenswerte Analogien zwischen einer utilitaristischen Relativierung des Lebensschutzgebotes für nichtpersonale Formen menschlichen Lebens durch Peter Singer und der Argumentation von Karl Binding und Alfred Hoche hin, die mit ihrer Schrift über »Die Freigabe der Vernichtung lebensunwerten Lebens« eine zentrale Rolle in der historischen Debatte um die Euthanasie gespielt haben.[32] Kontinuitäten werden auch in bezug auf das eugenische Denken angenommen, nur sei die Selektion menschlichen Lebens durch die Möglichkeiten der modernen Reproduktionsmedizin und der Gentechnologie auf die vorgeburtliche Ebene verschoben.[33] Auch wenn sich eine einfache Kontinuität von der Rassenhygiene zu den Möglichkeiten der modernen Humangenetik historisch-empirisch nicht nachweisen läßt[34], so kann die nationalsozialistische Vernichtungspolitik gegenüber als minderwertig definierten

Menschengruppen doch nicht hinreichend verstanden werden, ohne sie in die epochenübergreifende biopolitische Entwicklung moderner Gesellschaften einzuordnen. So sieht Stefanie Graefe im Anschluß an den französischen Philosophen Michel Foucault (1926-1984) die Verfügung des modernen Staates über die Leben und die Körper der Bürger als Ausdruck von Biomacht. Das menschliche Leben werde entsprechend seiner Produktivkraft unterschiedlich bewertet, daraus folge: »Leben machen« in bezug auf das produktive Leben und »Sterben lassen« in bezug auf das unproduktive Leben. Wenn bei Binding und Hoche »lebenswertes« und »lebensunwertes Leben« qua gesetzlicher Definition voneinander geschieden werde und die Freigabe zur Vernichtung des »lebensunwerten Lebens« staatlichen Ausschüssen unterliege, so würden diese Entscheidungen heute – folgt man der Interpretation von Stefanie Graefe – an die autonomen Individuen delegiert. Dabei bleibe der Zusammenhang zwischen dem Angebot, autonom über den eigenen Lebenswert im Zustand von Leiden, Behinderung und schwerer Krankheit zu entscheiden, und der Ökonomie des »Zur-Last-Fallens« in der Regel verborgen.[35] In ähnlicher Weise rekonstruiert Christoph Schneider eine Geschichte der Euthanasie, in der autonome Subjekte im Sinne einer Selbstökonomisierung über den Wert ihres Lebens zu entscheiden haben.[36]

Auch der Rationalisierungsprozeß der menschlichen Fortpflanzung, die zunehmende Medikalisierung menschlichen Leidens und Sterbens, verbunden mit einer Vision technologischer Machbarkeit einer gesunden und leidensfreien Gesellschaft, lassen sich als epochenübergreifende Entwicklungen verstehen. In diesem Zusammenhang hat der Nationalsozialismus endgültige und radikale Lösungsmöglichkeiten für soziale und wirtschaftliche Probleme versprochen. So ordnet Klaus Dörner die nationalsozialistischen Ausmerzungs- und Vernichtungsaktionen, Zwangssterilisation und »Euthanasie«, in den Kontext der mit der Industrialisierung aufkommenden »Sozialen Frage« ein: Wie geht eine Gesellschaft mit dem Teil der Bevölkerung um, der im Hinblick auf die Anforderungen moderner Produktionsweisen unbrauchbar oder wertlos geworden ist? Im Sinne des utopischen Entwurfs einer homogenen, gesunden und leidensfreien Gesellschaft sei es im Nationalsozialismus darum gegangen, den minderwertigen und leistungsschwachen Teil der Gesellschaft für immer zu beseitigen. Klaus Dörner hat diese Interpretation mit dem Begriff der »Endlösung der sozialen Frage« auf den Punkt gebracht.[37] Der Historiker Detlev K. Peukert zeigt in diesem Zusammenhang anhand der Metapher des »Volkskörpers«, wie dem Tod des Individuums wieder ein »Sinn« für das übergeordnete Ganze der Gemeinschaft zugesprochen werden sollte, nämlich als Heldentod der starken Jugend und als namenlose »Ausmerzung« der Lebensunwerten.[38] Insofern sollten die nationalsozialistischen Vernichtungsaktionen als eine *Möglichkeit* der Moderne ernst genommen werden, worauf auch der polnische Soziologe Zygmunt Bauman hingewiesen hat.[39]

Kontinuitätsargumente lassen sich demnach sinnvoll nur auf einem relativ hohen Abstraktionsniveau formulieren, was ihre unmittelbare empirische Beweiskraft in der ethischen Debatte einschränkt. Sie haben jedoch im Hinblick auf übergeordnete historische Entwicklungslinien insofern einen besonderen heuristischen Wert, als sie den engen Blickwinkel der gegenwärtigen ethischen Diskussion überschreiten und Sichtweisen des Problems der Sterbehilfe ermöglichen, die einem ahistorischen Zugang verborgen bleiben würden. Während Kontinuitätsargumente den Schluß nahe legen, daß aktuelle Fragen der Bestimmung des Wertes menschlichen Lebens für Tötungsentscheidungen vor dem Hintergrund der Debatte um die »Freigabe der Vernichtung lebensunwerten Lebens« seit Ende des 19. Jahrhunderts und der nationalsozialistischen Tötungsaktionen bewertet werden müssen, betonen *Inkompatibilitätsargumente* die Unvergleichlichkeit der aktuellen Debatte mit den historischen Erfahrungen in Deutschland.[40]

Argumente der schiefen Ebene

Am ausführlichsten diskutiert wurde die Frage der Bedeutung der nationalsozialistischen »Euthanasie« für die gegenwärtige Debatte um die Sterbehilfe anhand des *Arguments der schiefen Ebene*, auch Dammbruchargument genannt (englisch slippery-slope-argument).

Die klassische Form dieses Arguments hat der amerikanische Psychiater und Sachverständige im Nürnberger Ärzteprozeß Leo Alexander (1905-1985) 1949 formuliert. Alexander sieht den Ursprung der nationalsozialistischen Medizinverbrechen in einer unmerklichen Veränderung der ärztlichen Haltung gegenüber chronisch kranken Patienten, die darin in ihren Ausdruck gefunden habe, daß es so etwas gebe wie »lebensunwertes Leben« (»life not worthy to be lived«). Diese Kategorisierung sei dann schrittweise auf immer größere Gruppen von unerwünschten Menschen ausgedehnt worden: »But it is important to realize that the infinitely small wedged-in lever from which this entire trend of mind received its impetus was the attitude toward the nonrehabilitable sick.«[41]

Die logische Grundstruktur von Argumenten der schiefen Ebene läßt sich folgendermaßen beschreiben: Eine eigentlich moralisch zulässige Handlung, z. B. aktive Sterbehilfe auf ausdrückliches Verlangen des Betroffenen, führt zu einer Veränderung der gesellschaftlichen Rahmenbedingungen moralischen Handelns, welche wiederum eine Reihe von Nebenfolgen auslöst, die schließlich zu einem allgemein als inakzeptabel eingeschätzten Ergebnis führen, z. B. Euthanasie ohne Zustimmung oder gegen den Willen der Betroffenen. Darum sollte die Ausgangshandlung im Hinblick auf das inakzeptable Endresultat unterlassen werden.[42] Johann S. Ach und Andreas Gaidt unterscheiden *begriffliche, Präzedenzfall-* und *kausale slippery-slope-Argumente*.[43] *Begriffliche* oder *Präzedenzfall-Argumente* beziehen sich darauf, daß eine begrifflich klare moralische Regelung, wie z. B. das Tötungsverbot, durch die Zulassung von Ausnahmefällen, wie etwa die Freigabe der aktiven Sterbehilfe auf ausdrückliches Verlangen, aufgeweicht wird. Dies führt in der Praxis zu einer Situation, in der es schwierig wird, die Grenze des moralisch Zulässigen eindeutig zu bestimmen. Dies gilt z. B. für den Übergang von der freiwilligen zur nichtfreiwilligen Euthanasie. In diesem Zusammenhang weist David Lamb auf die Unbestimmtheit der bei der Rechtfertigung der freiwilligen Euthanasie verwendeten Begriffe hin.[44] *Kausale slippery-slope-Argumente* gehen davon aus, daß eine Handlung eine Kette von Folgehandlungen auslöst, die mit einer gewissen, empirisch vorherzusagenden Wahrscheinlichkeit aufeinanderfolgen und schließlich in die moralische Katastrophe führen. Sie können im ethischen Diskurs die Funktion einer Beweislastumkehr haben: Derjenige, der eine liberalere Regelung der Euthanasie vorschlage, müsse als Entgegnung auf das Argument der schiefen Ebene nachweisen, daß die beschriebenen negativen Konsequenzen unwahrscheinlich seien.[45]

Die umfassendste Untersuchung zu Argumenten der schiefen Ebene hat Barbara Guckes vorgelegt. Sie unterscheidet die *logische* und die *empirische* Version, wobei logische Argumente der schiefen Ebene deshalb schlechte Argumente seien, weil es *logisch* möglich sei, bei der Zulassung einer bestimmten Handlung eine Erweiterung auf andere Fälle auszuschließen und somit eine willkürliche Grenze zu ziehen. Dabei sei es auch denkbar, ein inkonsistentes Überzeugungssystem zu vertreten.[46] Willkürliche Grenzen seien darüber hinaus in der Moralpraxis des Alltagslebens häufig und notwendig, so z. B. im Straßenverkehr.[47] Bei den *empirischen Argumenten der schiefen Ebene*, die sich auf die Moralpraxis einer Gesellschaft beziehen, unterscheidet Guckes ebenfalls *begriffliche* und *nichtbegriffliche Argumente*. Begriffliche Argumente der schiefen Ebene wiederum lassen sich in Kontinuumsargumente und Vagheitsargumente unterteilen. Bei einem Kontinuumsargument läßt ein bestimmter moralisch relevanter Begriff – wie z. B. Bewußtseinsfähigkeit – aufgrund der Kontinuität eines Spektrums von Fällen oder einer Entwicklung keine scharfe Abgrenzung zu. Ein Vagheitsargument läuft darauf hinaus, daß die für eine moralische Regelung relevanten Begriffe entweder zu vage definiert sind oder eine theoretisch mögliche, eindeutige Definition in der Praxis nicht umgesetzt wird. Für Guckes ist nur das Präzedenzfallargument als empirisches und nichtbegriffliches Argument der schiefen Ebene ein gutes Argument. Die Zulassung einer Handlung in einem bestimmten Fall hat zur Folge, daß auch in anderen Fällen so entschieden werden muß, was jedoch im Gegensatz zum einzelnen Ausgangsfall ein unerwünschtes Gesamtergebnis zur Folge hat.[48] Insgesamt hält Guckes Argumente der schiefen Ebene in der Sterbehilfe-Debatte für möglich, insbesondere was den Übergang von der freiwilligen zur nichtfreiwilligen Euthanasie und die Möglichkeit einer Beeinflussung scheinbar freiwilliger Entscheidungen für den Tod unter ungünstigen ökonomischen Bedingungen angeht.[49] Argumente der schiefen Ebene in bezug auf die nationalsozialistische Euthanasie sind für Guckes jedoch abwegig: »Die Greueltaten der Nationalsozialisten als das Ergebnis eines unheilvollen Abgleitens auf einer schiefen Bahn darzus[t]ellen, ist zynisch und stellt eine Herabwürdigung der Opfer der NS-Diktatur dar.«[50]

Bezüglich der Kritik an Argumenten der schiefen Ebene, die in der Debatte um die Sterbehilfe vorgebracht werden, hat Roland Kipke darauf hingewiesen, daß diese Kritik häufig von schlecht konstruierten Beispielen ausgeht und – mit einer sophistischen Unterscheidung unterschiedlicher Idealtypen von Argumenten – der Komplexität der vorgetragenen Argumente nicht gerecht wird. Gute Argumente der schiefen Ebene umfassen für Kipke sowohl die logische Ebene der Begründung von Normen als auch die empirische (sozialpsychologische) Ebene der Moralpraxis.[51]

Insgesamt ist eine Argumentation der schiefen Ebene in bezug auf die Geschichte der Diskussion um die Euthanasie seit Ende des 19. Jahrhunderts als Wegbereiter der nationalsozialistischen Tötung der Anstaltspatienten denkbar, müßte jedoch im Detail die gesellschaftlichen Rahmenbedingungen der Debatte und die spezifischen Herrschaftsbedingungen des Nationalsozialismus berücksichtigen.[52] Hans-Walter Schmuhl schlägt in diesem Zusammenhang vor, die gegenwärtige Diskussion um die Euthanasie in Deutschland mit den Anfängen der Diskussion um das »Recht auf den eigenen Tod«, so der Titel der programmatischen Schrift von Adolf Jost von 1895, zu vergleichen. Von daher gesehen könne die damals betretene »schiefe Ebene«, die zu einer Ausweitung der Ausgrenzungs- und Vernichtungsstrategien auf immer größere Menschengruppen geführt habe, durchaus als warnender Hinweis verstanden werden, daß auch in der gegenwärtigen Debatte eine Ausweitung des Euthanasiepostulats auf immer größere Gruppen von Menschen drohe und z.B.

auch neugeborene Kinder mit Down-Syndrom betreffen könne.[53] In der Schrift »Die Freigabe der Vernichtung lebensunwerten Lebens« von Binding und Hoche erkennt Michael Wunder den fließenden Übergang von der freiwilligen zur nichtfreiwilligen Euthanasie, der im Sinne einer schiefen Ebene auch die gegenwärtige Diskussion in den USA, den Niederlanden und nunmehr auch Deutschland kennzeichne. Die Selbstbestimmung über den eigenen Tod stellt für Michael Wunder weder in der historischen noch in der gegenwärtigen Debatte um die Euthanasie eine stabile Grenze dar.[54] Ob das historische Beispiel der Euthanasiedebatte in Deutschland jedoch tatsächlich prädiktiven Charakter dafür hat, »wie sich die aktuelle Diskussion unter ganz bestimmten Bedingungen in Zukunft fortentwikkeln könnte«[55], bleibt zu überprüfen. Hans Lauter weist – ausgehend von der Erfahrung der nationalsozialistischen »Euthanasie« – im Hinblick auf die Praxis der Euthanasie in den Niederlanden ebenfalls auf die Gefahr des Abgleitens auf einer schiefen Ebene hin und warnt (im Sinne eines begrifflichen slippery-slope-Arguments) vor einer Aufgabe traditioneller ethischer Wertmaßstäbe im Bereich ärztlichen Handelns. Insofern sollte das Tötungsverbot nicht aufgegeben werden.[56]

Argumente der schiefen Ebene stellen ein praktikables Modell dar, mit dem historische Erfahrungen und insbesondere die historische Erfahrung der nationalsozialistischen »Euthanasie« in die gegenwärtige ethische Debatte um die Sterbehilfe eingebracht werden können, wenn bestimmte methodische Regeln eingehalten[57] und vorschnelle Gleichsetzungen im Sinne einer undifferenzierten Nazi-Analogie vermieden werden. Dabei erfordert die empirische Version des slippery-slope-Arguments eine eingehende historische Analyse der Genese der nationalsozialistischen »Euthanasie«. Eine in diesem Sinne methodisch reflektierte und zwischen historischer Forschung und ethischer Diskussion vermittelnde Untersuchung der Frage, wie die historische Erfahrung der nationalsozialistischen »Euthanasie« als gültiges Argument in die gegenwärtige Debatte um die Euthanasie eingebracht werden kann, steht jedoch noch aus. Zu diesem Schluß kommt auch Markus Zimmermann-Acklin in seinem Literaturüberblick über »slippery slope« Argumente und die Nazi-Analogie.[58] Deshalb sollen die ideengeschichtlichen Wurzeln der NS-»Euthanasie«, die gesellschaftlichen Rahmenbedingungen, unter denen die Debatte um »lebensunwertes Leben« in Deutschland stattgefunden hat, und die spezifischen Herrschaftsbedingungen, unter denen die Tötungsaktionen durchgeführt wurden, auf ihre moralische Relevanz hin untersucht werden. Hierzu ist eine differenzierte Rezeption des aktuellen historischen Forschungsstandes zu Genese und Praxis der NS-»Euthanasie« unerläßlich.

3. Der gute Tod und die »Vernichtung lebensunwerten Lebens« – Debatten um die Euthanasie in Deutschland 1895-1945

3.1. Von der Kunst des Sterbens zum »Recht auf den Tod« – Geschichte und sozialdarwinistische Prägung des Begriffs der Euthanasie

Euthanasie – griechisch der gute Tod – meint ursprünglich kein spezifisch medizinisches Konzept ärztlicher Sterbehilfe. Der Begriff steht in der griechisch-römischen Antike sowohl für einen leichten, schmerzlosen Tod zur rechten Zeit als auch für einen würdigen und ehrenvollen Tod in stoischer Erfüllung der dem Menschen aufgegebenen Lebenspflichten. Als Vorbild eines in beiden Deutungen gelungenen Sterbens gilt der Tod des Kaisers Augustus in der Darstellung des Historikers Sueton. Augustus stirbt leicht und schmerzlos in den Armen seiner Gattin Livia.[1] Ein Bezug zu ärztlicher Lebensverkürzung wird mit dem Begriff »euthanasia« in der Antike nicht hergestellt, auch wenn das im Hippokratischen Eid überlieferte Verbot der ärztlichen Beihilfe zur Selbsttötung keine Allgemeingültigkeit beanspruchen konnte. In der christlichen Tradition spielte das Konzept des guten Todes keine Rolle. Der Tod gilt hier als Sold der Sünde, als Mahnung der Vergänglichkeit und Vergeblichkeit der weltlichen Existenz des Menschen. An die Stelle der antiken Kunst eines gelungenen Sterbens, auf das der Mensch sich durch seine Lebensführung vorbereiten kann, trat das »Memento mori«, das Bewußtsein eines jederzeit möglichen, der Macht des Menschen entzogenen Todes. Das »Memento mori« erinnerte den mittelalterlichen Menschen daran, sein Heil nicht im Diesseits zu suchen, sondern sein Leben auf das Heil der Seele im ewigen Leben einzurichten. Die spätmittelalterliche »Ars moriendi«-Tradition war darauf ausgerichtet, daß der Sterbende, begleitet von einem Seelsorger und gestärkt durch die Sakramente der Beichte, der Eucharistie und der letzten Ölung, den dämonischen Versuchungen der Todesstunde widersteht, seine Todsünden beichtet und seinen Glauben bewahrt.[2] So verwundert es nicht, daß »euthanasia« als Begriff in der christlich-mittelalterlichen Tradition nicht vorkommt, kann doch der Tod als solcher nichts Gutes in sich haben, sondern soll überwunden werden. So grundverschieden die antike und die christlich-spätmittelalterliche Sterbekunst auch sind, gemeinsam ist ihnen, daß sie sich nicht auf eine medizinische Praxis beziehen, sondern

Handlungsmöglichkeiten und Einstellungen bezeichnen, die jedem vernünftigen oder gläubigen Menschen zugänglich sind bzw. sein sollten.[3] Erst mit dem Beginn der frühen Neuzeit[4] erfährt der antike Begriff der Euthanasie eine Renaissance, und zwar bei Francis Bacon in seiner Schrift »Über den Stand und den Fortschritt des Wissens« (1605). Francis Bacon (1561-1626) gibt dem Begriff der Euthanasie hier den Charakter einer spezifisch ärztlichen Pflicht. In der »euthanasia exterior« ist es Aufgabe des Arztes, einen möglichst sanften Übergang vom diesseitigen in das jenseitige Leben zu ermöglichen, dabei sollen auch schmerzlindernde Medikamente zur Anwendung kommen.[5] Die Frage der ärztlichen Sterbebegleitung beschäftigte auch die frühneuzeitlichen Ärzte. Dabei hat der Begriff der »cura palliativa«, der nicht kausalen, sondern symptomlindernden Therapie eine bis ins Spätmittelalter zurückreichende Geschichte. So spricht der berühmte französische Chirurg Guy de Chauliac (um 1298–1368) im einführenden Kapitel seiner »Chirurgia« (um 1363) von einer »cura larga, praeservativa et palliativa«. Auf diese »cura palliativa« könne sich der Arzt beschränken, wenn die Erkrankung ihrer Natur nach unheilbar sei, der Patient eine radikale, z. B. chirurgische Behandlung ablehne und wenn die kurative Behandlung mehr Schaden anrichte als daß sie nütze.[6] Die Bemäntelung (Palliation) der Symptome einer aus damaliger Sicht nicht kausal behandelbaren Erkrankung bezog sich in der frühen Neuzeit zunächst auf chronische Erkrankungen, auf die Deckung von Defekten, den Ausgleich von Mängeln, beispielsweise durch plastische Operationen, und die Behandlung von Schmerzen, aber nicht spezifisch auf die Sterbesituation.[7] 1723 sprach Georg Christoph Detharding in seiner Dissertation »De mortis cura« von einer »euthanasia palliativa«. Diese werde von den Sterbenden oder den Umstehenden gewünscht, damit sie »kein hartes Ende nehmen, einschlaffen ect.« und »sanffte sterben« können.[8] Die Sorge um einen sanften Tod wurde im 17. und 18. Jahrhundert zunehmend als eine ärztliche Aufgabe empfunden. Dabei stand zunächst der Verzicht auf unnötige und sinnlos gewordene therapeutische Maßnahmen im Vordergrund der Diskussion. Die »euthanasia medica« sollte den natürlichen, leichten und sanften Tod durch die Zurückhaltung therapeutischer Aktivität bewirken.[9] Auf der anderen Seite standen mit dem Solanum, dem Wasserschierling, dem Bilsenkraut und vor allem dem Opium, in flüssiger Form auch als Laudanum bezeichnet, durchaus schmerzstillende Medikamente zur Verfügung.[10] Gleichwohl wurde eine gelungene ärztliche Sterbebegleitung, die »euthanasia medicinalis« bis ins 19. Jahrhundert hinein zu den Desideraten der Medizin gezählt.[11] So beklagte Johann Christian Reil (1759-1813) noch 1816 in seinem »Entwurf einer allgemeinen Therapie«, daß zwar die Hebammenkunst dem Menschen helfe, in das Leben hineinzugelangen, daß aber nichts getan werde, daß man aus dem Leben auch erträglich wieder herauskomme. Als wichtige ärztliche Abhandlung zur »euthanasia medica« gilt die Rede des niederländischen Medizinprofessors Nikolaus Paradys (1740-1812), die dieser beim Abschied vom Amt des Prorektors der Universität Leiden im Jahre 1794 hielt und die zwei Jahre später im »Magazin für Aerzte« auch auf deutsch erschien. »Euthanasia naturalis« ist für Paradys »die Kunst, den Tod so leicht, so erträglich als möglich zu machen«, wobei auch schwächende Medikamente zum Einsatz kommen sollten. Ist der tödliche Verlauf der Erkrankung gewiß und der Tod absehbar, könnten lebensverlängernde Arzneien ausgesetzt und alle Anstrengung darauf ausgerichtet werden, den Tod zu erleichtern, ohne daß jedoch der »Faden des Lebens« abgeschnitten werden dürfe. Neben der Erleichterung des Sterbens durch Medikamente steht der geistliche Beistand, der dem Sterbenden die »so nöthige Seelenruhe« verschaffen solle.[12] In der Rede von Nikolaus Paradys werden grundsätzliche Fragen aufgeworfen, die die Debatte um die Sterbehilfe bis heute strukturieren: zum einen der Verzicht auf lebensverlängernde Maßnahmen dann, wenn der tödliche Ausgang der Erkrankung absehbar und sicher vorherzusagen ist (heute als passive Sterbehilfe bezeichnet), zum anderen der Einsatz von Medikamenten zur Erleichterung des Sterbens, der seine Grenze jedoch dort finde, wo der »Faden des Lebens« abgeschnitten werde. Dieses Bild des an einem Faden hängenden Lebens macht bereits deutlich, wie schwierig die Abgrenzung von Euthanasie und Lebensverkürzung bzw. Tötung im Einzelfall sein kann. In jedem Falle warnt Paradys vor der Anwendung narkotisierender Mittel.[13]

Seit dem 16. Jahrhundert gab es in Europa nachweisbar eine volkstümliche Praxis der Lebensverkürzung bei Sterbenden, z. B. durch Wegnehmen des Kopfkissens, wodurch der Betreffende in eine horizontale Lage gebracht wurde und dadurch schneller sterben sollte, aber auch durch das Ausbluten der Venen oder durch Ersticken. Viele dieser Praktiken hatten allerdings nicht die Herbeiführung des Todes zum Ziel, sondern sollten das Sterben und die Ablösung der Seele vom Körper erleichtern. Zu nennen ist hier der volkstümliche Brauch, die Sterbenden nackt auf ein Strohlager zu legen.[14] Auch wenn die Ärzte der frühen Neuzeit sich mit Bitten um aktive Sterbehilfe aus der Bevölkerung konfrontiert sahen, so war die (publizierte) Haltung diesen Wünschen gegenüber bis zum Ende des 18. Jahrhunderts klar ablehnend.[15]

In der ersten Hälfte des 19. Jahrhunderts haben sich erstmals zwei deutsche Ärzte zur (aktiven) Euthanasie bei unheilbar leidenden Patienten bekannt, nämlich Karl Georg Theodor Kortum (1765-1824) aus Stolberg bei Aachen und Christian Ludwig Mursinna (1744-1823), Chirurg an der Charité in Berlin.[16] Kortum schrieb im Jahr 1800 angesichts des Todeskampfes seiner schwindsüchtigen Patienten: »›und ist für einen solchen Kranken wohl irgend etwas zu wünschen übrig, als baldigste möglichst sanfte Auflösung? [...] Eine mäßige Gabe Mohnsaft, z. B. 20 Tropfen *Laudanum liq.* kürzt einen solchen Todeskampf unfehlbar zum großen Wohl des Kranken ab, indem er die schwache Lebensflamme gänzlich auslöscht, und ist meiner Meynung nach solchen Fällen moralisch erlaubt.‹«[17]

Mehr beiläufig erwähnt Mursinna in einer Arbeit über die Gefahren der Anwendung des Cosmischen Mittels Arsenik bei Therapie von Krebserkrankungen sein Bekenntnis zur Sterbehilfe mit Opium. Ein Stettiner Unteroffizier mit einem Krebsgeschwür an der Unterlippe habe die weitere Behandlung abgelehnt und um »Beschleunigung des Todes« gebeten: »Er wäre noch später, obgleich immer gewiß, und auf eine unbeschreiblich schmerzhafte, schreckliche Art gestorben, wenn ich ihm nicht so häufige Opiate gegeben, und dadurch seine unbeschreiblichen Leiden gemildert und sein Ende befördert hätte.«[18]

Vor diesem Hintergrund praktizierter Euthanasie ist die stark formulierte Gegenposition Christoph Wilhelm Hufelands (1762-1836) zu verstehen, der in seiner 1806 erschienenen Schrift über die Verhältnisse des Arztes auf die ärztliche Sterbehilfe einging und vor einer absichtlichen Lebensverkürzung warnte. Mit Bezug auf den Hippokratischen Eid schrieb er:

»[...] jeder Arzt hat geschworen, nichts zu thun, wodurch das Leben eines Menschen verkürzt werden könnte. [...] Wenn ein Kranker von unheilbaren Uebeln gepeinigt wird, wenn er sich selbst den Tod wünscht, wenn Schwangerschaft Krankheit und Lebensgefahr erzeugt, wie leicht kann da, selbst in der Seele des Bessern, der Gedanke aufsteigen: Sollte es nicht erlaubt, ja sogar Pflicht sein, jenen Elenden etwas früher von seiner Bürde zu befreien, oder das Leben der Frucht dem Wohle der Mutter aufzuopfern? So viel Scheinbares ein solches Raisonnement für sich hat, so sehr es selbst durch die Stimme des Herzens unterstützt werden kann, so ist es doch falsch, und eine darauf gegründete Handlungsweise würde im höchsten Grade unrecht und strafbar sein. Sie hebt geradezu das Wesen des Arztes auf. Er soll und darf nichts Anderes thun, als Leben erhalten; ob es ein Glück oder Unglück sei, ob es Werth habe oder nicht, dieß geht ihn nichts an, und maßt er sich einmal an, diese Rücksicht mit in sein Geschäft aufzunehmen, so sind die Folgen unabsehbar, und der Arzt wird der gefährlichste Mensch im Staate; denn ist einmal die Linie überschritten, glaubt sich der Arzt einmal berechtigt, über die Nothwendigkeit eines Lebens zu entscheiden, so braucht es nur stufenweise Progressionen, um den Unwerth und folglich die Unnöthigkeit eines Menschenlebens auch auf andere Fälle anzuwenden.«[19]

Erstaunlich aktuell warnt Hufeland hier vor den Folgen, die eine Überschreitung der »euthanasia medica« in Richtung Lebensverkürzung mit sich bringen würde. Zu Recht weist er darauf hin, daß auch bei der auf Wunsch des Patienten bewirkten Lebensverkürzung der Arzt notwendigerweise ein Werturteil über das Leben des Patienten fälle. Diese ärztlichen Lebensunwerturteile könnten dann auch in anderen Fällen praktiziert werden, so daß die Achtung vor dem menschlichen Leben insgesamt untergraben werde. Dabei kann seine Warnung vor einer »stufenweisen Progression« der ärztlichen Lebensunwerturteile als eine frühe Form des Arguments der schiefen Ebene oder des slippery-slope-Arguments aufgefaßt werden.[20] Wenn die ursprünglich strikte Forderung nach Erhaltung des menschlichen Lebens – dokumentiert im Hippokratischen Eid – aufgegeben werde, so seien die Folgen unabsehbar und »der Arzt wird der gefährlichste Mann im Staate«.[21] Damit verbunden ist die Forderung nach einer klaren Definition ärztlicher Aufgaben, die ärztliche Lebensunwerturteile auch dann ausschließt, wenn sie vom Patienten eingefordert werden und wenn sie durch Mitgefühl (»Stimme des Herzens«) begründet erscheinen. Auch wenn das Bild des Arztes bei Hufeland durch paternalistische und fürsorgliche Züge gekennzeichnet ist und er eine Aufklärung des Patienten über die Tödlichkeit der Erkrankung ablehnt, so ist die grundsätzliche Frage, ob Töten oder euphemistisch ausgedrückt lebensverkürzende Handlungen zum Repertoire ärztlichen Handelns gehören sollen, von unveränderter Aktualität. Mit Blick auf die Entwicklung der Euthanasiedebatte und ihre Folgen in Deutschland im 20. Jahrhundert jedenfalls sollte Hufeland mit seiner Warnung Recht behalten.

Der bereits erwähnte Johann Christian Reil hob die Bedeutung psychischer Mittel in der Praxis der ärztlichen Euthanasie hervor, deren Ziel es sei, »die Plagen der Krankheit zu mildern, [und] die Seele zu stählen, dass sie mit kraftvoller Resignation den Tod duldet.«[22]

Mit der »euthanasia medica« wurde in der ersten Hälfte des 19. Jahrhunderts die ärztliche Sterbebegleitung und Sterbehilfe – im Sinne einer medikamentösen und psychologischen Erleichterung des harten Todes – zu einem Bestandteil ärztlicher Aufgaben und Pflichten, allerdings – so der Tenor der entsprechenden Abhandlungen und Dissertationen – ohne die Grenze aktiver Lebensverkürzung zu überschreiten. Aber auch in der zweiten Hälfte des 19. Jahrhunderts war die Lehrmeinung zur ärztlichen Euthanasie eindeutig. So heißt es in Villarets Handwörterbuch der Gesamten Medizin aus dem Jahr 1888:

»Für den Arzt beginnt die Sorge für E[uthanasie] eines Kranken mit dem Moment, wo die Ueberzeugung von der Erfolglosigkeit jeder weiteren Behandlung desselben in ihm feststeht. Alsdann werden alle Massregeln lediglich von dem Gedanken beherrscht, für E[uthanasie] zu sorgen, d. h. die letzten Minuten oder Stunden des Kranken zu erleichtern. Man wird zur Linderung von Schmerzen Narcotika geben, in Dosen vielleicht, die man vorher im Hinblick auf die zu schonende Herzaktion nicht gegeben haben würde, niemals aber, unter *keinen* Umständen dürfen direkt den Tod herbeiführende Mittel verordnet werden.«[23]

Zehn Jahre später findet sich in der Encyclopädie der Therapie weiterhin eine klare Ablehnung der aktiven Sterbehilfe, allerdings mit der Einschränkung, daß dadurch die Herbeiführung einer vollkommenen Euthanasie erschwert werde. In seinem Beitrag fragt Martin Mendelsohn (1860-1930), ob »[...] der Arzt berechtigt [ist], ein ohnedies verlorenes Leben, um dem Sterbenden die Qualen abzukürzen, vorzeitig abzuschliessen und bewusst zu verkürzen. Ein solches Vorgehen wäre allerdings ›Euthanasie‹ im weitesten Sinne des Wortes; aber es kann keinen Moment zweifelhaft sein, dass die Frage auf das Bestimmteste zu verneinen ist. Göttliche und menschliche Gesetze stehen dem entgegen. Nicht einmal, wenn der Sterbende selber mit vollem Bewusstsein und nachdrücklichem Verlangen darum ersucht, ist es erlaubt, seinem Wunsche nachzugeben. Dieses stricte Verbot erschwert die Herbeiführung einer vollkommenen Euthanasie erheblich, aber, wie sehr Mitleid und Mitgefühl den Arzt auch drängen mögen, an dem dünnen Faden, an welchem das Leben noch hängt, etwas zu zerren, damit er ein wenig früher durchreisse – nie und nimmer darf die Erleichterung des Todes auf Kosten des Lebens geschehen.«[24]

Auch der Londoner Arzt William Munk (1816-1898), Mitglied des Royal College of Physicians, beschrieb 1887 unter dem Begriff der Euthanasie die natürlichen Abläufe der verschiedenen Formen des Todes und die ärztliche Sterbebegleitung, hob das Opium als wirksames Schmerzmittel hervor und warnte zugleich davor, es als Schlafmittel zu verwenden, dann bestünde die Gefahr, daß der Patient nicht mehr aufwache. Euthanasie ist für Munk im wesentlichen die Ermöglichung des natürlichen Sterbeprozesses: »The approaches to death are so gentle, and the act of dying so easy, that nature herself provides a perfect euthanasia.«[25]

Die explizite und programmatische Forderung nach einer Ausweitung der ärztlichen Sterbehilfe im Sinne einer aktiven und intendierten Lebensverkürzung läßt sich im deutschsprachigen Raum erst Ende des 19. Jahrhunderts nachweisen. Bemerkenswerterweise handelt es sich hierbei um eine Debatte, die vorstrukturiert ist durch die juristische Bewertung der Tötung auf Verlangen und der Beihilfe zur Selbsttötung, aber auch einen wesentlichen Impuls durch philosophische und literarische Texte erfuhr.

Die juristische Debatte um die Tötung auf Verlangen und literarische Texte zur Euthanasie

Der Forderung nach ärztlicher, lebensverkürzender Sterbehilfe ging eine juristische Debatte um die Strafmilderung bzw. Straffreiheit bei Tötungsdelikten voraus, die entweder auf einer Einwilligung des zu Tötenden oder aber auf Mitleid mit einem tödlich verletzten bzw. unheilbar kranken Menschen beruhen.[26] Zugleich steht die Debatte um die aktive Sterbehilfe im Zusammenhang mit der rechtlichen und ethischen Neubewertung des Suizids im Kontext der Aufklärung. David Hume (1711-1776) hat mit seinem einflußreichen Essay »On Suicide« die Verfügungsmacht Gottes, seine Vorsehung über die Natur und das menschliche Leben, infrage gestellt. Der Mensch sei berechtigt, in den Lauf der Schöpfung einzugreifen, um Leiden zu lindern und das eigene Leben zu beenden: »Aber angenommen, daß es nicht länger in meiner Macht steht, das Interesse der Gesellschaft zu fördern, daß ich eine Last für sie bin, daß mein Leben einige Personen daran hindert, der Gesellschaft viel nützlicher zu sein: In solchen Fällen muß mein Abschied nicht nur schuldlos, sondern lobenswert sein.«[27] Wer sein Leben nur noch als Qual empfindet, darf (und soll) es, auch im Interesse der Gemeinschaft, beenden.

Nachdem im Jahre 1751 in Preußen die Strafbarkeit der Selbsttötung abgeschafft worden war, sah das Allgemeine Preußische Landrecht von 1794 eine Strafmilderung für die Tötung auf Verlangen und für die Beihilfe zum Selbstmord vor, nämlich lebenslange Festungshaft gegenüber der sonst zu verhängenden Todesstrafe. Darüber hinaus wurde gleich einer fährlässigen Tötung bestraft, wer »tödlich Verwundeten, oder sonst Todtkranken, in vermeintlich guter Absicht das Leben abkürzt.« Demgegenüber legte das Österreichische (1803) ebenso wie das Bayerische Strafgesetzbuch (1813) ausdrücklich fest, daß die Einwilligung des Geschädigten keinen Einfluss auf die strafrechtliche Bewertung eines Verbrechens, insbesondere eines Verbrechens gegen das Leben, haben dürfe.

In den Strafgesetzbüchern der einzelnen deutschen Länder finden sich zwischen 1803 und 1870 sehr unterschiedliche Regelungen der Frage, ob die Einwilligung oder das Motiv des Mitleids eine geringere Bestrafung der Tötung eines anderen Menschen nach sich ziehen solle. Das Strafgesetzbuch für die Preußischen Staaten von 1851 schließlich enthielt eine mildere Bewertung der Tötung auf Verlangen und der Lebensabkürzung bei tödlich Verwundeten und Todkranken nicht mehr. Das führte in der Praxis der Rechtsprechung zu erheblichen Diskussionen: Es widersprach dem Rechtsempfinden, denjenigen, der in Verzweiflung und in gegenseitigem Einvernehmen seine Geliebte tötete, aber den Doppelsuizid überlebte, gleich dem gemeinen Raubmörder mit der Todesstrafe zu bestrafen.

Im Strafgesetzbuch des Deutschen Reiches von 1870 wurde die sächsische Regelung übernommen und – abgesehen vom Strafmaß – ist die Tötung auf Verlangen in Deutschland bis heute wie folgt gesetzlich geregelt: »Ist Jemand durch das ausdrückliche und ernstliche Verlangen des Getödteten zur Tödtung bestimmt worden, so ist auf Gefängniß nicht unter drei Jahren zu erkennen.« Zugleich wurde die Beihilfe zur Selbsttötung *nicht* als Straftatbestand formuliert.[28]

Damit fand zumindest in Deutschland die von liberalen Juristen im 19. Jahrhundert u.a. mit Bezug auf das römische Recht geforderte Entkriminalisierung des Suizids ihren Abschluß: Aus dem Recht auf Leben folge auch eine Verfügungsfreiheit über den eigenen Körper, diese gelte nicht nur gegenüber Dritten, sondern auch gegenüber dem Staat.[29] Auch nach österreichischem Recht ist die Tötung auf Verlangen als sogenanntes privilegiertes Tötungsdelikt milder zu bestrafen. Allerdings ist hier bis heute auch die Beihilfe zur Selbsttötung strafbar.

Die juristisch-medizinische Debatte um die Sterbehilfe fand ihren Widerhall auch in der schönen Literatur, und zwar bevor die Forderung nach lebensverkürzender ärztlicher Sterbehilfe laut wurde und programmatischen Charakter erhielt.[30] Beispielhaft sei auf die Novelle »Ein Bekenntnis« von Theodor Storm (1817-1888) hingewiesen: Der Erzähler, wie Storm Jurist, trifft in einem Urlaubsort auf seinen Jugendfreund, den Arzt Franz Jebe, der ihm eine tragische Schuld bekennt. Dessen junge Frau Else, ein Geschöpf, das noch nie Schmerz gelitten hat, erkrankt an Unterleibskrebs, welcher bis dahin als unheilbar galt. Unter dem Eindruck der Schmerzattacken bittet sie ihren Mann um Erlösung, und dieser gibt ihr – hingerissen von Mitleid, Liebe und Erbarmen – von den tödlichen Tropfen. Schließlich erfährt er, immer noch in Trauer erstarrt, aus einer ungelesen zurückgelegten medizinischen Zeitschrift von einer neuen Heilmethode, einer Operation, die seine geliebte Frau hätte retten können. Unter dem Eindruck seiner Schuld wandert er nach Afrika aus, um dort als Arzt Sühnedienst zu leisten.[31] Nicht die rationale Entscheidung des Arztes und die Selbstbestimmung der Leidenden bestimmen hier das Handeln der Sterbehilfe, sondern die tragische Verstrickung in Schmerz und Leidenschaft.

In seiner 1889 erschienenen Schrift »Götzendämmerung oder Wie man mit dem Hammer philosophirt« stellte Friedrich Nietzsche (1844-1900) die Frage der Sterbehilfe in den Kontext der Debatte um Entartung und Degeneration. Angesichts seiner eigenen Krankheitserfahrung – die Diagnose einer durch eine syphilitische Infektion erworbenen progressiven Paralyse stand seit 1889 im Raum – formulierte er eine tiefgehende Skepsis gegenüber der Medizin, den damit verbundenen Behandlungsmethoden und dem bürgerlichen Ideal von Gesundheit. Dabei ist Krankheit für ihn, wenn aus ihr kein geistiger Gewinn und keine Überhöhung des Selbst herausgezogen werden kann, ein Zeichen von vollständiger Dekadenz und Entartung. Dann sei das Lebensrecht des Individuums entwertet.[32] So heißt es in der Götzendämmerung unter der Rubrik Moral für Ärzte:

»Der Kranke ist ein Parasit der Gesellschaft. In einem gewissen Zustande ist es unanständig, noch länger zu leben. Das Fortvegetiren in feiger Abhängigkeit von Ärzten und Praktiken, nachdem der Sinn vom Leben, das *Recht* zum Leben verloren gegangen ist, sollte bei der Gesellschaft eine tiefe Verachtung nach sich ziehn. Die Ärzte wiederum hätten die Vermittler dieser Verachtung zu sein, – nicht Recepte, sondern jeden Tag eine neue Dosis *Ekel* vor ihrem Patienten … Eine neue Verantwortlichkeit schaffen, die des Arztes, für alle Fälle, wo das höchste Interesse des Lebens, des *aufsteigenden* Lebens, das rücksichtsloseste Nieder- und Beiseite-Drängen des *entartenden* Lebens verlangt – zum Beispiel für das Recht auf Zeugung, für das Recht, geboren zu werden, für das Recht, zu leben …«.[33]

Auch wenn die Verbindungen von Nietzsches Philosophie zum Sozialdarwinismus mit seinem ideologisch-politischen Anspruch vielschichtig sind, so paßt seine Umwertung der Begriffe von Krankheit und Gesundheit doch perfekt in das sozialdarwinistische Gegensatzpaar von Evolution und Entartung. »Wer krank wird, sei dekadent und verdiene Verachtung, letztlich den Tod.« so interpretiert Rudolf Käser die Kernbotschaft dieser Philosophie mit dem Hammer.[34] Christliche Barmherzigkeit und traditionelle ärztliche Sterbebegleitung sind am Krankenlager und am Sterbebett nach Nietzsche fehl am Platz. Einzig der selbstgewählte, freie Tod zum rechten Zeitpunkt kann die gesellschaftliche Verachtung und den Ekel, der dem Kranken zukommt, aufheben:

»Auf eine stolze Art sterben, wenn es nicht mehr möglich ist, auf eine stolze Art zu leben. Der Tod, aus freien Stücken gewählt, der Tod zur rechten Zeit, mit Helle und Freudigkeit, inmitten von Kindern und Zeugen vollzogen: so dass ein wirkliches Abschiednehmen noch möglich ist, wo Der *noch da ist*, der sich verabschiedet, insgleichen ein wirkliches

Abschätzen des Erreichten und Gewollten, eine *Summirung* des Lebens – Alles im Gegensatz zu der erbärmlichen und schauderhaften Komödie, die das Christenthum mit der Sterbestunde getrieben hat.«[35]

Nietzsches Dekonstruktion des Lebensrechtes des »entarteten« Kranken nimmt die programmatische Forderung nach einem »Recht auf den Tod«, wie sie im Kontext sozialdarwinistischen Denkens und utilitaristischer Rationalität ab 1895 in Deutschland formuliert werden sollte, vorweg. Nietzsches Gefühl der Verachtung und des Ekels gegenüber der »parasitären Existenz« des Kranken wird in den programmatischen Texten dieser Debatte als Mitleid verbrämt werden. Zugleich wird dabei die traditionelle Aufgabe des Arztes, Leben zu erhalten, Gesundheit wiederherzustellen, Leiden zu lindern und Sterbenden beizustehen[36], umgedeutet werden in ein tötendes Erlösungswerk.

Die sozialdarwinistische und utilitaristische Bewertung des menschlichen Lebens

Diese Neudefintion des Begriffs der Euthanasie, die Erweiterung der ärztlichen Aufgaben in Richtung aktiver, tötender Sterbehilfe, ist nicht zu verstehen ohne die geistes- und ideengeschichtlichen Verwerfungen, die infolge der Darwinschen Evolutionslehre unter dem Begriff des Sozialdarwinismus populär wurden und in der Philosophie Friedrich Nietzsches eine eigene Prägung erhielten. Betrachten wir die politischen und gesellschaftlichen Rahmenbedingungen im Zeitalter des Imperialismus, so nimmt es nicht wunder, daß neben sozialreformerischen und wohlfahrtsstaatlichen Ansätzen auch rassistische und sozialdarwinistische Strömungen die politische Auseinandersetzung und die Kultur, aber auch die Medizin geprägt haben. Dabei konnte sich die Medizin kraft der Erfolge der naturwissenschaftlichen Methoden immer stärkerer gesellschaftlicher und politischer Anerkennung und Förderung erfreuen.

Darwins Theorie der Deszendenz, der Abstammung der Lebewesen und damit auch des Menschen aus einer kontinuierlichen Reihe früherer Entwicklungsformen, erschütterte die herausgehobene Position des Menschen in der Natur bzw. in der Schöpfung. Das von ihm postulierte Entwicklungsprinzip »Evolution durch Selektion«, daß nämlich im »Kampf ums Dasein« die bestangepaßtesten Arten überleben würden, verführte dazu, ein biologisch begründetes Bild des Menschen und der Gesellschaft zu entwerfen.[37] Neben der Übertragung der Darwinschen Metapher vom »Kampf ums Dasein« auf die Entwicklung von Kultur und Zivilisation spielte die Auffassung von der menschlichen Gesellschaft als einem biologischen Organismus eine entscheidende Rolle im sozialdarwinistischen Denken. So hatte der englische Sozialphilosoph Herbert Spencer (1820-1903), dem frühkapitalistischen Liberalismus verpflichtet, parallel zu Darwin eine Gesellschaftstheorie entwickelt, in der Berufe und Stände mit den Organen des menschlichen Körpers und deren Funktionen verglichen werden. Außerhalb der Familie gelte es, das freie Spiel der Natur im Existenzkampf von Individuen und Staaten zu sichern, um den Fortschritt der menschlichen Gesellschaft zu garantieren. Mit dem Begriff »struggle for survival« lehnte Spencer sich an den Darwinschen Begriff des »struggle for life« an, der in der deutschen Übersetzung »Kampf ums Dasein« nochmals an Schärfe gewann.[38]

Die Übertragung biologischer Entwicklungsgesetze auf die menschliche Gesellschaft, die als Organismus gedacht wurde, war zunächst von einem evolutionären Optimismus geprägt: Der »Kampf ums Dasein« und die natürliche Züchtung führen die Völker stufenweise zu immer höherer Kulturentwicklung. Doch mit der kulturpessimistischen Stimmung des fin de siècle, mit der Infragestellung der Vorherrschaft der bürgerlichen Gesellschaft durch eine stärker werdende Arbeiterbewegung und durch die drohende Verelendung großer Bevölkerungsteile im Prozeß der Industrialisierung trat der evolutionäre Optimismus, der den Biologen Ernst Haeckel (1834-1919) und seine populärwissenschaftlichen Schriften geprägt hat, zurück zugunsten selektionistischer Positionen: Die Ursache der befürchteten Entartung des Volkskörpers liege in der ungehinderten Fortpflanzung der »minderwertigen« Bevölkerungsgruppen.[39] Sozialdarwinisten wie Alexander Tille (1866-1912) oder Wilhelm Schallmeyer (1857-1919) mit seiner programmatischen Schrift »Vererbung und Auslese im Lebenslauf der Völker« wandten sich gegen die »kontraselektorischen« Effekte der modernen Zivilisation: der medizinische Fortschritt und die Fürsorge des Staates für kranke, schwache und leistungsunfähige Menschen setze die biologischen Gesetze des »Kampfes ums Dasein« außer Kraft, in welchem »minderwertige« Menschen von selbst zugrunde gehen würden. Vielmehr könnten Krankheit, Schwäche und negative Charaktereigenschaften ungehindert an die kommenden Generationen weitergegeben werden, wodurch die Kulturvölker zwangsläufig entarten, degenerieren und schließlich untergehen würden.

Eine Verwissenschaftlichung erfuhr das sozialdarwinistische Gedankengut durch die Vererbungslehre, die mit der Wiederentdeckung der Mendelschen Gesetze im Jahre 1900 die Grundlage für die moderne Genetik gelegt hatte. So konnte sich die Rassenhygiene bzw. Eugenik als Wissenschaft von der Förderung positiver und der Ausschaltung negativer Erbanlagen in einer gegebenen Bevölkerung etablieren.[40] Ihre Sprache, die positive und negative Eugenik als »Auslese« bzw. »Ausmerze« bezeichnet, entlieh sie dabei dem biologistischen Gedankengut des Sozialdarwinismus. Die Rassenhygiene, 1895 mit der Schrift »Die Tüchtigkeit der Rasse und der Schutz der Schwachen« von Alfred Ploetz (1860-1940) in die Öffentlichkeit getreten und 1905 als Deutsche Gesellschaft für Rassenhygiene institutionalisiert, stellte die Asylierung und Sterilisierung in den Vordergrund ihrer bevölkerungspolitischen Forderungen (negative Eugenik). Aber auch die spartanischen Kindestötungen wurden immer wieder als Vorbild für die rassenhygienische Utopie eines idealen Staates angeführt. Auch Ploetz beschrieb in seiner Utopie eines »idealen Rassenprozesses« die Selektion behinderter Neugeborener:

»Stellt es sich trotzdem heraus, dass das Neugeborene ein schwächliches oder missgestaltetes Kind ist, so wird ihm von dem Aezte-Collegium [sic!], das über den Bürgerbrief der Gesellschaft entscheidet, ein sanfter Tod bereitet, sagen wir durch eine kleine Dose [sic!] Morphium. Die Eltern, erzogen in strenger Achtung vor dem Wohl der Rasse, überlassen sich nicht lange rebellischen Gefühlen, sondern versuchen frisch und fröhlich ein zweites Mal, wenn ihnen dies nach ihrem Zeugniss über Fortpflanzungsbefähigung erlaubt ist.«[41]

Die Frage der Tötung behinderter Neugeborener spielte in der rassenhygienischen Diskussion als Gedankenmodell eine wichtige Rolle, auch wenn sie nicht immer explizit in den rassenhygienischen Forderungskatalog aufgenommen wurde.[42] So sieht etwa der führende Rassenhygieniker Fritz Lenz (1887-1976) in der Neugeboreneneuthanasie weniger eine rassenhygienische Notwendigkeit, da die Fortpflanzungsgefahr der behinderten Kinder ohnehin gering sei, als vielmehr eine Frage der Humanität: »Selbst die altspartanische Aussetzung mißratener Kinder ist noch ungleich humaner als die gegenwärtig im Namen des ›Mitleids‹ geübte Aufzucht auch der unglücklichsten Geschöpfe.«[43] Doch könne durch die Freigabe der Tötung behinderter Neugeborener die Achtung vor dem individuellen menschlichen Leben eine bedenkliche Einbuße erfahren.

Rassenhygienischer Forderungskatalog und Euthanasiedebatte stehen also nicht in einem gegenseitigen Abhängigkeitsverhältnis. Wer Anhänger der Rassenhygiene war, mußte nicht notwendigerweise auch die Freigabe der Euthanasie befürworten. Umgekehrt waren nicht alle Verfechter der Freigabe der Euthanasie auch gleichzeitig Exponenten der Rassenhygiene. Darauf hat Michael Schwartz zu Recht hingewiesen.[44] Dennoch lassen sich Verbindungslinien zwischen beiden Diskursen nachzeichnen, die auf die gemeinsame Wurzel im sozialdarwinistischen Denken und in der Sprachgebung hinweisen. Für Hans-Walter Schmuhl ist es gerade die überschießende Radikalität der rassenhygienischen Sprache, die damit verbundene Ungleichbewertung menschlichen Lebens, die nicht nur einen Eingriff in die Fortpflanzungsfähigkeit des Menschen rechtfertigen sollte, sondern zugleich eine Entwertung des Lebens der betroffenen Menschen impliziert. Der Schritt von der Verhütung zur Vernichtung »lebensunwerten Lebens« sei zwar nicht notwendig, aber doch zumindest möglich und denkbar – in dem Moment, in dem individuelles menschliches Leben in seinem Kern entwertet und ungleich behandelt werde.[45] Die Rationalisierung der menschlichen Fortpflanzung, die in Europa und Nordamerika als rassenhygienische und eugenische Bewegung in Erscheinung trat[46], eröffnete auch ein Feld der Rationalisierung von menschlichem Leben und Sterben. Beide Bewegungen lassen sich ideengeschichtlich auf sozialdarwinistisches Gedankengut zurückführen. Ihnen ist die Biologisierung menschlichen Lebens und Sterbens im Sinne einer staatlich gesteuerten Biopolitik gemeinsam. Damit ist der historische und ideengeschichtliche Rahmen der Euthanasiedebatte abgesteckt, die im folgenden vor allem unter ethischen Aspekten näher beleuchtet werden soll.

3.2. Vom Recht auf den Tod zur »Vernichtung lebensunwerten Lebens«

Einer der ersten, der den Begriff der Euthanasie mit aktiver Sterbehilfe verbunden hat, war der englische Lehrer und Schriftsteller Samuel D. Williams jr. Er schrieb im Jahr 1870 einen Essay für die Mitglieder des Birmingham Speculative Club, in dem er die uneingeschränkte Gültigkeit des Prinzips der Heiligkeit des menschlichen Lebens bestritt und forderte, daß der Arzt das Bewußtsein eines Leidenden auslöschen und einen schmerzlosen Tod herbeiführen solle, wenn der Patient dies wünsche. Dabei stand die Beendigung unerträglichen Leidens durch einen schnellen und schmerzlosen Tod auf Wunsch des Patienten im Vordergrund der Argumentation. Gleichwohl war die Bewertung der Lebensqualität des Leidenden für Williams nicht unabhängig von der Perspektive der Familie und der Umgebung des Patienten: Auch für sie bedeute das Leiden des unheilbar Kranken eine Belastung, die der Patient durch seinen selbstgewählten Tod vermeiden könne.[47] Dieser Beitrag löste in England eine intensive Debatte über Mitleidstötungen (»mercy killing«) in nichtmedizinischen Kreisen aus, beeinflußte aber auch andere europäische Länder in dieser Hinsicht. Auch in England beschränkte sich die Debatte über Euthanasie und Mitleidstötungen zu Beginn des 20. Jahrhunderts nicht auf die freiwillige Euthanasie für entscheidungsfähige Personen, sondern bezog sich auch auf entscheidungsunfähige, geistig behinderte Menschen.[48]

Stärker als in England war die Debatte um die Euthanasie in den USA durch utilitaristische und eugenische Motive geprägt, zugleich aber mit einem progressiven, gesellschaftreformierenden Anspruch verbunden.[49] Zu Beginn des 20. Jahrhunderts stand in den USA die Frage des Sterbenlassens bzw. der Tötung von behinderten neugeborenen Kindern im Vordergrund der öffentlichen Diskussion. Der Chicagoer Arzt Harry J. Haiselden (1870-1919) hatte 1915 das schwer behinderte vierte Kind von Anna Bollinger wegen eines fehlenden Darmausgangs nicht operiert, sondern bewußt sterben lassen und dies mit eugenischen Motiven begründet.[50] Sowohl in England als auch in den USA bildeten sich in den 1930er Jahren Euthanasie-Gesellschaften, die jedoch ihr Ziel, die aktive Sterbehilfe zu legalisieren, nicht durchsetzen konnten.[51] Die folgende Darstellung konzentriert sich auf die Entwicklung der Euthanasiedebatte in Deutschland und versucht die Frage zu beantworten, welche Bedeutung sie für die scheinbare Rechtfertigung und die Ermöglichung der Krankenmorde in der Zeit des Nationalsozialismus gehabt hat.

Das Jahr 1895 wird oft als Beginn der *modernen* Debatte über die Euthanasie in Deutschland angesehen.[52] Dabei wird häufig übersehen, daß die Frage, ob der Arzt bei der Behandlung und Begleitung von unheilbar kranken und sterbenden Menschen auch lebensverkürzende bzw. unmittelbar den Tod herbeiführende Mittel einsetzen darf, bereits in der zweiten Hälfte des 19. Jahrhunderts in der schönen Literatur behandelt und durch die Philosophie Friedrich Nietzsches eingefordert worden war.[53] Zugleich spielte in der juristischen Literatur die Frage eine Rolle, ob die Einwilligung eines seinen Tod verlangenden Menschen und das Mitleid mit den hoffnungslos Leidenden und unrettbar Verlorenen die Tötung eines Anderen rechtfertigen bzw. im strafrechtlichen Sinne privilegieren kann. Damit waren wesentliche Strukturelemente der Debatte um die Sterbehilfe, so die Frage eines absoluten oder relativen Schutzes des menschlichen Lebens durch den Staat, die Frage der sittlichen Rechtfertigung einer Tötungshandlung durch Einwilligung oder Mitleid und die Frage der Verfügung des Einzelnen über sein Leben und seinen Tod, vorgegeben, bevor sie mit dem Begriff der ärztlichen Euthanasie verbunden und in eine wissenschaftliche medizinisch-juristische Debatte eingebunden wurden.

Das Recht auf den Tod und die Diskussion im Monistenbund

Der 21jährige Philosophiestudent Adolf Jost, Sohn eines praktischen Arztes aus Graz, veröffentlichte im Jahre 1895 in Göttingen ein kleines Buch mit dem Titel »Das Recht auf den Tod«.[54] Das der Schrift zugrunde liegende Programm sah das «Recht auf den Tod« als wesentlichen Schritt einer sozialen Reform an, in der die überkommenen Vorurteile einer metaphysisch oder religiös geprägten Auffassung vom menschlichen Leben ebenso überwunden werden sollten wie »starre unfruchtbare Moralprinzipien«. Der Mensch, frei vom Glauben an Gott und an die Unsterblichkeit der Seele, sei belastet durch die Endgültigkeit des Todes und den Schrecken qualvollen Sterbens. Wenigstens die Angst vor Leiden und Schmerzen könne dem Menschen genommen werden, wenn er als Souverän seines Lebens anerkannt werde und damit jederzeit auch über seinen Tod verfügen könne. So werde das »Recht auf den Tod« zur Basis des gesunden Lebens. Gestützt wird diese subjektive Auffassung vom »Recht auf den Tod« durch eine objektive, nämlich durch die Möglichkeit, daß durch das »Recht auf den Tod« »ungesunde, schädliche, sich selbst zur Last fallende Elemente« im komplizierten Organismus der Menschheit beseitigt werden könnten: »Ein natürlicher Abflußcanal ist für diese unser Todesrecht und mit Unrecht hat man diesen Canal künstlich verstopft.«[55] So wird das subjektive Recht auf den Tod bereits bei Jost zu einer moralischen Pflicht zum Sterben für alle diejenigen, die durch ihr Leiden der Gesellschaft zur Last fallen. Die Auffassung der menschlichen Gesellschaft als Organismus verdeutlicht die Verwurzelung der Schrift von Jost im sozialdarwinistischen Denken. Dabei liegt der ethischen Begründung des Rechts auf den Tod eine »natürliche Moral« zugrunde, die an utilitaristischen Prinzipien orientiert ist. Da die Summe von Schmerz und Lust bei Jost für den Wert ideeller und materieller Güter entscheidend ist, kann auch der Wert des menschlichen Lebens für den Einzelnen als Summe von Freude und Schmerz und zugleich für die Gesellschaft als Summe von Nutzen und Schaden bestimmt werden.[56] Werde nun der Wert des menschlichen Lebens in subjektiver und objektiver Hinsicht negativ, so sehne der Einzelne sich den Tod als Erlöser herbei. An dieser Stelle muß sich Jost jedoch die Frage stellen, warum dann tatsächlich nur so wenige unheilbar kranke Menschen, die vom Leben nichts mehr als Leiden zu erwarten hätten und die den anderen nur noch zur Last fallen würden, tatsächlich den Tod wünschten. Darauf antwortet Jost, daß Erziehung und moralischer Druck die Kranken beeinflussen könnten, den eigentlich in ihrem Interesse liegenden Wunsch nach dem Tod gar nicht erst zu äußern. In diesem Sinne will die Schrift nicht nur den wenigen unheilbar Kranken helfen, die tatsächlich ein Verlangen, ärztlich erlöst zu werden, äußern, sondern sie will auch das gesellschaftliche Bewußtsein reformieren und das »Recht auf den Tod« zu einer selbstverständlichen Option für alle unheilbar Kranken machen. In diesem Sinne ist das »Recht auf den Tod« nicht nur Ausdruck sittlicher Autonomie des Einzelnen, sondern auch Ausdruck der Annahme, daß die unheilbar kranken und hoffnungslos leidenden Menschen für ihre Umgebung psychisch und materiell eine schwere Last darstellen. Neben dieser utilitaristischen Bewertung des menschlichen Lebens ist das Gefühl des Mitleids für Jost die entscheidende Motivation für die Anerkennung des »Rechts auf den Tod«. Dieses Mitleid entspringt jedoch nicht einem solidarischen Einfühlen in die Situation des Leidenden, sondern ist Ausdruck jener Verachtung, die menschliches Leiden nicht durch tätige Hilfe erträglich macht, sondern es um den Preis der Beseitigung des Leidenden aus der Welt schaffen will.[57] So führt Jost die rationale und die gefühlsmäßige Begründung für das Recht auf den Tod zusammen, wenn er sagt: »Im Falle der unheilbar Kranken aber trifft beides zusammen, das Mitleid *und* das Interesse der Gesellschaft fordern den Tod.«[58] Doch gilt das pathetisch aufgeladene Mitleid nicht nur den unheilbar körperlich Kranken, sondern auch den Geisteskranken, die »nicht nur ein nutzloses, sondern auch ein höchst qualvolles Leben«[59] führen:

»Wenn wir einen unheilbar Kranken auf seinem Lager unter unsäglichen Schmerzen sich winden sehen, mit der trostlosen Aussicht auf vielleicht noch monatelanges Siechthum, ohne Hoffnung auf Genesung, wenn wir durch die Räume eines Irrenhauses gehen, und es erfüllt uns der Anblick des Tobsüchtigen oder des Paralytikers mit all dem Mitleid, dessen der Mensch fähig ist, dann muß doch trotz allen eingesogenen Vorurtheilen der Gedanke in uns rege werden: ›haben diese Menschen nicht ein Recht auf den Tod, hat nicht die menschliche Gesellschaft die Pflicht, ihnen diesen Tod möglichst schmerzlos zu geben?‹«[60]

Dabei, so führt Jost an anderer Stelle aus, gehe die Ausübung des Tötungsrechtes bei den Geisteskranken automatisch an den Staat über »und es genügt die Diagnose auf Unheilbarkeit an und für sich die Tödtung zu vollziehen.«[61] Doch steht die Tötung der unheilbar Geisteskranken nicht am Beginn seines Forderungskataloges nach einem »Recht auf den Tod«. Vielmehr könne sich der erste Schritt der »socialen Reform« darauf beschränken, die ärztliche Tötung auf ausdrückliches Verlangen der unheilbar Kranken zuzulassen, bevor das Fernziel eines allgemeinen »Rechts auf den Tod« in weiterer Reformarbeit erreicht werde. In praktischer Hinsicht macht er den Vorschlag, daß sowohl der ausdrückliche Wunsch des Betroffenen als auch die ärztliche Diagnose der Unheilbarkeit vor einer amtlichen Person als Zeugen niedergelegt werden und die Tötung durch den Arzt dann in schmerzloser Weise, ggf. in Narkose, in Form einer schnell wirkenden Injektion erfolgen solle.[62] Ausführlich diskutiert Jost die in der schönen Literatur und in der Öffentlichkeit damals häufig gestellte Frage der Möglichkeit von Fehldiagnosen und Fehleinschätzungen der Unheilbarkeit. Mit einer utilitaristischen Argumentation[63] kommt er zu dem Schluß, daß 999 Menschen, für die der Tod eine Erlösung bedeute, die verlorene Lebensfreude eines Menschen, der aufgrund einer Fehldiagnose getötet würde, aber doch hätte gerettet werden können, bei weitem aufwiegen würden.[64] Eine spezifisch medizinische Ethik, die – erinnert sei an den bereits erwähnten Christoph Wilhelm Hufeland – den Arzt zur unbedingten Erhaltung des menschlichen Lebens verpflichtet, lehnt Jost ab.[65] Die Schrift von Adolf Jost kann als Gründungsdokument der modernen Euthanasiedebatte in Deutschland gelten, für die weitere Entwicklung sind die folgenden Punkte bedeutsam:

1. Die Debatte um die Euthanasie beginnt mit einem an die sittliche Autonomie des Menschen appellierenden Titel: »Das Recht auf den Tod«. Dieses »Recht auf den Tod« wird jedoch mit einer utilitaristischen Bewertung des menschlichen Lebens sowohl für den Einzelnen wie für die Gesellschaft unterfüttert. Der Wert der Einzelexistenz ist immer abhängig von der Nützlichkeit des Einzelnen für die Gesellschaft.
2. Durch die Einführung des Topos vom Mitleid, das allein im Tod der hoffnungslos Leidenden die Erlösung sieht, wird die utilitaristische Bewertung menschlichen Lebens mit emotionalem Pathos aufgeladen.
3. Die Tötung unheilbar körperlich Kranker auf deren ausdrückliches Verlangen wird mit der Frage der Erlösung der unheilbar Geisteskranken verknüpft, deren »Recht auf den Tod« vom Staat wahrzunehmen ist. Die Freigabe der Tötung auf ausdrückliches Verlangen unheilbar Leidender, führt – mit logischer Konsequenz – zur Frage der Tötung von denjenigen Menschen, deren Leben ebenfalls als Qual angesehen wird, denen jedoch eine freie Willensbestimmung abgesprochen wird.
4. Die Schrift von Jost hält mit ihren ersten, scheinbar moderaten Reformschritten (Freigabe der Tötung auf ausdrückliches Verlangen der Betroffenen bei ärztlich diagnostizierter Unheilbarkeit) bereits ein Eskalationsmodell gesellschaftlicher Umwertung bereit: Das »Recht auf den Tod« soll zu einer Pflicht zum Sterben bei subjektiv und objektiv negativem Lebenswert werden.

Damit sind bereits bei Jost diejenigen Strukturelemente des Euthanasiepostulats angelegt, die die folgende Debatte bis in den Ersten Weltkrieg hinein bestimmen sollten.[66]

1901 hat der Berginvalide J. Richter eine Petition zur Freigabe der Tötung auf Verlangen an den Sächsischen Landtag gerichtet: »Wenn ein alter, kranker oder unheilbar danhinsiechender Mensch den Wunsch hat, von seinem Leiden erlöst zu werden, möge auf dessen vor unparteiischen

Zeugen festgestellten Wunsch dem Arzte gestattet sein, diesem Wunsche zu willfahren.»[67] Zu gleicher Zeit veröffentlichte der Breslauer Oberlandesgerichtsrat Wilutzky in der Zeitschrift »Das Recht« einen Aufruf zur Erlösung der in hoffnungslosem Todeskampfe Leidenden mit dem polemischen Vergleich: »Dem Hunde einen Gnadenstoß, dem Menschen keinen«. Doch konnten sich beide Initiativen unter Verweis auf die Garantenpflicht des Staates für das menschliche Leben, sowie das Irrtums- und Mißbrauchsrisiko nicht durchsetzen.[68]

Einen großen Leserkreis erreichte Ernst Haeckel mit seinen »Gemeinverständlichen Studien über Biologische Philosophie«, veröffentlicht 1904 unter dem Titel »Lebenswunder«. Hier rechtfertigte er die ärztliche Mitleidstötung auf Wunsch der schwer leidenden und hoffnungslos Kranken und forderte zugleich die Erlösung der ganz unheilbar Geisteskanken in den Anstalten, ohne daß deren Einwilligung eine Rolle spielen würde: »Hunderttausende von unheilbaren Kranken, namentlich Geisteskranke, Aussätzige, Krebskranke u. s.w. werden in unseren modernen Culturstaaten künstlich am Leben erhalten und ihre beständigen Qualen sorgfältig verlängert, ohne irgend einen Nutzen für sie selbst oder für die Gesammtheit.«[69]

1911 erschien Max Nassauers (1869-1931) Erzählung[70] »Sterben ... ich bitte darum!« Darin stellt der Autor der Selbstentwertung des Kranken die erlösende Rolle des Arztes gegenüber. Die Forderung nach aktiver ärztlicher Sterbehilfe wird in die Geschichte eines verdienten siebzigjährigen Juristen, unheilbar an Lymphdrüsenkrebs erkrankt, und seines jüngeren Arztes und Freundes gekleidet. Die Bitte des Todkranken um Sterbehilfe, die bereits im Titel auftaucht, zieht sich wie ein roter Faden durch den Text und wird motiviert durch das »Recht des Herzens«. Dieses speist sich aus dem Gefühl der Sinnlosigkeit der leidenden, ekelerregenden Existenz des Todkranken. Dieser drückt seine Bitte um tötende Sterbehilfe in einem seiner nächtlichen Gespräche mit seinem Arzt so aus:

»›Ich bin zu nichts mehr nütze. Zu gar nichts. Nur eine Last für meine Frau, für meine Familie, für meine Bediensteten, für Sie, mein Freund, und vor allem für mich. Ich fange an, am lebendigen Körper zu verfaulen. Ich kann nichts denken, als an mein Elend. An die wunden Stellen meines Körpers, die von dem langen Liegen herrühren, und die sich mit der Länge meines Liegens vergrößern und verschlimmern. An die wahnsinnigen Schmerzen im Bein. An das Druckgefühl im Halse. Und ich habe das ständige Gefühl, daß die Geschwulst mir eines Tages die Kehle zuschnürt und ich elend ersticke. Ein entsetzlicher Gedanke. [...] Nur keine Schmerzen heute, so wache ich auf, so schlafe ich ein. Und doch kommen sie, und damit ein Wunsch, eine Sehnsucht, ein heißer inniger Gedanke, so inbrünstig und so wahr: ›Schluß. Schluß!‹ Schluß aus diesem Elend, diesem Dasein, das kein Dasein ist.‹«[71]

Daraus leitete der Todkranke schließlich ein Recht des Arztes zu töten ab, dem der Freund schließlich – innerlich überzeugt – folgt, und so wird der ärztlich herbeigeführte Tod zur totalen Erlösung verklärt: »Du sollst noch lebend ein herrliches Nirwana haben, ein Nirwana von Wohlgerüchen und Duft und Harmonie, bis zum großen Nirwana, das ich Dir bereite.«[72] Und nachdem der Arzt mit seiner tötenden Arznei den Frieden und die Erlösung gebracht hat, überhöht er sich selbst: »Und hoch hob er das Haupt und ein unendlicher Stolz zog ein in seine Brust, als er dahinschritt über die Felder, allein, nach diesen schwersten Stunden seines Lebens [...]«.[73] Vielleicht war es gerade die Selbstüberhöhung des tötenden Arztes, welche den nationalsozialistischen »Euthanasie«-Arzt und Gutachter der Krankentötungsaktion »T4« Hermann Pfannmüller (1886-1961) motiviert hat, gerade die Erzählung von Nassauer zur Rechtfertigung seines Tuns heranzuziehen.[74]

Die 1913 bis 1915 im Deutschen Monistenbund[75] geführte Debatte um die Euthanasie ging von einem konkreten Einzelschicksal aus: Der lungenkranke Roland Gerkan, Mitglied des Monistenbundes, übersandte an Wilhelm Ostwald (1853-1932), den Vorsitzenden des Bundes, kurz vor seinem Tode einen Gesetzesvorschlag, dessen erster Paragraph lautete: »Wer unheilbar krank ist, hat das Recht auf Sterbehilfe (Euthanasie).« Der Medizinhistoriker Michael Stolberg hält es für möglich, daß Gerkan damit auch das deutsche Wort der (ärztlichen) Sterbehilfe geprägt hat, während international die Begriffe »Euthanasie« oder »mercy killing« gebräuchlich waren.[76] Ziel der Initiative von Gerkan war es, daß eine »planmäßige, energische Propaganda« eingeleitet werde, um einen »Schandfleck unserer reifen Kultur zu tilgen« und »Millionen schwer und zwecklos leidender Mitmenschen Erlösung zu schaffen«. Das Schicksal des Einzelnen und sein Appell zur Erlösung der Vielen verfehlte seine Wirkung nicht, wie sich aus der Einleitung zur Veröffentlichung von Gesetzentwurf und begleitendem Brief ergibt. Wilhelm Ostwald teilt hier dem Leser seine persönliche Betroffenheit mit: »Die nachstehenden Darlegungen, die einer der Unsrigen im Angesicht des Todes niedergeschrieben hat, um seine letzten Energien ethisch, d. h. sozial zu betätigen, sprechen für sich selbst eine so erschütternde Sprache, daß kein Kommentar den Eindruck vertiefen könnte.«[77] So schrieb Gerkan in dem seinen Gesetzentwurf begleitenden Brief:

»Es ist psychologisch leicht zu erklären, daß gesunde und rüstige Menschen der Euthanasie-Frage ursprünglich nur lau und gleichgültig gegenüberstehen. Erst wenn sie einen nahestehenden Menschen hoffnungslos leiden sehen oder gar selber in die Lage kommen, sich den Tod als Erlöser ersehnen zu müssen, – erst durch solche Erfahrung und Gefühlsbetonung offenbart sich das Problem in seiner ganzen Wucht, seiner erschütternden Lebendigkeit und Tragik. [...] Je mehr ich selber nach ihr [der Euthanasie] zu schmachten begann, desto intensiver wurde auch der Drang, etwas für meine Schicksalsgefährten zu tun und einen Versuch zu machen, Mitleid und Pflichtbewußtsein der Welt aufzurütteln. [...] Ich bin heute kaum noch imstande, das Konzept zu diesem Brief hinzukritzeln, die Krankheitsbeschwerden werden immer quälender, und doch, wenn das Tempo meines Verfalls das gleiche bleibt, werde ich noch viele Monate warten müssen, bis ich endlich, als klägliches Gerippe mit wunder, durchgelegener Haut, ›nach langem, schwerem Leiden sanft entschlafe‹ (d. h. ersticke). Und nebenan in der Apotheke ist für wenige Pfennige das Mittel zu haben, das mir Ruhe und Erlösung schaffen könnte. Doch nein, das ist nichts für mich: ich bin doch kein *Haustier*! ich bin ein *Mensch* und muß ausharren bis zuletzt, weil das so üblich ist.«[78]

Es ist das Pathos dieser Worte, das Mitleid erzeugen und zum Handeln verpflichten soll, nämlich zur Abschaffung einer überkommenen Rechts- und Sittenordnung, die dem leidenden Menschen die letzte Wohltat, nämlich den erlösenden Tod, verweigere. Warum, wenn der Jenseitsglaube zerschlagen werde, das menschliche Leben seine Transzendenz verliere, mache quälendes Leiden noch einen Sinn, zumal wenn es mit schwerer Last für die Angehörigen verbunden sei?

»Zu all dem gesellt sich noch das peinigende Bewußtsein, daß ich meinen Angehörigen schwer zur Last falle. Wenn auch die Opfer an Zeit, Arbeitskraft und Geld mir gern und mit liebevoller Hingebung gebracht worden – ein schädlicher Schmarotzer bleibe ich darum doch. Welch eine herzzerreißende und dabei doch groteske Energievergeudung, wenn man Aufwand und Erfolg gegeneinander abwägt!»[79]

So verbirgt sich hinter dem Gefühl sinnlosen Leidens auch die Negation des Sinnes von Pflege und anteilnehmender Zuwendung bei unheilbarer Krankheit und tödlichem Leiden. Ähnlich wie bei Jost ist das pathetisch vorgetragene Mitleidsmotiv utilitaristisch unterlegt und wird genährt vom Gefühl der Nutzlosigkeit. Dies kommt auch in dem von Gerkan vorgeschlagenen Gesetzentwurf zum Ausdruck. Demnach soll die Euthanasie von der zuständigen Gerichtsbehörde auf ausdrücklichen Wunsch des Kranken dann gewährt werden, wenn nach ärztlicher Untersuchung ein tödlicher Ausgang der Erkrankung wahrscheinlicher ist als die Wiedererlangung dauernder Arbeitsfähigkeit. Einen Wert hat das menschliche Leben in dieser Auffassung nur durch die für die Gesellschaft zu erbringende Leistung, der nicht mehr arbeitsfähige Mensch wird als »schädlicher Schmarotzer« angesehen. Auch wenn Gerkan den ausdrücklichen Wunsch des Betroffenen nach Sterbehilfe voraussetzt, so ergibt sich aus seinem emphatischen Aufruf doch der Schluß, daß tödliche Sterbehilfe nicht etwa die Ausnahme für Zustände besonders schweren und unerträgliches Leiden sein soll, sondern eine erlösende Wohltat für Millionen Menschen im Sinne monistischer Ethik.

Auch wenn die Stellungnahme Ostwalds zum Gerkanschen Gesetzentwurf zustimmend war, so ergab die sich anschließende Debatte in der Zeitschrift »Der Monistenbund« doch ein kontroverses Meinungsbild. Auf der einen Seite standen Positionen, die auch aus monistischer Sicht dem menschlichen Leiden einen Sinn verleihen wollten und angesichts des Fehlens letzter Gewißheit über den Krankheitsverlauf die Unmöglichkeit der Durchführung des Gerkanschen Vorschlags betonten.[80] Auf der anderen Seite wurde hervorgehoben, daß der Tod – relativ gesehen – eine Wohltat sei und durch die Abkürzung quälender Leiden eine nutzlose Energievergeudung vermieden werden könne. So sei Gerkans Forderung nach der Legalisierung ärztlicher Sterbehilfe, von manchem Arzt bereits stillschweigend geübt, tatsächlich als fortschrittlich anzusehen.[81] Der Bielefelder Richter Alfred Bozi (1857-1938) warnte demgegenüber vor dem mit Gerkans Gesetzentwurf verbundenen behördlichen Verfahren:

»Würde der Gerkansche Vorschlag verwirklicht werden, so würde die nächste Frage sein, warum denn die Wohltat, die dem Kranken auf dessen ausdrückliches Verlangen zuteil wird, dem versagt werden soll, der dieses Verlangen zu äußern nicht einmal mehr imstande ist. Von diesem Gesichtspunkte würde mit Recht auf die unheilbar Geisteskranken verwiesen werden, die ohne eigenes Lebensbewußtsein und ohne Gewinn für die Allgemeinheit in den Irrenanstalten ihr Dasein fristen.«[82]

Eben dieser Übergang von der freiwilligen zur nichtfreiwilligen Euthanasie, von der Tötung auf ausdrückliches und ernstliches Verlangen des Betroffenen hin zur »Erlösung« auch der tatsächlich oder angeblich entscheidungsunfähigen Menschen bestimmte die Debatte nach dem Ersten Weltkrieg.

»Die Freigabe der Vernichtung lebensunwerten Lebens«

Mit der Schrift »Die Freigabe der Vernichtung lebensunwerten Lebens« erreichte die Debatte um die Euthanasie eine neue Qualität. Der führende deutsche Strafrechtler Karl Binding (1840-1920) und der Psychiater Alfred Hoche (1865-1943) prägten hier – unmittelbar nach dem Ersten

Weltkrieg – Begriffe, die für den weiteren Verlauf der medizinischen und juristischen Diskussion und schließlich auch für die Legitimation der Krankentötungen im Nationalsozialismus von entscheidender Bedeutung sein sollten. Zugleich läßt sich eine entscheidende Akzentverschiebung beobachten: Für die Definition des »lebensunwerten Lebens« und der Bedingungen, unter denen die Vernichtung freigegeben werden soll, steht nicht mehr das Selbstbestimmungsrecht des Menschen im Vordergrund der Argumentation, sondern das staatliche Interesse an der Erhaltung des wertvollen und der Beseitigung des unwerten Lebens.

Zunächst geht auch Binding, den idealen Schwung der Schrift von Jost aufnehmend, von der Forderung nach dem »Recht auf den Tod« aus[83] und sieht im Menschen den »*geborene*[*n*] *Souverän über sein Leben*«.[84] Insoweit rechtfertigt er die Straflosigkeit des Selbstmordes als einer unverbotenen Handlung, deren sittlicher Wert sich daran bemißt, ob sie den Normen des Rechts zuwiderläuft bzw. dem Staat lebenskräftige es Leben entzieht. In diesem Sinne kann es nach Binding auch keinen positiven Rechtsanspruch auf Selbsttötung oder Getötetwerden geben. Auf dieser rechtspolitischen Linie liegt auch seine Rechtfertigung der Euthanasie. Hier ist es primär nicht die Einwilligung, die die ärztliche Lebensabkürzung rechtfertigt, sondern das Leiden des unheilbar kranken bzw. unrettbar verlorenen Menschen. Mitleid mit dem unter Schmerzen und Hoffnungslosigkeit leidenden Menschen und der »Lebensunwert« der verbleibenden Lebensspanne rechtfertigen das ärztliche Töten. Zunächst sieht Binding in der Bewirkung der reinen Euthanasie, d. h. der Abkürzung des Lebens bei unmittelbar absehbarem Eintritt des Todes, überhaupt kein Tötungsdelikt, sondern vielmehr ein »unverbotenes Heilwerk«, bei dem es »auf die Einwilligung des gequälten Kranken« gar nicht ankomme.[85] Hier werde nur eine quälende Todesursache durch eine schmerzlose andere ersetzt. Während Binding die reine Euthanasie bereits nach damals geltendem Recht aus den Tötungsdelikten herausdefiniert, nur ein Pedant könne die mit der Euthanasie verbundene Verkürzung des Lebens als beachtlich ansehen, erfordere die, »Vernichtung lebensunwerten Lebens« im weiteren Sinne eine formale Freigabe, z. B. durch eine Verwaltungsvorschrift. Dabei ist für Binding wiederum nicht der Wille des einzelnen betroffenen Menschen von ausschlaggebender Bedeutung, sondern vielmehr die Frage: »Gibt es Menschenleben, die so stark die Eigenschaft des Rechtsgutes eingebüßt haben, daß ihre Fortdauer für die Lebensträger wie für die Gesellschaft dauernd allen Wert verloren hat?«[86] Und diese Frage beantwortet sich für Binding angesichts der Vergeudung an Arbeitskraft, Geduld und Vermögen, die für die Erhaltung »lebensunwerten Lebens« aufgewendet werden, von selbst. Von daher müsse der Staat mit »kühl rechnender Logik« auf den vollen Strafrechtsschutz für das »lebensunwerte Leben« verzichten und dessen Vernichtung freigeben, eine Forderung, die gefühlsmäßig durch die Empfindung der Erlösung, die mit der Tötung verbunden sein müsse, gestützt werde.[87] So wird für Binding die »Vernichtung lebensunwerten Lebens« zu einer *»Pflicht gesetzlichen Mitleids«*[88]. Dabei offenbart sich die Doppeldeutigkeit des Mitleidsbegriffs: Das vermeintliche oder tatsächlich nachempfundene Leiden des Anderen läßt in dem Mitleidenden nicht tätige Zuwendung im Sinne von Barmherzigkeit entstehen, sondern motiviert zu einer radikalen Form der Erlösung, nämlich durch die Vernichtung des Leidenden. So erscheint die »Vernichtung lebensunwerten Lebens« nicht nur in einer rationalen, sondern auch in einer emotionalen Hinsicht, der Empfindung nach, moralisch gerechtfertigt.

Binding unterscheidet drei Gruppen, die für die Freigabe der »Vernichtung lebensunwerten Lebens« in Frage kommen, dabei hält er eine Tötung gegen den Willen der Betroffenen nicht für zulässig:

1. »die zufolge Krankheit oder Verwundung unrettbar Verlorenen, die im vollen Verständnis ihrer Lage den dringenden Wunsch nach Erlösung besitzen [...].«[89] Hier *muß* der Kranke entscheiden, ob er das verlorene Leben noch tragen kann.[90] Dabei ist die Last des »lebensunwert« gewordenen Lebens eine Zumutung nicht nur für den Kranken, sondern auch für die Angehörigen und die Gesellschaft: Hier hilft keine menschliche Zuwendung und kein Trost, nur das erlösende Mitleid. So wird der Träger des »lebensunwerten Lebens« in die Entscheidung, ob er sein Leben sich selbst und seiner Umgebung noch zumuten kann, hineingezwungen. Im Zweifelsfalle könne auf den ausdrücklich erklärten Wunsch sogar verzichtet werden. Es reiche, wenn die Betroffenen, »ihn in irgendeiner Weise zu erkennen gegeben haben.«[91]

2. die »unheilbar Blödsinnigen«. Diese Gruppe von Menschen wird aus dem staatlichen Lebensschutz herausdefiniert, indem ihnen jeglicher Lebenswille abgesprochen wird: »Sie haben weder den Willen zu leben, noch zu sterben. So gibt es ihrerseits keine beachtliche Einwilligung in die Tötung, andererseits stößt diese auf keinen Lebenswillen, der gebrochen werden müßte.«[92] Hier sind es nicht nur die Zwecklosigkeit ihres Lebens und die Belastung für die Gesellschaft sowie für die Angehörigen, welche die Tötung rechtfertigen, vielmehr wird auch an tief wurzelnde Gefühle appelliert. Was sich gegenüber den unheilbar Kranken als Mitleid darstellt, verwandelt sich in Abscheu: Die »unheilbar Blödsinnigen« sind für Binding »das furchtbare Gegenbild echter Menschen«, die »fast in Jedem Entsetzen erwecken, der ihnen begegnet [...].«[93] Lediglich den

Müttern, die von der Liebe zu ihrem geistig behinderten Kind nicht lassen können, sei ein Einspruchsrecht zuzugestehen, wenn sie die Pflege und die Kosten selbst übernehmen.

3. die durch irgendein Ereignis bewußtlos gewordenen, die »zu einem namenlosen Elend erwachen würden.«[94] Bei den Bewußtlosen, denen nicht mehr geholfen werden könne, reiche das unterstellte Todesverlangen aus, um die Tötung zu rechtfertigen, auch wenn hier jeder Einzelfall gesondert betrachtet werden müsse.

Insgesamt läuft die juristische Argumentation Bindings darauf hinaus, den strafrechtlichen Schutz des menschlichen Lebens an Kategorien des Lebenswerts zu binden, die sich am Nutzen des Einzellebens für die Gesellschaft orientieren. An der Erhaltung »lebensunwerten« Lebens kann der Staat nach Binding kein Interesse haben, daher sei er zur Freigabe der »Vernichtung lebensunwerten Lebens« berechtigt, im Sinne einer höheren Sittlichkeit sogar verpflichtet. Die Einwilligung der Betroffenen sei keine conditio sine qua non für die Vernichtung, sie entfalle für die »unheilbar Blödsinnigen« und könne für die Bewußtlosen angesichts des Elends, das ihnen bevorstehe, unterstellt werden. Freilich sieht Binding eine Grenze darin, daß Menschen nicht unter Brechung des Lebenswillens getötet werden dürfen und fordert ein gesetzlich geregeltes Verfahren: Ein Ausschuß, bestehend aus zwei Ärzten, einem Juristen sowie einem nicht stimmberechtigten Vorsitzenden solle über die Freigabe entscheiden.

Die ärztlichen Bemerkungen des Freiburger Psychiaters Alfred Hoche konzentrieren sich ganz auf die Gruppe der »unheilbar Blödsinnigen«, bei denen auch für Hoche die Fortdauer des Lebens weder für sie selbst, noch für die Gesellschaft einen Wert besitzt. Er nennt sie Zustände »geistigen Todes« und unterscheidet die angeborenen oder in der frühen Kindheit erworbenen Formen von den im Laufe des Lebens entstandenden. Letztere umfassen die verschiedenen Formen der senilen und arteriosklerotischen Demenz, aber auch schwerere Verläufe der jugendlichen Verblödungsprozesse aus der Gruppe der Schizophrenien. Für die erworbenen Zustände »geistigen Todes«, die er mit den Ruinen eines zusammengestürzten Gebäudes vergleicht, könne ein gewisser »Affektionswert« geltend gemacht werden, während dies auf die angeborenen und früh erworbenen Zustände, in denen nie ein geistiger Rapport mit der Umgebung bestanden habe, nicht zutreffe. Gerade die Pflege dieser »Vollidioten« bei nur gering eingeschränkter Lebenserwartung erfordere ein ungeheueres Kapital in Form von Nahrungsmitteln, Kleidung und Heizung, das dem Nationalvermögen zu einem unproduktiven Zweck entzogen werde.[95] Dieser Umstand wiederum läßt die von Hoche als

»leere Menschenhülsen« bezeichneten Menschen zu reinen »Ballastexistenzen« werden[96], deren Erhaltung unter den nach dem Ersten Weltkrieg gegebenen Umständen nicht mehr gerechtfertigt werden könne. Zur Legitimation der Tötung der »geistig völlig Toten« weist Hoche ihnen bestimmte Eigenschaften zu, die sie gleichsam aus der Gemeinschaft erhaltenswerter Leben herausdefinieren: Das Fehlen irgendwelcher produktiver Leistungen, die völlige Hilflosigkeit mit der Notwendigkeit der Versorgung durch Dritte und der Mangel an Gefühlsbeziehungen zur Umgebung lassen sie in der Sicht Hoches zu Fremdkörpern im Gefüge der menschlichen Gesellschaft werden. Diese negative Anthropologie der »geistig Toten« findet ihren Höhepunkt im Fehlen des Selbstbewußtseins, ein Umstand, der sie auf ein intellektuelles Niveau »tief unten in der Tierreihe« verweise.[97] Diese Entmenschlichung der »geistig Toten«, die im übrigen nirgends empirisch begründet wird, sondern Postulat bleibt, führt konsequenterweise zum Verlust des Rechts auf Leben: »Ein geistig Toter ist somit auch nicht imstande, innerlich einen *subjektiven Anspruch auf Leben* erheben zu können, ebensowenig wie er irgendwelcher anderer geistiger Prozesse fähig wäre.«[98] Somit verdienten die »geistig Toten« weder Mitleid, noch verletze ihre Tötung einen subjektiven Anspruch auf Leben. Ihre Tötung ist für Hoche einzig und allein eine Frage der Nützlichkeit: »aber wir werden vielleicht eines Tages zu der Auffassung heranreifen, daß *die Beseitigung der geistig völlig Toten kein Verbrechen, keine unmoralische Handlung, keine gefühlsmäßige Rohheit, sondern einen erlaubten nützlichen Akt darstellt.*«[99]

In der Situation des verlorenen Krieges, nach einem Massensterben bisher nicht gekannten Ausmaßes und nicht gekannter Grausamkeit, hat die menschliche Einzelexistenz sowohl für Binding wie für Hoche ihren Wert verloren. Für Binding stehen das Schlachtfeld, bedeckt mit toter Jugend, und die angeblich mit besonderer Sorgfalt am Leben erhaltenen Insassen der Idioteninstitute – in Wirklichkeit waren in den Heil- und Pflegeanstalten des Deutschen Reiches während des Ersten Weltkriegs Zehntausende von Patienten verhungert[100] – in einem unüberbrückbaren Gegensatz: »man ist auf das tiefste erschüttert von diesem grellen Mißklang zwischen der Opferung des teuersten Gutes der Menschheit im größten Maßstabe auf der einen und der größten Pflege nicht nur absolut wertloser, sondern negativ zu wertender Existenzen auf der anderen Seite.«[101] Und Hoche beschreibt die Situation nach dem Ersten Weltkrieg wie folgt:

»Unsere Lage ist wie die der Teilnehmer an einer schwierigen Expedition, bei welcher die größtmögliche Leistungsfähigkeit Aller die unerläßliche *Voraussetzung* für das Gelingen der Unternehmung bedeutet, und bei der kein Platz ist für halbe, Viertels und Achtels-Kräfte. Unsere deutsche Aufgabe wird für lange Zeit sein: eine bis zum höchsten gesteigerte Zusammenfassung aller Möglichkeiten, ein Freimachen jeder verfügbaren Leistungsfähigkeit für fördernde Zwecke.«[102]

In dieser krisenhaft zugespitzten Situation soll nun, so die Prophezeiung von Hoche, das Bewußtsein einer höheren Sittlichkeit reifen, die den überspannten Humanitätsbegriff und die Überschätzung des Wertes der Einzelexistenz überwinde. Dazu soll auch das »lebensunwerte Leben« geopfert werden, von dem eine Gesellschaft auf der Stufe höherer Sittlichkeit sich zu befreien wisse. Auch wenn Hoche – Binding war während der Drucklegung des Werkes verstorben – keineswegs ein Anhänger des Nationalsozialismus war und sich zu den Krankenmorden Anfang der vierziger Jahre kritisch geäußert haben soll[103], so ist die Entwertung geistig behinderter und psychisch kranker Menschen in den folgenden Jahren auf fruchtbaren Boden gefallen. Die hier eingeführten Begriffe des »lebensunwerten Lebens«, des »geistigen Todes«, der »Ballastexistenzen« und der »leeren Menschenhülsen« sollten die nachfolgende Debatte prägen und entgegen den von Binding und Hoche geforderten Sicherungen eine unheilvolle Eigendynamik entfalten. Für die Enttabuisierung des Tötens als medizinische Handlung verbunden mit einem letztlich biologisch-naturwissenschaftlichen Deutungsanspruch über defizitäres menschliches Leben stellte die Schrift von Binding und Hoche in folgenden Jahren den entscheidenden Referenzpunkt dar.[104] Zugleich markiert die Schrift von Binding und Hoche einen entscheidenden Perspektivenwechsel in der Debatte um die Euthanasie: Der Ruf nach einem selbstbestimmten Tod, nach ärztlicher Erlösung vom Leiden auf den ausdrücklichen Wunsch des betroffenen Menschen, ist nicht mehr Kern, sondern nur noch der Ausgangspunkt einer Argumentation, die das »lebensunwerte Leben« nach den Gesichtspunkten gesellschaftlicher Nützlichkeit definiert. Damit geraten auch diejenigen Menschen stärker in den Fokus staatlich verfügter Freigabe der Vernichtung, bei denen eine Einwilligung nur unterstellt wird, nämlich bei den Bewußtlosen und bei den »geistig Toten«, denen wesentliche Qualitäten des Menschseins abgesprochen werden. Mit dem Begriff des »geistigen Todes« werden sie bereits vom Sprachgebrauch her aus der Gesellschaft ausgeschlossen, so daß ihr biologischer Tod, ihre Tötung, nur allzu logisch und konsequent erscheint.

Den ökonomischen Aspekt der von Binding und Hoche geforderten erlösenden Vernichtung für das »lebensunwerte Leben« beschreibt Stefanie Graefe wie folgt: »Binding/Hoches Programmschrift skandalisiert die Kluft zwischen ungenutzten Wertschöpfungspotenzialen auf der einen und drohender Wertvernichtung auf der anderen Seite und passt diese Kluft ein in die Struktur der souveränen Entscheidung über das Leben. Die beiden Autoren weisen dem Staat die Aufgabe zu, die ›Freigabe‹ der qua ihrer biologischen Verfassung destruktiven Produktivkräfte rechtlich abzusichern – und auf diese Weise die begrenzte Ressource Mensch vor unnötigem Verschleiß und die Volkswirtschaft vor ihrem Niedergang zu bewahren.«[105]

Damit ist die Ökonomie der Erlösung der »Ballastexistenzen«, wie sie unvorstellbar radikal im Nationalsozialismus praktiziert werden sollte, vorgedacht.

Die Debatte in der Weimarer Republik

Die Schrift von Binding und Hoche erregte nach ihrem Erscheinen einiges Aufsehen, nicht nur in der Fachwelt, sondern auch in der Öffentlichkeit.[106] Der Tübinger Psychiater Robert Gaupp sah in ihr »ein rechtes Kind unserer zwiespältigen Zeit« und referierte die Argumentation von Binding und Hoche ausführlich. Dabei betonte er den zeitgeschichtlichen Kontext nach dem Ende des Ersten Weltkrieges, der »seine grausame negative Auslese« getroffen und »Millionen der besten Männer« habe zugrunde gehen lassen und der das einst so stolze deutsche Volk nunmehr in das wirtschaftliche Gefängnis des Friedens von Versailles einzwänge:

»Das unermeßliche Leiden, das die technischen Ungeheuerlichkeiten des Weltkrieges über die besten Männer unseres Volkes gebracht haben, schuf den mitleidsvollen Ruf nach Abkürzung aller hoffnungslosen Qual [...], und der Kampf um das tägliche Brot für unsere Kinder in einem blockierten und gefesselten Lande schärfte den Blick für die Wahrnehmung falscher Humanität, die wertlose Leben hätschelt und pflegt, während wertvolle Leben an anderer Stelle [...] elend zugrunde gehen müssen.«[107]

Diese »›Bedeutungslosigkeit der Einzelexistenz, gemessen an den Interessen des Ganzen‹« ist es auch, die der Münchner Rassenhygieniker Fritz Lenz in seiner knappen Rezension für die Münchner Medizinische Wochenschrift hervorhebt: »Mir scheint der Schritt ein begrüssenswertes Zeichen zu sein, dass führende Männer des deutschen Geisteslebens sich von der individualistischen Weltanschauung des 19. Jahrhunderts, welche in sonderbarer Konsequenz die unbedingte Erhaltung des Individuums auch gegen seinen Willen und gegen sein Interesse verlangt, freizumachen beginnen.«[108]

In der praktischen Psychiatrie gab es eine kontroverse Diskussion über die Vorschläge von Binding und Hoche, auch wenn Joachim Ernst Meyer 1988 in einer Literaturübersicht beklagt, daß die Reaktion der deutschen Psychiatrie doch eher gering ausgefallen und eine deutliche kritische Stellungnahme insbesondere von Seiten der Universitätspsychiatrie ausgeblieben sei.[109] Der Dresdener Psychiater Hans Haenel (1874-1942) löste mit seinem Referat »Darf der Arzt töten?« vor der Dresdener forensisch-psychiatrischen Vereinigung, in dem er sich die Rechtfertigung sowohl der Tötung auf Verlangen bei »lebensunwerten Existenzen« als auch die Tötung der unheilbar Blödsinnigen zu eigen machte, Widerspruch, aber auch Zustimmung zur Sterbehilfe bei »unrettbar dem Tode verfallenen Kranken« aus.[110] Kritische Stellungnahmen zu Binding und Hoche waren in der Psychiatrisch-Neurologischen Wochenschrift zu finden. So betonte der Herausgeber der Wochenschrift Johannes Bresler (1866-1942) die Rechtsfähigkeit der »unheilbar Blödsinnigen«, die sehr wohl einen subjektiven Anspruch auf Leben erheben würden, und warnte vor der Belastung des Rechtslebens und des natürlichen Empfindens der Menschen durch ein Freigabegesetz.[111] Hans Brennecke[112] sah in der Schrift von Binding und Hoche den Ausdruck krassesten Materialismus und Egoismus und legte insbesondere die an Bequemlichkeit und Nützlichkeit orientierte Verwendung des Begriffs »Mitleid« offen: »Das Nicht-mit-Leiden-wollen ist die wahre Triebfeder, nie und nimmer aber echtes Mit-Leiden«, wobei sich Brennecke auf den transzendentalen Idealismus Schopenhauers berief.[113]

In der Ärzteschaft war das Echo geteilt. So schloß sich der Medizinalbeamte F. Strassmann zwar der Bindingschen Forderung nach Straffreiheit der Tötung auf Verlangen bei »lebensunwertem Leben« an, wandte sich aber gegen die amtliche Organisation der Tötungen und vor allem gegen die »Beseitigung der Vollidioten nach staatlicher Genehmigung«, ein Gedanke, dessen Durchführung ihm unmöglich erscheine.[114] Heyn stellte in der Zeitschrift für Medizinalbeamte fest, daß sich viele Ärzte gegenüber der Forderung nach lebensverkürzender Sterbehilfe noch ablehnend verhielten, er jedoch hoffe, daß die »Umwertung der Begriffe« durch die neue Zeit auch hier den Weg zu einer Einstellungsänderung ebnen werde. Dabei sah er für seine Forderung nach Freigabe der Sterbehilfe im weiteren Sinne folgende Voraussetzungen als notwendig an: die Tödlichkeit der Erkrankung oder Verwundung, das Vorliegen körperlicher Qualen, den ausdrücklichen Wunsch des Kranken und den negativen Lebenswert im Sinne von Jost. Auch wenn er die Frage der Tötung unheilbar Geisteskranker und Blödsinniger aus seiner Definition der Sterbehilfe ausklammerte, so deutete sich doch auch hier an, daß einem überspannten Humanitätsbegriff, der die aufopfernde Fürsorge für unheilbar Kranke und Sieche zur Pflicht mache, Grenzen gesetzt werden müßten. Letztlich habe ein an qualitativer Rassenhygiene orientierter

Staat kein Interesse am Erhalt des leidenden, untätigen und anderen zur Last fallenden Menschen.[115] Der Karlsruher Ärztetag hat sich 1921 mit den Vorschlägen von Binding und Hoche beschäftigt und kam zu einer fast einhelligen Ablehnung der Straffreiheit für die »Vernichtung lebensunwerten Lebens«.[116]

Bemerkenswerterweise gab es im Dezember 1934 eine späte positive Rezension der Schrift von Binding und Hoche im Internationalen Ärztlichen Bulletin, dem Zentralorgan der Internationalen Vereinigung Sozialistischer Ärzte von F. Limacher aus Bern, der in dem Juristen Karl Binding und dem Psychiater Alfred Hoche Garanten »tiefster Menschenliebe und größtem Verantwortungsgefühl[s]« sieht, »denn Mitleid kann sich zur Grausamkeit steigern, wenn dem Unheilbaren, der den Tod ersehnt, die schmerzlose Erlösung nicht gegönnt wird.«[117]

Auch unter den Juristen fand die Schrift von Binding und Hoche ein geteiltes Echo. Auf der einen Seite stand die befürwortende Position des Berliner Kammergerichtsrats Karl Klee (1876-?). Er ging mit seiner Forderung nach Freigabe der staatlichen Vernichtung nicht nur der »geistig Toten« und unheilbar Kranken als passiv schädliche Glieder des Gemeinwesens, sondern auch der aktiv schädlichen Mitglieder der Gesellschaft, der unverbesserlichen Verbrecher, deutlich über die Forderung Bindings hinaus. So werde die Todesstrafe zu einer »zweckbewussten sozialhygienischen Maßnahme der Ausscheidung parasitenhafter Existenzen«. Das Gerechte ist für Klee das Zweckmäßige. So dürfe sich der Staat auch durch gefühlsmäßige Widerstände gegen die »Vernichtung lebensunwerten Lebens« nicht abschrecken lassen und müsse das als »richtig Erkannte, dem Gemeinwohl Nützliche zielbewusst ins Auge [...] fassen und durch geeignete Aufklärung der Bevölkerung den geistigen Boden für den legislativen Schritt [...] bereiten.«[118] Der Liegnitzer Stadtrat Borchardt hat die Bindingschen Vorschläge zur Tötung der unheilbar Blödsinnigen in die Form eines konkreten Gesetzesentwurfs gebracht, wobei die durch die Lebensvernichtung von geschätzten 15.000 Idioten ersparten Kosten als Begründung dienen. Daher erhalte auch der Armenverband neben den Angehörigen und den gesetzlichen Vertretern ein Antragsrecht an den Freigabeausschuß.[119] An prominenter Stelle hat der Senatspräsident am Reichsgericht und Oberreichsanwalt Ludwig Ebermayer (1858-1933) den Bindingschen Vorschlägen zur Tötung der unheilbar Blödsinnigen und dem Gesetzentwurf von Borchardt widersprochen. Er sah hier im Gegensatz zur Freigabe der Tötung auf Verlangen bei unheilbar Kranken oder Sterbenden Gefühl und Rechtsempfinden verletzt, da eine Einwilligung zur Tötung nicht vorliege und Dritte über Sein und Nichtsein eines Menschenlebens nicht entscheiden dürften, sei es auch noch so nutzlos. Allerdings hielt Ebermayer die Straffreiheit der Tötung auf Verlangen bei unheilbarer Erkrankung, absehbarem Tod und dem ausdrücklich erklärten Willen des Betroffenen *de lege ferenda* für beachtenswert.[120] Ausführlich rechtfertigte auch Fritz Pelckmann die Euthanasie im engeren und weiteren Sinne, allerdings ohne sich ausdrücklich mit der Frage der Tötung unheilbar Blödsinniger auseinanderzusetzen. Da der § 216 des Strafgesetzbuches (Tötung auf Verlangen) nur durch das materielle Interesse des Staates am Leben seiner Bürger zum Zweck der äußeren Sicherheit und der Volkswohlfahrt gerechtfertigt werden könne, entfalle bei Unheilbarkeit, tödlicher Erkrankung und den dadurch verursachten Leiden das Interesse an der Erhaltung dieser Leben, somit könne die Tötung auf Verlangen in diesen Fällen nicht rechtswidrig, sondern müsse vielmehr straflos sein. Damit liegt Pelckmann ganz auf der Linie der Bindingschen Argumentation zur »Freigabe der Vernichtung lebensunwerten Lebens«.[121]

Bindings Position sowohl zur Straffreiheit der Tötung auf Verlangen als auch zur Tötung der unheilbar Blödsinnigen konnte sich trotz dieser kontroversen Diskussion in der Weimarer Republik weder in den juristischen Lehrbüchern noch in den Strafrechtskommentaren durchsetzen.[122] Auch eine Reihe von juristischen Dissertationen lehnte die Tötung der »unheilbar Blödsinnigen« im Sinne Bindings ab.[123] Im Entwurf zu einem reformierten Strafgesetzbuch, 1924 von Justizminister Gustav Radbruch (1878-1949) an das Kabinett weitergeleitet, setzte sich die Erkenntnis durch, daß der Strafrahmen des § 216 (mindestens drei Jahre Gefängnis) wesentlich zu hoch gegriffen sei. Eine Stellungnahme des Gesetzgebers zur Euthanasie sei, so Radbruch, unvermeidlich, auch wenn eine abschließende Regelung noch nicht gefunden sei.[124]

Die radikalsten Forderungen zur »Vernichtung lebensunwerten Lebens« während der Weimarer Republik hat 1922 Gerhard Hoffmann unter dem Pseudonym Ernst Mann unter dem Deckmantel der Barmherzigkeit an den Reichstag gerichtet:

»1) schmerzlose Vernichtung der Geisteskranken, also solcher Menschen, welche die Selbstbestimmung über sich selbst verloren haben, unheilbarem Siechtum verfallen sind, sich selbst und ihren Mitmenschen zur Last leben.

2) Sterbehilfe für alle Sterbenden, die in schwerem Todeskampfe dem Tode unrettbar verfallen sind.

3) Sterbehilfe für alle Lebensmüden, die, um unerträglichen seelischen und körperlichen Qualen zu entgehen, freiwillig aus dem Leben scheiden wollen.

4) Schmerzlose Tötung verkrüppelt und mit unheilbaren Krankheiten geborener Kinder kurz nach der Geburt.«[125]

Gerhard Hofmann veröffentlichte 1922 – ebenfalls unter dem Pseudonym Ernst Mann – ein Buch mit dem Titel »Die Erlösung der Menschheit vom Elend«, das an sozialdarwinistischer Radikalität nicht zu überbieten ist. Analog zum Kreislauf von Wachstum und Vernichtung in der Natur propagierte er bei unheilbarem Elend den schnellen Tod als die einzig mögliche Form der Erlösung. Da die Menschen dazu neigen würden, durch ihre Angst vor dem Tode ihr Leiden nur zu verlängern, sollten sie auch *gegen* ihren Willen vernichtet werden. Dies sollte durch regelmäßige Kontrollversammlungen, bei denen Kranke und Schwache aus dem Volk ausgeschieden werden, gewährleistet sein.[126] Allerdings blieb diese in ihrer extremen sozialdarwinistischen Ausrichtung und die Grundwerte moderner Zivilisation negierenden Position einzigartig und im Reichstag ohne Resonanz.[127]

Der Strafrechtsausschuß des Reichtages diskutierte 1929 kontrovers über die Frage der Sterbehilfe, während die »Vernichtung lebensunwerten Lebens« im Sinne Bindings weitestgehend abgelehnt wurde. Es war vor allem der KPD-Abgeordnete Dr. Eduard Alexander (1881-1945), der sich für eine Straffreiheit der Tötung auf Verlangen in besonderen Fällen der Befreiung von quälendem und unheilbarem Leiden einsetzte. Andere Abgeordnete warnten vor dem Irrtumsrisiko und der Gefahr, daß das Recht auf Sterbehilfe in eine Pflicht umgewandelt werden könnte. Das Reichsjustizministerium sah die Zeit jedoch noch nicht reif für eine gesetzliche Regelung sowohl der Sterbehilfe als auch der »Vernichtung lebensunwerten Lebens«. Insofern verblieb die Praxis ärztlicher Sterbehilfe in der Weimarer Republik in einer rechtlichen Grauzone, in der unklar war, wo die Grenze zwischen erlaubter Bekämpfung von Schmerzen und verbotener Tötung verläuft.[128]

Die ausführlichste Auseinandersetzung mit den Forderungen von Binding und Hoche stammt von Ewald Meltzer (1889-1940), Direktor des Katharinenhofes, einer Pflege- und Erziehungseinrichtung für geistig behinderte Kinder in Großhennersdorf/Sachsen. Dabei schloß sich Meltzer zunächst der Rechtfertigung der reinen Euthanasie im Sinne von Binding an und machte hierzu auch einen eigenen Reformvorschlag, der die schmerzlose Tötung unheilbar Kranker und unrettbar Schwerverletzter straflos stellt, wenn »sie im vollen Verständnis ihrer Lage den ausdrücklichen und ernstlichen Wunsch auf Erlösung von ihren Qualen und Leiden zu erkennen gegeben haben.«[129] Dabei hielt Meltzer den ausdrücklichen Wunsch der Betroffenen für unabdingbar und wandte sich gegen die Aushöhlung des Rechts auf Selbstbestimmung, die für Bindings Position kennzeichnend ist. So lehnte er insbesondere die Tötung von schwer verwundeten Bewußtlosen ab, bei denen ein Einverständnis in die Tötung eben gerade nicht sicher unterstellt werden könne.[130] Der Hauptteil des Buches von Meltzer beschäftigt sich mit der Frage der Lebensabkürzung bei »unheilbar Blöden«. Zunächst rechtfertigt Meltzer den Sinn der »Idiotenpflege« gegen den Vorwurf der Verschwendung von Volksvermögen. So sieht er in der pädagogischen und pflegerischen Arbeit mit geistig behinderten Menschen wertvolle ethische Haltungen der Nächstenliebe und des Gemeinschaftssinns verwirklicht, die für ein Kulturvolk selbstverständlich sein sollten und die für die materialistisch orientierte Industriegesellschaft mit ihrem egoistischen Gewinnstreben ein wichtiges Korrektiv darstellten.[131] Meltzers Hauptargument gegen Binding entstammt jedoch seiner persönlichen Erfahrung im Umgang mit »schwachsinnigen« Kindern: »Die meisten fühlen sich jedenfalls glücklich und würden sich gegen eine Beendigung dieses Glücksgefühls durch Tötung sehr energisch sträuben.«[132]

Angeregt durch die intensive Diskussion um die Schrift von Binding und Hoche führte Meltzer Anfang der 1920er Jahre eine Umfrage unter den Eltern der von ihm betreuten Kinder durch. Mit Berufung auf die Autorität der beiden Universitätsprofessoren und von Vertretern der Theologie stellte er die Frage, ob sie in eine schmerzlose Abkürzung des Lebens ihres Kindes einwilligen würden, wenn durch Sachverständige festgestellt sei, daß es unheilbar blöd ist. Die Antworten – eigentlich als Widerlegung der Vorschläge von Binding und Hoche gedacht – erstaunten Meltzer. Von den 162 zurückgesandten Fragebögen beantworteten 119 die gestellte Frage mit »ja« und nur 43 mit »nein«. Unter den »Nein«-Sagern waren nur 20 Stimmen, die eine schmerzlose Tötung ihres Kindes unter allen Umständen ablehnten. Die anderen konnten sich eine Einwilligung vorstellen, wenn sie sich selber nicht mehr um das Kind kümmern könnten oder wenn es unter heftigen körperlichen oder seelischen Schmerzen leiden würde. Auffallend ist, daß bei den zustimmenden Antworten ökonomische Gründe für die »Erlösung« der Kinder eine große Rolle spielten sowohl im Hinblick auf die betroffenen Eltern als auch im Hinblick auf die Gesellschaft. Der Brief eines Bergarbeiters an Meltzer bringt dies unverhohlen zum Ausdruck: »Unsere Gesellschaft ist bisher verständnislos an den Leiden dieser armen geistig Unheilbaren vorübergegangen. Und sind denn diese geistig Toten in Wirklichkeit für die Gesellschaft nicht ganz tot? Sind diese geistig Toten nicht eine Last für Staat und Gesellschaft sowohl als auch für die Angehörigen?»[133] Neben diesen oder ähnlich formulierten Vernunftgründen erscheint der Gedanke, daß die »Erlösung« der Kinder eine Tat der Barmherzigkeit sei. Bemerkenswert ist, daß eine Reihe von Eltern in die Entscheidung überhaupt gar nicht einbezogen werden wollte. So sollte ihnen die Last einer Gewissensentscheidung von staatlicher Seite abgenommen werden. Eine alleinstehende Frau antwortete: »‹Richtiger hätten Sie mir das gar nicht gesagt und hätten das Kind einschlafen lassen.‹«[134] Dieses Argument wird für die Täuschung der Eltern im Rahmen der nationalsozialistischen »Kindereuthanasie« eine große Rolle spielen. Einige Antworten machen demgegenüber deutlich, daß es der mit wissenschaftlicher Autorität vorgebrachte Gesetzesvorschlag ist, der die Eltern in der ambivalenten Einstellung ihren geistig behinderten Kindern gegenüber zu einer Entscheidung fordert: »Ihre Anfrage hat sowohl in mir als auch in meiner Frau Gedanken und Wünsche wieder aufleben lassen, die wir als unmöglich und jeder gesetzlichen Grundlage entbehrend längst zurückgestellt haben.«[135] Allein die gesetzliche Möglichkeit der »Vernichtung lebensunwerten Lebens« führt zu einem Entscheidungsdruck bei den betroffenen Eltern, der es schwer macht, sich dagegen zu stellen und sich für das Leben eines Kindes auszusprechen, das allgemein nur als sinnlose Last angesehen wird. In dieser Hinsicht hat Meltzer vielleicht nicht ganz unrecht, wenn er sagt, daß das Gewicht der 43 Neinsagerstimmen stärker wiegen müsse als das der 119 Jasager.[136] Unter den ablehnenden Antworten sind es vor allem Gewissensgründe, die von den Angehörigen – insbesondere von den Müttern – angeführt werden: »Ich würde auf keinen Fall zugeben, daß man gegen das Leben meines Sohnes etwas unternimmt. Er hat meiner Überzeugung *genau soviel Berechtigung zum Leben wie jeder andere Mensch*, und *ich würde nie vor meinem Gewissen Ruhe* finden.«[137]

Meltzer weist zu Recht darauf hin, daß viele Antworten durch die unmittelbare materielle Not nach dem Ende des Ersten Weltkriegs, die drohende Geldentwertung sowie durch die ungünstigen Ernährungsverhältnisse im industriellen Sachsen und die Unsicherheit der politischen Verhältnisse beeinflußt waren.[138] So muß die Intensität der Debatte um die Freigabe der »Vernichtung lebensunwerten Lebens« Anfang der 1920er Jahre auch vor dem Hintergrund der ungesicherten und fragilen sozioökonomischen Situation der frühen Weimarer Republik verstanden werden. So schreibt Meltzer als guter Beobachter seiner Zeit im Vorwort zu seinem Buch:

»[...] die Ursache der ruhigeren, leidenschaftsloseren Behandlung des Problems [Mitte der 1920er Jahre, G. H.] ist nicht die Tatsache, daß viele ärztliche und juristische Sachverständige eine ablehnende Stellung zu den *Binding*'schen Vorschlägen eingenommen haben, sondern das Nachlassen des materiellen und geistigen Notstandes, in dem wir uns in den letzten Jahren des Krieges und den ersten Jahren der Nachkriegszeit, in dieser Periode der Aushungerung, befunden haben. Sobald ein materieller Notstand wieder hervortritt, beschäftigt auch das Problem wieder mehr die Gemüter.«[139]

Eine Frage ist von Binding und Hoche nur gestreift worden, nämlich ob mißgestaltete oder behinderte Kinder nach der Geburt getötet werden sollten.[140] Die »Neugeborenen- oder Kindereuthanasie« wurde gleichwohl zu einem »Einfallstor« für die Ausweitung des Euthanasiepostulats[141] und ließ sich zwanglos mit rassenhygienischen Positionen verbinden. Auch in sozialdemokratischen Kreisen wurde das Thema aufgegriffen. Die bekannte Publizistin Oda Olberg (1872-1955) formulierte in ihrer Schrift »Entartung in ihrer Kulturbedingtheit« eine Zukunftsvision für eine sozialistische Gesellschaft:

»Wenn wir uns sicher wären, daß die Achtung vor dem wirklichen Menschenleben tief und fest in uns wurzelte, dann würden wir auch den Mut der Verantwortung in uns fühlen, dem mißgestalteten Neugeborenen das Dasein zu ersparen, dem das Ende herbeisehnenden Krebskranken sein Sehnen erfüllen, dem Irren den langen qualvollen Weg zur Ruhe abzukürzen.«[142]

In Wien plädierte der sozialdemokratische Gesundheitsstadtrat Prof. Julius Tandler (1869-1936) ebenfalls für die Tötung behinderter Neugeborener: »›Wenn die Spartaner schwächliche Neugeborene am Taigetos ausgesetzt haben, so war dies eine bewußte Ausrottung, die in ihrer Intention vieles für sich hat, die aber in ihrer Durchführung sicher mangelhaft gewesen ist.‹«[143]

Bereits 1923 hatte der Jurist Alexander Elster (1877-1942) in der Zeitschrift für die Gesamte Strafrechtswissenschaft ausgeführt, daß die Euthanasie nur dann im sozialbiologischen Sinne umfassend gerechtfertigt werden könne, wenn sie durch eine »Eugenese« ergänzt werde. Dabei läßt sich keine scharfe Grenze zwischen Vernichtung des werdenden Lebens und der Tötung mißgestalteter Neugeborener mehr erkennen:

»Nur im Zusammenhang mit solcher eugenetischen Geburtenpolitik (›Rassenhygiene‹) gewinnt die Gesellschaftsordnung ihr volles Recht auf die Vernichtung lebensunwert gewordener Existenzen. Denn sähe man von jener umfassenden Anschauung der Eugenetik ab, so läge es jedenfalls näher als im anderen Fall, der Euthanasie das Odium der Tötung aufzuerlegen.«[144]

So wird die Euthanasie eingebunden in ein umfassendes Erlösungskonzept nicht nur der Verhütung, sondern auch der Vernichtung lebensunwerten Lebens. Gleichwohl gehörte die Euthanasie nicht zu den zentralen Forderungen des rassenhygienischen Paradigmas.[145] Die rassenhygienische Entwertung »minderwertigen« menschlichen Lebens war aber durchaus mit der Idee der Erlösung der »Lebensunwerten« durch

Tötung in Einklang zu bringen, auch wenn diese Verknüpfung nicht notwendig war und in den 1930er Jahren argumentiert wurde, daß die umfassende und konsequente Sterilisationspolitik im Sinne der »Verhütung lebensunwerten Lebens« die Vernichtung im Sinne der Forderungen von Binding und Hoche überflüssig mache.[146]

Mit der Weltwirtschaftskrise 1929, der Massenarbeitslosigkeit und der Notwendigkeit einschneidender Sparmaßnahmen im Bereich der Fürsorge und der Anstaltspflege trat die Frage der »Vernichtung lebensunwerten Lebens« wieder in den Vordergrund der Diskussion. So schrieb Ewald Meltzer 1932 in der Psychiatrisch-Neurologischen Wochenschrift:

»Schwer lastet die Not der Zeit besonders auf unserem deutschen Volke. [...] Das uralte, in Zeiten der Not immer wieder aus der Versenkung auftauchende Problem war in den letzten Jahren etwas zur Ruhe gekommen. Aber die Frage tritt heute schärfer denn je, bestimmte Antwort heischend an uns heran, genau wie damals in den Jahren der Lebensmittelknappheit im Krieg und in der ersten Nachkriegszeit.«[147]

Dabei wies Meltzer auf eine mögliche Ausweitung des Indikationskataloges für die Bindingschen Forderungen hin, der sich nun nicht mehr nur auf die angeborenen oder erworbenen Formen des Schwachsinns, sondern auch auf die »schizophrene Verblödung« (die betroffenen Menschen wurden damals als »Endzustände« bezeichnet) und die Psychopathen, unter ihnen viele Kriminelle, erstrecken würde. Dabei hielt Meltzer der Tötung der »bildungsunfähigen Idioten« aus ökonomischen Erwägungen heraus die grundsätzliche Bedeutung von Lebensrecht und Lebensschutz für ein Kulturvolk entgegen: »Wir kommen mit unserer ganzen Moral ins Rutschen, wenn wir auch nur die Tötung der am tiefsten stehenden Idioten bewilligen wollten.«[148] Dennoch wird spürbar, daß diese Position zu einer Defensivposition geworden war, die nur gehalten werden konnte, indem Meltzer sich gleichzeitig nachdrücklich für die rassenhygienische Sterilisierung und eine energische Sparpolitik zur Förderung der Gesunden und Starken einsetzte: »Darum müssen die Wohlfahrtslasten, die ja in erster Linie dem Kranken, Minderwertigen, Schwachen zugute kommen, in denkbar größtem Maße eingeschränkt werden.«[149] Eben dies sollte gegen Ende der Weimarer Republik zumindest in Preußen auch zur offiziellen Politik werden. So heißt es in einer Entschließung des preußischen Staatsrates – lediglich gegen die Stimmen der KPD angenommen –, daß die »für die Pflege und Förderung der geistig Minderwertigen aufzuwendenden Kosten auf dasjenige Maß herabgesetzt werden, das auch von einem völlig ausgesogenen und verarmten Volke noch getragen werden kann.«[150]

Diese rigorose, bereits mit dem Beginn der Weltwirtschaftskrise einsetzende Sparpolitik brachte für die Anstaltspsychiatrie und die Fürsorge behinderter Menschen einschneidende Veränderungen: Reformbestrebungen der Frühentlassung, der offenen Fürsorge und der ambulanten Betreuung psychisch kranker Menschen wurden weitgehend eingestellt, die notwendigen Aufnahmen auf Gemeingefährlichkeit beschränkt, Ärzte und Pflegepersonal mußten verhältnismäßig immer mehr Kranke versorgen, die Pflegesätze sanken, Unterbringung, Pflege und Beköstigung verschlechterten sich, eine Entwicklung, die nach der Machtübernahme der Nationalsozialisten trotz wirtschaftlicher Prosperität in verhängnisvoller Weise fortgesetzt wurde.[151]

Zugleich mehrten sich die Stimmen, die neben der rassenhygienischen Sterilisierung und der Asylierung auch die »Vernichtung lebensunwerten Lebens« als Maßnahme zur Ausschaltung der Minderwertigen aus der Gesellschaft diskutierten. Der Privatdozent für Psychiatrie an der Universität Erlangen, Berthold Kihn (1895-1964), später Gutachter der NS-»Euthanasie«, rechnete in einem 1932 gehaltenen und im selben Jahr in der renommierten Allgemeinen Zeitschrift für Psychiatrie publizierten Vortrag die immensen Fürsorgekosten für Geisteskranke und Schwachsinnige in Höhe von 150 Millionen Reichsmark vor und stellte mit Bezug auf Binding und Hoche die Frage, »ob nicht durch Preisgabe lebensunwerten Lebens unser Volk von einem großen Teil solcher Ballastexistenzen befreit werden könnte.«[152] Kihn hielt die Durchführung der »Vernichtung lebensunwerten Lebens« bei der damaligen Rechtslage noch nicht für absehbar. Gleichwohl ist es die Abwertung der anvertrauten Patienten im Sinne der von Hoche geprägten Begriffe, welche die Bereitschaft eines großen Teils der deutschen Psychiater zu erklären vermag, sieben Jahre später die staatlich angeordnete »Vernichtung lebensunwerten Lebens« zumindest zu dulden, wenn nicht gar aktiv zu unterstützen. So rechtfertigte Kihn gegenüber dem Münchner Psychiater Oswald Bumke (1877-1950) das ökonomische Argument der Lebensvernichtung folgendermaßen:

»Es ist denn doch etwas anderes, ob die Allgemeinheit Pensionisten und alte Leute mit erhält, die in früheren Jahren ihr Teil geleistet haben und die das Los des Altwerdens mit uns allen teilen, oder ob der Staat Existenzen mit fortschleppt, die eigentlich nie etwas anderes getan haben als gegessen, geschrien, Wäsche zerrissen und das Bett beschmutzt.«[153]

So stand am Vorabend der Machtübernahme durch die Nationalsozialisten in einer wirtschaftlich und politisch zerrütteten Republik die unbedingte Achtung vor dem Leben und der Würde des Einzelnen zur Disposition. Der rassenhygienisch und sozialdarwinistisch inspirierte

Gedanke der Opferung der Schwachen zur Stärkung der Gesunden und Starken gewann an Anziehungskraft auch für diejenigen, deren Beruf darin besteht, sich den Kranken und Schwachen auch dann zuzuwenden, wenn eine schnelle Heilung nicht in Aussicht ist. Gleichwohl zeigt die Debatte über Binding und Hoches aufsehenerregende Schrift, daß die »Vernichtung lebensunwerten Lebens« in der Weimarer Republik keineswegs konsensfähig war und zumindest bezüglich der Frage der Tötung von angeblich willensunfähigen Menschen sowohl unter Juristen als auch unter Medizinern Widerspruch hervorrief. »Checks and balances»[154] einer zumindest noch formal an demokratischen Prinzipien orientierten Republik verhinderten die Durchsetzung der Idee der »Vernichtung lebensunwerten Lebens« in der Weimarer Republik und Binding und Hoches Schrift war ein *diskussionswürdiger* Beitrag unter anderen Stimmen. Gleichwohl läßt sich eine Abhängigkeit der Intensität und Radikalität der Debatte um die »Vernichtung lebensunwerten Lebens« von der jeweiligen sozioökonomischen Situation feststellen. Auf besonders fruchtbaren Boden, insbesondere in Zeiten politischer Instabilität, fiel die Verneinung des Lebensrechts für die »Ballastexistenzen« dann, wenn die wirtschaftliche Not die Last der Schwachen und Kranken mit Blick auf die angeblich vernachläßigten Bedürfnisse der Starken und Gesunden nicht mehr tragbar erscheinen ließ. Die Abwertung des »lebensunwerten Lebens« war dabei gleichermaßen bedeutsam für die Erlösung der unheilbar Kranken von ihren Qualen wie für die aus der menschlichen Gemeinschaft herausdefinierten »geistig Toten«. Selbstbestimmung über das eigene Leben und den eigenen Tod erwies sich in der Debatte der Weimarer Republik nicht als besonders wirksames Argument gegen die Tötung der angeblich Willensunfähigen. So zeigt sich auch bei Autoren, die Binding in bezug auf die Erlösung der unheilbar Blödsinnigen nicht zu folgen vermochten, daß die Entwertung der psychisch kranken und geistig behinderten Menschen auf fruchtbaren Boden gefallen war. Selbst der angesehene Oberreichsanwalt und führende Arztrechtler der Weimarer Republik, Ludwig Ebermayer, sah das Leben der unheilbar Blödsinnigen als vollkommen nutzlos an.[155] Ob sich das von ihm angeführte Gefühl und Rechtsempfinden als stabil genug erweisen würde, um von einer Tötung dieser Menschen dennoch Abstand zu nehmen, dürfte bereits damals zweifelhaft gewesen sein. Denn die Anhänger des Euthanasiegedankens beriefen sich nicht nur auf die kühle Rationalität einer höheren Sittlichkeit, sondern auch auf das starke Gefühl eines in letzter Konsequenz tödlichen Mitleids.

3.3. Von der Diskussion der Euthanasie zur Praxis des Tötens

Adolf Hitler hatte bereits auf dem Nürnberger Parteitag der NSDAP im Jahre 1929 deutlich gemacht, daß seine Partei der »Vernichtung lebensunwerten Lebens« positiv gegenübersteht: »Würde Deutschland jährlich eine Million Kinder bekommen und 700.000 bis 800.000 der schwächsten beseitigen, dann würde am Ende das Ergebnis vielleicht sogar eine Kräftesteigerung sein«.[156]

Am 14. Juli 1933 beschloß das Reichskabinett das »Gesetz zur Verhütung erbkranken Nachwuchses«. Mit einem gesetzlich geregelten Verfahren sollten Menschen, die angeblich an einer Erbkrankheit litten, darunter fielen u.a. »Schwachsinn«, »Schizophrenie«, »erbliche Fallsucht« und »schwerer Alkoholismus«, zur Sterilisation gezwungen werden. Bis 1945 wurden etwa 350.000 bis 400.000 nach diesem Gesetz aus rassenhygienischen Gründen unfruchtbar gemacht, angeblich um das Volk von der befürchteten Last der »Erbkranken« zu befreien.[157]

Demgegenüber setzten die braunen Machthaber ab 1933 bezüglich der »Vernichtung lebensunwerten Lebens« und der Euthanasie nicht auf eine gesetzliche Regelung. Die Strafrechtskommission unter Reichsjustizminister Franz Gürtner (1881-1941) blieb mit ihrem Berichterstatter Wenzeslaus Graf von Gleispach (1876-1944) dabei, daß eine »Vernichtung lebensunwerten Lebens« nicht in Betracht komme.[158] Während einige Kommissionsmitglieder die ärztliche Sterbehilfe bereits nach dem geltenden Recht für zulässig hielten[159], wollte Reichsjustizminister Gürtner die Straffreiheit der Tötung auf Verlangen explizit regeln. Gemäß der Denkschrift für ein neues Strafrecht, herausgegeben vom Reichsjustizministerium, sollte die wunschgemäße Beförderung des Sterbens bei hoffnungslos Leidenden straffrei bleiben.[160] Zugleich konnte sowohl in der medizinischen als auch in der juristischen Diskussion weiterhin ein ablehnender Standpunkt zur »Vernichtung lebensunwerten Lebens« vertreten werden.[161] Nach Auffassung von Roland Freisler (1883-1945), der ohnehin eine vollkommen neue Struktur nationalsozialistischen Rechts in Form von Generalvorschriften mit einem weitestgehenden Ermessensspielraum für die Richter durchsetzen wollte, war die »Vernichtung lebensunwerten Lebens« eine Frage, die mittels staatlicher Anordnung durchgeführt werden könne.[162] Daß es während des gesamten Zeitraums der nationalsozialistischen Herrschaft nicht zu einer gesetzlichen Regelung der Euthanasie kam, mag seinen Grund darin haben, daß Hitler die »Vernichtung lebensunwerten Lebens« aufgrund des noch bestehenden Einflusses der Kirchen für noch nicht konsensfähig hielt und die Durchführung deshalb auf den Beginn des lange vorbereiteten

Kriegs verschob, wo Widerstand in weit geringerem Ausmaß zu erwarten wäre.[163]

Insofern gab es – bis auf wenige Ausnahmen – auch keine *explizite* Propaganda für die Euthanasie, vielmehr konzentrierte man sich bevölkerungspolitisch weitgehend auf die Durchführung und Legitimation des Sterilisationsgesetzes.[164] Die dabei verwendeten Bilder und die geschürten Ängste vor der Degeneration des Volkes durch die Minderwertigen und Erbkranken mußten jedoch implizit auch als Rechtfertigung einer »Ausmerze« nicht nur durch Sterilisation, sondern auch durch Entzug der Lebensgrundlagen aufgefaßt werden.[165] Bezeichnend ist das im Propagandablatt des Rassenpolitischen Amtes »Neues Volk« 1933 erschienene Bild mit folgendem Untertitel: »Dieser Pfleger, ein gesunder kraftvoller Mensch, ist nur dazu da, um diesen einen gemeingefährlichen Irren zu betreuen. Müssen wir uns dieses Bildes nicht schämen?« (vgl. Abb. 1) Eines der Hauptargumente der rassenhygienischen Propaganda war ökonomischer Art und verglich die für die Pflege der Geisteskranken und Schwachsinnigen verwendeten Mittel mit den Mitteln, die für die Förderung der Gesunden und Arbeitenden zur Verfügung stünden (vgl. Abb. 2). Solche Kalkulationen waren auch Gegenstand von Mathematikaufgaben in den Schulen.[166] Zwei Beispiele:

»Der Bau einer Irrenanstalt erforderte 6 Mill. RM. Wieviel Siedlungshäuser zu je 15 000 RM hätte man dafür erbauen können? [...]

Nach verschiedenen Berechnungen kostet ein Geisteskranker den Staat jährlich rd. 1500 RM, ein Hilfsschüler 300 RM, ein Volksschüler 100 RM, ein Schüler auf mittleren oder höheren Schulen etwa 250 RM. – Stelle die Beträge durch Streifen (Geldrollen) bildlich dar.«[167]

Die ökonomische Situation der Heil- und Pflegeanstalten indessen verschlechterte sich durch eine politisch gewollte Senkung der Pflegesätze und Ausdünnung des Personals auch nach der Weltwirtschaftskrise weiter und schuf zugleich die Bedingungen, die das Leben der Menschen in den Anstalten als unmenschlich und erlösungsbedürftig erscheinen ließen. So schrieb der spätere Medizinische Leiter der »Euthanasie«-Zentrale T4, der sächsische Anstaltspsychiater Hermann Paul Nitsche (1876-1948), im Jahresbericht 1936 der Heil- und Pflegeanstalt Pirna-Sonnenstein über die Verschlechterung der Verhältnisse:

»›Die Hauptschwierigkeit liegt, wie immer wieder hervorgehoben werden muß, darin, daß die schwer zu behandelnden, zu Unordnung und Unruhe neigenden und geistig niedergeführten Kranken sich in allen Abteilungen immer mehr anhäufen. [...] Die Fälle von Gewalttätigkeiten gegen d[a]s Pflegepersonal und Verletzungen desselben haben sich wieder erheblich vermehrt. Es muß oft wieder mehr mit Beruhigungsmitteln und vor allen Dingen mit der so außerordentlich zweischneidigen Maßnahme der Isolierung gearbeitet werden. [...] Die tägliche Arbeit von Ärzten und Personal ist so nicht nur viel schwieriger, sondern auch viel unerfreulicher und undankbarer geworden‹«.[168]

Für die Anstaltspatienten bedeutete dies, daß sich zwischen der Gruppe der als nicht therapierbar, störend oder als »geistig niedergeführt« angesehenen Patienten und den heilbaren Therapiefällen eine gefährliche Schere auftat. Innerhalb der Anstalten kam es zu einer Marginalisierung des als unbrauchbar und unangepaßt angesehenen Teils der Anstaltspatienten. Zugleich geriet die Euthanasie in der deutschen Anstaltspsychiatrie Ende der 1930er Jahre in dem Moment in den Horizont nicht nur des Denkbaren, sondern auch des Möglichen, als die rassenhygienische Begeisterung der ersten Jahre der nationalsozialistischen Herrschaft nachließ. Unter den Anstaltsdezernenten der vorgesetzten Behörden suchten sich einzelne dadurch zu profilieren, daß sie die Pflegesätze bis an die Grenze des Erträglichen herabsetzten, spezielle Sparanstalten zur reinen Verwahrung der Pflegefälle einrichteten und der Lebenserhalt der als hoffnungslos abgestempelten Fälle ernsthaft in Frage gestellt wurde.[169] Von dem als besonders radikal auftretenden Anstaltsdezernenten des Bezirksverbandes Nassau, Fritz Bernotat (1890-1951), ist der Ausspruch »Schlagt sie [die Kranken] doch tot, dann sind sie weg!« überliefert.[170]

Die Bereitschaft einzelner Anstaltsärzte, im Sinne des Euthanasie-Gedankens zu handeln, läßt sich auch an einigen Krankenakten der Heil- und Pflegeanstalt Wiesloch belegen. So lautet ein Eintrag aus dem Jahre 1938 über die geistig behinderte 32jährige Adelheid B.: »Weiterhin entsetzlich schwierig u. störend. Lebensunwertes Leben!«[171] (vgl. Abb. 3), ein weiterer Eintrag im Juni 1939 über die 47jährige Helene N.: »Weiter so. Geistig tot. Das Krankenblatt sollte abgeschlossen werden, da sich auch in Zukunft nichts mehr ändern wird. Der einzige Eintrag, der noch lohnt, ist die Notiz des Sterbedatums.«[172] und mit ähnlicher Diktion über die 40jährige Friederike G., ebenfalls im Juni 1939: »Weiter so. Geistig tot. Das Krankenblatt sollte abeschlossen werden, da sich an dem Gehabe eines irreparablen Schizophrenen [...] nichts mehr ändern wird.«[173] Über die 36jährige Wilhelmine B. heißt es im August 1938: »[...] ganz und gar unverändert. Höchstens *noch* stumpfer u. dementer geworden.« Am Juni 1939 folgt dann der lapidare Eintrag: »Weiter so. Lebensunwertes Leben.«[174] Alle Einträge stammen von Dr. Gregor Overhamm (1901-1976), der am 1. Juli 1938 aus der Badischen Anstalt Emmendingen als Anstaltsarzt nach Wiesloch gekommen ist und die Erbbiologische Abteilung leitete.[175] Alle vier Patientinnen sind 1940 in die Tötungsanstalt Grafeneck auf der Schwäbischen Alb verlegt und ermordet worden.

Aber auch aus anderen Anstalten sind Beispiele einer extrem abwertenden Sprache überliefert, die die Patienten dem selektierenden Blick der »Euthanasie«-Gutachter auslieferte und die Entscheidung zur Vernichtung vorwegnahm. So heißt es in einem Meldebogen des sächsischen Erziehungs- und Pflegeheims in Mittweida im Dezember 1939 über die 21jährige Elisabeth D., bei der ein »Schwachsinn höheren Grades« diagnostiziert worden war, unter der Rubrik »Genaue Angabe der Beschäftigung«: »praktisch für nichts zu verwenden. Völlig unbrauchbare Ruine«.[176]

Diese Patientinnen, hier beispielhaft genannt, gehörten zu denjenigen, die man als therapeutisch nicht beeinflußbar ansah, als »abgelaufene Fälle« oder als »Endzustände« bezeichnete. Für die Anstalt waren sie ökonomisch nicht verwertbar. Auch wenn diese sprachlichen Todesurteile nicht als repräsentativ für die gesamte deutsche Anstaltspsychiatrie gelten können, so zeigen sie doch die Einstellung und Haltung prägende Kraft einer Begrifflichkeit, wie sie von Binding und Hoche 1920 vorgedacht worden ist.

Mitentscheidend für Adolf Hitlers Zustimmung zur »Euthanasie«-Aktion war eine Denkschrift, die sein Leibarzt Theodor Morell (1886-1948) im Sommer 1939 verfaßte. Dabei stützte sich Morell auf eine umfangreiche Dokumentation der deutschsprachigen Literatur zur Debatte über die Euthanasie. Der Vorschlag Morells zu einem Gesetz über die »Vernichtung lebensunwerten Lebens« lautete:

»Das Leben von Geisteskranken, die von Geburt an oder mindestens seit dem [...] Lebensjahr so schwer körperlich und geistig missgebildet sind, dass sie nur durch dauernde Pflege am Leben erhalten werden können, dass ihr Anblick durch seine Missgestalt in der Öffentlichkeit Schauder erregen würde und dass ihre geistigen Beziehungen zu ihrer menschlichen Umwelt auf niedrigster tierischer Stufe stehen, kann nach Massgabe des [unleserlich] Gesetzes über die Vernichtung lebensunwerten Lebens durch ärztlichen Eingriff verkürzt werden.«[177]

Unschwer erkennt man Bindings Beschreibung der »geistig Toten«, »die das furchtbare Gegenbild echter Menschen bilden und fast in Jedem Entsetzen erwecken, der ihnen begegnet«[178] und Hoches Feststellung, daß die »geistig Toten« keine »Gefühlsbeziehungen zur Umwelt« haben und auf dem »intellektuellen Niveau« niederer Tiere stehen.[179] Morell nahm aber auch Bezug auf die Studie von Ewald Meltzer, in der mehrere Eltern ihre Haltung zur »schmerzlosen Erlösung« ihrer Kinder wie folgt zum Ausdruck gebracht hätten: »Hätten Sie es nur gemacht und gesagt, dass unser Kind an einer Krankheit gestorben sei.«[180] Von daher komme – so Morell – auch die Durchführung der »Euthanasie« im Rahmen einer

»amtsgeheimen Anordnung« in Betracht. Entscheidend für Morell waren die ökonomischen Argumente: Bei etwa 5.000 unter die »Euthanasie« fallenden »Idioten« errechnete er Einsparungen in Höhe von 10 Millionen Reichsmark jährlich.[181]

Auch die Organisatoren der nationalsozialistischen »Euthanasie«-Aktionen zogen die Schrift von Binding und Hoche zur Legitimation der Selektion und Vernichtung »lebensunwerten Lebens« heran. So enthalten die vom »Reichsausschuß zur wissenschaftlichen Erfassung erb- und anlagebedingter schwerer Leiden«, der Tarnorganisation der »Kindereuthanasie«, zusammengestellten »Euthanasie«-Akten eine Zusammenstellung der zu der Schrift von Binding und Hoche erschienenen Rezensionen mit Markierung einer zustimmenden, ablehnenden oder sachlich neutralen Tendenz.[182] Den Bürokraten der Vernichtung war um eine Verortung ihres Handelns im wissenschaftlichen Schrifttum der 1920er und 1930er Jahre zu tun.

In dem die »Euthanasie«-Aktionen legitimierenden Propagandafilm »Dasein ohne Leben« wurde direkt auf die Schrift von Binding und Hoche Bezug genommen: »Aber es ist unnatürlich und im Sinne einer höheren Sittlichkeit untragbar, wenn ganze Generationen junger, gesunder Menschen in der Pflege und Bewahrung unheilbarer Irrer und Idioten dahinaltern.«[183] Bei Hoche hieß es sogar noch schärfer: »es ist eine peinliche Vorstellung, daß ganze Generationen von Pflegern neben diesen leeren Menschenhülsen dahinaltern [...].«[184] Der Film endet mit der Forderung: »Ist es nicht die Pflicht derer, die es angeht, den Unmündigen – und das sind die Vollidioten und unheilbar Geisteskranken – zu ihrem Recht zu verhelfen? Ist es nicht heilige Forderung der Barmherzigkeit: Erlöst, die ihr nicht heilen könnt!«[185]

Einer der Sachbearbeiter in der Kanzlei des Führers sagte in den Nachkriegsverfahren aus: »›dass wir die Literatur geprüft und unsere Erkenntnisse [!] auf den Erkenntnissen [!!] der Wissenschaftler aufgebaut haben. Hier haben wir auf Erkenntnissen von Wissenschaftlern aufgebaut, die mit dem Nationalsozialismus nichts zu tun hatten. Wir sind darüberhinaus weit [!] unter den Forderungen einzelner Wissenschaftler geblieben, so z. B. unter denen von Binding-Hoche.‹«[186]

Während der Propagandafilm »Dasein ohne Leben« nie öffentlich gezeigt wurde, machte ein Spielfilm mit dem Titel »Ich klage an« 1941 Furore, der der Bevölkerung auf geschickte Weise den Erlösungsgedanken des NS-»Euthanasie«-Programms nahe bringen sollte. Der mit beliebten Schauspielern und Schauspielerinnen (u. a. Elisabeth Hatheyer) besetzte Film erzählt das Schicksal der an Multipler Sklerose erkrankten Arztehefrau Hanna Heyt, die ihren Ehemann Thomas in der Not ihres körperlichen Verfalls um Sterbehilfe bittet. Thomas Heyt wird schließlich angeklagt, seine Frau getötet zu haben. Der Gerichtsprozeß selbst wird jedoch umfunktioniert zu einer Anklage gegen eine inhumane Rechtsordnung, die solch erlösendes Handeln verbiete. Geschickt verknüpft der Film dieses anrührende Einzelschicksal mit einem an Hirnhautentzündung erkrankten kleinen Mädchen, das mithilfe der modernen Medizin zwar gerettet, aber schließlich auf der Kinderabteilung einer geschlossenen Nervenheilanstalt sein Dasein fristen muß. Auch hier äußert die Mutter den Wunsch nach »letzter Hilfe«. So gesehen soll die Tötung auf ausdrückliches Verlangen auch die Erlösung derjenigen Menschen rechtfertigen, die ihren Erlösungswunsch zu äußern nicht imstande sind. Ohne dick auftragen zu müssen, transportiert der Film anhand eines emotional bewegenden Einzelschicksals die umfassende Erlösungsbotschaft des NS-»Euthanasie«-Programms.[187] Dementsprechend verknüpfte auch das 1940 im Kreis der »Euthanasie«-Aktivisten diskutierte »Gesetz über die Sterbehilfe bei unheilbar Kranken« die Freigabe der Tötung auf Verlangen bei unheilbaren und »belästigenden« Erkrankungen mit der vorzeitigen, schmerzlosen Lebensbeendigung bei unheilbarer Geisteskrankheit. Der Erlaß eines solchen Gesetzes ist von Hitler für die Zeit des Krieges abgelehnt worden, wurde jedoch nach Kriegsende in Aussicht gestellt.[188] Es verdeutlicht, wie sich die »Euthanasie«-Protagonisten eine normalisierte und gesetzlich geregelte Praxis ärztlicher Lebensbeendigung im Anschluß an die Massentötungsaktionen vorgestellt haben.

Zur scheinbaren Legitimation der »Vernichtung lebensunwerten Lebens« bedurfte es nicht nur der Zustimmung führender Psychiater und Juristen, sondern auch eines Gutachtens theologischer Unbedenklichkeit, das der Paderborner Theologieprofessor Joseph Mayer (1886-1967) abgegeben hat und in dem zumindest ein Stillhalten der katholischen Kirche für möglich gehalten wurde. So hat Adolf Hitler der Durchführung des »Euthanasie«-Programms schließlich zugestimmt. Mayer begründete eine Duldung der staatlichen »Vernichtung lebensunwerten Lebens« mit der Notwendigkeit, daß das Lebensrecht des Einzelnen, obgleich schuldlos, zugunsten des Wohles des Staats zurückzutreten habe.[189] Auch wenn sich beide Kirchen in offiziellen Stellungnahmen eindeutig gegen die »Vernichtung lebensunwerten Lebens« aussprachen, gab es von Seiten einzelner evangelischer Theologen Ende der 1930er Jahre eine explizite Zustimmung zur Freigabe der Kinder- und Erwachseneneuthanasie, so bei Bernhard Bavink und bei Wolfgang Stroothenke mit seiner 1940 erschienenen Dissertation »Erbpflege und Christentum«.[190]

Zusammenfassung

Ausgangspunkt der medizinischen und juristischen Diskussion zur Frage medizinischer Lebensbeendigung seit Ende des 19. Jahrhunderts war das für unheilbar kranke und leidende Menschen geforderte »Recht auf den Tod«. Damit wurde die Unverletzlichkeit des menschlichen Lebens und die Schutzgarantie des Staates auf diejenigen Formen menschlichen Lebens eingeschränkt, die als lebenswert für den Einzelnen und nützlich für die Gesellschaft angesehen wurden. Jedoch bildete die Selbstbestimmung des Einzelnen über sein Leben und Sterben keine stabile Grenze für die »Erlösung vom Leiden«. Stand zunächst die Forderung nach einem Gnadentod für unheilbar kranke und schwer leidende Menschen auf deren Verlangen hin im Vordergrund der Debatte, so radikalisierten sich die Forderungen einer gesetzlichen »Freigabe der Vernichtung lebensunwerten Lebens« nach dem Ersten Weltkrieg und umfaßten nun auch die entscheidungsunfähigen Bewußtlosen und die »unheilbar Blödsinnigen«. Inspiriert durch das rassenhygienische Vorbild der spartanischen Kindstötungen kamen dann auch die geistig behinderten und mißgestalteten Säuglinge hinzu. Dabei wurde der Lebenswert des einzelnen Lebens zu einer nach utilitaristischen und ökonomischen Erwägungen kalkulierbaren Größe. Neben der rationalen Begründung für die medizinische Lebensbeendigung spielte das Motiv des Mitleids und die Hoffnung auf den erlösenden Tod eine große Rolle. Die »Vernichtung lebensunwerten Lebens« sollte zu einer »Pflicht gesetzlichen Mitleids« werden. Betrachtet man die Intensität der Debatte um den Lebenswert kranker und behinderter Menschen in der Weimarer Republik, so wurden Forderungen nach der »Vernichtung lebensunwerten Lebens« in Zeiten wirtschaftlicher Not besonders akut. Jedoch konnten sich Forderungen nach einer Legalisierung der Euthanasie in der Weimarer Republik politisch noch nicht durchsetzen. Nach 1933 wurde eine intensive Propaganda gegen »Minderwertige« und »Erbkranke« betrieben. Hilfe und Fürsorge für die Menschen in den Heil- und Pflegeasnstalten, für psychisch kranke Menschen, für Menschen mit geistigen oder körperlichen Behinderungen wurden plakativ und wirksam in Frage gestellt. Die Euthanasie jedoch als letzte Konsequenz dieser Stigmatisierung wurde nicht offen propagiert, die »Vernichtung lebensunwerten Lebens« sollte erst während des Krieges in die Tat umgesetzt werden. Dabei spielten die in der Debatte um die Euthanasie geprägten Kategorien des »lebensunwerten Lebens«, der »Ballastexistenzen« und der »geistig Toten« eine wesentliche Rolle für die Legitimation eines Vernichtungsapparates, dem etwa 300.000 Menschen zum Opfer fielen. Die bereits in der Debatte der Weimarer Republik propagierte Aushöhlung der Lebensschutzpflicht des Staates für kranke, schwache und Menschen mit Behinderungen war eine wesentliche Voraussetzung dafür, daß eine Bürokratie der Erfassung, Selektion und industriellen Massenvernichtung gleichzeitig mit dem Überfall auf die Republik Polen in Gang gesetzt werden konnte und relativ reibungslos funktionierte.

4. »Euthanasie« im Nationalsozialismus

Adelheid B. wurde 1908 als jüngstes Kind einer jüdischen Familie in einer süddeutschen Stadt geboren, ihr Vater war Rechtsanwalt und Mitglied des Synagogenrates.[1] Adelheid war sehr musikalisch, bereits mit eineinhalb Jahren sang sie Lieder wie »Ein Männlein steht im Walde« oder »Brüderlein komm tanz‹ mit mir«. In ihrem zweiten Lebensjahr erkrankte sie an einer Gehirnentzündung, erholte sie sich davon nicht mehr vollständig und blieb in ihrer sprachlichen und geistigen Entwicklung zurück. 1916 gaben die Eltern die achtjährige Adelheid in eine Heil- und Erziehungsanstalt in der Hoffnung, ihre Entwicklung könne gefördert werden. Auch wenn ihr die Worte fehlten, so blieb die Musik ihr Ausdrucksmittel, so wiederholte sie »beständig eine eigentümliche Folge von Tönen«, insbesondere wenn sie unruhig wurde oder ihr etwas Angst machte. In der Anstalt Scheuern an der Lahn machte sie tatsächlich Fortschritte, verstand einfache Dinge, half auf der Station. Doch 1921, in ihrem dreizehnten Lebensjahr, veränderte sich ihr Verhalten. Sie wurde zeitweise unruhig, zerstörte ihre Spielsachen, zerriß ihre Kleidung, rupfte Blumen aus den Töpfen. Aber Adelheid beruhigte sich auch wieder: Sie spielte mit den anderen Kindern und freute sich, wenn man sich mit ihr beschäftigte. 1923 wurde sie nach einem Angriff auf eine Wärterin in eine staatliche Heil- und Pflegeanstalt – auf den Eichberg – verlegt. Hier sahen die Ärzte und Pflegerinnen nur noch die Defizite des 15jährigen Mädchens. Man bezeichnete sie als »unheilbar« und als »tiefstehende Idiotin«. 1927 mit 19 Jahren wurde Adelheid in die Anstalt Wiesloch verlegt, näher zu ihrer Heimatstadt. Hier verloren die Ärzte immer mehr den Blick für das Menschliche in ihrer Person. Ihren Zustand sahen sie als ein »ein reines Vegetieren«. Ihr Leben habe – so die Ärzte – nichts Menschliches mehr an sich, wie ein Körper ohne Seele. Am 8. August 1938 vermerkte der Oberarzt Dr. Gregor Overhamm in der Akte: »Weiterhin entsetzlich schwierig u. störend. Lebensunwertes Leben!« Im November 1938 wurde Adelheids Vater verhaftet und schwer mißhandelt. Die Familie von Adelheid wurde zur Emigration gezwungen. Die Eltern konnten ihre dreißigjährige Tochter nicht mitnehmen. Am 30. Juni 1939 lautet der vorletzte Eintrag in der Akte: »Nichts Neues. Hat alle paar Wochen irgendeine Verletzung oder Eiterung. Übersteht aber jedes Malheur. Tierischer als ein Tier.«

Der Lebenswille von Adelheid – sie übersteht jedes Malheur – wird geradezu als Beweis für ihre entmenschlichte, rein vegetative Existenz gewertet: Wäre sie vernünftig, würde sie den »Lebensunwert« ihres Lebens wohl von selbst erkennen, so die Logik der Apologeten der »Vernichtung lebensunwerten Lebens«. So haben andere für Adelheids Tod entschieden. Am 25. Juni 1940 lautete der letzte Eintrag in der Akte: »Wird heute unverändert in eine ausserbadische Anstalt abtransportiert.«[2] (vgl. Abb. 3) Dies war vermutlich auch Adelheids Todestag in der Gaskammer der »Euthanasie«-Tötungsanstalt Grafeneck auf der Schwäbischen Alb.

4.1. Krieg und Krankenmord

»Reichsleiter Bouhler und Dr. med. Brandt sind unter Verantwortung beauftragt, die Befugnisse namentlich zu bestimmender Ärzte so zu erweitern, dass nach menschlichem Ermessen unheilbar Kranken bei kritischster Beurteilung ihres Krankheitszustandes der Gnadentod gewährt werden kann.«[3]

Dieser kurze, ebenso bürokratisch wie harmlos klingende Satz – auf Hitlers privatem Briefpapier geschrieben – sollte die erste systematische Massenvernichtungsaktion im Nationalsozialismus legitimieren. Formal handelt es weder um einen Befehl noch um einen Erlaß, sondern um eine Ermächtigung, die an zwei enge Vertraute Hitlers ging, seinen Begleitarzt, den Chirurgen Karl Brandt[4] (1904-1948) und den Leiter der Kanzlei des Führers Philipp Bouhler (1899-1945). Das Dokument trägt allerdings – nicht zufällig – das Datum des 1. September 1939, des Tages also, an dem die deutsche Wehrmacht die Republik Polen überfallen hat. Somit sollte – aus Sicht der nationalsozialistischen Führung – im September 1939 nicht nur ein Krieg nach außen, sondern auch ein Krieg nach innen beginnen. Die endgültige Durchsetzung der militärischen und politischen Vormachtstellung Deutschlands in Europa, der Gewinn von »Lebensraum im Osten« und die »Reinigung des deutschen Volkskörpers« von rassisch und biologisch unerwünschten Gruppen von Menschen sollten Hand in Hand gehen. Dabei waren es die psychisch kranken und geistig behinderten Menschen in den Heil- und Pflegeanstalten des Deutschen Reiches (einschließlich Österreich und angeschlossener Gebiete) und die behinderten Kinder, die als erste Gruppe systematisch erfaßt, nach ihrem »Lebensunwert« selektiert und schließlich vernichtet werden sollten.[5]

Dabei ist es kein Zufall, daß das Lebensrecht der psychisch kranken und geistig behinderten Menschen in Kriegszeiten in Frage gestellt bzw. außer Kraft gesetzt wurde. So hatte sich die Debatte um die Euthanasie in Deutschland nach dem Ersten Weltkrieg radikalisiert. Auch Binding und Hoche nahmen 1920 explizit Bezug auf den Krieg und die Notsituation der Nachkriegszeit:

»Denkt man sich gleichzeitig ein Schlachtfeld bedeckt mit Tausenden toter Jugend, oder ein Bergwerk, worin schlagende Wetter Hunderte fleißiger Arbeiter verschüttet haben, und stellt man in Gedanken unsere Idioteninstitute mit ihrer Sorgfalt für ihre lebenden Insassen daneben – und man ist auf das tiefste erschüttert von diesem grellen Mißklang zwischen der Opferung des teuersten Gutes der Menschheit im größten Maßstabe auf der einen und der größten Pflege nicht nur absolut wertloser, sondern negativ zu wertender Existenzen auf der anderen Seite.«[6]

Hier werden bildhaft die wertvollen und die angeblich wertlosen Gruppen der Gesellschaft gegenüber gestellt. Im Umkehrschluß sollte es gerade die Situation des Krieges sein, welche angesichts des Massenopfers der Soldaten die Tötung der psychisch kranken und der geistig behinderten Menschen gerechtfertigt erscheinen ließ: die Erhaltung ihres Lebens sei in der Notsituation des Krieges nicht gerechtfertigt. Adolf Hitler konnte sich einer uneingeschränkten Zustimmung der Bevölkerung in der Frage der »Vernichtung lebensunwerten Lebens« nicht sicher sein, so lehnte er 1935 gegenüber Reichsärzteführer Wagner und auch während des Krieges eine gesetzliche Regelung der Euthanasie ab. Vielmehr sollte das Problem der »Vernichtung lebensunwerten Lebens« erst im Falle eines Krieges gelöst werden, da hier Widerstände in der Bevölkerung und von Seiten der Kirchen leichter überwunden werden könnten.[7] Und so erstreckten sich die Kriegsvorbereitungen des Jahres 1939 auch auf die »Euthanasie«, den »Gnadentod« für psychisch kranke und geistig behinderte Menschen. Durch zwei parallel laufende Erfassungsaktionen sollte definitiver Zugriff genommen werden auf Menschen, die als »erbbiologisch minderwertig« galten und als »nutzlose Esser« und »Ballastexistenzen« angesehen wurden. Der »Reichsausschuß zur wissenschaftlichen Erfassung erb- und anlagebedingter schwerer Leiden« sollte unter dem Dach der Kanzlei des Führers die Erfassung der geistig und körperlich behinderten Kinder organisieren, die sich *nicht* in Anstaltspflege befanden. So wurde der »Reichsausschuß« zur Tarnorganisation der sogenannten »Kindereuthanasie« (vgl. Kapitel 4.2.). Weiterhin plante eine Gruppe von Verwaltungsleuten, Juristen und Psychiatern, ebenfalls unter dem Dach der Kanzlei des Führers, die Erfassung, Selektion und Vernichtung derjenigen Frauen, Männer und Kinder, die sich in Heil- und Pflegeanstalten bzw. in Erziehungsanstalten für Geistesschwache befanden und die als unheilbar und »unbrauchbar« galten. Nach dem Sitz der Organisationszentrale der Krankentötungen, die sich ab Frühjahr 1940 in der Berliner Tiergartenstraße 4 befand, firmierte sie unter dem Kürzel »T4«.

Nach dem Krieg nannte man die zentral organisierte Vernichtung der Anstaltspatienten auch »Aktion T4« (vgl. Kapitel 4.3.). Mit der Kanzlei des Führers wurde eine Dienststelle mit der Durchführung des »Euthanasie«-Programms beauftragt, die *neben* dem staatlichen Verwaltungsapparat agieren konnte und zur Verschleierung ihrer Krankenmordaktivitäten verschiedene Tarnorganisationen gründete: Nach außen trat sie als »Reichsarbeitsgemeinschaft Heil- und Pflegeanstalten« in Erscheinung«. Die weit über 100 Mitarbeiter des »Euthanasie«-Programms – neben Ärzten, Juristen, Verwaltungsfachleuten auch Bürokräfte, Pflegekräfte, Handwerker – wurden von der »Gemeinnützigen Stiftung Anstaltspflege« beschäftigt. Den Transport der Patienten übernahm die »Gemeinnützige Krankentransportgesellschaft«, die Abrechnung scheinbarer Pflegekosten war Aufgabe der »Zentralverrechungsstelle«.

Der Beginn der Krankenmorde in Polen

Doch sollte sich die ideologische Verbindung von Vernichtungskrieg und Krankenmord noch sehr viel unmittelbarer auf die ab September 1939 besetzten polnischen Gebiete auswirken (vgl. die Karte Abb. 6). Sieht man einmal von der Möglichkeit ab, daß auch bereits vor Kriegsbeginn einzelne Patienten in den Heil- und Pflegeanstalten im Deutschen Reich durch Medikamente oder Verhungernlassen ums Leben gekommen sind, so waren die ersten Opfer der nationalsozialistischen »Euthanasie«-Maßnahmen polnische Patienten. Unmittelbar nach dem deutschen Überfall auf Polen wurden am 22. September 1939 die Patienten der Anstalt Kocborowo (Konradstein) bei Danzig vom SS-Wachsturmbann Eimann abtransportiert und in einem nahegelegenen Wald erschossen, bis Januar 1940 1.600 bis 2.000 Menschen, unter ihnen auch der stellvertretende polnische Anstaltsdirektor Dr. Józef Kopicz.[8] Die Anstalt wurde der Gauselbstverwaltung des neugeschaffenen Gaus Danzig-Westpreußen unterstellt und ein deutscher Direktor eingesetzt: Sie diente nun auch der Aufnahme von Patienten aus pommerschen und ostpreußischen Anstalten. Die Patienten der zweiten Anstalt im Gau Danzig-Westpreußen in Schwetz (Świece) wurden ebenfalls Ende September/Anfang Oktober in einem Wald bei Mniszek von SS-Einheiten erschossen mit logistischer Unterstützung der Wehrmacht, die Transportmittel stellte. Ein Teil der Patienten, vermutlich diejenigen deutscher Herkunft, wurde nach Konradstein verlegt. Die Anstalt wurde Gaualterserholungsheim für Baltendeutsche.

Die Ermordung der Patienten polnischer Anstalten folgte auch im Reichsgau Wartheland einem einheitlichen Schema, die Anstalten wurden von der Gauselbstverwaltung in Posen übernommen, die polnischen Ärzte entlassen und ein (volks)deutscher ärztlicher bzw. Verwaltungsdirektor eingesetzt, welcher dann Listen der abzutransportierenden Kranken erstellte. [9] In der Anstalt Owińska (Treskau) bei Posen erklärte der eingesetzte Verwaltungsdirektor Erich Milde, daß die Ernährung der Kranken eine unnötige Aufgabe sei. Die Durchführung der Krankenmorde im Reichsgau Wartheland lag beim Sonderkommando Lange. Die ersten Patienten wurden in der Gaskammer des Fort VII in Posen ermordet, dann benutzte das Sonderkommando Lange mobile Gaswagen mit der unverfänglichen Aufschrift Kaisers-Kaffee-Geschäft. So wurde die Mehrzahl der ermordeten Patienten aus Owińska (870 polnische und 30 jüdische Patienten) in die Wälder bei Oborniki gebracht, dort in Gaswagen verladen und vor Ort mit Kohlenmonoxydgas aus Gasflaschen ermordet. Die Beseitigung der Leichen mußten in der Regel polnische Gefangenenkommandos übernehmen. Die Anstalt Owińska wurde dann SS-Kaserne. Auch etwa 1.200 vorwiegend polnische Patienten der Anstalt Dziekanka (Tiegenhof) bei Gnesen wurden zwischen Dezember 1939 und Juni 1941 vom Sonderkommando Lange ermordet. Die Selektion erfolgte durch den Direktor Dr. Wilhelm Ratka (1895-1966), den Oberkrankenpfleger Reich und einen weiteren Arzt. Tiegenhof diente in der Folge der Aufnahme baltendeutscher Umsiedler, unter ihnen auch psychisch Kranke, viele von ihnen wurden in Tiegenhof mit Medikamenten getötet. Darüber hinaus diente die in Tiegenhof eingerichtete Zentralstelle für Krankenverlegungen der bürokratischen Abwicklung und Verschleierung der Morde, hier wurden fiktive Todesbescheinigungen für die Angehörigen ausgestellt.[10]

Im Generalgouvernement wurden vorwiegend die jüdischen Patienten abtransportiert und ermordet, in den Anstalten Tworki, Kulparkow und Koberzyn erfolgte die Tötung der polnischen Patienten vorwiegend durch Verhungernlassen. Besonders brutal sind SS-Einheiten in der Anstalt Chełm vorgegangen, im Januar 1940 wurden die Patienten aus den Krankensälen getrieben und vor der Eingangstür des Krankenhauses mit einem Maschinengewehr erschossen. Wer zu fliehen versuchte, wurde gesucht und ermordet. Chełm wurde SS-Kaserne und später Militärkrankenhaus.[11] Die Anstalt spielte aber auch für die Ermordung der jüdischen Anstaltspatienten im Reichsgebiet als fiktiver Todesort eine Rolle. Angeblich sollen hier die jüdischen Psychiatriepatienten, die – ohne Überlebenschance allein aufgrund ihrer rassischen Zugehörigkeit – ab Frühjahr 1940 in einer Sonderaktion in den Gasmordanstalten der »Aktion T4« ermordet worden sind, gestorben sein. Der Beginn systematischen Vernichtung der Juden wurde *scheinbar* hier abgewickelt, die Todesbenachrichtigungen von hier abgeschickt, was auf eine engere Verbindung zwischen der T4-Zentrale in Berlin und den SS-Einheiten in besetzten Ostgebieten schließen läßt.[12]

Aber auch in anderer Hinsicht bedienten sich die Gauleiter der Provinzen Pommern und Ostpreußen der besetzten polnischen Gebiete und der dort tätigen SS-Einsatzgruppen. Der Stettiner Gauleiter Franz Schwede-Coburg (1888-1960) ließ mindestens 1.400 angeblich unheilbar Geisteskranke aus den Anstalten Stralsund, Lauenburg, Ueckermünde und Treptow vom Wachsturmbann Eimann in einem Waldstück bei Neustadt (Wejherowo) erschießen. Die Selektion erfolgte nicht durch die T4-Zentrale, sondern durch die Anstaltsärzte vor Ort.[13] Kurt Eimann (1899-?) schilderte diese Erschießungen in einer Vernehmung 1962 wie folgt:

»Die Lastwagen fuhren dann bis auf etwa 50 Meter an die Erschießungsstelle heran. [...] Dort ließ ich die Kranken einzeln aussteigen. Jeweils 2 SS-Männer führten den Geisteskranken bis an den Rand der Grube, ein 3. SS-Mann folgte mit einer Pistole 0.8. Am Grubenrand schoß der 3. SS-Mann den Kranken mit der Pistole in das Genick, so daß er in die Grube fiel.«[14]

Die Anstalten Lauenburg und Stralsund wurden der SS zur Verfügung gestellt, die Anstalt Treptow wurde Wehrmachtslazarett. Weitere 1.200 Patienten aus Pommern wurden nach Kosten verlegt und dort im März 1940 durch das Sonderkommando Lange ermordet.

Auch Gauleiter Erich Koch (1896-1986) bediente sich in Ostpreußen des Sonderkommandos Lange, um 1.600 seiner Anstaltspatienten los zu werden; sie wurden im Mai 1940 in das Konzentrationslager Soldau deportiert und dort mit den Gaswagen des Sonderkommandos Lange ermordet.[15]

Die Ermordung der polnischen Psychiatriepatienten, insgesamt ist von etwa 17.000 Opfern auszugehen, steht in engen Zusammenhang mit der »Euthanasie«-Aktion im Deutschen Reich, die SS-Einsatzkommandos und die Gesundheitsverwaltung der angeschlossenen Gebiete machten sich die utilitaristischen Motive der »unnützen Esser« zu eigen und ließen insbesondere die polnischen Patienten ermorden, zum Teil um Platz für Patienten aus dem Altreich oder für Umsiedler zu schaffen, z.T. um SS-Kasernen und Militärkrankenhäuser einzurichten. Aber auch in den Jahren ab 1942 spielten die Anstalten im Warthegau und im Generalgouvernement als Transportziel für Patienten aus den luftgefährdeten Gebieten des Rheinlands, Westfalens und aus Nordwestdeutschland eine Rolle. Allein aus dem Rheinland wurden 8.000 Patienten wegverlegt, um Raum für Ausweichkrankenhäuser zu schaffen, viele davon in den Osten, nach Kulparkow, Tiegenhof und Tworki, nur wenige überlebten.[16]

Die Krankenmorde in der Sowjetunion

Als die deutsche Wehrmacht am 22. Juni 1941 die Sowjetunion überfiel, richtete sich der Vernichtungskrieg nicht nur gegen Juden, gegen Kommunisten, Partisanen und die sowjetische Intelligenz, sondern auch gegen die Psychiatriepatienten in den Heil- und Pflegeanstalten. So erschossen Wehrmachtseinheiten auf Initiative der Sanitätsabteilung der Feldkommandantur unmittelbar nach Kriegsbeginn im August 1941 etwa 464 Patienten der Anstalt Chorosz bei Białystok. Die folgenden Vernichtungsaktionen wurden in den meisten Fällen von den Einsatzkommandos der Sicherheitspolizei und des SD ausgeführt, denen die Sicherung des rückwärtigen Heeresgebietes oblag und die mit einem weitgehenden Mordauftrag gegenüber kommunistischen Funktionären, »Saboteuren« und Propagandisten ausgestattet waren. Sie waren auch verantwortlich für Massenerschießungsaktionen, die sich gegen die jüdische Zivilbevölkerung richteten. Bei der Ermordung der Psychiatriepatienten handelten sie jedoch in enger Abstimmung mit und oft auch auf Anforderung der Wehrmacht. Die Psychiatriepatienten galten als »unnütze Esser«, sie konnten für die Zwecke der Besatzungsmacht nicht ausgebeutet werden, und die Wehrmacht wollte die Gebäude der Heil- und Pflegeanstalten und das Pflegepersonal für die Einrichtung von Wehrmachtsunterkünften und Lazaretten nutzen. Außerdem galten die Psychiatriepatienten als gefährlich und als eine mögliche Quelle von Seuchen. So notierte der Generalstabschef des Heeres Franz Halder (1884-1972) im September 1941 in seinem Kriegstagebuch zu den Irrenanstalten bei der Heeresgruppe Nord lapidar: »Irrenanstalten [bei der Heeresgruppe] *Nord*. Russen sehen Geistesschwache als heilig an. Trotzdem Tötung notwendig.«[17]

Das Vorgehen von Wehrmacht und Einsatzgruppen gegenüber den psychisch kranken Anstaltspatienten läßt eine stufenweise Radikalisierung der Maßnahmen erkennen. Zunächst wurde die Verpflegung der Anstaltsbewohner von der Militärverwaltung unter das Existenzminimum gedrückt. So wurden die Ärzte des Psychiatrischen Krankenhauses in Winniza/Ukraine von der Militärverwaltung angewiesen, nur noch 100g Brot pro Tag und Patient auszuteilen. Die Nahrungsmittelvorräte des mit einer großen Landwirtschaft ausgestatteten Krankenhauses wurden von der Wehrmacht eingezogen. Auf Protest der Ärzte ließ der zuständige Gebietskommissar verlauten: »Für psychisch Kranke sind selbst 70g Brot zuviel.« Im Herbst 1941 wurden schließlich 800 Kranke erschossen und 700 weitere durch Einflößen von Giften ermordet. Das Anstaltsgelände wurde schließlich von der Wehrmacht – Hitler hatte in Winniza zeitweise sein Hauptquartier eingerichtet – als Sanatorium und Kasino genutzt.[18] Erkennbar ist ein dreistufiges Vorgehen von der Reduktion der Nahrungsmittelzuteilung über der Vernichtung der arbeitsunfähigen Patienten bis hin zur endgültigen Liquidierung der gesamten Anstalt, um die Räume für die Zwecke der Wehrmacht zu nutzen. Dies läßt sich auch am Beispiel des Republikanischen Psychiatrischen Krankenhauses in Mogilew/Weißrußland zeigen.[19] Der jüdische Chefarzt der Anstalt, Dr. Meer Moisejewitsch Klipzan (1904-1961), wurde abgesetzt, verhaftet und durch den gefügigen Dr. A. N. Stepanow ersetzt. Zugleich wurde die Lebensmittelversorgung der Anstalt drastisch eingeschränkt. Das Krankenhaus geriet bald in das Blickfeld der Militärverwaltung, denn kurz nach seiner Amtseinführung erhielt der neue Chefarzt von der Stadtverwaltung Mogilew die Anweisung, »den med. Personalstand zu kürzen»[20] und die Patienten zu sichten und zu kategorisieren. Für die Selektion und Vernichtung des größeren Teils der Psychiatriepatienten in Mogilew gab es auf Seiten der Wehrmacht vor Ort und des Einsatzkommandos 8 ein ganzes Bündel von Motiven: So habe Seuchengefahr bestanden und die Kranken wurden vom Leiter des Einsatzkommandos 8, Dr. Otto Bradfisch (1903-1994), als »ekelerregend»[21] angesehen, ein Umstand freilich, der erst durch die bewußte Einschränkung der Lebensbedingungen in der Anstalt von der Besatzungsmacht herbeigeführt worden ist. Aufgrund der Versorgungsschwierigkeiten in Mogilew ist man seitens der Mittelverwaltung nicht willens gewesen, »eine solch große Anzahl von Kranken»[22] weiter zu versorgen. Schließlich spielte die anderweitige Nutzung der Gebäude für die Zwecke der Besatzungsmacht eine wichtige Rolle. Die Verflechtung der Interessen der Wehrmacht und der Einsatzgruppen zeigt sich auch darin, daß ein Arzt der Feldkommandantur bei der Selektion der Patienten mitgewirkt hat.[23] Die Kategorien, nach denen das Klinikpersonal die Patienten einteilen sollte, entsprachen einer Hierarchisierung der Opfer, die sich an Nützlichkeitserwägungen orientierte:

- arbeitsunfähige chronisch Kranke
- arbeitsfähige chronisch Kranke
- Frischerkrankte, die »einer Behandlung bedurften«

Die arbeitsunfähigen Patienten sollten angeblich in andere Gegenden »evakuiert«, die arbeitsfähigen Patienten in den Arbeitsprozess eingegliedert und die Frischerkrankten – angeblich – in die Lebensmittelversorgung aufgenommen werden.[24] Nach Einrichtung einer provisorischen Gaskammer in einem Gebäude der Anstalt durch den Chefchemiker des Reichssicherheitshauptamtes Albert Widmann (1912-1986) Mitte September 1941 wurden Anfang Oktober 1941 etwa 650-850 Patienten durch das in Mogilew stationierte Einsatzkommando 8 mit den Abgasen von Lastkraftwagen ums Leben gebracht. Die übriggebliebenen Patienten, sofern sie nicht zu ihren Angehörigen entlassen werden konnten, wurden im bitterkalten Januar 1942 nackt auf Lastwagen verladen und in einem nahegelegenen Waldstück erschossen. Damit konnte die ganze Anstalt als Lazarett für die Zwecke der Wehrmacht genutzt werden. Der Dolmetscher des Einsatzkommandos 8 rechtfertigte die erste Tötungsaktionen gegenüber dem russischen Personal damit, daß »sie [die Deutschen] solche Vernichtungen auch in Deutschland praktizieren, da die vernichteten Kranken niemandem von Nutzen sind, weder sich selbst, noch anderen, und diese Kategorie Menschen nur zu vernichten ist.«[25] Und der Kraftfahrer des Einsatzkommandos 8, Georg Frentzel (1914-1979), erklärte in seinen Vernehmungen durch das Ministerium für Staatssicherheit der DDR 1970 zu den psychisch kranken Menschen: »Durch ihre Krankheit waren diese Menschen mit ›ungesunden Erbanlagen‹ behaftet, somit minderwertig, arbeitsunfähig und stellten außerdem nutzlose Esser dar.«[26]

Die Ideologie einer rassischen *und* biologischen Säuberung der eroberten Gebiete war für die Mannschaften und Offiziere der Einsatzkommandos offenbar Rechtfertigung genug, die schwächsten Mitglieder einer Gesellschaft zu töten. Dabei schien der Gedanke der »Vernichtung lebensunwerten Lebens« verbunden mit der Idee erblicher Minderwertigkeit die Vorstellungswelt auch der einfachen Mannschaften zu beherrschen. Insofern wurde die Vernichtung der sowjetischen Psychiatriepatienten auch als konsequente Fortsetzung der »Euthanasie«-Aktion im Osten angesehen, wie es der Chemiker Widmann 1967 in seiner Aussage vor dem Stuttgarter Landgericht formulierte.[27]

Insgesamt sind nach gegenwärtigem Kenntnisstand etwa 17.000 sowjetische Psychiatriepatienten durch die deutsche Besatzungsmacht mittels Erschießen, stationären Gaskammern, Gaswagen, Erfrierenlassen, Vergiften und Verhungernlassen ermordet worden.[28]

4.2. Der »Reichsausschuß zur wissenschaftlichen Erfassung erb- und anlagebedingter schwerer Leiden« und die sogenannte »Kindereuthanasie«

1938 oder 1939 wandte sich der Vater eines schwerbehinderten Kindes an Prof. Werner Catel (1894-1981), den Direktor der Leipziger Universitätskinderklinik mit der Bitte, sein schwerbehindertes Kind einschläfern zu lassen. Das Kind soll nach Zeugenaussagen mißgebildet, blind und

»idiotisch« gewesen sein. Nachdem Catel diese Bitte abgelehnt hatte, wandte sich der Vater mit seinem Gesuch an die Kanzlei des Führers. Hitler ermächtigte seinen Begleitarzt Karl Brandt, das Kind in der Leipziger Universitätskinderklinik töten zu lassen.[29] Dieser »Fall Kinder Knauer« gilt als Präzendenzfall für die Planung der Erfassung und Selektion geistig und körperlich behinderter Kinder. Als Tarnorganisation der »Kindereuthanasie« bildete sich im Frühjahr 1939 der »Reichsausschuß zur wissenschaftlichen Erfassung erb- und anlagebedingter schwerer Leiden«, dessen Geschäfte von Hans Hefelmann (1906-1986), einem Mitarbeiter der Kanzlei des Führers, geführt wurden.[30] Aufgrund eines Erlasses des Reichsministers des Innern vom 18. August 1939 sollten alle geistig bzw. körperlich behinderten Neugeborenen und Kinder bis zum dritten Lebensjahr, die sich *nicht* in Anstaltspflege befanden, von Hebammen und Ärzten über die Gesundheitsämter an den »Reichsausschuß« mit einem vierseitigen Meldebogenformular gemeldet werden. Die Meldungen wurden in der Kanzlei des Führers vorsortiert und an die drei ärztlichen Gutachter des »Reichsausschusses« weitergeleitet. Die drei Gutachter, der Leipziger Ordinarius für Kinderheilkunde Prof. Werner Catel, der Kinder- und Jugendpsychiater Prof. Hans Heinze (1985-1983) und der Berliner Pädiater Ernst Wentzler (1891-1973) entschieden, ob das Kind unter dem Vorwand bestmöglicher Pflege und Therapie in eine der insgesamt 30 »Kinderfachabteilungen« des »Reichsausschusses« eingewiesen wurde.[31] Die Einweisung erfolgte durch die örtlichen Gesundheitsämter, wobei zum Teil auf die Eltern Druck ausgeübt wurde, der Aufnahme des Kindes in eine Kinderfachabteilung zuzustimmen. Dort sollten die Kinder nach einer Beobachtungsphase mit überdosierten Medikamenten getötet werden, wenn der »Reichsausschuß« eine entsprechende »Behandlungsermächtigung« ausstellte. Der »Reichsausschuß« konnte einen Befundbericht der Ärzte der Kinderfachabteilung anfordern und seine schriftliche Ermächtigung zur »Behandlung« (= Tötung) von diesem Bericht abhängig machen. Dieses »Reichsausschußverfahren« unterschied sich insofern von der »Aktion T4«, als hier individuelle Selektionsentscheidungen durch die behandelnden Ärzte vorgenommen und diese Form der »Euthanasie« auch nach dem Stopp der »Aktion T4« im August 1941 bis Kriegsende fortgesetzt wurden. Die Zahl der im Rahmen des »Reichsausschußverfahrens« getöteten Kinder beträgt 5.000 bis 10.000. Nicht bei allen in den Kinderfachabteilungen getöteten Kindern erfolgte eine Meldung an den Reichsausschuß, insofern ist auch die Gesamtzahl der Opfer der NS-»Kindereuthanasie« schwer abzuschätzen.[32] In die Kinderfachabteilungen wurden auch Kinder aus anderen Anstalten und Pflegeeinrichtungen aufgenommen, also nicht nur Kinder, die von zu Hause eingewiesen wurden. So entschieden die beiden »Euthanasie«-Beauftragen Bouhler und Brandt im März 1941, daß die Rahmen der »Aktion T4« in den Heil- und Pflegeanstalten erfaßten Kinder und Jugendlichen an den »Reichssauschuß zur Ausscheidung« abzugeben seien.[33] Was das konkret bedeutete, zeigt die folgende Geschichte.

Wilhelmine Haußner wurde 1927 als das dritte von insgesamt fünf Kindern des Lagermeisters Martin Haußner und seiner Ehefrau Barbara geboren. Nach einer Impfung erkrankte sie an einer Gehirnentzündung. In der geistigen Entwicklung blieb sie zurück, war ständig in Bewegung, so daß die Eltern 1932 einer Aufnahme in die katholische Pflegeanstalt Schönbrunn bei Dachau zustimmten. Dort besuchte Wilhelmine den Kindergarten, fühlte sich offensichtlich wohl, wurde von ihren Eltern und ihren Geschwistern häufig besucht. Im Rahmen einer Verlegungsaktion im Zusammenhang mit der »Aktion T4« mußte sie Schönbrunn am 23. Mai 1941 verlassen und kam, nun 13 Jahre alt, in die Kinderfachabteilung Eglfing-Haar. Dort wurde sie als »tiefstehende Idiotin« klassifiziert und in die Kinderfachabteilung eingewiesen. Ihr Tod war nach einem entsprechenden Schreiben des »Reichsausschusses« beschlossene Sache. Wilhelmine starb am 7. November 1942 an einer Überdosis Luminal, eines Beruhigungsmittels. Die Mutter erhielt kurz zuvor von Direktor Pfannmüller folgenden Brief: »Bei ihrer Tochter hat sich im Anschluß an einen schon länger bestehenden Katarrh der oberen Luftwege eine Lungenentzündung eingestellt. Der Zustand des Mädchens ist bedenklich. Wir teilen Ihnen dies mit, damit sie das Kind noch besuchen können.«[34] Doch als die Mutter nach Eglfing-Haar kam, war Wilhelmine schon tot. Die Eltern sollten glauben, ihr Kind sei an einer plötzlich aufgetretenen Infektionskrankheit verstorben. Doch sie ahnten, was geschehen war.

Die Eltern reagierten sehr verschieden auf die Einweisung ihrer Kinder in eine Kinderfachabteilung und nahmen zu einer möglichen »Erlösung« ihrer Kinder ganz unterschiedliche Haltungen ein. Die vorliegenden Untersuchungen zeigen ein breites Spektrum von Elternreaktionen zwischen Befürwortung, Hinnahme und Protest. Neben den Eltern, die dem Schicksal ihres behinderten Kindes indifferent gegenüberstanden, finden sich Einstellungen, die einen möglichen Tod des Kindes als »Erlösung« empfanden und die Euthanasie in einzelnen Fällen auch einforderten.

Der zweijährige Heinz F. wurde im August 1941 in die Kinderfachabteilung Eichberg aufgenommen. Seit seinem achten Lebensmonat habe er sich geistig nicht mehr weiterentwickelt, heißt es in der Krankenakte. Nachdem er um eine prognostische Einschätzung des Zustandes seines Kindes gebeten hatte, schrieb der Vater am zweiten Geburtstag seines

Sohnes am 25. Oktober 1941 an den Leiter der Kinderfachabteilung Eichberg, Dr. Walter Schmidt (1910-1970):

»Wir gratulieren Ihm im Geist in unseren Herzen zu seinem Wiegenfeste, wenngleich er es auch nicht verstehen kann. Es ist fürwahr für uns eine schwere Aufgabe, ein Kind noch lebend zu wissen, u. keine Rettung mehr in Aussicht. Was Ihm noch bleibt vom Leben, das ist sein Leiden, ein Leiden womöglich ohne Ende. Nach Ihrem letzten Schreiben zu urteilen, ist nach den bisherigen ärztlichen Erfahrungen an eine Besserung nicht mehr zu denken. So haben wir nur noch eine Bitte an Sie, wenn schon keine Rettung u. Besserung, oder mit der Zeit eine Heilung vorhanden ist; So lasst den kleinen, lieben Jungen nicht mehr allzulange sein schweres Leiden ertragen. [...] Wir sind gefaßst auf Alles, auf sein Sterben, als auch auf seinen Tod. Ein solch unschuldiges Kindchen wird einen wahren Engel geben im Himmel droben; u. über den Sternen werden wir uns einst wiedersehen.«[35]

An dem Tag, an dem das Schreiben auf dem Eichberg eintraf, ist der der zweijährige Heinz gestorben. Zwei Tage später schrieb Dr. Schmidt an den Vater, einen natürlichen Tod vortäuschend: »Wie wir Ihnen bereits schon mitteilten, litt Heinz an Keuchhusten, bei der eine Lungenentzündung hinzutrat, wie dies oft bei geistig erkrankten Kindern der Fall ist.«[36]

Demgegenüber ahnte der Großvater des 16jährigen Heinz Sch., Maurerlehrling aus Frankfurt am Main, der wegen epileptischen Anfällen in die Anstalt Eichberg eingewiesen wurde, »daß der dortige Aufenthalt dem Heinz zum Verhängnis werden könnte«. Nachdem Heinz am 14. Mai 1943 zu Tode kam, machte sich der Großvater die schwersten Vorwürfe, daß er nicht energischer darauf bestanden hat, seinen Enkel heimzuholen. Dr. Schmidt habe ihm gesagt, daß die Krankheit unheilbar sei. Darauf hätte er eigentlich sofort erwidern sollen, daß dann auch der Aufenthalt in der Anstalt zwecklos sei und er auch die Hoffnung nicht aufgeben wolle, denn so schwer sei die Krankheit nicht. Auf den Protestbrief des Großvaters schrieb Dr. Schmidt: »Für den Jungen war es eine Erlösung, da doch anzunehmen ist, daß er sein ganzes Leben an dieser Erkrankung hätte leiden und immer in einer Anstalt eingesperrt sein Dasein verbringen müßte.«[37]

Die beiden Beispiele zeigen, wie unterschiedlich die Angehörigen mit dem »Erlösungsangebot« der Kinderfachabteilungen umgegangen sind. Dabei zeigt sich, daß die Haltung der Eltern auch von dem prägenden Milieu abhängig gewesen ist. So standen Eltern aus katholischen und agrarisch geprägten Regionen der Tötung ihrer Kinder eher ablehnend gegenüber.[38] Manche Eltern haben sich um eine Rettung bzw. Entlassung ihres Kindes bemüht, nicht immer erfolgreich. Dem Münchner Steindrucker Karl Laschinger gelang es 1944, seine Tochter Maria aus der Eglfinger Kinderfachabteilung herauszuholen, aber unter den Familien der aus der katholischen Anstalt Schönbrunn nach Eglfing-Haar verlegten Kinder und Jugendlichen war dies der einzige gelunge Rettungsversuch.[39] Insgesamt überwiegt aber wohl eine ambivalente Einstellung der Eltern, die einerseits den Tod als eine Erlösung ansahen, andererseits aber an der Entscheidung über die Tötung nicht beteiligt sein wollten. So sagte eine Mutter nach dem Krieg über den Tod ihres Sohnes in der Kinderfachabteilung Ansbach aus:

»Ich habe nicht zu erkennen gegeben, daß ich etwa einer Einschläferung des Kindes zustimmen würde. Ich wollte das Kind nicht hergeben zum Umbringen. Da ich aber von den verschiedensten Seiten aufmerksam gemacht wurde, daß es mit dem Kind nichts mehr wird, hätte ich vielleicht damals nichts gegen eine schmerzlose Einschläferung gehabt. Es war wirklich sehr arg mit dem Kind. Ich habe direkt darum gebetet, daß der Herrgott das Kind bald zu sich nimmt.«[40]

Diese Ambivalenz der Eltern haben die Organisatoren der »Kinderfachabteilungen« geschickt zu nutzen verstanden: Die Tötung erfolgte durch die sukzessive Gabe von Barbituraten. Die auftretende Lungenentzündung sollte einen natürlichen Tod vortäuschen. Den Eltern wurde durch entsprechende »Schlechtermeldungen« kurz vor Eintritt des Todes vorgespielt, als tue man alles, um das Leben der Kinder zu retten. Mit dieser Strategie nahmen die Organisatoren der »Kindereuthanasie« die Ergebnisse der Studie von Ewald Meltzer auf, der Anfang der 1920er Jahre die Haltung der Eltern zur Erlösung ihrer »idiotischen Kinder« erfragt hatte.[41] »Nicht fragen, sondern handeln« war das Motto, dem sich die Organisatoren der »Kindereuthanasie« verpflichtet fühlten.[42]

In einer Reihe von »Kinderfachabteilungen« wurden vor der Tötung der Kinder medizinische Versuche durchgeführt.[43] 1942 wurden zwei Forschungs- und Beobachtungsabteilungen der T4-Zentrale eingerichtet, eine in der Brandenburgischen Landesanstalt Görden, eine an der Psychiatrischen Universitätsklinik Heidelberg. Beide betrieben Grundlagenforschung zur Genese der verschiedenen Schwachsinnsformen und der Epilepsie.[44] Der Universitätspsychiater Carl Schneider (1891-1946) untersuchte in der Heidelberger Psychiatrischen Klinik in den Jahren 1942 bis 1945 52 geistig behinderte Kinder und Jugendliche. Sie wurden einem umfangreichen klinischen, erbbiologischen, testpsychologischen und arbeitstherapeutischen Untersuchungsprogramm unterworfen. Regelmäßig wurde eine Encephalographie, eine sehr unangenehme und schmerzhafte Röntgenuntersuchung mit Luftfüllung der Gehirnkammern durchgeführt. Ziel der Untersuchungen war die Unterscheidung zwischen exogenen und endogen (erblich) bedingten Formen des »Schwachsinns«, um die Eltern entsprechend bezüglich der Zeugung weiterer Kinder beraten zu können. Endgültige diagnostische Sicherheit konnte aber nur der Sektionsbefund des Gehirns bieten, mit welchem das Untersuchungsprogramm als abgeschlossen angesehen wurde. Zu diesem Zweck sollten die untersuchten Kinder in die Kinderfachabteilung der Landesheilanstalt Eichberg verlegt werden. Von den 52 Heidelberger Forschungskindern sind 21 ermordet worden, um ihre Gehirne in Heidelberg untersuchen zu können.[45] Während des Aufenthaltes in der Heidelberger Psychiatrischen Klinik ist dementsprechend auch die Haltung der Eltern zu einer möglichen Erlösung der Kinder ausgelotet worden. So schrieb der Koordinator der Heidelberger Forschungsabteilung, Dr. Dr. Julius Deussen (1906-1974) im Dezember 1943 auf einen Notizzettel über die Mutter des vierjährigen Christian: »Über Frau B. [...] hübsches Gesicht (= Sohn Christian!) [...] Vernünftig im Urteil, [...] bezügl. ihres Kindes Christian [...] keineswegs ohne mütterl. Gefühl, aber man hat den Eindruck, daß sie nichts gegen seinen baldigen Tod einwenden würde.«[46] Tatsächlich wurde Christian unmittelbar nach seiner Aufnahme in die Kinderfachabteilung Eichberg am 29. Juli 1944 ermordet.

Aber auch führende Universitätskinderkliniken waren in die »Kindereuthanasie« verstrickt, wie das Beispiel der Heidelberger Kinderklinik unter Johann Duken (1889-1954) zeigt. Eine exemplarische Untersuchung der Krankengeschichten belegt, daß bei Kleinkindern mit einer geistigen Behinderung, mit Anfallsleiden oder Geburtsschädigungen, die zur Diagnostik oder wegen einer Infektion in die Klinik aufgenommen worden waren, nicht dieselben therapeutischen Maßnahmen zur Anwendung kamen, wie bei nichtbehinderten Kindern. In einigen Fällen wurde ausdrücklich vermerkt, daß die Kinder »lebensunfähig«, »minderwertig«, »idiotisch« oder »debil« seien und deshalb keine weitere Therapie erfolgt sei. Ein Beispiel für die sich aus diesen Bewertungen der Kinder ergebenden Konsequenzen ist das frühgeborene Zwillingskind Günther R., das einen Tag nach seiner Geburt am 2.3.1943 in der Kinderklinik aufgenommen wurde. Dort wurde ein »Mongolismus« diagnostiziert. Im Krankenblatt findet sich der Vermerk: »Da es sich um ein minderwertiges Kind handelt wird keine Frauenmilch gegeben.« 12 Tage später war das Kind tot. Eine spezifische Therapie ist nicht dokumentiert. Der Verlauf enthält lediglich den Eintrag: »Kind macht deutlich mongoloiden Eindruck. Verfällt langsam.«[47]

Außerdem sind mindestens drei Kinder aus der Heidelberger Kinderklinik direkt in die Kinderfachabteilung der Landesheilanstalt Eichberg verlegt worden. In diesen Fällen hat der Direktor der Kinderklinik Johann Duken eine mögliche »Erlösung« der Kinder zumindest angedeutet.

Der zweijährige Klaus, Sohn eines Bankdirektors, und zur Pflege im Kümmelbacherhof in Neckargemünd untergebracht, wurde am 4. Mai 1942 zur Diagnostik in die Kinderklinik aufgenommen und von Oberarzt Dr. Ernst Voss (1905-1985) untersucht. Der Untersuchungsbefund lautete:

»Knapp 2jähr. Kind auffallend teilnahmslos, hat keinen Kontakt mit seiner Umgebung. Trifft keine Unterscheidung der Menschen seiner Umgebung, keine Sonderstellung d. Mutter. Meist Bauchlage im Bettchen. [...] Doppels. Klumpfußbildung.«[48]

Der Vater war, wie aus dem folgenden Brief von Prof. Duken hervorgeht, über das Bevorstehende informiert:

»Heute morgen habe ich die Nachricht von Herrn Prof. Schneider erhalten, dass am Freitag Ihr Kind in eine andere Anstalt verlegt wird. Sie werden von dort aus einen näheren Bescheid erhalten. Ich möchte Ihnen in diesem Augenblick raten, Ihrer Gattin zunächst gar nichts zu sagen, damit sie dann einfach eines Tages vor der festen Tatsache steht. Sollten für sie selbst irgendwelche weiteren Fragen auftauchen, so bitte ich Sie, mich anzurufen. Ich benutze diese Gelegenheit und ganz besonders auch Ihrer Gattin, von allen Herzen alles Gute für die Zukunft zu wünschen. Möchte der Kummer sich bald verziehen und dann der Raum für neues Werden frei werden! Mit den besten Empfehlungen und *Heil Hitler* verbleibe ich Ihr sehr ergebener D.«[49]

Klaus verstarb wenige Tage nach seiner Aufnahme in die Kinderfachabteilung Eichberg am 7.8.1942. Es muß davon ausgegangen werden, daß er mit einer Überdosierung von Medikamenten ermordet wurde. Sein Gehirn wurde in der Psychiatrischen Universitätsklinik untersucht.

Auch der Direktor der Jenaer Universitätskinderklinik und spätere Nationalpreisträger der DDR Yussuf Ibrahim (1877-1953) hat Überweisungen in die Kinderfachabteilungen Stadtroda mit dem »Euthan.« vorgenommen.[50]

Kinder und Jugendliche sind jedoch nicht nur in den spezialisierten Kinderfachabteilungen des »Reichsausschusses« ermordet worden, sie wurden auch Opfer der »Aktion T4«, wenn sie sich zum Zeitpunkt der Meldebogenerfassung in Anstaltspflege befanden. In den Tötungsanstalten der »Aktion T4« sind hochgerechnet etwa 4.200-4.500 Kinder und Jugendliche bis zum vollendeten 20. Lebensjahr ermordet worden.[51]

4.3. Die »Aktion T4« 1939-1941

4.3.1. Erfassung, Selektion und Vernichtung der Anstaltspatienten

Mit »Aktion T4« wird die *zentral* von der Kanzlei des Führers in Zusammenarbeit mit dem Reichsinnenministerium und den Provinzialverbänden bzw. Innenministerien der Länder organisierte Erfassung, Selektion und Tötung der Anstaltspatienten im Deutschen Reich bezeichnet. Der »Aktion T4« fielen zwischen Januar 1940 bis zum Stopp der Vergasungen der Anstaltspatienten im August 1941 insgesamt etwa 70.000 Menschen zum Opfer. Die konkreten Planungen zur Erfassung, Selektion und Ermordung der Anstaltspatienten setzten spätestens im Frühsommer 1939 ein.[52] Dabei wurde eine Reihe von führenden deutschen Psychiatern einbezogen, unter ihnen Hermann Paul Nitsche (1876-1948), Carl Schneider und Werner Heyde (1902-1964). Ab Oktober 1939 wurden etwas über 200.000 Anstaltspatienten aus Deutschland, Österreich und den angeschlossenen Gebieten in den Reichsgauen Sudetenland, Danzig-Westpreußen und Untersteiermark (Teil des heutigen Slowenien) mit einseitigen Meldebögen erfaßt, die von den Anstalten ausgefüllt werden sollten.[53] Etwa 40 Gutachter waren an der Bearbeitung der Meldebögen beteiligt. Je drei Gutachter und ein Obergutachter entschieden allein anhand des einseitigen Meldebogenformulars über Leben und Tod der Patienten (vgl. Abb. 5). Die Anstalten wurden aufgefordert, alle Patienten namentlich zu melden, die folgende Kriterien erfüllten:

1. Die Patienten leiden an Schizophrenie, Epilepsie, senilen Erkrankungen, therapierefraktärer Progressiver Paralyse, Schwachsinn jeder Ursache, Encephalitis, Chorea Huntington oder anderen neurologischen Endzuständen und sind nicht oder nur mit mechanischen Arbeiten zu beschäftigen.
2. Sie befinden sich seit mindestens 5 Jahren dauernd in Anstalten.
3. Sie sind als kriminelle Geisteskranke verwahrt.
4. Sie besitzen nicht die deutsche Staatsangehörigkeit oder sind nicht deutschen oder artverwandten Blutes.[54]

Die der Anweisung des Reichsinnenministeriums beigefügten Meldebögen, zu Beginn der »Aktion« noch in einer wenig differenzierten Form, erfaßten, den oben erwähnten Kriterien entsprechend, Staatsangehörigkeit und Rasse des Betroffenen, sowie Diagnose, Beginn der Anstaltsbehandlung, Straftaten und eine eventuelle Verwahrung als krimineller Geisteskranker. Weiterhin fragten die Meldebögen nach der Art der Beschäftigung der Patienten – diese sollte präzise angegeben werden, nach der Anschrift der Angehörigen, nach Besuch, Vormundschaft und dem Kostenträger. Der Bogen sollte vom ärztlichen Leiter oder seinem Vertreter ausgefüllt werden und enthielt unten links ein schwarz umrandetes Feld mit der Bemerkung »Dieser Raum ist freizulassen.«[55] Die Meldebögen sollten in der recht kurz bemessenen Frist von etwa 6 Wochen an das Reichsinnenministerium oder die vorgesetzte Anstaltsbehörde zurückgesandt werden. Die Meldebögen wurden in der T4-Zentrale photokopiert und in Paketen zu 100 bis 300 Stück an drei verschiedene psychiatrische Gutachter versandt, die mit einem roten Plus oder einem blauen Minus über Leben und Tod entschieden. Die endgültige Entscheidung traf einer der Obergutachter. Anhand der positiv entschiedenen »Plusfälle« wurden Transportlisten erstellt und die Verlegung der entsprechenden Patienten als eine Weisung des zuständigen Reichsverteidigungskommissars angeordnet.

Ob bereits zu Beginn der »Aktion« den Ärzten in den einzelnen Anstalten der Sinn der Meldebogenerfassung klar gewesen war, ist eine offene Frage.[56] Jedenfalls gaben einzelne der T4-Gutachter in ihren Nachkriegsaussagen an, daß die Arbeitsfähigkeit der Patienten in Unkenntnis des wirklichen Zwecks der Erfassung weit »unterbewertet« worden sei in der irrigen Auffassung, den Anstalten sollten die besten Arbeitskräfte weggenommen werden.[57] Die erste Meldebogenversion läßt erkennen, daß es hier um eine grobe Selektion der Anstaltspatienten nach ihrer Arbeits- bzw. Leistungsfähigkeit ging.[58] Dabei galten als mechanisch definierte Arbeiten wie Roßhaarzupfen, Mattenflechten oder Tütenkleben nicht als produktive Leistungen im Sinne der NS-Volksgemeinschaft. So antwortete Ministerialrat Dr. Herbert Linden (1899-1945) vom Reichsinnenministerium auf eine Eingabe des Oberpräsidenten in Hannover im Juli 1940: »Mit der von Ihnen vorgeschlagenen Einschränkung des Begriffs der mechanischen Arbeiten kann ich mich nicht einverstanden erklären. Es sind eher zu viel als zu wenig Kranke zu melden. Die Aussortierung erfolgt hier nach einheitlichen Grundsätzen. […] Kartoffelschälen und Gemüseputzen, Tüten und Matten usw. sind als mechanische Arbeiten anzusehen.«[59] In zweiter Linie kommt als Selektionskriterium die Dauer der Anstaltsbehandlung als Maß für die Chronizität der Erkrankung in Betracht. Das Kriterium der Rasse war insofern von Bedeutung, als die jüdischen Anstaltspatienten – ungeachtet aller anderen Kriterien – allein aufgrund ihrer rassischen Zugehörigkeit getötet werden sollten.[60]

In einzelnen Regionen – so z. B. in Österreich und in einzelnen Anstalten in Bayern – erfolgte die Meldebogenerfassung nicht durch die Ärzte der Anstalt, sondern durch Ärztekommissionen der T4-Zentrale, was zur

Folge hatte, daß der Anteil der zur Tötung ausgewählten Patienten im Vergleich zu anderen Regionen besonders hoch war. So sind z. B. in den großen österreichischen Anstalten über 60% der Patienten verlegt und in der Tötungsanstalt Hartheim ermordet worden.[61] Auch einzelne kirchliche Anstalten wie Neuendettelsau in Franken oder Bethel bei Bielefeld wurden von Ärztekommissionen der T4-Zentrale aufgesucht. Friedrich von Bodelschwingh (1877-1946) hatte für die Anstalt Bethel die Ausfüllung der Meldebogen verweigert und vergeblich versucht, die Einrichtung von den Deportationen auszunehmen. Schließlich erfolgte die Selektion der Betheler Anstaltsbewohner durch eine Ärztekommission der T4 im Frühjahr 1941, nachdem eine Vorauswahl durch die Betheler Anstaltsärzte getroffen worden war. Durch den Stopp der »Aktion T4« im August 1941 kam es nicht mehr zu den befürchteten Verlegungen der Betheler Patienten.[62]

Ab Frühjahr 1940 hatten die Anstaltsdirektoren einen gewissen Entscheidungsspielraum, bestimmte Patienten, meist unersetzliche Arbeiter, zurückzuhalten und andere Patienten an ihrer Stelle auf die Verlegungsliste zu setzen. In Westfalen gab es eine Ärztekommission des Provinzialverbandes, die anhand der von der T4-Zentrale zusammengestellten Verlegungslisten die endgültig zu verlegenden Patienten festsetzte.[63] In Bayern konnten die Anstaltsleiter mit dem T4-Arzt Curt Schmalenbach (1910-1944) über Rückstellungen verhandeln[64], aber auch aus anderen Regionen werden Rückstellungen durch die Anstaltsdirektoren beim Abtransport der Patienten berichtet. Der Transport erfolgte durch die »Gemeinnützige Krankentransportgesellschaft« in den ersten Monaten der »Aktion« direkt in die Tötungsanstalt. Später wurden die Patienten zunächst in sogenannte Zwischenanstalten verlegt. Von dort wurden die Patienten nach einer gewissen Zeit in die Tötungsanstalten weiterverlegt. Es entstand ein Netz von Zwischenanstalten, die den einzelnen Tötungsanstalten zugeordnet waren (vgl. Abb. 6). Auch in den Zwischenanstalten fanden vereinzelt Rückstellungen von Patienten statt, auch wenn dies nicht vorrangiger Zweck gewesen ist.[65] Vielmehr dienten die Zwischenanstalten der Verschleierung der Transportwege und der effektiven Nutzung der Kapazität der sechs Tötungsanstalten. Auch der Arzt in der Tötungsanstalt hatte die Möglichkeit, Patienten kurz vor der Gaskammer von der Tötung zurückzustellen, insbesondere wenn sie als Kriegsteilnehmer des Ersten Weltkriegs ausgezeichnet oder verwundet worden waren.[66]

Offensichtlich kam es innerhalb der Kanzlei des Führers bald zu Diskussionen über die oben geschilderte radikale Durchführung der »Aktion« nach einem groben Nützlichkeitsraster, das zudem zu Mißverständnissen Anlaß gab. In seinen Nachkriegsaussagen hat der Medizinische

Leiter der »Aktion T4« und Obergutachter Prof. Werner Heyde sicherlich auch in apologetischer Absicht immer wieder betont, daß die Arbeitsfähigkeit für ihn nur ein Hilfskriterium zur Beurteilung des Krankheitsverlaufes gewesen sei und er sich gegen reine Nützlichkeitserwägungen verwahre, wie sie von Viktor Brack (1904-1948), dem Hauptabteilungsleiter in der Kanzlei des Führers vertreten worden seien:

»Wenn im Meldebogen nach dem Grade der Arbeitsfähigkeit gefragt wird, so bedeutete das nicht, daß die Entscheidung über Leben und Tod davon abhängig gemacht werden sollte, ob der betr. Patient noch irgend eine für die Allgemeinheit nützliche Arbeit leisten konnte. Die Feststellung der Arbeitsfähigkeit war vielmehr als Mittel der Diagnose gedacht. Erfahrungsgemäß entspricht die Verringerung der Arbeitsfähigkeit dem Verlauf der Krankheit, sodaß man aus dem Grade, in dem der Patient noch beschäftigt werden kann, umgekehrt Rückschlüsse auf das Stadium der Krankheit ziehen kann.«[67]

Im April 1940 wurde über eine neue Version der Meldebögen beraten, die eine differenziertere Erfassung der Patienten vorsah. Hier wurde nun genauer nicht nur nach dem Beginn, sondern auch nach dem Verlauf der Anstaltsbehandlung, nach Hinweisen auf die Erblichkeit der Erkrankung, nach den Krankheitssymptomen und der klinischen Einteilung des Krankheitsbildes sowie nach durchgeführten Therapien gefragt. Daran läßt sich zumindest der Versuch erkennen, medizinisch-klinische Kriterien für die Erfassung der Patienten gegenüber reinen Nützlichkeitserwägungen stärker zur Geltung zu bringen. Ob diese Differenzierung des Meldebogens tatsächlich einen Einfluß auf das Selektionsverfahren und die Entscheidungen der sogenannten Gutachter gehabt hat oder ob es sich hierbei nur um eine kosmetische Operation zur Gewissensberuhigung der beteiligten Ärzte handelte, bleibt offen. Eine dritte Version des Meldebogens wurde 1941 eingeführt. Sie enthielt zusätzliche Angaben zu Kriegsteilnahme und Kriegsbeschädigung und forderte eine genauere Bewertung der Arbeitsleistung. Es wurde nun nach dem Wert der Arbeitsleistung im Vergleich zur Leistung Gesunder gefragt.[68]

Welche Bedeutung die vorgegebenen Selektionskriterien für die Entscheidungen der Gutachter und den tödlichen Selektionsprozeß der »Aktion T4« gehabt haben, wird in dem folgenden Kapitel zur »Ökonomie der Erlösung« dargestellt.

Bisher konnte nur ein einziger Originalmeldebogen aufgefunden werden, der die Entscheidungen der Gutachter und die Bearbeitungsvermerke der T4-Zentrale enthält (vgl. Abb. 5).[69] Es sich handelt sich um eine 31jährige jüdische Patientin aus der Wiener Anstalt »Am Steinhof«, die durch eine Kommission der »T4« unter der Leitung von Prof. Werner Heyde begutachtet wurde. Die Diagnose lautete Schizophrenie, der Patientin wurde trotz immer wieder erfolgter Entlassungen ein »Persönlichkeitszerfall« zugeschrieben, ihre Arbeitsleistung als »unbrauchbar« eingeschätzt. Die Registriernummer der »T4« ist mit Z 67652 oben aufgestempelt. Die Begutachtung erfolgte durch die Ärzte Prof. Nitsche, Dr. Theodor Steinmeyer (1897-1945), Dr. Friedrich Mennecke (1904-1947) und die Oberbegutachtung durch Prof. Heyde, alle zeichneten ein rotes Plus. Der Stempel weist auf die Versendung des Meldebogens an die Tötungsanstalt Hartheim am 7. August 1940 hin, wo die Patientin am 8. 8. 1940 »erledigt«, d. h. ermordet, wurde. Die Beurkundung des Todes erfolgte, wie bei jüdischen Patienten üblich, erst fünf Monate später unter der Nummer XII. Für diesen Zeitraum wurden von der Reichsvereinigung der Juden Pflegegelder eingezogen.[70]

Nachdem die Entscheidungen der Gutachter – ein rotes Pluszeichen für Tötung, ein blaues Minuszeichen für Zurückstellung – feststanden, wurden von der T4-Zentrale Transportlisten zusammengestellt, die die Namen der zu verlegenden Patienten enthielten. Die Patienten wurden von der »Gemeinnützigen Krankentransportgesellschaft« aus den Anstalten abgeholt, in denen sie oft über Jahre oder Jahrzehnte gelebt hatten und mit den berüchtigten grauen oder roten Bussen oder mit der Eisenbahn abtransportiert (vgl. Abb. 8). Sie wurden schließlich direkt oder nach einem kürzeren oder längeren Aufenthalt in einer Zwischenanstalt in eine der sechs Tötungsanstalten transportiert, wo sie meist noch am Tage ihrer Ankunft in der Gaskammer mit Kohlenmonoxidgas erstickt wurden. Zu den sechs Tötungsanstalten der »Aktion T4« gehörten Brandenburg an der Havel (Altes Zuchtshaus), Grafeneck in Württemberg, Pirna-Sonnenstein bei Dresden, Hartheim bei Linz in Oberösterreich, Bernburg in Anhalt und Hadamar in Hessen-Nassau (vgl. Abb. 10).[71]

Insgesamt war der Vorgang des Abtransports und die Prozedur in den Tötungsanstalten jedoch effektiv und bürokratisch organisiert. Die Patienten erhielten bereits in der Abgabeanstalt ihre Transportnummer mit Klebestreifen auf den Rücken geschrieben, die Krankengeschichten wurden mitgegeben. Manche der todgeweihten Patienten ahnten ihr Schicksal und setzten sich zur Wehr, sie erhielten Beruhigungsspritzen. In der Tötungsanstalt angekommen, wurden sie vom dortigen Pflegepersonal in Empfang genommen, mußten ihre Kleidung ablegen und wurden dann einzeln den Tötungsärzten vorgeführt, die die Identität der Opfer überprüften und eine plausible Todesursache für die Sterbeurkunde eruierten. Vor der Tötung wurden die Opfer mit den ihnen zugeteilten Tötungsnummern photographiert (vgl. Abb. 11). Anschließend wurden sie in Gruppen in die als Duschraum getarnte Gaskammer geführt, die hermetisch verschlossen wurde. Der Tötungsarzt öffnete das Ventil der Gasflaschen und das einströmende Kohlenmonoxyd führte zum Erstickungstod. Hierzu sagte Bodo Gorgaß (1909-1993), Arzt der Gasmordanstalt Hadamar, 1947 aus:

»Wenige Minuten dauerte der Vorgang. Da war auch ein Fenster angebracht. Ich habe einmal durch dieses Fenster gesehen. Wie der Tod eintrat usw.? Das ist CO-Gas gewesen. [...] Der Tod ist ein friedlicher. Es ist ein einfaches Schlafen, im wahrsten Sinne des Wortes. Die Leute ermüden und verlieren alle Verbindung mit der Außenwelt und schlafen dann ein.«[72]

Demgegenüber schilderte ein Zeuge den Vorgang der Tötung in Hadamar weniger verklärt:

»Unten links ging ein kleiner Gang hinein, da sah ich durch die Scheibe ... In dem Raum befanden sich Kranke, nackte Menschen, ein Teil halb zusammengesunken, andere hatten den Mund furchtbar weit auf, die Brust arbeitete. Ich sah das, etwas Grauenhafteres habe ich nie gesehen. [...] Die Rücken standen den nackten Menschen überall heraus. Andere saßen auf der Bank, hatten den Mund weit auf, die Augen weit, die Brust ging.«[73]

Nach etwa zwei Stunden wurde die Gaskammer gelüftet und die Leichen durch die Brenner herausgeschafft, den besonders markierten Leichen wurden die Goldzähne herausgebrochen. In Einzelfällen wurde zu wissenschaftlichen Untersuchungszwecken eine Sektion vorgenommen. Die Leichen wurden dann in einem an die Gaskammer anschließenden Krematorium von den Brennern verbrannt. Der leichengeschwängerte Rauch der Gasmordanstalten war in der Umgebung sichtbar und ruchbar. Die Angehörigen der ermordeten Patienten erhielten sogenannte Trostbriefe mit fingiertem Todesdatum, falscher Todesursache und oft auch falschem Todesort[74], in denen auf die Erlösung vom Leiden Bezug genommen wurde:

»Zu unserem Bedauern müssen wir Ihnen mitteilen, daß Ihr ..., der am ... auf ministerielle Anordnung gemäß Weisung des Reichsverteidigungskommissars in die hiesige Anstalt verlegt werden mußte, unerwartet am ... infolge ... verstorben ist. Bei seiner schweren unheilbaren Erkrankung bedeutet sein Tod Erlösung für ihn.«[75]

Auch wenn die Organisatoren der NS-»Euthanasie« in der Berliner Tiergartenstraße 4 um weitestgehende Geheimhaltung bemüht waren, so blieb die Häufung der Todesfälle in den sogenannten »Landespflegeanstalten« kein Geheimnis. Schon im Frühjahr 1940 kam es zu Protestbriefen und Eingaben von Seiten der evangelischen und katholischen

Kirche.[76] Vereinzelt versuchten auch Juristen gegen die Krankenmorde vorzugehen, so Staatsanwalt Eypelthauer in Linz und der Brandenburger Amtsrichter Lothar Kreyssig (1898-1986), der die Verlegung von Pfleglingen, deren Vormund er war, untersagte. Im April 1941 jedoch wurden die Generalstaatsanwälte und Oberlandesgerichtspräsidenten auf die »Euthanasie«-Aktion eingeschworen.[77] In Wien protestierte eine Widerstandsgruppe um den Kommunisten Herbert Eichholzer (1903-1943) mit einem Flugblatt gegen die Verlegung der »Narren von Steinhof«.[78] Die Beunruhigung in der Bevölkerung über die Krankenmorde hatte schon im Herbst 1940 zur Schließung der Tötungsanstalt Grafeneck geführt[79], gleichwohl hielt das Regime an der Fortsetzung der »Aktion« fest. Dies sollte sich sich erst mit der *öffentlichen* Protestpredigt von Clemens August Kardinal von Galen (1878-1946) am 3. August 1941 in Münster ändern, der alles auf eine Karte setzte, als er die Krankentötungen offenlegte:

»Allgemein herrscht der an Sicherheit grenzende Verdacht, daß die zahlreichen unerwarteten Todesfälle von Geisteskranken nicht von selbst eintreten, sondern absichtlich herbeigeführt werden, daß man dabei jener Lehre folgt, die behauptet, man dürfe sogenanntes ›lebensunwertes Leben‹ vernichten, also unschuldige Menschen töten, wenn man meint, ihr Leben sei für Volk und Staat nichts mehr wert.«[80]

Die Predigt verbreitete sich in Windeseile sowohl in katholischen als auch in evangelischen Kreisen und die NS-Führung stand vor der Frage, den im streng katholischen Münsterland sehr beliebten Kirchenmann zu verhaften und die Unterstützung der westfälischen Bevölkerung zu riskieren oder aber einen taktischen Rückzug einzuleiten. Der Bischof blieb unbehelligt und die Vergasungen der Patienten wurde auf mündlichen Befehl Hitlers am 24. August 1941 gestoppt.[81] Der Stopp der »Aktion« traf die T4-Organisation vollkommen unvorbereitet und im laufenden Betrieb, so daß von der Erfüllung eines vorgegebenen Plansolls an zu tötenden Patienten nicht ausgegangen werden kann. Die »Aktion« hatte in Nordwestdeutschland gerade erst mit den Verlegungen begonnen, so daß mit einer deutlich höheren geplanten Opferzahl zu rechnen ist, wäre die »Aktion T4« nicht abgebrochen worden. Nach einer Statistik der »T4«-Zentrale sind bis zum 24. August 1941 70.273 Anstaltspatienten getötet worden.[82]

Der Stopp der Gasmorde an den Anstaltspatienten bedeutete aber keineswegs das Ende der Tätigkeit der T4-Zentrale, die Meldebogenerfassung lief weiter, die Gaskammern in Hartheim, Sonnenstein und Bernburg bleiben eine Zeit lang in Betrieb, um als »arbeitsunfähig« und »rassisch unerwünscht« selektierte Häftlinge aus den Konzentrationslagern zu »liquidieren«.[83] Auch der »Reichsausschuß zur wissenschaftlichen

Erfassung erb- und anlagebedingter schwerer Leiden« arbeitete weiter und baute die Zahl der »Kinderfachabteilungen« im Reichsgebiet aus. Der bürokratische Apparat der T4-Zentrale stand bereit, um die »Aktion« zur Vernichtung des unbrauchbaren Teils der Anstaltspatienten in großem Stil jederzeit wieder aufnehmen zu können, dementsprechend wurde auch die Erfassung der Anstaltspatienten mit Meldebogen nicht eingestellt, sondern bis 1944 fortgesetzt, dabei erweiterte sich der Kreis möglicher Opfer auch auf die Insassen von Arbeitshäusern und Fürsorgeerziehungsanstalten.[84]

4.3.2. Die Ökonomie der Erlösung

»Das Schlimmste war die gänzlich fehlende Auslese. [...]. Nicht etwa nur chronisch- oder besonders Schwerkranke, sondern auch die Ordentlichsten und Arbeitssamsten, z.T. solche, die in den Anstaltsbetrieben kaum entbehrlich waren (so u.a. ein Schuhmacher, der über 30 Jahre lang der Anstalt fleißigste Arbeit, ja mehr als ein gesunder geleistet hatte).«[85] So beschrieb ein Arzt der Heil- und Pflegeanstalt Emmendingen das Selektionsverfahren der »Aktion T4« unmittelbar nach Kriegsende. Handelte es sich demnach bei der »Vernichtung lebensunwerten Lebens« um eine willkürliche »Aktion«, bei der es darum ging, innerhalb kurzer Zeit möglichst viele Anstaltspatienten zu vernichten, um Raum und Personal für kriegswichtige Zwecke zu nutzen oder lag der Selektion ein bestimmtes Kalkül zugrunde? Welche Kriterien bestimmten das Selektionsverfahren der »Aktion T4« und wie konsequent wurden sie umgesetzt? Welche Gruppen unter den Anstaltspatienten waren besonders gefährdet, zur Tötung selektiert zu werden? Auf diese Fragen können die Krankenakten der Opfer der »Aktion T4« eine Antwort geben.

Die Krankenakten der Opfer der »Aktion T4« galten lange als verschollen, bis Anfang der 1990er Jahre 30.000 Krankenakten in einem Archiv des Ministeriums für Staatssicherheit auftauchten und schließlich den Opfern der »Aktion T4« zugeordnet werden konnten.[86] Doch wie kommen diese Akten in das Archiv des ostdeutschen Geheimdienstes? Die Überlieferungsgeschichte der Akten ist für sich genommen interessant[87]: Die Krankenakten wurden den Patienten in der Regel auf ihrem Weg in eine der sechs Tötungsanstalten mitgegeben. Man benötigte sie für die bürokratische Abwicklung der Massentötungen, und sie dienten als Grundlage für die Erstellung einer entsprechenden Verwaltungskartei für Anfragen von Behörden oder Angehörigen. Die Akten blieben zunächst bei den Abwicklungsabteilungen der einzelnen Tötungsanstalten und gelangten nach dem Stopp der »Aktion T4« und der Schließung der meisten Tötungsanstalten zum großen Teil in die Zentrale der T4 nach Berlin. Schließlich wurden sie 1943 in der letzten verbliebenen Tötungsanstalt in Hartheim bei Linz in Oberösterreich[88] konzentriert. Hier wurde nach Zeugenaussagen im Herbst 1944 angesichts der vorrückenden Front der größere Teil der über 70.000 Patientenakten vernichtet. Die Kriterien der Aktenvernichtung konnten bis heute nicht eindeutig geklärt werden. Vermutlich wurde der nicht vernichtete Teil noch für Abrechungszwecke der Zentralverrechungsstelle benötigt.[89] Die knapp 30.000 erhaltenen Akten gelangten über Bad Schönfließ in der Neumark[90] 1945 in die Anstalt Pfafferode in Thüringen, in deren Nähe auch die Zentralverrechungsstelle Heil- und Pflegeanstalten unterkam. Die 30.000 Krankenakten gerieten 1960 in die Hände des Ministeriums für Staatssicherheit der DDR und wurden im Zentralarchiv des MfS in Berlin-Hohenschönhausen aufbewahrt. Das MfS war im Zuge von operativen Ermittlungen zu in der DDR lebenden Ärzten, die in die »Euthanasie«-Tötungen verstrickt waren, auf den Aktenbestand in Pfafferode aufmerksam geworden und wertete ihn im Hinblick auf die Suche nach belastendem Material gegen diese Ärzte aus. Der Bestand wurde streng geheim gehalten und stand auch Vertrauten des Staatsapparates wie dem Rechtsanwalt Karl Friedrich Kaul (1906-1981) nicht zur Verfügung.[91] Vom Zentralarchiv in Berlin-Hohenschönhausen wurde der Bestand Anfang der 1990er Jahre vom Bundesarchiv übernommen und steht seit 1999 für die Anfragen von Angehörigen und die historische Forschung zur Verfügung.

Bei diesen Akten, sowohl Krankengeschichten als auch Personalakten mit dem Schriftverkehr, der zu den einzelnen Patienten von der Verwaltung der Anstalten geführt wurde, handelt es sich oft um die einzigen Zeugnisse, die von den ermordeten Menschen geblieben sind. Sie können – gegen den Strich der psychiatrischen Fachsprache und der Anstaltsordnung gelesen – von jedem einzelnen ermordeten Patienten erzählen. Zugleich geben sie Auskunft über den selektierenden Blick der Anstaltsärzte: sind Meldebögendurchschläge erhalten, läßt sich auch etwas über die Entscheidungen der T4-Gutachter sagen.

Aus der Struktur der Meldebögen und dem beigefügten Merkblatt lassen sich folgende Selektionskriterien ableiten, die die Bewertung der Patienten in den Anstalten und die Entscheidungen der T4-Gutachter bestimmt haben können und somit für Tod oder Überleben der Patienten relevant waren:

- Rassenhygienische Motive der »Ausmerzung der erbbiologisch und rassisch Minderwertigen« (Frage nach geisteskranken Blutsverwandten ab der zweiten Meldebogenversion)

- Nützlichkeitserwägungen im Sinne der Befreiung von der ökonomische Last der »unnützen Esser«, d.h. des nicht produktiv arbeitenden Teils der Anstaltspatienten (Fragen nach der Art der Beschäftigung und der Arbeitsleistung)
- Unheilbarkeit der Erkrankung als medizinisches Kriterium (Fragen nach dem Beginn der Erkrankung, nach der Länge des Anstaltsaufenthalts sowie nach durchgeführten Therapien, Remission der Erkrankung und Entlassungsfähigkeit)
- »Asozialität« oder Gemeinschaftsunfähigkeit und zwar in Form sozial auffälligen Verhaltens *vor* der Anstaltsaufnahme (Frage nach Straftaten bzw. Unterbringung nach § 42b StGB)
- Auf der Ebene der Anstalten kommen nicht angepaßtes, störendes Verhalten sowie erhöhter Pflege- und Überwachungsaufwand hinzu (Fragen nach Unruhe, Bettlägerigkeit und Unterbringung im festen Haus)

Welche Rolle spielten diese Kriterien nun tatsächlich bei der Selektion der Opfer? Welche Patienten hatten eine Chance zu überleben und welche nicht? Diese Fragen sollten durch eine systematische Untersuchung einer Zufallsstichprobe von knapp 3.000 der 30.000 erhaltenen Krankenakten der Opfer der »Aktion T4« im Rahmen eines DFG-Projektes[92] beantwortet werden.[93] Zum Vergleich wurde eine Stichprobe von Patienten herangezogen, die das Selektionsverfahren der »Aktion T4« in den Ursprungsanstalten überlebt hatten. Für diese Vergleichsstichprobe wurden 563 Krankenakten aus 11 repräsentativ ausgewählten Anstalten in Deutschland und Österreich untersucht. Die Auswertung der Akten erfolgte mit einem operationalisierten Auswertungsschema: Relevante Akteneinträge, z.B. zur Bewertung der Arbeitsleistung, wurden zunächst in ein Freitextfeld eingegeben und dann einem standardisierten Bewertungsschema zugeordnet. Die verwendete Datenbank (Stata/SPSS) ermöglicht auch statistische Auswertungen. Im folgenden sollen die wesentlichen Ergebnisse des Projektes im Hinblick auf die Frage der praktischen Wirksamkeit der Selektionskriterien der »Aktion T4« dargestellt werden.[94]

»Erblichkeit der Erkrankung«: das rassenhygienische Paradigma und die Selektionspraxis der »Aktion T4«

Wenn das rassenhygienische Paradigma von Bedeutung für die Selektionsentscheidungen der »Aktion T4« gewesen ist, wäre zu erwarten, daß Patienten mit einer nachgewiesenen oder vermuteten Erblichkeit der Erkrankung bevorzugt zur Tötung ausgewählt worden sind. Dann könnte die NS-»Euthanasie« tatsächlich als Fortsetzung der mit Kriegsbeginn stark eingeschränkten Praxis der Zwangssterilisation und als weitere Radikalisierung des rassenhygienischen Paradigmas verstanden werden. Zunächst erstaunt, daß sich in etwa 44% der Akten sowohl der Stichprobe der Opfer als auch der Vergleichsstichprobe überhaupt keine Angaben zur Erblichkeit der Erkrankung finden, dies obwohl seit Mitte der 1930er Jahre eine umfangreiche »erbbiologische Bestandsaufnahme« auch die Heil- und Pflegeanstalten erfaßt hatte und in vielen Anstalten sogenannte Erbärzte nur mit der erbbiologischen Untersuchung der Anstaltspatienten und ihrer Familien beschäftigt waren. Dieser Befund mag z.T. auf die unzureichende Überlieferungslage der Akten zurückzuführen sein, zeigt aber zugleich, daß das ehrgeizige, ab 1936 einsetzende Programm der erbbiologischen Bestandsaufnahme zu Kriegsbeginn nur ansatzweise umgesetzt worden war.[95] Für die Untersuchung des Faktors »Erblichkeit der Erkrankung«, der gleichwohl eine Rolle bei der Selektion der Patienten gespielt haben könnte, unterscheidet die entsprechende Variable zwischen eindeutig positiver Klassifikation der Patienten als erbkrank, der Angabe von Auffälligkeiten in der Familie, die nach damaligen Verständnis auf Erblichkeit des Leidens schließen ließen, wie »Vater trunksüchtig« oder »Mutter wohl schwachsinnig«, und der Feststellung einer nicht erblichen, exogenen Krankheitsverursachung. In diesem Sinne wird das Vorliegen einer Erbkrankheit in Opfer- und Vergleichsstichprobe mit 16,3% bzw. 15,3% in etwa gleichem Umfang bejaht. Auch bezüglich familienanamnestischer Auffälligkeiten ergeben sich keine Unterschiede zwischen Opfer- und Vergleichsgruppe (jeweils etwa 30%). Eine exogene Ursache wird in etwa 10% der Fälle angenommen. In der statistischen Auswertung ergibt sich in bezug auf die Erblichkeit der Erkrankung kein signifikanter Unterschied zwischen Opfergruppe und Vergleichsgruppe. Bezieht man die Einschätzung der Erblichkeit nur auf diejenigen Akten, deren Umfang und Inhalt eine hinreichende Aussage ermöglichen, so kommt man zu dem Ergebnis, daß in der Stichprobe der T4-Opfer 82,2% der Patienten und in der Überlebendenstichprobe 79,0% als erbkrank galten, dies entspricht in etwa dem Anteil der als erbkrank eingeschätzten Patienten in den Heil- und Pflegeanstalten des Deutschen Reiches Mitte der 1930er Jahre.[96] Daß die Erblichkeit der Erkrankung die Selektionsentscheidungen in der Praxis kaum oder gar nicht beeinflußt hat, dafür spricht auch die Tatsache, daß die erste Meldebogenversion die Frage nach »geisteskranken Blutsverwandten« noch gar nicht enthielt. Diese Frage ist offensichtlich erst dann in den Meldebogen eingeführt worden, als mit der zweiten Version im Frühjahr 1940 klinisch-medizinische Kriterien stärker zur Geltung kommen sollten.

Aber auch im zweiten Jahr der »Aktion T4« war die Erblichkeit der Erkrankung ohne Bedeutung für die konkreten Selektionsentscheidungen.

	T4-Opfer (n =2933)	Überlebende (n = 563)
ausdrücklich festgehalten	16,3%	15,3%
familienanamnestische Auffälligkeiten	30,3%	28,8%
keine Erblichkeit	10,0%	11,7%
nicht erhebbar	43,4%	44,2%

Tabelle 1: Einschätzung der Erblichkeit in den Krankenakten für T4-Opfer und Überlebende, $\chi^2 = 2{,}08$; $p = 0{,}557$; kein signifikanter Unterschied

Vergleicht man nun Opfer- und Vergleichsstichprobe in bezug auf die Zwangssterilisation, so zeigt sich vorbehaltlich der z.T. unvollständigen Aktenüberlieferung, daß eine durchgeführte bzw. beantragte Zwangssterilisation paradoxerweise als ein schützender Faktor angesehen werden kann. In der Gruppe der Überlebenden sind fast doppelt so viele Zwangssterilisationen durchgeführt bzw. beantragt worden (38,4% gegenüber 24,0%) wie in der Stichprobe der T4-Opfer. Demgegenüber wurden 75,9% der T4-Opfer wahrscheinlich oder sicher nicht sterilisiert gegenüber 61,6% bei den Überlebenden.[97] Dies erklärt sich daraus, daß in den 1930er Jahren in vielen Anstalten die Sterilisation bevorzugt bei denjenigen Patienten beantragt wurde, die als besserungs- und damit potentiell entlaßfähig galten, damit aber zugleich als »fortpflanzungsgefährdet« angesehen wurden. Dabei war durch eine Verordnung festgelegt, daß erbkranke Patienten aus geschlossenen Anstalten erst nach erfolgter Sterilisierung entlassen werden durften.[98]

	Zwangssteril. durchgeführt	Zwangssteril. beantragt Durchführung?	Sicher keine Zwangssteril.	Zwangssteril. unwahrscheinl.
T4-Opfer n = 2071	18,0%	6,1%	20,6%	55,4%
T4-Überl. n = 482	30,5%	7,9%	31,5%	30,1%

Tabelle 2: Zwangssterilisation, Opfer und Überlebende, nicht auswertbare Akten und Kinder < 12 Jahre ausgeschlossen, $\chi^2 = 102{,}42$; $p < 0{,}005$ hochsignifikant

Insgesamt legen die Ergebnisse der Auswertung der Variablen »Erblichkeit der Erkrankung« und »Zwangssterilisation« nahe, daß es keinen bruchlosen Übergang von der Zwangssterilisation zur »Vernichtung lebensunwerten Lebens« gegeben hat, daß beide Maßnahmen also nicht auf einer Linie fortschreitender Radikalisierung des rassenhygienischen Paradigmas zu sehen sind.[99] Vielmehr richteten sie sich gegen unterschiedliche Gruppen von Menschen.[100] Die Zwangssterilisation erfaßte die noch ökonomisch verwertbaren und besserungsfähigen unter den ohnehin zu einem hohen Prozentsatz als erbkrank eingeschätzten Anstaltspatienten, während der »Gnadentod« für die aus der Sicht der Psychiater »abgelaufenen« Fälle und »Endzustände« vorgesehen war, die in den Anstalten unter den sich verschärfenden ökonomischen Bedingungen Ende der 1930er Jahre nur noch als Belastung angesehen wurden. Eben diese Gruppe von Patienten, nämlich die »›völlig verblödeten, gänzlich asozialen, absolut pflegebedürftigen, chronischen Zustandsbilder‹«, schlug der überzeugte Rassenhygieniker und Leiter der Heil- und Pflegeanstalt Eglfing-Haar Hermann Pfannmüller im November 1939 der Regierung von Oberbayern zur »Ausmerze« vor.[101] Ebenso zur Vernichtung empfahl Pfannmüller »‹die hochgradig verbrecherisch veranlagten, gesellschaftsfeindlichen Elemente, die jetzt meist als ›Sicherungsverwahrte‹, in zunehmenden Maße die Anstalten untragbar verantwortlich belasten und überfüllen‹«.[102]

Soziale Auffälligkeit und das Schicksal der gerichtlich eingewiesenen Patienten

Damit stellt sich die Frage, inwieweit soziale Auffälligkeit vor der Anstaltsaufnahme die Selektionsentscheidungen beeinflußt hat: also Straftaten, aber auch Obdachlosigkeit und Prostitution, alles Verhaltensweisen, die im Nationalsozialismus als »gemeinschaftsfremd« oder »asozial« galten. Waren die gerichtlich nach § 42b RStGB eingewiesenen Patienten, von Pfannmüller als »Sicherungsverwahrte« bezeichnet, in besonderem Maße gefährdet, zur Tötung selektiert zu werden? Dafür spricht zunächst die Tatsache, daß bereits in der ersten Meldebogenversion nach Straftaten gefragt wurde.

In der Tat wurden die gerichtlich eingewiesenen Patienten aus der sächsischen Anstalt Waldheim, aus den Anstalten Bedburg-Hau und Düren im Rheinland im Frühjahr 1940 unterschiedslos und ohne Berücksichtigung anderer Kriterien in der Tötungsanstalt Brandenburg ermordet.[103] Eine spezielle Auswertung aller erhaltenen Akten der in den ersten vier Monaten der »Aktion T4« ermordeten forensischen Patienten zeigt, daß diese zu 30,5% als produktive Arbeiter eingeschätzt wurden. Nur 6,3% haben nicht gearbeitet, 42,1% leisteten sogenannte mechanische Arbeit. Produktive Arbeitsleistung hat die forensischen Patienten zu Beginn der »Aktion T4« offensichtlich nicht vor Gaskammer geschützt. Diese in Form einer Sonderaktion vorgenommene Selektion gerichtlich eingewiesener Patienten läßt im weiteren Verlauf der »Aktion T4« nicht bestätigen. Bezogen auf die Opfer- und Vergleichstichprobe zeigt sich nämlich – über die gesamte Stichprobe gerechnet –, daß die gerichtlich eingewiesenen Patienten mit 2,9% in der Gruppe der Überlebenden (13 Patienten) gegenüber 2,5% (53 Patienten) in der Gruppe der Opfer eher überrepräsentiert sind. Unter den überlebenden, gerichtlich eingewiesenen Patienten haben 76,9% produktive Arbeit geleistet, während dies nur bei 37,8% derjenigen forensischen Patienten der Fall war, die der »Aktion T4« zum Opfer fielen. Produktive Arbeitsleistung war also ein Faktor, der die gerichtlich eingewiesenen Patienten vor der Selektion schützen konnte. Nichtsdestotrotz gehörten die gerichtlich Eingewiesenen zu den besonders Gefährdeten unter den Anstaltspatienten.

Vergleicht man das Merkmal soziale Auffälligkeit vor der Anstaltsaufnahme insgesamt, so zeigt sich *kein* signifikanter Unterschied zwischen der Gruppe der T4-Opfer und der Gruppe der Überlebenden. Sowohl Straftaten als auch Obdachlosigkeit und unerwünschtes Sexualverhalten sind in der Gruppe der Überlebenden geringfügig häufiger.

	T4-Opfer n = 2.716	Überlebende n = 530
Keine soziale Auffälligkeit	86,1 %	82,8 %
Straftaten	7,5 %	8,1 %
Obdachlosigkeit	1,8 %	2,4 %
Kombination Straftaten und Obdachlosigkeit	0,9 %	1,7 %
Unerwünschtes Sexualverhalten	2,4 %	3,0 %
Kombination aus Straftaten und unerwünschtem Sexualverhalten	1,2 %	1,9 %

Tabelle 3: Soziale Auffälligkeit vor der Anstaltsaufnahme, nicht auswertbare Akten ausgeschlossen, $\chi^2 = 6,61; p = 0,251$

Ob die Patienten straffällig gewesen sind, ob sie als obdachlose Wanderer stigmatisiert wurden oder sexuell auffällig waren (Prostitution)[104], in dieser Hinsicht unterscheiden sich Opfer und Überlebende der »Aktion T4« nicht signifikant: Eher mehr T4-Opfer, nämlich 86,1% gegenüber 82,8% unter den Überlebenden, zeigten keine dieser Verhaltensweisen und wurden als sozial unauffällig beschrieben.[105]

Die »Aktion T4« kann also nicht ohne weiteres – wie von Klaus Dörner pointiert formuliert – als »Endlösung der sozialen Frage« interpretiert werden.[106] Die Auswertungen der Variablen zum Einweisungsmodus (gerichtliche Einweisung) und zur sozialen Auffälligkeit vor der Anstaltsaufnahme zeigen, daß »Asozialität« oder »Gemeinschaftsunfähigkeit« für die konkreten Selektionsentscheidungen nicht relevant waren. Obwohl als »asozial« abgestempelte Menschen im Nationalsozialismus vielfältigen Verfolgungen ausgesetzt waren, die sie entweder ins Konzentrationslager, ins Gefängnis oder in die Heil- und Pflegeanstalt brachten, und sie häufig mit dem rassenideologisch aufgeladenen Affekt der »Gemeinschaftsschädlichkeit« belegt wurden, haben diese Faktoren die Entscheidung über Leben und Tod nicht beeinflußt. Abgesehen von der erwähnten Sonderaktion gegen die forensischen Patienten in den ersten Monaten der »Aktion T4« haben die gerichtlich eingewiesenen und sozial auffälligen Anstaltspatienten, *wenn sie produktive Arbeit leisteten*, kein erhöhtes Risiko gehabt, zur Tötung selektiert zu werden. Hier entschied letztlich doch die ökonomische Brauchbarkeit und die Anpassung an die Anstaltsordnung über Leben und Tod.

Störendes Verhalten als Selektionskriterium, Überwachungs- und Pflegeaufwand

Anders verhielt es sich mit störendem und unangepaßtem Verhalten in der Anstalt selbst. Während die Patienten aus der Gruppe der Überlebenden in den Akten zu einem großen Teil als angepaßt, ruhig oder angenehm beschrieben wurden (48,5%), überwiegen bei den T4-Opfern negative Verhaltensbeschreibungen als unruhig, gefährlich, störend oder stumpf (80,8%). Nur 17,8% der T4-Opfer galten als ruhige oder angenehme Patienten. Besonders deutlich wird der Unterschied, wenn man diejenigen Kategorien zusammenfaßt, bei denen ein erhöhter Überwachungsaufwand gefordert ist, also diejenigen Patienten, die auf der Station aus der Sicht des Pflegepersonals oder der Ärzte Arbeit machten oder Ärger hervorriefen. Zu dieser Gruppe gehören 54,2% der T4-Opfer, aber nur 26,0% der Überlebenden (vgl. Abb. 15).

	T4-Opfer N = 2553	Überlebende n = 480
(potentiell) gefährlich	19,6%	4,6%
störend	30,1%	14,4%
unruhig	4,5%	7,1%
stumpf	26,7%	20,4%
ruhig	12,7%	34,2%
angenehm	5,1%	14,4%
Anderes	1,3%	5,0%

Tabelle 4: Verhaltensbewertung von T4-Opfern und Überlebenden, nicht auswertbare Akten ausgeschlossen, $\chi^2 = 297{,}6$; $p < 0{,}005$

Opfergruppe und Überlebendengruppe unterscheiden sich hochsignifikant im Hinblick auf die Verhaltensbewertung. Störendes, nicht angepaßtes oder als gefährlich eingeschätztes Verhalten, das in Begriffen wie »zänkisch«, »streitsüchtig«, »wüst und gefährlich« oder »drohend« zum Ausdruck kommt, ist demnach ein wichtiger Faktor bei der Selektion gewesen, der vor allem auf der Ebene der Anstalten eine Rolle gespielt hat, also bei der Frage, für welche Patienten überhaupt ein Meldebogen ausgefüllt wird, wie er ausgefüllt wird oder ob sich die Anstaltsleiter für die Rückstellung der betroffenen Patienten eingesetzt haben. Selbst Patienten mit einer produktiv eingeschätzten Arbeitsleistung wurden zur Deportation vorgeschlagen, wenn sie störten oder sich unangepaßt verhielten.

So enthält beispielsweise das Meldebogenkonzept für die 52jährige Klara L., ausgefüllt von der Heil- und Pflegeanstalt Berlin-Wuhlgarten, zur Beschäftigung die Angabe »Nähstube« mit dem Zusatz »produktiv«. Neben der Diagnose »Genuine Epilepsie« wurde vermerkt »schwere Erregungszustände«. In der Krankengeschichte findet sich am 5. März 1940 der folgende Eintrag: »Pat. L. [...] ist in letzter Zeit unerträglich, es vergeht keine Mahlzeit wo sie nicht am Tisch Streit macht, ist stets mit dem Essen unzufrieden und führt hetzerische Reden auf unsere Regierung. Sie erlaubt sich immer mehr weil sie bisher damit durch kam.«[107]

So finden sich auch unter den als produktiv arbeitend eingeschätzten Patienten der Opfergruppe deutlich mehr Patienten mit einer negativen Verhaltensbewertung als in der Gruppe der produktiv arbeitenden Überlebenden: 41,4% der produktiv arbeitenden T4-Opfer werden in den Krankenakten als störend bzw. (potentiell) gefährlich beschrieben gegenüber 13,2% der produktiv arbeitenden Patienten in der Vergleichsstichprobe.

Neben der Verhaltensbewertung hat auf Anstaltsebene auch der Pflegeaufwand eine Rolle für die Selektion gespielt. Unkomplizierte, wenig Überwachung und Hilfestellung benötigende Patienten hatten eine deutlich höhere Überlebenschance als solche, die als »unsauber« galten, gefüttert oder wegen Unruhe, störendem oder gewalttätigem Verhalten stärker überwacht werden mußten. So wurden 74,7% der überlebenden Patienten als unaufwendig eingestuft gegenüber 48,1% in der Stichprobe der Opfer. Besonders deutlich wird der Unterschied in der Kategorie »Reinlichkeit«: 17,4% der T4-Opfer wurden als »unsauber« beschrieben, gegenüber nur 3,2% bei den Überlebenden.[108]

	T4-Opfer n = 2436	Überlebende n = 474
»unsauber«	17,4%	3,2%
»füttern«	0,8%	0,2%
unselbständig	6,8%	4,2%
Überwachung	14,3%	10,1%
Kombination	12,5%	7,6%
»unaufwendig«	48,1%	74,7%

Tabelle 5: Pflegeaufwand für Opfer und Überlebende, $\chi^2 = 126{,}1$; $p < 0{,}005$, nicht auswertbare Akten ausgeschlossen

Vernichtung der »Unbrauchbaren« – Die Bewertung der Arbeitsleistung

Die Struktur der zeitlich aufeinanderfolgenden, unterschiedlichen Meldebogenversionen läßt erkennen, daß dem Kriterium der ökonomischen Brauchbarkeit bzw. dem Fehlen produktiver Arbeitsleistung von Seiten der T4-Zentrale ein besonders hohes Gewicht für die Selektionsentscheidungen beigemessen wurde. Für Herbert Linden, Abteilungsleiter im Reichsministerium des Innern, galten – wie erwähnt – als mechanisch definierte Arbeiten wie Rosshaarzupfen, Mattenflechten oder Tütenkleben nicht als produktiv im Sinne der NS-Volksgemeinschaft.[109] So forderte die zweite Meldebogenversion des Jahres 1940 genaue Angaben zur Art der Beschäftigung und zum Wert der Arbeitsleistung. Die Meldebogenversionen des Jahres 1941 verlangten sogar eine quantifizierende Aussage über den Wert der Arbeitsleistung verglichen mit der Durchschnittsleistung Gesunder. Besonders hervorgehoben wurde in der letzten Meldebogenversion die Einschätzung als selbständiger Arbeiter. Allein diese scheint als Überlebensgrund gültig gewesen zu sein.

Sowohl in der Variable Arbeitsbereiche als auch in der Variable Arbeitsbewertung zeigen sich hochsignifikante Unterschiede zwischen den T4-Opfern und den überlebenden Patienten. So sind in der Gruppe der Überlebenden 29,9% in den für die Aufrechterhaltung des Anstaltsbetriebes wichtigen Arbeitskolonnen und 12,0% in Werkstätten und Büros beschäftigt, während dies auf die Gruppe der Opfer nur für 11,2% bzw. 2,0% der Patienten zutrifft.[110] Auch bei der Bewertung der Arbeitsleistung zeigen sich hochsignifikante Unterschiede: So wurden 71,5% der Überlebenden gegenüber 31,0% der T4-Opfer in ihrer Arbeitsleitung positiv bzw. mäßig positiv bewertet.[111]

Unter Berücksichtigung nur der auswertbaren Akten und ohne die Kinder unter 14 Jahren zeigt sich in der zusammenfassenden Variable zum Gesamteindruck der Bewertung der Arbeitsleistung, daß in der Gruppe der Opfer fast die Hälfte nicht gearbeitet hat (46,3%), ein Viertel (26,9%) wurde als wenig brauchbar und nur mit mechanischen Arbeiten beschäftigt bewertet, 15,8% wurden als mittelmäßig beurteilt und 10,9% galten als produktive Arbeiter. In der Stichprobe der nichtselektierten Patienten ist es genau umgekehrt. Hier wurden 43,5% als produktive Arbeiter eingeschätzt, ein Viertel (26,5%) als mittelmäßig und nur je 15,2% bzw. 15,8% galten als wenig brauchbar bzw. haben nicht gearbeitet. Der Vergleich zwischen der Stichprobe der Opfer und der Überlebenden ist hochsignifikant (vgl. Abb. 16).

	T4-Opfer n = 2261	Überlebende n = 453
produktiv	10,9%	43,5 %
mittelmäßig	15,8%	26,5 %
wenig brauchbar	26,9%	15,2 %
keine Arbeit	46,3%	14,8 %

Tabelle 6: Bewertung der Arbeitsleistung in den Krankenakten für T4-Opfer und Überlebende, nichtauswertbare Akten und Kinder jünger als 14 Jahre ausgeschlossen, $\chi^2 = 382,3$; $p < 0,005$

Die Bewertung der Arbeitsleistung hatte also einen entscheidenden Einfluß auf den Selektionsprozeß. Dennoch erstaunt die relativ hohe Zahl von 10,9% in den Akten als produktiv arbeitend eingeschätzte Patienten unter den Opfern. In den Nachkriegsaussagen sowohl der betroffenen Anstaltsdirektoren als auch der T4-Gutachter wird immer wieder darauf hingewiesen, daß die Arbeitsfähigkeit in Unkenntnis des wahren Zwecks der Meldebogenerfassung bei Ausfüllung der Meldebogen unterbewertet worden sei. Auf diese Weise seien insbesondere aus den Anstalten des südwestdeutschen Raumes besonders viele gute Arbeiter der »Aktion T4« zum Opfer gefallen.[112] Die Hypothese, daß dementsprechend zu Beginn der »Aktion T4« besonders viele »produktive Arbeiter« der »Aktion T4« zum Opfer gefallen seien, läßt sich anhand unserer Stichprobe und des Krankenaktenbestandes nur bedingt bestätigen. Zunächst sinkt der Anteil der als produktiv eingeschätzten Patienten von z.T. deutlich über 10% im Jahr 1940 auf durchschnittlich unter 10% in den acht Monaten des Jahres 1941, allerdings findet sich im Juni 1941 noch einmal ein Anteil von 13,6%. Um zu überprüfen, ob in den ersten Monaten der »Aktion T4« besonders viele *arbeitsfähige* Patienten getötet worden sind, wurden über unsere Stichprobe hinaus alle Akten der Monate Januar bis April 1940 und aus den Monaten Mai und Juni 1940 die Akten der württembergischen Anstalten in bezug auf die Bewertung der Arbeitsleistung untersucht. Dabei zeigt sich, daß der Anteil von produktiv arbeitenden Patienten mit 15,6% deutlich höher ist als der bereits genannte Anteil von 10,9% über den Gesamtzeitraum der »Aktion T4«. Dies ist jedoch darauf zurückzuführen, daß unter den aus den ersten Monaten der »Aktion T4« erhaltenen Krankenakten 33,2% von gerichtlich eingewiesenen Patienten stammen.

	Gesamt n = 334	§42b/§51 n = 95	übrige Patienten n = 239
produktiv	15,6 %	30,5 %	9,6 %
mittelmäßig	16,8 %	21,0 %	15,1 %
mechanisch	32,6 %	42,1 %	28,9 %
keine Arbeit	35,0 %	6,3 %	46,4 %

Tabelle 7: Bewertung der Arbeitsleistung der T4-Opfer aus den Monaten Januar bis Juni 1940, nichtauswertbare Akten ausgeschlossen.

Für die nicht gerichtlich eingewiesenen Opfer der »Aktion T4« in den ersten 6 Monaten ergibt sich ein Anteil von 9,6% als produktiv eingeschätzter Patienten somit nicht signifikant unterscheidbar vom Gesamtzeitraum der »Aktion T4«.

Aufschlußreicher als die zeitliche Differenzierung ist die regionale Aufschlüsselung nach Tötungsanstalten: In der Tötungsanstalt Sonnenstein sind deutlich mehr Patienten mit produktiver und als mittelmäßig eingeschätzter Arbeitsleistung (17,2% und 21,4%) als in den anderen Tötungsanstalten zu verzeichnen. So lag in Hadamar und Hartheim der Anteil als produktiv eingeschätzter Patienten mit 7,6% und 7,3% deutlich niedriger.[113] Möglicherweise ist der niedrige Anteil an produktiv arbeitenden Patienten im Einzugsgebiet der Tötungsanstalt Hartheim darauf zurückzuführen, daß die in Österreich vorwiegend eingesetzten Ärztekommissionen der T4-Zentrale besonders effektiv und zielgenau die chronisch kranken und ökonomisch unbrauchbaren Patienten selektierten. In Bayern überprüfte der T4-Arzt Curt Schmalenbach die Akten der gemeldeten Patienten in den Pflegeanstalten.

Zum Verhältnis von medizinischem Erlösungsideal und ökonomischem Kalkül in Genese und Praxis der NS-»Euthanasie« – Die entscheidenden Selektionskriterien

Die Frage, inwieweit medizinisch-klinische Kriterien wie die Prognose der Erkrankung oder die Unheilbarkeit des Leidens, tatsächlich eine Rolle für den Selektionsprozeß gespielt haben, läßt sich anhand der Krankenakten der Opfer nur schwer beantworten, da diese praktisch keine expliziten Aussagen zur Prognose des Krankheitsverlaufs enthalten. Allerdings wurde die Länge des Anstaltsaufenthaltes auch von den T4-Organisatoren als prognostisches Kriterium verwendet, sollten doch unterschiedslos alle Patienten gemeldet werden, die sich mindestens 5 Jahre in Anstaltsbehandlung befanden. So waren in der Gruppe der T4-Opfer 82% länger als 4 Jahre ununterbrochen in Anstaltsbehandlung im Vergleich zu 67,9% in der Gruppe der Überlebenden. Dieser Unterschied zwischen T4-Opfern und Überlebenden ist statistisch signifikant[114] und zeigt, daß die Länge des Anstaltsaufenthalts als Maß für die Chronizität bzw. Unheilbarkeit der Erkrankung für die Selektion von Bedeutung war, jedoch nicht allein ausschlaggebend gewesen ist.

Das Selektionsverfahren der »Aktion T4« orientierte sich in erster Linie an der ökonomischen Brauchbarkeit der Anstaltspatienten. Als Überlebensgrund galt vor allem produktive Arbeitsleistung verglichen mit der Durchschnittsleitung Gesunder. In zweiter Linie spielte die Anpassung an die Anstaltsordnung und in gewissem Maße auch ein erhöhter Pflegeaufwand eine Rolle. Störende – auch im politischen Sinne unangepaßte – sowie renitente Patienten hatten ebenso wie bettlägerige und überwachungsbedürftige Patienten eine deutlich geringere Überlebenschance. Die Länge des Anstaltsaufenthalts als Maß für die Unheilbarkeit der Erkrankung – und in diesem Sinne ein medizinisches Kriterium – war ebenfalls von Bedeutung, konnte sich jedoch letztlich nicht als entscheidend durchsetzen. In praktischer Hinsicht waren es also weniger rassenhygienisch-ideologische Vorgaben (Ausschaltung der als erblich und sozial »minderwertig« geltenden Menschengruppen), sondern anstaltsspezifische Kriterien, die die Selektionsentscheidungen auf den verschiedenen Ebenen des Selektionsprozesses beeinflußt haben.

Dabei erwies sich die Bewertung der Arbeitsleistung als kompatibel mit den Interessen und ideologischen Vorgaben aller am NS-Krankenmord beteiligten Personen und Gruppen. Zählte für die T4-Organisatoren aus der Partei- und Staatshierarchie ohnehin nur ein von »überkommener Humanität« entkleidetes Nützlichkeitskalkül, so konnten die psychiatrischen Gutachter das Fehlen produktiver Arbeitsleistung als Zeichen für medizinische Unheilbarkeit verbrämen. Für die ökonomisch und personell ausgeblutete Anstaltspsychiatrie hingegen ging es um das wirtschaftliche und praktische Überleben der Anstalten, die auf dem Wege der »Euthanasie« die Unproduktiven, Störenden und Pflegeaufwendigen unter den ihnen anvertrauten Patienten loswerden konnten.

Auch wenn die konkreten Selektionsentscheidungen sich nicht mit der Frage der Erblichkeit der jeweiligen Erkrankung aufhielten, spielte die dem rassenhygienischen Paradigma innewohnende Entwertung des Individuums und die Bestimmung des Menschen nach seinem ökonomischen Nutzen und seiner gesellschaftlichen Anpassung – welche wiederum an die angebliche Erblichkeit sozialer Eigenschaften geknüpft war – für die ideologische Wegbereitung der NS-»Euthanasie« eine nicht zu unterschätzende Rolle. Ein nahtloser Übergang von der Zwangssterilisation zur Tötung als rassenhygienischer Maßnahme läßt sich durch unsere empirischen Befunde jedoch nicht belegen.

Von Seiten der Psychiater in der T4-Zentrale wurde versucht, klinisch-medizinische Kriterien, insbesondere die Prognose der Erkrankung, für die Selektionsentscheidungen stärker zur Geltung zu bringen und die Bewertung der Arbeitsleistung differenzierter abzufragen. Dies hatte jedoch nur bedingt praktische Auswirkungen auf den Selektionsprozeß, da sich auch unter den weniger als fünf Jahre hospitalisierten Patienten immer noch 8,8% als produktiv eingeschätzte Arbeiter finden, die den Vorgaben entsprechend nicht hätten einbezogen werden sollen. Auch sinkt der Anteil produktiver Arbeiter unter den selektierten Patienten im zeitlichen Verlauf der »Aktion T4« nur langsam ab. Insofern nahm das ökonomische Kalkül der Vernichtung des ökonomisch unbrauchbaren Teils der Anstaltspatienten mithilfe eines im Ganzen doch oberflächlichen Meldebogenverfahrens ein gewisses Maß an willkürlichen Tötungen in Kauf. Gleichwohl versuchte die T4-Zentrale die Zielgenauigkeit ihres ökonomischen Kalküls zu erhöhen, indem Ärztekommissionen die Selektion vor Ort vornahmen, den Anstaltsdirektoren ein Mitspracherecht bei der Rückstellung einzelner Patienten eingeräumt wurde und die Angaben in den Meldebögen durch die Anforderungen von Krankenakten und Visitationen vor Ort nachgeprüft wurden.

Bedeutsam ist in diesem Zusammenhang auch die Tatsache, daß die Durchführung des Selektionsprozesses deutliche regionale Unterschiede aufwies und sich die Zahl der selektierten »produktiven Arbeiter« von Tötungsanstalt zu Tötungsanstalt unterschied. Offensichtlich entwickelte der an ökonomischer Brauchbarkeit und medizinischer Prognose orientierte Selektionsprozeß eine regional unterschiedlich wirksame Eigendynamik, die der Tatsache geschuldet ist, daß innerhalb kürzester Zeit ein großer Teil der Anstaltspatienten im deutschen Herrschaftsgebiet vernichtet werden sollte.

Betrachtet man die empirischen Befunde zu den Selektionskriterien der »Aktion T4«, so ist die folgende Erkenntnis auch in ethischer Hinsicht bedeutsam: Hinter dem von den ärztlichen Protagonisten der NS-»Euthanasie« propagierten Erlösungsanspruch, der sich auf die Unheilbarkeit der Erkrankung und die Unerträglichkeit des Leidens bezog, etablierte sich die Praxis eines unerbittlichen ökonomischen Kalküls, das nur den für den Anstaltsbetrieb nützlichen und angepaßten Anstaltspatienten die Chance zum Überleben gab, dies umso mehr als die Kriegssituation mit ihrer Abwertung des Einzellebens die Chance zu bieten schien, die Anstalten endgültig und dauerhaft von den »Ballastexistenzen« zu befreien. Bei der Entmenschlichung der Betroffenen hat die von Binding und Hoche bereits unmittelbar nach dem ersten Weltkrieg geschaffene Kategorie des »lebensunwerten Lebens« eine entscheidende Rolle gespielt. So finden sich in den ohnehin immer spärlicher werdenden Einträgen in den Krankenakten kaum noch Spuren des Mitgefühls. Die ökonomische Beschneidung der Anstalten und die Personal- und Ressourcenkürzungen der dreißiger Jahre hatten einen individuellen Zugang zum Großteil der Patienten unmöglich gemacht. Es blieb der Blick auf »Endzustände«, auf die als hoffnungslos und abgelaufen angesehenen Fälle, und die Möglichkeit des »Gnadentods«. Der größte Teil der deutschen Psychiater resignierte, fügte sich in die Situation, versuchte vielleicht den einen oder anderen Patienten zu retten, einen nennenswerten Widerstand gegen die Deportationen hat es jedoch nicht gegeben.[115]

4.3.3. Leopoldine S.: Die Verdinglichung des Menschen und die Bürokratie des Todes

Leopoldine S. wurde 1904 in Wien geboren, sie hat bis zu ihrer Erkrankung im Wiener Bezirk Ottakring unverheiratet bei ihren Eltern gelebt und war bei der Telegraphendirektion in Wien als Telegraphenmanipulantin beschäftigt.[116] Bei ihrer ersten Krankenhausaufnahme im Jahre 1929 – zunächst in der Psychiatrischen Klinik des Wiener Allgemeinen Krankenhauses, dann in der Anstalt »Am Steinhof« – war sie erregt und voller Angst, suchte Zuflucht in religiösen Gedanken, die sie jedoch zugleich beunruhigten. Ihren Zustand führte sie auf den Kontakt zu einem Berufskollegen zurück, mit dem sie in nähere Beziehung getreten sei. Es wurde die Diagnose einer Katatonie gestellt, die zu den Erkrankungen des schizophrenen Formenkreises gehört. Während ihrer ersten Anstaltsbehandlung verhielt sie sich ruhig, arbeitete zeitweise in der Nähstube, war jedoch gequält von Selbstanklagen und beschimpfenden Stimmen. Ihren Aufenthalt im Steinhof interpretierte sie wie folgt:

»Pat. behauptet in einem feinen *Sanatorium* zu sein, das sie nicht verdiene da sie von ihrer Jugend her immer nur an sinnliche Sachen gedacht all ihre Pflichten vernachlässigt habe und sie verdiene nicht in eine [sic!] so feine Umgebung zu sein wo sie von Schmutz und Pech u. Eiter von weitem stinke.«[117]

In den folgenden Jahren wurde Leopoldine zwar mehrmals wieder nach Hause entlassen, mußte jedoch nach kürzerer oder längerer Zeit wieder aufgenommen werden. Ihre letzte und definitive Aufnahme erfolgte im Dezember 1935. Im Aufnahmebericht heißt es:

»Auf die Frage, warum sie hier ist, gibt Pat keine Antwort, doch erzählt sie ganz zerfahren, eine unverständliche Geschichte, worin bestimmte Begriffe wie Maria Stuart, Jesulein, heilige Magdalene – jedesmal zurückkehren – Dabei besteht eine gewisse Affektstarre. Manchmal kann man das Ganze durchbrechen mit einer fri[s]ch ausgesprochenen Frage. Der Inhalt des Gespräches ist meist religiös.«[118]

1937 wurde Leopoldine dann in die Pflegeabteilung der Anstalt »Am Steinhof« verlegt, ihr Zustand als chronisch angesehen. Ihr Befinden verschlechterte sich zusehends. So lautete der Eintrag am 10. Januar 1938 beispielsweise: »Stets in gereizter Stimmung. Hat Gefühlstäuschungen – sagt sie werde gemartert, führt laute Selbstgespräche gestikuliert.«

Die immer stereotyper werdenden Einträge lassen keinen Einblick mehr in das Befinden und die Gefühls- und Erlebniswelt von Leopoldine zu. Sie sind einzig an ihrem »ungeordneten«, unruhigen und erregtem Verhalten orientiert, an dem Ausmaß, wie sie sich der Anstaltsordnung widersetzt. Die Einträge dokumentieren zugleich die immer häufiger angewandte körperliche Beschränkung mit der »Schutzjacke«. Leopoldine nahm zuletzt an Gewicht ab. Der letzte Eintrag lautet am 4. Juni 1940: »Ungeordnet, zerfahren, unrein, häufig unruhig, zerreißt Wäsche – mit Jacke beschränkt, pflegebedürftig. Schlaf gestört – Paraldehyd.« Am 12. August 1940 schließt ein Stempel die Krankengeschichte ab: »Auf Grund einer Anordnung d. Koär. [= Kommissars] f. Reichs-Verteidgg. i. eine nicht genannte Anstalt vers. [= versetzt]«.[119] Hierbei handelt es sich vermutlich um die Zwischenanstalt Niedernhart, von wo sie nach vier Tagen zur Tötung in Hartheim abgerufen wurde.

Zwei Bilder zeigen die 39jährigen Leopoldine S. kurz vor ihrer Vergasung (vgl. Abb. 11).[120] Sie wurden in der Tötungsanstalt aufgenommen.[121] Auf der Rückseite des Pappdeckels, auf den die beiden Photos aufgeklebt sind, findet sich der Bleistifteintrag »Des 16. 8. 40«. Dabei steht das Kürzel »Des« in der Sprache der Bürokraten des Todes für »desinfiziert«. Es ist also zu lesen: Leopoldine S. aus Wien wurde am 16. 8. 1940 »desinfiziert«. Zusätzlich enthält der Bleistiftvermerk die zentrale Registriernummer, die für alle im Rahmen der »Aktion T4« gemeldeten Patienten vergeben worden ist, die Z-Nummer für Leopoldine S. lautet: 73272. Der Pappdeckel enthält noch zwei aufgestempelte Ziffern, die rot durchgestrichene Tötungsnummer der Anstalt Hartheim C 6773, unter der auch die entsprechende Krankenakte der Tötungsanstalt geführt worden sein wird, und die Nummer B 8794, dabei steht das B für die Tötungsanstalt Brandenburg, in der vermutlich der Tod beurkundet worden ist. Das durchgestrichene C 6773 deutet darauf hin, daß die Akte von Leopoldine S. zur Beurkundung des Todes nach Brandenburg abgegeben wurde, um die Häufung von Todesfällen in einer der sogenannten »Landespflegeanstalten« gegenüber den Angehörigen zu verschleiern. Aus Brandenburg wird die Familie von Leopoldine S. die nicht überlieferte Todesnachricht und die gefälschte Sterbeurkunde erhalten haben. Damit waren das Leben und der Tod von Leopoldine S. bürokratisch abgewickelt[122], ihre Geschichte, ihr Leiden ist zu einem Fall, zu einer Nummer geworden.

Die Tötungsnummer 6773 wurde der Patientin kurz vor dem Eintritt in die Gaskammer zur Identifikation auch beidseits auf die Schlüsselbeine, möglicherweise auch auf den Rücken gestempelt.[123] Die Photos von Leopoldine S. sind ein Dokument der Verdinglichung des Menschen. Sie dokumentieren den massenhaften und fabrikmäßigen Vorgang der Auslöschung von Menschenleben, die als »lebensunwert« angesehen wurden und deren Tod als »Erlösung« kaschiert werden sollte. Die Photos zeigen einerseits den routinemäßigen Blick der »Vollzugsärzte«, denen es bei ihrer Untersuchung nur darum ging, die Identität der zu tötenden Menschen zu überprüfen, grobe Fehler im Selektionsverfahren zu vermeiden, eine plausible Todesursache zu eruieren und interessante Fälle für eine Sektion der Leiche herauszusuchen. Diese Bilder zeigen aber auch noch etwas anderes: die quälende Angst und die existenzielle Beunruhigung von Leopoldine S., die bereits unter den sich verschärfenden Bedingungen der Pflegeanstalt ihr Dasein bestimmt haben. Und sie bezeugen die Hilf- und Schutzlosigkeit, mit der Leopoldine S. ihren Mördern ausgeliefert war.

Dem selektierenden Blick der Täter und der Verdinglichung des Menschen entgegenzustellen sind die Zeugnisse der Opfer, das was wir über ihr Leben und Leiden wissen, was sie von sich selbst preisgegeben haben. Dazu müssen die Krankenakten gegen den normierenden Zwang der Anstaltsbehandlung gelesen werden, so daß individuelles Leben erzählt werden kann. So sind im Rahmen des Forschungsprojektes zu den Krankenakten der Opfer der »Aktion T4« eine Reihe von Lebensgeschichten entstanden, die für die gesellschaftliche Erinnerung an die Opfer von Bedeutung sein können.[124]

4.3.4. Die Opfer als Gruppe[125]

Wer waren die 70.273 Menschen, die nach einer Statistik der T4-Zentrale in den sechs Tötungsanstalten ermordet wurden? Auf diese Frage können zunächst die individuellen Lebensgeschichten der Opfer eine notwendigerweise fragmentarisch bleibende Antwort geben. Einige soziodemographische Charakteristika wie Alter, Geschlecht, Familienstand, soziale Herkunft lassen sich den Akten jedoch auch in operationalisierter Form entnehmen, so daß eine kollektive Biographie der Opfer der »Aktion T4« entstehen kann. Auf Grundlage der Datenbank des Forschungsprojektes zu den Akten der Opfer der »Aktion T4« hat Maike Rotzoll im Rahmen ihres Habilitationsprojektes unter dem Titel »Gefährdetes Leben« eine solche »Kollektive Biografie von Langzeitinsassen psychiatrischer Anstalten bis zur nationalsozialistischen ›Euthanasie‹-Aktion ›T4‹« erarbeitet. An dieser Stelle sollen nur einige Charakeristika die Opfer der »Aktion T4« als Gruppe beschreiben.

Alter, Geschlecht und Familienstand

Das Altersspektrum der in den Jahren 1940 und 1941 getöteten Menschen reicht von 3 Jahren bis zu 88 Jahren. Das jüngste Kind in unserer Stichprobe ist der dreijährige Eugen H. aus der württembergischen Anstalt

Weinsberg.[126] Die Einbeziehung von Kindern und Jugendlichen in die »Aktion T4« ist ein in der Forschung bislang wenig rezipiertes Faktum, unterschied man doch zwischen »Kindereuthanasie«, dem oben erwähnten »Reichsausschußverfahren«, und der »Erwachseneuthanasie«. Diese Unterscheidung läßt sich jedoch so nicht mehr aufrecht erhalten, da auch die in Heil- und Pflegeanstalten lebenden Kinder und Jugendlichen ebenso wie die erwachsenen Anstaltspatienten von der »Aktion T4« erfaßt und selektiert worden sind.[127] In unserer Stichprobe finden sich 173 Kinder und Jugendliche bis 21 Jahre. Hochgerechnet auf die Gesamtzahl der Opfer der »Aktion T4« sind dies 5,9%, dies entspricht etwa 4.150 Kindern und Jugendlichen, die Opfer der »Aktion T4« geworden sind. Im Frühjahr 1941 wurde von den »Euthanasie«-Beauftragten Brandt und Bouhler entschieden, daß Kinder unter 14 Jahren an den Reichsausschuß abgegeben werden sollten.[128] Gleichwohl wurden auch noch nach dieser Entscheidung Kinder unter 14 Jahren in die Gasmorde der »Aktion T4« einbezogen. Für die Selektion der Kinder und Jugendlichen war die prognostizierte Bildungsunfähigkeit das entscheidende Selektionskriterium. Drei Viertel der ermordeten Kinder und Jugendlichen galten als »bildungsunfähig«, d. h. sie wurden auch für die Anstaltshilfsschule als ungeeignet angesehen.[129]

Zu den ältesten Patienten unter den Opfern der »Aktion T4« zählt der 88jährige Kutscher Karl Ahrendt, der 1907 auf dem Berliner Alexanderplatz durch das Tragen eines Generalsmantels Aufsehen erregt und einen Menschenauflauf verursacht hatte und schließlich als »gemeingefährlich geisteskrank« in die Heil- und Pflegeanstalt Berlin-Herzberge eingewiesen worden ist. Anders als der Schuhmacher Wilhelm Voigt, dem es mit einer zusammengeklaubten Hauptmannsuniform ein Jahr zuvor gelungen war, die Stadtkasse von Köpenick zu beschlagnahmen, solle Karl Ahrendt jedoch nicht alsbald begnadigt werden, sondern verbrachte den Rest seines Lebens in den verschiedenen Heil- und Pflegeanstalten Berlins. Karl Ahrendt fühlte sich trotz der einengenden Lebensbedingungen in der Anstalt verpflichtet, »das Menschliche dasein in mier selpst aufrecht« zu erhalten und kämpfte mit seinen Eingaben an die Anstaltsdirektion gegen die schikanierende Behandlung und Maßregelung. So werde ihm Tabak, Bier und Rollmops vorenthalten. 1915 bat er seine Ehefrau, ihm »bunthe Bleistievsthe« mitzubringen. Mit seinen Zeichnungen schuf Karl Ahrendt eine Gegenwelt zur tristen Realität des Anstaltslebens. Sie geben einen Einblick in seine Eigenwelt voller Zeichen und Symbole. Immer wieder kehrt ein rundes, mondförmiges Gesicht mit einem breiten, wie zu Lachen geöffneten Mund (vgl. Abb. 12). 1930, inzwischen 77 Jahre alt, bat er die Anstaltsdirektion in Berlin-Buch, daß man ihn in Pflege zu seinem Sohn Johannes geben möge, diese Veränderung würde sich wohltuend auf seine Gesundheit einwirken. Dem Gesuch nach einer endgültigen Entlassung aus der Anstalt wurde jedoch nicht stattgegeben und so erlitt Karl Ahrendt, der sich gerne als »Cöningningliche und Ertz=Hertzogliche Hoheit« bezeichnete, die immer schlechter werdenden Lebensbedingungen der nationalsozialistischen Psychiatrie. So beklagte er 1936, »daß er nicht wie die arbeitenden Kranken Wurstbelag und Taback bekommt.« 1938 schrieb er, inzwischen 85 Jahre alt, daß es »als Schande zu betrachten sei ihn Arbeitsobjekt zu betrachten«. Der letzte Meldebogen aus der Zwischenanstalt Teupitz vom 14. Januar 1941 enthält den Vermerk »unbeschäftigt«. Auch sein hohes Alter schützte ihn nicht vor dem »Gnadentod«. Am 18. März 1941 wurde Karl Ahrendt ein letztes Mal verlegt, diesmal in die Gasmordanstalt Bernburg.[130]

Ebenfalls zu den ältesten Opfern der »Aktion T4« zählt Christine L. aus Essen. Sie wurde im Alter von 85 Jahren, an einer Altersdemenz leidend, in die Heil- und Pflegeanstalt Bedburg-Hau eingewiesen, von wo sie am 6. März 1940, inzwischen 88jährig, zur Tötung abtransportiert wurde, obwohl Patienten mit im Alter auftretenden psychischen Störungen aus Gründen politischer Rücksichtnahme verschont werden sollten.[131] Dies ist ein Beispiel dafür, daß es gerade zu Beginn der »Aktion T4« ein hohes Maß an Improvisation bei der Umsetzung der vorgegebenen Selektionsdirektiven gab bzw. diese erst im Laufe der »Aktion« konkretisiert wurden.

Betrachtet man das Geschlechtsverhältnis, so fällt ein Überwiegen der Frauen unter den Opfern der »Aktion T4« auf (54,3% Frauen gegenüber 45,7% Männer). Dieser Befund läßt sich weder durch den leichten Frauenüberschuß in der Gesamtbevölkerung des Deutschen Reiches, noch durch das geringe Überwiegen von Frauen unter den Anstaltspatienten erklären, überlebten doch wesentlich mehr Männer als Frauen den Selektionsprozeß der »Aktion T4« (60,4% zu 39,6%).[132] Unter geschlechtsspezifischer Perspektive hatten Frauen eine deutlich geringere Überlebenschance als Männer. Sie überwogen unter den als schizophren diagnostizierten Patienten und standen insofern in Gefahr, bevorzugt zur Tötung selektiert zu werden, sie wurden in ihrer Arbeitsleistung negativer bewertet als Männer, und sie galten in ihrem Verhalten eher als störend und gefährlich.[133]

70,8% der T4-Opfer waren ledig, 17,8% verheiratet, 6,6% geschieden und 4,7% verwitwet. Dabei betrifft die Zahl der geschiedenen und verwitweten Patienten wiederum überwiegend die Frauen. Allerdings unterscheiden die Angaben zum Familienstand sich nicht wesentlich, wenn man Opfer und Überlebende miteinander vergleicht.[134] Dabei war der Anteil an verheirateten Patienten unter den Anstaltspatienten deutlich niedriger als in der Gesamtbevölkerung. Fehlende oder verlorene soziale Bindungen erhöhten das Risiko, zur Tötung selektiert zu werden.

Soziale Herkunft

Die soziale Herkunft der T4-Opfer läßt sich in 60% der Akten anhand der Berufsangaben rekonstruieren.[135] 9% der T4-Opfer kommen aus der unteren Unterschicht, knapp die Hälfte aus der oberen Unterschicht (46,4%), 42% aus der Mittelschicht und nur 2,6% aus der Oberschicht. Dies entspricht ziemlich genau der Schichtverteilung in der Deutschen Bevölkerung zu der damaligen Zeit (vgl. Abb. 13): Etwa 55% der Bevölkerung gehörten zur Unterschicht, 43% zur Mittelschicht und 2,8% zur Oberschicht.[136]

Gesamtbevölkerung, nach Banach (1998), S. 86	
54,5 %	Unterschicht
42,7 %	Untere Mittelschicht
2,8 %	Obere Mittelschicht und Oberschicht

T4-Opfer	
55,4 %	Unterschicht
42,0 %	Mittelschicht
2,6 %	Oberschicht

Tabelle 8: Schichtverteilung der T4-Opfer im Vergleich zur Gesamtbevölkerung

Verwendet man ein anderes Modell der Schichteinteilung, nämlich die soziale Stellung im Beruf – also Arbeiter, Angestellte, mithelfende Familienangehörige und Beamte –, so ermöglicht dies einen direkten Vergleich mit den Daten der Volkszählung von 1939. Danach liegt der Anteil der Arbeiter unter den T4-Opfern bei 44,2%, Angestellte sind mit 41,6% vertreten, mithelfende Familienangehörige mit 6,7%, während Selbständige (5,5%) und Beamte (2,0%) als Angehörige der oberen Mittelschicht und der Oberschicht nur einen relativ kleinen Teil ausmachen. Es fällt auf, daß der Anteil der Angestellten in der Gesamtbevölkerung nur 13% beträgt[137], während er unter den Opfern des Krankenmordes deutlich überwiegt. Dabei können Angestellte sowohl zur oberen Unterschicht als auch zur Mittelschicht zählen, so daß dieses Ergebnis nicht notwendig im Widerspruch steht zur Schichtzuordnung nach dem Beruf selbst. Daß Patienten der Mittelschicht in unerwartet hohem Maße gefährdet waren, im Rahmen des Krankenmordes selektiert zu werden, zeigt der Vergleich mit der Schichtverteilung nach eigenem Beruf bei den Überlebenden: Unter den T4-Opfern finden sich 42,0% Angehörige der Mittelschicht, während nur 35,7% der Überlebenden der Mittelschicht angehören. Gleichzeitig finden sich in der Gruppe der Überlebenden weitaus mehr Kranke aus der unteren Unterschicht nämlich 15,9% gegenüber 9,0% in der Gruppe der T4-Opfer.[138] Eine mögliche Erklärung für diesen Befund liegt darin, daß unter den Patienten der unteren sozialen Schichten die Diagnose Schwachsinn, die mit einer relativ höheren Überlebenschance verbunden war als die Diagnose Schizophrenie, verhältnismäßig häufiger vorkommt. Die mit einer relativ schlechteren Überlebenschance verbundene Diagnose Schizophrenie findet sich dagegen in höherem Maße bei T4-Opfern aus der Mittelschicht: 65,7% der T4-Opfer aus der Mittelschicht wurden als schizophren diagnostiziert, während diese Diagnose nur bei 50,5% der T4-Opfer aus der unteren Unterschicht gestellt wurde.

Der Erklärungsansatz einer sich in der NS-»Euthanasie« manifestierenden »Endlösung der sozialen Frage« findet in diesen empirischen Befunden jedenfalls keine Bestätigung. Daß sich die NS-»Euthanasie« vornehmlich gegen den sozioökonomisch schwächsten Teil der Bevölkerung gerichtet habe, läßt sich jedenfalls für die »Aktion T4« nicht belegen.[139] Vielmehr kamen die Opfer der »Aktion T4« aus allen Schichten der Bevölkerung. Schichtzugehörigkeit als solche ist kein wirksames Selektionskriterium gewesen. Im Gegenteil läßt sich anhand der unterschiedlichen Diagnoseverteilung (Überwiegen der mit einer relativ günstigeren Überlebenschance verbundenen Diagnose Schwachsinn in der unteren Unterschicht) zeigen, daß Patienten aus unteren sozialen Schichten, wenn sie hospitalisiert worden sind, eher noch eine bessere Überlebenschance hatten.

Diagnosen[140]

Die weitaus häufigste Diagnose unter den T4-Opfern ist die Schizophrenie mit 58,0%, an zweiter Stelle steht der sogenannte Schwachsinn mit 23,0%. Diese Diagnose umfaßte ein weites Spektrum geistiger Behinderung und sozial auffälligen Verhaltens. Letzteres wurde insbesondere bei gerichtlich eingewiesenen Patienten als »ethischer« oder »moralischer Schwachsinn« gedeutet.[141] Die Gruppe der Epilepsiekranken ist mit 7,7%

der Ermordeten die drittgrößte, an vierter Stelle finden sich die Patienten mit der Diagnose Progressive Paralyse, ihr Anteil liegt bei 5%. Demgegenüber waren Patienten mit den Diagnosen Psychopathie und Manisch-depressives Irresein jeweils nur mit knapp 1% vertreten (vgl. Abb. 14). Als schizophren diagnostizierte Patienten hatten, wie der Vergleich mit der Diagnoseverteilung der Überlebenden zeigt, ein deutlich erhöhtes Risiko, zur Tötung selektiert zu werden: In der Gruppe der Überlebenden beträgt ihr Anteil nur 42,2%. Demgegenüber ist die Diagnose Schwachsinn in der Gruppe der Überlebenden häufiger vertreten als in der Gruppe der T4-Opfer (28,9% gegenüber 23,0%).[142] Besonders gefährdet, zur Tötung selektiert zu werden, waren demnach zwei Gruppen von Langzeitpatienten:

Die erste gefährdete Gruppe waren die chronisch kranken Langzeitpatienten mit der Diagnose Schizophrenie, die man als »Endzustände« beschrieben hat, als »abgelaufene Fälle«, bei denen sich keine Therapie mehr lohnte, zu denen es nichts mehr zu notieren gab und die man als »unbrauchbar« ansah, weil sie – in den Anstalten – keine »produktive Arbeit« leisteten. Dabei galten sie entweder als »stumpf« und »geistig abgebaut«, so daß ein Bemühen, sich in ihre Gedankenwelt und Gemütsverfassung einzufühlen von vornherein als sinnlos angesehen wurde. Oder sie störten durch Unruhe, Erregungszustände, Schimpfen und Gewalttätigkeit. Dann waren sie, zumal wenn sie einen erhöhten Überwachungs- oder Pflegeaufwand erforderten, in besonderem Maße gefährdet, der Selektion und dem angeblichen »Euthanasie«-Tod ausgeliefert zu werden.

Die zweite Gruppe waren unter den Patienten mit der Diagnose »Schwachsinn« diejenigen, die man nicht zur Arbeit heranziehen konnte und deren Intelligenzminderung als besonders ausgeprägt galt, die man also als »idiotisch« oder in der Terminologie von Hoche als »geistig tot« ansah.

4.3.5. Handlungsspielräume und Reaktionen der Angehörigen[143]

Götz Aly nennt die Angehörigen der »Euthansie«-Opfer die »Belasteten« und will damit zum Ausdruck bringen, daß sie belastet waren in zweierlei Hinsicht, belastet durch das störende oder gewalttätige Verhalten ihres psychisch kranken Familienmitgliedes, das zur Aufnahme in eine Heil- und Pflegeanstalt geführt hat, belastet aber auch durch die Mitverantwortung für die Ermordung, denn – so die starke These von Aly – die Angehörigen hätten die Möglichkeit gehabt, ihre Familienmitglieder rechtzeitig vor dem Abtransport in die Tötungsanstalt herauszuholen.[144]

Daran ist zunächst einmal richtig, daß die Angehörigen bei der Anstaltsaufnahme eine Rolle gespielt haben, nach unserer Stichprobe ist die Initiative zur Anstaltseinweisung in etwa 40% der Fälle von den Angehörigen ausgegangen. Auf der anderen Seiten dokumentieren viele Akten der Opfer der »Aktion T4« in den Jahren und Jahrzehnten vor 1939 eine vorübergehende Entlassung und spätere Wiederaunahme der Patienten. Oft haben die Familien, die Eltern, die Ehegatten ihre Familienmitglieder auf eigene Verantwortung und gegen einen entsprechenden Revers aus der Anstalt nach Hause geholt, bis eine Wiederaufnahme notwendig wurde. Dem stehen diejenigen Patienten gegenüber, die über die Jahre den Kontakt zu ihren Familien verloren haben, die von ihren Ehegatten geschieden wurden. Insbesondere waren es Frauen, deren Ehe per Gerichtsbeschluß aufgelöst wurde. Diese Gruppe der einsamen und verlorenen Patienten ohne Kontakt nach draußen, ohne Briefe, Pakete und Besuche war in stärkerem Maße gefährdet, zur Tötung selektiert zu werden. So wurde bereits seit der ersten Meldebogenversion von der T4-Zentrale bei der Erfassung der Patienten nach regelmäßigem Besuch gefragt.

Betrachtet man den Familienzusammenhalt in denjenigen Akten der Opfer und der Überlebenden der »Aktion T4«, die eine Aussage hierzu ermöglichen – dies sind etwa 50% der Stichprobe –, so zeigt sich ein deutlicher Unterschied zwischen der Gruppe der Opfer und der der Überlebenden: In der Gruppe der Überlebenden läßt sich in knapp 40% der Akten ein enger Familienzusammenhalt anhand von erhaltener Korrespondenz oder Vermerken über Besuche rekonstruieren, in der Gruppe der Opfer sind es nur knapp 20%. Ein enger Familienzusammenhalt konnte also durchaus vor der Selektion und der Tötung schützen.[145] Götz Aly schildert die beeindruckenden Einzelfälle, in denen es Angehörigen gelang, ihre Familienmitglieder in letzter Minute aus der Anstalt zu holen oder sie unmittelbar vor der Gaskammer zu retten. So hat die Mutter von Alfred N. aus Ulm, der an den Folgen einer Kopfverletzung aus dem Ersten Weltkrieg litt, durch ein Telegramm an Adolf Hitler dafür gesorgt, daß ihr Sohn aus der Tötungsanstalt Grafeneck in die Anstalt Schussenried zurückgebracht wurde.[146] Doch ist damit die Frage nach den Handlungsspielräumen und dem Wissen um die Gefahr, der die Patienten in den Anstalten ausgesetzt waren, noch nicht beantwortet. Das Beispiel von Fritz D. zeigt eindrucksvoll, wie sich die Familie, im Bewußtsein der drohenden Gefahr, mit Briefen und regelmäßigen Besuchen um seine Entlassung bemühte – allerdings vergeblich. Fritz D. war am 22. Februar 1941 wegen einer Serie von epileptischen Anfällen in die Universitätsnervenklinik Leipzig aufgenommen und dann über Hochweitzschen in die sächsische Zwischenanstalt Waldheim gebracht worden. Die Angehörigen erklärten sein »wildes« Verhalten mit seiner Angst, »als verrückt eingesperrt zu werden« und verlangten mehrfach dezidiert seine Entlassung, damit er wieder arbeiten könne. Und sie nehmen Bezug auf die »Euthanasie«-Aktion:

»Unverantwortlich ist es, wenn jemand im Beisein von Kranken, wie es mein Schwager doch nun einmal durch seine epi[leptischen] Anfälle ist, im Tone festester Überzeugung davon faselt, dass man im heutigen Staate absolute Idioten durch eine Spritze um die Ecke brächte, oft ohne Wissen der Angehörigen.«[147] Doch die Anstalt beschied alle Entlassungsgesuche der Familie ablehnend: »In Erledigung Ihres Schreibens [...] teile ich Ihnen mit, daß eine Beurlaubung oder Entlassung Ihres Schwagers Fritz D[...] leider nicht möglich ist. [...] Ihr Schwager ist immer noch recht abweisend und stumpf und kommt noch sehr leicht in Streit mit seiner Umgebung.«[148] Fritz D. gehörte zu denjenigen Patienten, die im Sommer 1941 von Waldheim in die Tötungsanstalt Pirna-Sonnenstein gebracht worden sind.

Die Reaktionen der Angehörigen auf die »Aktion T4« bieten ein breites Spektrum zwischen Hinnahme, Protest und Befürwortung.[149] Ein größerer Teil der Angehörigen hat die Nachricht vom plötzlichen Tod ihrer Familienmitglieder hingenommen, ohne eine Reaktion nach außen kundzutun. Allerdings zeigen die Todesanzeigen, die auf einen plötzlichen und unerwarteten Tod in einer Heil- und Pflegeanstalt hinweisen, eine leise Form des Protestes, der schließlich von den Behörden unterbunden werden sollte.[150] Auf der anderen Seite des Spektrums stehen Äußerungen von Angehörigen, die die »Erlösung vom Leiden« erleichert aufnehmen oder sogar befürworten. So schrieben die Eltern von Katharina W., die zuletzt in der ostpreußischen Anstalt Kortau lebte, am 23. August 1941 an die sächsische Zwischenanstalt Zschadraß:

»Gestern erhielten wir Ihre Depesche mit der Nachricht vom Hinscheiden unserer lieben einzigen Tochter Katharina, die ja eigentlich bereits vor 22 Jahren für uns mehr als gestorben ist, denn einen geliebten Angehörigen als unheilbar geisteskrank in einer Anstalt zu wißen ist schmerzlicher als sein Tod. Darum sind wir jetzt natürlich voll Trauer, aber wir empfinden das Sterben unserer Tochter in erster Linie als eine endliche Erlösung für sie.«[151]

In einem Brief an die Direktion der Heil- und Pflegeanstalt Kaufbeuren vom 21. Februar 1942, in dem Sigmund Freiesleben nach dem Verbleib von Irma Nickel fragt, wird die Befürwortung der »Erlösung unheilbarer Kranker« deutlich ausgesprochen, aber zugleich Kritik an der Geheimhaltungspraxis geäußert. Irma Nickel war 1940 im Rahmen der »Aktion T4« von Kaufbeuren in eine Tötungsanstalt verlegt worden:

»Ich habe gestern telegraphisch um Auskunft nach dem Verbleib der Irma Nickl gebeten, die vor Jahren in die dortige Pflegeanstalt eingeliefert wurde. Nickel ist eine Verwandte von mir. Mein kürzlich verstorbener Vater war ihr Vormund. Auf mein Telegramm erhielt ich von Ihrer Anstalt die Nachricht: ›Nickel seit 1940 nicht mehr hier.‹ [...] Wenn ich nach dem Verbleib eines Menschen frage, der einer Obhut übergeben wurde, kann man ihn nicht kurzerhand abbuchen. Ich bin grundsätzlich dafür, dass unheilbare Kranke unter gewissen Voraussetzungen erlöst werden. Ob das bei Nickel der Fall war, entzieht sich meiner Kenntnis. Jedenfalls bitte ich Sie sehr, sehr geehrter Herr Direktor, daß Sie mir Mitteilung über den Verbleib der Irma Nickel geben.«[152]

Dem steht eine Reihe von Angehörigen gegenüber, die in ihren Briefen auf die Nachricht von der Verlegung und vom Tod ihrer Familienmitglieder mit Verwunderung, Protest oder Verbitterung reagieren. So schrieb Anna Rossmann aus Augsburg am 15. September 1940 an den Direktor der Heil- und Pflegeanstalt Kaufbeuren:

»Sehr geehrter Herr Direktor! – Vor fast 8 Jahren habe ich Ihnen meinen Mann [Franz Rossmann] zu treuen Händen übergeben. [...] Warum hat man meinen Mann ausgeliefert? Er war Kriegsteilnehmer u[nd] hat im Weltkrieg u[nd] jener furchtbaren 3jähr[igen] franz[ösischen] Gefangenschaft seine Gesundheit zermürbt. Ich habe für ihn selbst bezahlt, er war also nicht auf Staatskosten in der Anstalt. Oder sollte ich dadurch eine Schuld haben, daß ich kein Kreisstipendi[um] für ihn bekam? Niemals hätte ich nur einen Pfennig angenommen. Sagen Sie mir bitte, gab das den Ausschlag? Helfen Sie mir bitte! Sagen Sie mir die Stelle, wohin ich mich wenden kann, daß mein Mann wieder nach Kaufbeuren zurückkehren kann, kein Weg soll mir zuviel sein. Geben Sie mir bitte Antwort.«

Direktor Valentin Faltlhauser (1876-1961) brachte am 27. September 1940 in einem Brief an Anna Rossmann, nachdem die Nachricht von Tode ihres Mannes eingegangen war, die offiziell erwünschte Reaktion der Angehörigen zum Ausdruck:

»Ich danke Ihnen vielmals für die Mitteilung vom Ableben Ihres Mannes. Ich weiss nicht, ob ich Ihnen zu diesem Ereignis meine Anteilnahme aussprechen soll oder ob ich nicht doch besser zum Ausdruck bringe, dass diese Lösung doch für alle Beteiligten die einzig tragbare ist. Ich gebe wohl zu, dass Sie sich mit Ihrem Mann verbunden gefühlt haben. Aber wenn Sie dieses jahrelange Siechtum, das immer weitere geistige Absinken dieses Mannes in Rechnung ziehen, wenn Sie ferner sich sagen müssen, dass die Erkrankung Ihres Mannes völlig unheilbar gewesen ist, wenn Sie die Belastung für Ihre Familie und namentlich für Ihre Kinder überlegen, dann müssen Sie sich doch eigentlich sagen, dass der Tod hier für alle Teile nur eine Erlösung gewesen sein kann. Wenn Sie letzten Endes das Schicksal, das Ihren Mann getroffen hat, so auffassen, dann werden Sie ja wohl auch sich mit dem Letzten dieses Schicksals abfinden können.«[153]

Der nationalsozialistische Staat und die »Euthanasie«-Protagonisten wünschten sich von Seiten der Bevölkerung und der Anhörigen eine stillschweigende oder ausdückliche Annahme des mit der »Euthanasie«-Aktion verbundenen Erlösungs- und Entlastungsangebotes. Das breite Spektrum der Angehörigenreaktion und ihre begrenzten Handlungsspielräume sollte jedoch Anlaß geben, die pauschale These von der Mitbeteiligung der Angehörigen an den »Euthanasie«-Morden einer differenzierten Prüfung zu unterziehen. Wir wissen noch zu wenig, um wirklich abschätzen zu können, wie groß der Anteil derjenigen Familien war, die den plötzlichen Tod ihrer Familienmitglieder tatsächlich als vom Staat herbeigeführte »Erlösung« angesehen haben. Wahrscheinlich spielen hier auch schwer zu eruierende, hochambivalente Einstellungen gegenüber den psychischen Erkrankungen und Behinderungen eine Rolle, die selten klar artikuliert wurden. Diese machen wohl auch das bis in die Gegenwart hineinwirkende Unbehagen aus, sich in den Familien und in der Gesellschaft wirklich mit den »Euthanasie«-Verbrechen auseinanderzusetzen, an die Opfer öffentlich zu erinnern und sie in die Mitte der Erinnerungskultur hineinzunehmen.

4.4. Töten durch Hunger und Medikamente

Infolge der Debatte um die Freigabe der »Vernichtung lebensunwerten Lebens« und der Verschlechterung der Ressourcenzuteilungen in den Heil- und Pflegeanstalten des Deutschen Reiches war es bereits vor dem offiziellen Beginn des »Euthanasie«-Programms in einzelnen Heil- und Pflegeanstalten zu Krankentötungen gekommen.[154] Interne Dokumente der T4-Zentrale belegen die »Euthanasie«-Bereitschaft einzelner Anstaltsleiter bereits vor Kriegsbeginn.[155] Diese zeitgenössisch als »wilde Euthanasie« bezeichnete dezentrale Form der Krankenmorde ist keine abgrenzbare, sich an die zentral gesteuerte »Aktion T4« anschließende Phase, sondern eine Selektionspraxis in der Entscheidungsgewalt der Ärzte vor Ort. Die dezentralen Krankentötungen begannen nicht, wie in der Forschung zumeist angenommen, erst nach dem Stopp der »Aktion T4«, sondern wurden in Einzelfällen wahrscheinlich schon vor 1939 praktiziert, parallel zur »Aktion T4« durchgeführt und dauerten mindestens bis Kriegsende an. So wurde in sächsischen Anstalten in den Monaten nach

Kriegsbeginn eine »Sonderkost« für nicht produktiv arbeitende und »niedergeführte« Patienten eingeführt, die aus Brei und Suppen bestand. Zugleich sollten die Patienten mit sedierenden Medikamenten ruhiggestellt werden. In den sächsischen Anstalten Großschweidnitz, Arnsdorf und Waldheim wurde durch diese »Tablettenaktion« der Tod von Patienten auch bewußt herbeigeführt. In der Anstalt Waldheim hat der T4-Arzt Gerhard Wischer (1903-1950) bereits ab Januar 1940 mit überdosierten Medikamenten getötet.[156] Die Heil- und Pflegeanstalt Wehnen im Land Oldenburg, von der bis August 1941 keine Patienten im Rahmen der »Aktion T4« abtransportiert worden sind, zeigt beispielsweise bereits ab 1939 deutlich erhöhte Sterberaten, die vor allem durch eine systematische Hungerkost bedingt sind.[157]

Nach diesem »Stopp« der »Aktion T4« wurden diese dezentralen Patiententötungen in regional unterschiedlichem Maße fortgesetzt. Dabei versuchte der »Euthanasie«-Apparat in der Berliner Tiergartenstraße 4 die sogenannte »wilde Euthanasie« unter seine Kontrolle zu bekommen und eruierte bei den sogenannten Planungsfahrten zur Neuorganisation des deutschen Anstaltswesens die Bereitschaft der Anstaltsleiter, »Euthanasie«-Maßnahmen durchzuführen.[158]

Dabei waren es gerade die in den Zwischenanstalten noch verbliebenen und ursprünglich für Abtransport in die Gasmordanstalten vorgesehenen Patienten, die durch Vernachlässigung und vermutlich auch durch die Gabe von Medikamenten einer erhöhten Sterblichkeit ausgesetzt waren.[159] In der Provinz Sachsen, in Württemberg und ab 1943 auch im Land Sachsen forderten die Anstaltsdezernenten die Anstaltsärzte auf, mithilfe von Medikamenten unheilbar Kranke zu töten, allerdings folgten nur einzelne Anstaltsärzte diesen Vorgaben.[160]

Auch der Erlaß des Bayerischen Innenministeriums vom 30.11.1942 »daß mit sofortiger Wirkung sowohl in quantitativer wie in qualitativer Hinsicht diejenigen Insassen von Heil- und Pflegeanstalten, die nutzbringende Arbeit leisten oder in therapeutischer Behandlung stehen, [...] zu Lasten der übrigen Insassen besser verpflegt werden«, war eine verklausulierte Formulierung für die Fortsetzung der »Euthanasie«-Aktion mit anderen Mitteln.[161] Die sogenannte E-Kost, fleischlos und fettlos, sollte den unauffälligen Tod der als unheilbar, unbrauchbar und hinfällig angesehenen Kranken in wenigen Monaten herbeiführen. In der Heil- und Pflegeanstalt Eglfing-Haar bei München wurden zwei Hungerhäuser eingerichtet, in denen bis Kriegsende etwa 440 Patienten ums Leben kamen. Eine Überlebende berichtete im Sommer 1945: »Da herin kriegst Du doch nicht genug, weil es ein Zuchthaus ist, wo sie Dich umbringen möchten. Du bist ein Narrenhausweibi. Du brauchst nichts. Sie sagen, Du brauchst mehr Schlaftrunk, da brauchst Du net so viel zu essen.«[162]

Berührend sind die Briefe, die Patientinnen aus den Hungerhäusern an ihre Angehörigen schrieben. Sie wurden zu den Akten genommen und haben ihre Empfänger vermutlich nie erreicht. So schrieb Eva K. aus dem Hungerhaus für Frauen in Eglfing-Haar am 16.5.1943 an einen Freund der Familie einen Brief, in dem sie um die Unterstützung Ihrer Familie bittet, um wieder in ihre österreichische Heimat zurückkehren zu können:

»Verehrter Herr Professor – in tiefster Not wende ich mich an Sie mit der Bitte meinen Bruder von meiner furchtbaren Lage zu unterrichten und mir umgehend von dem Ergebnis Ihrer Besprechung Mitteilung zu machen. [...] Daß sich mein Zustand hier so rasch verschlechtert hat, mag durch die innere Trostlosigkeit und traurige Umgebung bedingt sein. Ich werde von den irren Kranken blutig geschlagen; leide qualvollen Hunger, da in den schweren Kriegszeiten eine Minderung der Kost unausbleiblich [ist]. Während aber die anderen Kranken, aus einfachsten Verhältnissen meist regelmäßige Lebensmittelsendungen von ihren Angehörigen erhalten, bekomme ich nichts, da ja mein Bruder meine traurige Lage gar nicht ahnt. [...] Und auch Sie, verehrter Herr Professor, bitte ich herzlich, wenn Sie etwas erübrigen können, mir ein paar Lebensmittel zu schicken, und wenn es auch nur ein paar Scheiben Brot sind. Denken Sie daran, daß sie damit einem hungernden Menschen helfen. Ich habe seit der Überweisung hieher 44 Pfund abgenommen und bin zur Zeit durch Schwäche und Rheumatismus in den kalten Zellen der Anstalt bettlägerig. [...] Freilich ist dies alles sehr traurig und wird Sie erschrecken, doch – Not kennt kein Gebot und falsche Scham hier nicht am Platze. Ich bin nun ganz allein, habe keinen Menschen.«[163]

In den Regionen, in denen die Anstaltsdezernenten und Gauleiter sich schon vor bzw. während der »Aktion T4« durch eine besonders patienten- und psychiatriefeindliche Einstellung hervorgetan hatten, ging man nach dem Stopp der »Aktion T4« eigene Wege. Im Einverständnis mit dem Frankfurter Gauleiter Jakob Sprenger (1884-1945) reaktivierte der Wiesbadener Anstaltsdezernent Fritz Bernotat 1942 die stillgelegte Tötungsanstalt Hadamar bei Limburg, nur daß nicht mehr mit Gas, sondern mit Medikamenten getötet wurde. Als willfähriges Werkzeug diente der pensionierte Psychiater Adolf Wahlmann (1876-1956), der die zu beseitigenden Patienten bei seiner Visite aussuchte. Durch die hohe Sterblichkeit war es möglich, immer wieder neue Transporte von Patienten, auch aus anderen Regionen aufzunehmen. Bis Kriegsende wurden in Hadamar noch einmal 4.500 Menschen ermordet, für den Träger der Einrichtung ein einträgliches Geschäft, da die Verpflegungskosten für die Fremdpatienten – bis zur Tötung – dem Provinzialverband erstattet wurden.[164] Auch in Pommern hatte sich Gauleiter Schwede-Coburg bereits während der »Aktion T4« durch die Räumung eines Teils seiner Anstalten und die Erschießung der pommerschen Patienten auf ehemals polnischem Gebiet hervorgetan. In der pommerschen Anstalt Meseritz-Obrawalde setzte ab 1942 mit der Einsetzung des Verwaltungsleiters Walter Grabowski (1896-1945) durch Schwede-Coburg eine sukzessive Erhöhung der Sterblichkeit ein: schließlich starben jeden Monat etwa 10% der Anstaltsinsassen, vorwiegend durch Medikamente, teilweise auch durch Erschießen. Insgesamt sind in Meseritz-Obrawalde in den Jahren 1942-1945 geschätzt etwa 10.000 Menschen ums Leben gekommen, die meisten von ihnen kamen aus luftgefährdeten Gebieten, aus Hamburg und aus Bremen, aus dem Rheinland und aus Westfalen und aus Berlin. Zusammen den Anstalten Hadamar in Hessen, Großschweidnitz in Sachsen, Tiegenhof bei Gnesen im Warthegau und Kaufbeuren in Schwaben war Meseritz-Obrawalde eines der Zentren der Krankenmorde in den letzten Kriegsjahren.[165]

Die »Aktion Brandt«[166]

An demselben Tage, an dem der mündliche Befehl Hitlers zum Stopp der »Aktion T4« erging, wurde Karl Brandt beauftragt, in der Nähe von luftgefährdeten Städten besondere Krankenhäuser zu errichten, in denen körperlich Kranke, die einer längeren Behandlung bedurften, und Schwangere aus durch den Luftkrieg gefährdeten Städten Norddeutschlands aufgenommen werden konnten. Diese Krankenhaussonderanlagen der »Aktion Brandt« sollten von der Organisation Todt in Barackenbauweise auf dem Gelände von Heil- und Pflegeanstalten eingerichtet werden, deren Versorgungsstrukturen nun für körperlich Kranke genutzt werden könnten. Bei den Krankenhaussonderanlagen Huntlosen in Oldenburg und Köppern bei Frankfurt fällt für die letzten Kriegsjahre eine sehr hohe Sterblichkeit auf. Für Köppern ist belegt, daß der Leitende Arzt von der Euthanasie-Zentrale mit Tötungsmedikamenten versorgt wurde. Das Beispiel der Krankenhaussonderanlagen »Aktion Brandt« zeigt, daß mit der zunehmenden Schwierigkeit, die medizinischen Folgen des Krieges für die Zivilbevölkerung zu beherrschen, auch körperlich kranke Menschen den »Euthanasie«-Maßnahmen zum Opfer fielen.[167]

Die Jahre 1942 und 1943 sind durch eine deutliche Intensivierung alliierter Luftangriffe auf deutsche Städte, z.T. mit verheerenden Folgen auch für die medizinische Infrastruktur norddeutscher und westdeutscher Großstädte geprägt. Die Gesundheitsbehörden der luftgefährdeten Städte und die Gauleitungen der betroffenen Regionen entschlossen sich in dieser Situation zur Einrichtung von Hilfs- und Ausweichkrankenhäusern und zur Verlegung von alten und chronisch kranken Menschen aus den Heimen der Ballungszentren in die Umgebung. Dabei erwies sich der Bevollmächtigte für das Sanitäts- und Gesundheitswesen Karl Brandt als kompetenter Krisenmanager, indem seine Dienststelle unbürokratisch die Wegverlegung von Anstaltspatienten aus den luftgefährdeten Städten organisierte, zum Beispiel nach dem verheerenden Bombenangriff auf Hamburg im Sommer 1943. Hier sind innerhalb kürzester Zeit 950 Patienten wegverlegt worden, u.a. nach Hadamar und Meseritz-Obrawalde.[168] In dem Verdrängungswettbewerb zwischen akut erkrankten und bombenverletzten Menschen, chronisch kranken alten und siechen Menschen rangierten die »Geisteskranken« an letzter Stelle der Versorgungshierachie. Sie sollten, sofern sie nicht innerhalb kurzer Zeit geheilt werden konnten, aus dem Versorgungsbereich luftgefährdeter Regionen verschwinden und im Katastrophenfall zur Bereitstellung von Krankenhausbetten kurzfristig wegverlegt werden. Hier traten der Reichsbeauftragte für die Heil- und Pflegeanstalten Herbert Linden (1899-1945), der seinen Dienstsitz im Reichsinnenministerium hatte, und die Reichsarbeitsgemeinschaft Heil- und Pflegeanstalten (also die T4-Zentrale) auf den Plan. In einem Erlaß vom 5. August 1942 forderte Linden die Gesundheitsbehörden der Länder und Provinzen auf, eine genaue Übersicht über die in den Heil- und Pflegeanstalten verwahrten Geisteskranken, über die Möglichkeiten zur Aufnahme weiterer Geisteskranker durch Belegungsverdichtung und über die mögliche Nutzung der Gebäude als Ausweichkrankenhaus zu übersenden.[169] Somit war Linden zusammen mit der T4-Zentrale in der Lage, kurzfristig freie Kapazitäten für Verlegungstransporte von psychisch kranken Menschen aus luftgefährdeten Gebieten in den Aufnahmeregionen Mittel-, Süd- und Ostdeutschlands anzugeben. Daß viele der verlegten Patienten innerhalb kurzer Zeit sterben sollten, war Teil des Systems. Die oben erwähnte Reaktivierung der Tötungsanstalt Hadamar ist im Zusammenhang mit den im Jahr 1942 zunehmenden Patientenverlegungen aus luftgefährdeten Gebieten zu sehen: Die unauffällige Euthanasie durch bereitwillige Ärzte vor Ort ermöglichte es, immer wieder neue Transporte aufzunehmen. Nach verstärkten Luftangriffen auf die Städte des Ruhrgebiets schließlich sollten auf Initiative der Gauleiter und in Absprache mit Brandt im Frühsommer 1943 die Rheinprovinz und die Provinz Westfalen als industrielles Ballungszentrum weitgehend von chronisch kranken Psychiatriepatienten entleert werden. Tatsächlich sind aus der Rheinprovinz in den

Jahren 1943/44 etwa 8.000 Psychiatriepatienten und aus Westfalen etwa 2.800 Patienten wegverlegt worden.[170] Einen Überblick über die Patientenverlegungen im Rahmen der »Aktion Bandt« und die Tötungsanstalten der dezentralen »Euthanasie« bietet die entsprechende Karte im Abbildungsteil (Abb. 7).

Das Verlegungssystem der »Aktion Brandt« geriet jedoch im Sommer 1943 an seine Grenzen, es konnte nur funktionieren, wenn die Tötungskapazitäten erweitert würden. In diesem Zusammenhang ist der Versuch der Euthanasie-Zentrale zu sehen, die Krankentötungen wieder stärker unter ihre Kontrolle zu bringen und weitere Anstaltsärzte für die »Euthanasie« durch Medikamente zu gewinnen. Hierzu besorgte man sich eine mündliche und verklausulierte Rückendeckung bei Hitlers »Euthanasie«-Beauftragten Karl Brandt, der jedoch einer Wiederaufnahme der Krankentötungen in großem Stil mit zentral gesteuerter Selektion eine Absage erteilte. Gleichwohl versorgte die »Euthanasie«-Zentrale die Tötungsanstalten der späten Kriegsjahre mit den Tötungsmedikamenten Luminal und Morphium-Scopolamin.[171] Soweit bisher bekannt, sind in den Jahren 1943/44 mindestens 28.000 Patienten aus den luftgefährdeten Regionen in Anstalten in Hessen, Bayern, Österreich, Mitteldeutschland (Thüringen, Provinz Sachsen, Land Sachsen) und die östlichen Reichsgebiete (Pommern, Warthegau, Generalgouvernement) verlegt worden. Etwa 85% der verlegten Patienten haben den Krieg nicht überlebt.[172]

Im August 1944 mußte der Reichsbeauftragte für die Heil- und Pflegeanstalten erkennen, daß eine »Übersicht über die gegenwärtige Belegung der Heil- und Pflegeanstalten kaum noch möglich ist.«[173] Offensichtlich fiel es der T4-Zentrale immer schwerer, eine einheitliche Steuerung der Krankenverlegungen zu gewährleisten. Zugleich kamen neue Opfergruppen in das Blickfeld, so die psychisch kranken und tuberkulösen Zwangsarbeiter, die ab September 1944 in elf Sammelstellen einzuweisen waren, unter ihnen auch ausgewiesene Tötungsanstalten der späten Kriegsjahre, wie Tiegenhof, Kaufbeuren, Hadamar und Pfafferode. Allein in Hadamar starben 1944/45 etwa 465 »Ostarbeiter«. [174] Auf der anderen Seite überstellte man 1944 die psychisch kranken Straftäter in die Konzentrationslager zur Vernichtung durch Arbeit und versuchte so letzte Arbeitskräftereserven zu mobilisieren.[175]

Die Verhältnisse in den Heil- und Pflegeanstalten selbst hingegen wurden immer prekärer. Bedingt durch Nahrungsmangel, schlechte hygienische Verhältnisse und gezielte Tötungen stieg die Sterberate in allen Heil- und Pflegeanstalten des Deutschen Reiches, die zunehmend auch von Flüchtigen in Anspruch genommen wurden, erheblich an. So erreichten die Sterberaten in den meisten Anstalten des Reichgebietes Werte über

20%. Insgesamt sind allein im Reichsgebiet zwischen 1942 und 1945 noch einmal deutlich mehr Anstaltspatienten durch Medikamente, Hunger und systematische Vernachlässigung ums Leben gekommen als im Rahmen der »Aktion T4«, nämlich geschätzt 90.000.[176]

4.5. »Euthanasie« und Holocaust

Während der »Aktion T4« hatten die jüdischen Anstaltspatienten im Reichsgebiet keine Überlebenschance. Ab Sommer 1940 wurden sie in bestimmten Heil- und Pflegeanstalten gesammelt und unterschiedslos – allein aufgrund ihrer Abstammung – in den Gasmordanstalten der »Aktion T4« umgebracht.[177] Daher kann die systematische Ermordung der jüdischen Anstaltspatienten ab Frühjahr 1940 als ein erster Schritt auf dem Weg zur Ermordung der europäischen Juden verstanden werden. Nach dem Beginn der systematischen Judendeportationen aus dem Gebiet des Deutschen Reiches im Oktober 1941 wurden die wenigen überlebenden jüdischen Anstaltspatienten, die in der Anstalt Bendorf-Sayn bei Koblenz zusammengefaßt worden waren, in die Vernichtungslager des Ostens transportiert. Im Entscheidungsprozeß zur »Endlösung der Judenfrage« spielten die Erfahrungen der industriellen Massenvernichtung in den Tötungsanstalten der »Aktion T4« eine entscheidende Rolle: T4-Tötungsärzte und Tötungspersonal wurden ab 1942 in den Vernichtungslagern der »Aktion Reinhardt« (Belzec, Sobibor und Treblinka) eingesetzt und zugleich die Tötungstechnologie der Gaskammern übernommen.[178] Irmfried Eberl (1910-1948), der Leiter der »Euthanasie«-Anstalt Bernburg, wurde 1942 der erste Kommandant des Vernichtungslagers Treblinka. Dabei kann die »Aktion T4« nicht nur als Vorläufer des Genozids an den europäischen Juden verstanden werden, sie spielte vielmehr in der komplexen Genese des Holocausts die Rolle eines Katalysators.[179] Das ärztliche Töten im Rahmen der »Euthanasie«-Aktion war zum Vorbild für die Vernichtung der europäischen Juden geworden.

4.6. Die Motive der ärztlichen Täter – Heilen und Vernichten

Die Frage ist beunruhigend: Warum haben Ärzte und Psychiater bei der Tötung der ihnen anvertrauten psychisch kranken und geistig behinderten Menschen mitgewirkt? Weder Gesetz noch Befehl haben sie dazu gezwungen. Sicherlich gab es Täter, wie den T4-Gutachter und Eichberger Anstaltsdirektor Friedrich Mennecke (1904-1947), für den Karrierestreben, sentimentale Selbstbezogenheit und der Mangel an moralischem Empfinden leitend gewesen sind. Er hatte keine Probleme, als Selektionsarzt der T4 an einem Tag hunderte Menschen in den Tod zu schicken und dann seiner Frau in seinen schwülstigen Briefen über das wohlschmeckende Kantinenessen zu berichten. So schrieb er am 26. November 1941 aus Weimar an seine geliebte »Mutti«, nachdem er im Konzentrationslager Buchenwald Häftlinge für die »Aktion 14f13«, d.h. für die Vernichtung in den Tötungsanstalten der »Aktion T4«, selektiert hatte:

»Wieder daheim, mein Mausli!! Der erste Arbeitstag in Buchenwald ist beendet. Wir waren um 8.30*h* heute früh draußen. Ich stellte mich zunächst bei den maßgeblichen Führern vor. [...] Zunächst gab es noch ca 40 Bögen fertig auszufüllen von einer 1. Portion Arier, an der schon die beiden andern Kollegen gestern gearbeitet hatten. Von diesen 40 bearbeitete ich etwa 15. [...] Anschließend erfolgte dann die ›Untersuchung‹ der Pat., d.h. eine Vorstellung der einzelnen u. Vergleich der aus den Akten entnommenen Eintragungen. [...] Um 12*h* machten wir dann erst Mittagspause u. aßen im Führer-Casino (*1a!* Suppe, gekochtes Rindfleisch, Rotkohl, Salzkartoffeln, Apfelkompott – 1,50M!), *keine* Marken.«[180]

Demgegenüber berief sich der T4-Gutachter und Direktor der Heil- und Pflegeanstalt Eglfing-Haar Hermann Pfannmüller auf Gehorsam und Pflichterfüllung als Medizinalbeamter, er habe an die Rechtmäßigkeit der Euthanasie geglaubt.[181]

Viele Psychiater allerdings hatten das Gefühl, im »Euthanasie«-Programm an einem großen »Erlösungswerk« mitzuwirken. Zunächst erstaunt die Tatsache, daß eine Reihe der älteren T4-Psychiater, wie Nitsche oder Faltlhauser aus Kaufbeuren, während der Weimarer Republik für die Reformbestrebungen der offenen Fürsorge, der Familienpflege und der Frühentlassung eingetreten sind.[182] Der bereits erwähnte Carl Schneider, T4-Gutachter und Lehrstuhlinhaber für Psychiatrie in Heidelberg, kann als einer der Protagonisten der aktiven Krankenbehandlung und der Arbeitstherapie gelten.[183] Er schrieb das erste Lehrbuch der psychiatrischen Therapien, das 1939 unter dem Titel »Behandlung und Verhütung der Geisteskrankheiten« erschien.[184] Für ihn – wie für viele andere T4-Psychiater – war Heilen und Vernichten kein Gegensatz.[185] Intensive Therapie für die therapiefähigen und heilbaren Kranken mit den Methoden der in den 1930er Jahren eingeführten Schocktherapien (Insulinschock-, Cardiazolschock- und Elektroschocktherapie) und der Arbeitstherapie war durchaus mit der Vernichtung der unheilbar Kranken vereinbar. Dabei ließen erfolglos durchgeführte Schocktherapien und die fehlende Integration in die Arbeitsanforderungen der Anstalt das Signum der Unheilbarkeit noch stärker hervortreten.[186] So heißt es in einer von Carl Schneider, Nitsche und Rüdin verfaßten Denkschrift zur Lage der Psychiatrie aus dem Jahr 1943:

»[...] je mehr Erkrankte, die früher chronischem geistigen Siechtum verfielen, geheilt oder doch wenigstens als berufsfähig wieder ins freie Leben zurückkehren und den für Jahrzehnte zu erwartenden Mangel an Arbeitskräften verringern helfen werden, umso williger wird die Bevölkerung auf die erbbiologischen Massnahmen eingehen, weil sie sieht, dass der mit ihrer Durchführung in erster Linie betraute Ärztestand gleichzeitig Heil- und Vorbeugungsarbeit im Grossen leistet; denn nichts vermag ja naturgemäss Misstrauen gegen Ärzte in dem Masse beheben, wie sichtbare Behandlungserfolge.« Und weiter: »Aber auch die Massnahmen der Euthanasie werden umso mehr allgemeines Verständnis und Billigung finden, als sichergestellt und bekannt wird, dass in jedem Fall bei psychischen Erkrankungen alle Möglichkeiten erschöpft werden, um die Kranken zu heilen oder doch so weit zu bessern, dass sie, sei es in ihren Berufen, sei es in einer anderen Form volkswirtschaftlicher wertvoller Betätigung zugeführt werden.«[187]

Die durch die Beseitigung der »unbrauchbaren« und »unheilbaren« Anstaltspatienten eingesparten Ressourcen sollten für die heilbaren Kranken zur Verfügung gestellt werden. Und so setzen sich die therapieorentierten Psychiater dafür ein, daß die T4-Zentrale den Anstalten Elektroschockgeräte zur Verfügung stellte und die Fortbildung in den modernen Schocktherapieverfahren förderte.[188]

Die Arbeit der T4-Zentrale, die eng mit dem »Reichsbeauftragten für die Heil- und Pflegeanstalten« Herbert Linden im Reichsinnenministerium zusammenarbeitete, beschränkte sich nach der Unterbrechung der »Aktion T4« nicht auf die Fortsetzung der Meldebogenerfassung und die Organisation von Patientenverlegungen aus luftgefährderten Gebieten. Vielmehr bemühte man sich mit Planungsfahrten durch das Reichsgebiet, eine Bestandaufnahme der psychiatrischen Anstalten vorzunehmen und die zukünftige psychiatrische Versorgung zu planen. Insbesondere sollte der Bedarf an Anstaltsbetten in jeder Region errechnet und der Zweckentfremdung von Anstaltsraum entgegengewirkt werden.[189] In diesem Zusammenhang ist auch die oben erwähnte Denkschrift aus dem Frühjahr 1943 zu sehen, die dem Reichsgesundheitsführer Staatssekretär Leonardo Conti (1900-1945) und dem für die militärische und zivile Gesundheitsvorsorgung zuständigen Generalkommissar Karl Brandt zugeleitet wurde. Die Denkschrift betont die Heilerfolge der modernen Behandlungsverfahren in der Psychiatrie, hebt ihre Verbindungen zu den anderen medizinischen Fächern hervor und unterstreicht die erbbiologischen Aufgaben der Psychiatrie. Die Forderungen, Ausstattung der Anstalten mit »allem diagnostisch-therapeutischen Rüstzeug«, Einrichtung von Institutsambulanzen, Integration von psychiatrischen Kliniken in Krankenhäuser für körperliche Kranke, Verbesserung der Ausbildung und der wissenschaftlichen Fortbildung der Psychiater muten – auch aus heutiger Sicht – durchaus modern an und können zum Teil als wesentliche Schritte langfristiger, epochenübergreifender Reformbestrebungen in der Psychiatrie angesehen werden.[190]

Weiterhin sollten Heilen und Vernichten auf eine wissenschaftliche Grundlage gestellt werden. In diesem Sinne ist auch die Tätigkeit der Gördener und Heidelberger Forschungsabteilungen zu verstehen, die 1942 im Kontext der T4-Zentrale eingerichtet und finanziert wurden. Hatte die psychiatrische und neuropathologische Forschung von den Krankentötungen der »Aktion T4« ohnehin schon profitiert[191], indem ein Teil der Opfer nach dem Tod pathologisch-anatomisch untersucht wurde, so sollten die Forschungsergebnisse nun explizit als Grundlage für eine reformierte psychiatrische Versorgung dienen, in der für die heilbaren Kranken alle modernen Therapieverfahren ausgeschöpft werden, während die chronisch Kranken nach Ausnützung ihrer Arbeitskraft der »Euthanasie« anheimfallen sollten.[192] In der Görderner Forschungsabteilung des Jugendpsychiaters und »Reichsausschuß«-Gutachters Hans Heinze[193] sollten differentialdiagnostische Fragen der verschiedenen Formen des angeborenen Schwachsinns, der Demenzen und der epileptischen Wesensänderung bearbeitet werden, u.a. um »die Frage der Euthanasie im einzelnen Krankheitsfalle oder bei bestimmten Krankheitsgruppen (z.B. den Athetosen) zu klären [...].«[194]

Ähnlich hatte sich Ernst Rüdin, der Vorsitzende der Gesellschaft deutscher Neurologen und Psychiater, 1942 in einem Schreiben an den Reichsforschungsrat zur Bedeutung der Forschung an geistig Behinderten geäußert: Es gehe um die Erarbeitung von Kriterien, bei welchen Kindern »sowohl im eigenen Interesse als auch in demjenigen des deutschen Volkes« die »Euthanasie« empfohlen werden könne, als sichere »Gegenwirkung gegen kontraselektorische Vorgänge in unserem deutschen Volkskörper«.[195] Dementsprechend förderte Rüdin auch die bereits beschriebenen Forschungen, die Carl Schneider ab 1943, im organisatorischen Kontext der T4-Zentrale, in der Heidelberger Psychiatrischen Universitätsklinik zu den angeborenen und erworbenen Formen des Schwachsinns durchführte.[196] Ziel der Heidelberger Forschungen von Carl Schneider war die Unterscheidung von exogener und endogener Verursachung des »Schwachsinns«, eine Frage, die für Carl Schneider angesichts des »Existenzkampfes« des deutschen Volkes »kriegswichtig« erschien: Nur bei Vorliegen eindeutiger Unterscheidungskriterien könne man die Eltern »erblich schwachsinniger« Kinder von weiterer Zeugung abhalten, die Übrigen aber zu weiterer Fortpflanzung ermuntern.[197] Von 52 untersuchten Kindern sind 21 in der Kinderfachabteilung der Anstalt Eichberg ermordet worden, um ihre Gehirne in Heidelberg untersuchen zu können. Carl Schneider sah in der Vernichtung unheilbar kranker und therapieunfähiger Anstaltspatienten und in der Tötung geistig behinderter Kinder tatsächlich eine »Erlösung« nicht nur für den einzelnen, sondern auch für die Gesellschaft. So lobte er den bereits erwähnten Propagandafilm der T4-Zentrale mit dem Titel »Dasein ohne Leben«. Der Film endet mit den Worten: »Ist es nicht die Pflicht derer, die es angeht, den Unmündigen – und das sind die Vollidioten und unheilbar Geisteskranken – zu ihrem Recht zu verhelfen? Ist es nicht die heilige Forderung der Barmherzigkeit: Erlöst, die ihr nicht heilen könnt! Diese Frage richtete der Direktor einer grossen Irrenanstalt an die Eltern seiner unheilbaren Pfleglinge. 73% antworteten mit ›Ja‹. Eine Mutter schrieb: ›Nicht fragen –– handeln!‹«[198]

Carl Schneider verstand diesen Aufruf als erhebende Verpflichtung und kommentierte den Schluß des Filmes folgendermaßen:

»Zumal in der Untermalung durch Musik hielt ich den Film in seiner jetzigen Form für außerordentlich glücklich. Wenn die Schlußpunkte nicht mehr zu elegisch gesprochen werden, sondern im Tonfall dem Worte ›Erlösung‹ der Charakter einer erhebenden Verpflichtung gegeben wird, kann der Schluß [...] unverändert gelassen werden«.[199]

4.7. Zusammenfassung

Bei der nationalsozialistischen »Euthanasie« handelt es sich aus historischer Sicht nicht um ein einheitliches Geschehen mit klar zuzuordnender hierarchischer Befehlsstruktur und Verantwortlichkeit für die Tötungsaktionen, sondern um vielfältige »Aktionen« mit unterschiedlichen Handlungs- und Entscheidungsspielräumen für die Beteiligten, die keineswegs immer nur aus Motiven rein nationalsozialistischer Überzeugung handelten. Ohne die Mitwirkung der beteiligten Verwaltungsbehörden und eines großen Teils der Anstaltspsychiater hätten die nationalsozialistischen »Euthanasie«-Maßnahmen nicht durchgeführt werden können. Zwar gab es vereinzelte Versuche von Angehörigen und kirchlichen Einrichtungen, die Patienten vor der drohenden Verlegung in eine Tötungsanstalt zu bewahren. Aber erst der *öffentliche* Protest gegen den Krankenmorde konnte das versteckte »Erlösungsangebot«, das mit der

»amtsgeheimen Durchführung« der Krankentötungen verbunden war, als Mord entlarven und führte zur Unterbrechung der Gasmorde an den Psychiatriepatienten. Die Dynamik der staatlich in Gang gesetzten »Vernichtung lebensunwerten Lebens« konnte unter den kriegsbedingt sich weiter verschlechternden Versorgungs- und Pflegebedingungen in der Anstaltspsychiatrie jedoch nicht aufgehalten werden. Getötet wurde nun in Eigenverantwortung der Ärzte in den Anstalten vorwiegend mit systematischem Nahrungsmittelentzug und mit überdosierten Medikamenten.

Für die beteiligten Ärzte waren Heilen und Vernichten kein Gegensatz, viele handelten aus dem Gefühl heraus, an einem umfassenden Erlösungswerk teilzunehmen. Handlungsleitend waren das in der Debatte um die Euthanasie seit dem Ende des 19. Jahrhunderts entwickelte Motiv des Mitleids mit den unheilbar Kranken und den schwer Leidenden und der Gedanke, daß das »Recht auf den Tod« auch für diejenigen stellvertretend zu exekutieren sei, die angeblich zur Ausübung dieses Rechtes nicht mehr in Lage seien. Schließlich spielte das Kalkül eine Rolle, daß die durch die Vernichtung der Unheilbaren eingesparten Mittel für nutzbringendere Zwecke, insbesondere für die heilbaren Kranken, eingesetzt werden sollten. Dabei verbarg sich hinter dem hochgespannten Erlösungsanspruch der Euthanasie-Protoganisten letztlich ein ökonomisches Kalkül.

5. Der Umgang mit den »Euthanasie«-Verbrechen in den deutschen Nachkriegsgesellschaften[1]

Unmittelbar nach Kriegsende wurden die »Euthanasie«-Verbrechen sowohl von alliierten als auch von deutschen Gerichten in eindeutiger Weise als Mord klassifiziert und diejenigen Täter, die bekannt geworden waren und gegen die ausreichend belastendes Material vorlag, zu hohen Haftstrafen bzw. zum Tode verurteilt. Als Beispiele seien die in Frankfurt am Main geführten Prozesse zu den Ärzten und zum Pflegepersonal der Tötungsanstalt Hadamar, der Prozeß zu den Krankentötungen in der Landesheilanstalt Eichberg, das Urteil des Landgerichts Berlin gegen eine Ärztin und eine Pflegerin der berüchtigten Anstalt Meseritz-Obrawalde und der Dresdener Prozeß gegen den Medizinischen Leiter der T4-Zentrale genannt.[2] Das Dresdener Landgericht verhandelte im Sommer 1947 über die »Euthanasie«-Verbrechen in Pirna-Sonnenstein und in der Landesheilanstalt Großschweidnitz. Angeklagt waren 19 Ärzte, Krankenpfleger und Krankenschwestern wegen ihrer Beteiligung an der Ermordung sächsischer Psychiatriepatienten in der Tötungsanstalt Pirna-Sonnenstein und wegen der Medikamententötungen in Großschweidnitz. Der Medizinische Leiter der T4-Zentrale Hermann Paul Nitsche und der ehemalige kommissarische Leiter der Anstalt Arnsdorf Ernst Leonhardt sowie zwei Krankenpfleger wurden zum Tode verurteilt. Trotz der Einlassung der Angeklagten, die Kranken aus Mitleid erlöst zu haben, wurden Schuldausschließungsgründe nicht anerkannt.[3]

Über diese Prozesse und eine entsprechende Berichterstattung in den Zeitungen waren die »Euthanasie«-Verbrechen auch einer breiteren Öffentlichkeit bekannt geworden. Mit dem Ende einer in verschiedenen Besatzungszonen mehr oder weniger konsequent durchgeführten Entnazifizierungspolitik und der Reintegration von nationalsozialistisch belasteten Juristen in die westdeutsche Nachkriegsjustiz läßt sich etwa ab 1948 eine deutliche Wende in der juristischen Beurteilung der nationalsozialsozialistischen Krankentötungen feststellen. Es wurde nicht mehr von Mord, sondern lediglich von Totschlagsdelikten ausgegangen, den Tätern wurde zugestanden, in einem unvermeidbaren Verbotsirrtum gehandelt zu haben. So begründete das Landgericht Hamburg im Jahre 1949 die Ablehnung der Einleitung des Hauptverfahrens gegen den Pädiater Catel, der als Gutachter für den »Reichsausschuß zur wissenschaftlichen Erfassung erb- und anlagebedingter schwerer Leiden« an zentraler Stelle für die nationalsozialistische »Kindereuthanasie« verantwortlich war, damit, daß die »Verkürzung lebensunwerten Lebens« keine Maßnahme sei, die dem allgemeinen Sittengesetz widerstreite. Die Strafkammer war nicht der Meinung, »dass die Vernichtung geistig völlig Toter und ›leerer Menschenhülsen‹, wie sie Hoche genannt hat, absolut und a priori unmoralisch ist.«[4]

In einer Revisionsentscheidung hob der Bundesgerichtshof im Jahr 1960 die Verurteilung des Leiters der Medizinalabteilung im Bayerischen Innenministerium Walter Schultze (1893-1971), der für die Verlegung von Bayerischen Anstaltspatienten in die Tötungsanstalten Grafeneck und Hartheim und den Bayerischen Hungerkosterlaß verantwortlich gewesen ist, auf. Schultze war durch das Schwurgericht München wegen Beihilfe zum Mord zu vier Jahren Haft verurteilt worden. Der Bundesgerichtshof begründete seine Entscheidung wie folgt: Es erscheine nicht »ausgeschlossen, daß der Angeklagte nach der Ansicht des Schwurgerichts unwiderlegbar der Meinung gewesen ist, die Tötungsaktion Hitlers beziehe sich nur auf unheilbar Geisteskranke, denen jeder natürliche Lebenswille fehle, und durch gewissenhafte Prüfung namhafter Ärzte werde Sorge getragen, daß man nur solche Kranke mit der Aktion erfasse. Dann aber hätte sich, worauf die Revision zutreffend hinweist, der Angeklagte mit seinem angeblichen Verbotsirrtum im Einklang mit den Auffassungen von Wissenschaftlern befunden, denen man schwerlich den Vorwurf verbrecherischer Absichten machen kann und die sich in den gekennzeichneten engen Grenzen bereits vor dem Aufkommen des Nationalsozialismus für die Vernichtung ›lebensunwerten Lebens‹ ausgesprochen hatten.«[5] Wegen dauernder Verhandlungsunfähigkeit kam eine erneuete Revisionsverhandlung nicht mehr zustande. Der Hauptverantwortliche für die »Euthanasie«-Verbrechen in Bayern wurde nie rechtskräftig veruteilt, das Verfahren 1971 eingestellt.

Die Schrift von Binding und Hoche zieht sich bis in die 1970er Jahre wie ein roter Faden durch die die Täter entlastenden Urteile und Beschlüsse der westdeutschen Justiz. So wurde dem Tötungsarzt der Anstalten Sonnenstein und Bernburg Kurt Borm (1909-2001) noch 1972 zugute gehalten, daß er im Hinblick auf die Schrift von Binding und Hoche davon ausgehen habe können, daß bei Geisteskranken in schweren Endzuständen der Schizophrenie der natürliche Lebenswille als erloschen angesehen werden kann. Von daher habe er in einem unvermeidbaren Verbotirrtum gehandelt. Der Freispruch für Kurt Borm wurde vom Bundesgerichtshof noch 1974, wenn auch mit anderer Begründung, bestätigt.[6] Eine Ausnahme juristischer Nachsichtigkeit gegenüber den »Euthanasie«-Tätern machte der Frankfurter Generalstaatsanwalt Fritz Bauer (1903-1968) 1962 mit seiner Anklageschrift gegen drei der Haupttäter der NS-»Euthanasie«, den ehemaligen Würzburger Ordinarius für Psychiatrie Werner Heyde, den Juristen Gerhard Bohne (1902-1981) und den Diplomlandwirt Hans Hefelmann, alle an entscheidender Stelle für die T4-Organisation tätig. Heyde war Ende der 1940er Jahre in Schleswig-Holstein untergetaucht und mit Wissen von führenden Politikern des Landes Schleswig-Holstein unter falschem Namen als medizinischer Sachverständiger tätig gewesen, bis er 1959 enttarnt wurde. Heyde suizidierte sich 1964 vor Prozeßbeginn.[7] Das Verfahren gegen Bohne und Hefelmann wurde schließlich wegen Verhandlungsunfähigkeit eingestellt. Die außerordentlich sorgsam recherchierte Anklageschrift gegen Heyde bildete später eine wichtige Grundlage für die historische Aufarbeitung der NS-»Euthanasie«.[8]

Die Stimme der Opfer und ihrer Angehörigen hingegen fand in den 1950er und 1960er kaum Gehör. Überlebende Patienten sah man in den Gerichtsverfahren nicht als glaubwürdige Zeugen an. Die Angehörigen der Opfer konnten keine Entschädigung erwarten. So beantragte die Ehefrau von Martin Bader, der 1940 in der Tötungsanstalt Grafeneck ermordet worden war, 1957 beim Landesentschädigungsamt in Stuttgart eine Entschädigung. Dieser wurde mit der Begründung abgelehnt, daß Euthanasie nicht ohne weiteres einen Entschädigungsanspruch nach dem Bundesentschädigungsgesetz begründe, da als Verfolgter nur derjenige gelte, der aus Gründen politischer Gegnerschaft oder wegen seines Glaubens, seiner Rasse oder seiner Weltanschauung verfolgt worden sei.[9]

Demgegenüber gelang es einer Reihe von T4-Gutachtern, wieder führende Positionen in der deutschen Nachkriegsmedizin einzunehmen, Friedrich Panse (1899-1973) wurde 1955 Ordinarius für Psychiatrie in Düsseldorf und Leiter der dortigen Rheinischen Landesheilanstalt[10], Friedrich Mauz (1900-1979) übernahm 1953 den Lehrstuhl für Psychiatrie in Münster[11] und Werner Villinger (1887-1961) wurde 1946 Ordinarius für Psychiatrie in Marburg, war Vorsitzender der Deutschen Gesellschaft für Psychiatrie und Nervenheilkunde und gilt als Begründer der westdeutschen Kinder- und Jugendpsychiatrie.[12] Während Villinger bis zu seinem Tod 1961 seine Beteiligung an der »Aktion T4« leugnete, kann der oben erwähnte Kinderarzt Werner Catel als Beispiel für die epochenübergreifende Kontinuität des Euthanasiegedankens gelten. Nach seiner juristischen Entlastung konnte er 1954 Professor für Kinderheilkunde in Kiel werden, wobei er die Fakultät ausführlich über die aus seiner Sicht moralisch nicht zu beanstandende Tätigkeit für den »Reichsausschuß zur wissenschaftlichen Erfassung erb- und anlagebedingter schwerer Leiden« informierte. Nach massiven Protesten in der Presse mußte er 1960 seinen Lehrstuhl aufgeben. Er trat in mehreren Büchern und Spiegel-Artikeln weiterhin für die begrenzte Euthanasie bei idiotischen und unheilbar kranken Kindern ein. Das idiotische Kind sei »ein Wesen, das, tief unter der Daseinsstufe eines beseelten Tieres stehend, ohne jede geistige Regung als ein vernunftloses, eine massa carnis dahinvegetiert.«[13] Noch 1981 ehrte ihn die Kieler Universität in einer Todesanzeige als »eine von rechtlicher Gesinnung und hohem sittlichen Verantwortungsbewußtsein geprägte Persönlichkeit«.[14] Sicherlich war Euthanasie im Sinne von Binding und Hoche kein Konsens in der deutschen Nachkriegsmedizin, vielmehr bemühte sich z. B. der Vorstand der Deutschen Gesellschaft für Kinderheilkunde 1961 festzustellen, daß »die Vernichtung auch sogenannten lebensunwerten Lebens in keinem Fall mit dem ärztlichen Berufsethos vereinbar ist.«[15] Während die Ärztekammer Hamburg 1949 den Entzug der Approbation für an der Kindereuthanasie beteiligte Ärzte ablehnte und das Problem der Euthanasie unter Hinweis auf Binding und Hoche im rechtlichen und berufsethischen Sinne für nicht geklärt und diesen Beschluß auch 1961 noch aufrecht hielt[16], bemühten sich andere Landesärztekammern in den Standesblättern mit Blick auf die laufenden »Euthanasie«-Verfahren die damals geltende Rechtslage der Strafbarkeit der Euthanasie zu erläutern.[17]

In der DDR war die Hauptabteilung IX/11 des Ministeriums für Staatssicherheit für die Verfolgung von NS-Tätern zuständig. Tatsächlich war es eine Reihe von NS-Tätern gelungen, in der DDR unterzutauchen, unter ihnen auch Ärzte und Ärztinnen, die an »Euthanasie«-Verbrechen beteiligt waren. 1965 verurteilte das Bezirksgericht Cottbus den T4-Gutachter Otto Hebold (1896-1975) wegen Verbrechens gegen die Menschlichkeit zu eine lebenslangen Haftstrafe. In der Urteilsbegründung heißt es:

»Daß heute noch vor einem Gericht der DDR ein solcher Prozeß wie gegen den Angeklagten Hebold geführt werden muß, stellt bei uns eine Ausnahmeerscheinung dar, die darauf zurückzuführen ist, daß es einzelnen wenigen Nazi- und Menschlichkeitsverbrechern gelungen ist, in die Anonymität unterzutauchen. Aber unsere sozialistische Gesellschaftsordnung bietet die Gewähr dafür, daß keiner seiner gerechten Bestrafung entgeht.«[18]

Dementsprechend erschien es in anderen Fällen nicht opportun, gegen in der DDR erfolgreiche und anerkannte Ärzte und Ärztinnen offiziell wegen »Euthanasie«-Verbrechen zu ermitteln. So stellte das Ministerium für Staatssicherheit im Jahre 1965 den Operativvorgang gegen Margarethe Hielscher (geb. 1899) und die Dekanin der Medizinischen Fakultät Jena Rosemarie Albrecht (geb. 1915) ein. Sie standen in dem Verdacht an Medikamententötungen in der Anstalt Stadtroda beteiligt gewesen zu sein. Die Einleitung eines Ermittlungsverfahrens wurde jedoch angeblich in Ermangelung von objektiven Beweisen abgelehnt, das gesammelte Beweismaterial mit einem Sperrvermerk abgelegt.[19]

Innerhalb der (west)deutschen Psychiatrie beklagte man unmittelbar nach dem Krieg den massiven Vertrauensverlust, den die »Euthanasie«-Verbrechen in der Bevölkerung hervorgerufen hatten, zog daraus jedoch nicht die Konsequenz einer schonungslosen Aufklärung des Geschehens. Schweigen und Verdrängen prägten die deutsche Psychiatrie zum Teil bis in die 1990er Jahre. So galt die Verwicklung der Heidelberger Psychiatrischen Universitätsklinik in die »Euthanasie«-Verbrechen bis Anfang der 1990er Jahre als Tabu, zumal Mitarbeiter von Carl Schneider, wie der Psychiater Hans-Joachim Rauch, weiterhin an der Klinik tätig waren.[20] Über die »Euthanasie«-Verbrechen in der Öffentlichkeit zu sprechen, sah man als kontraproduktiv an, Schweigen sei die geeignete Antwort, um das mühsam wiederzugewinnende Vertrauen in die Psychiatrie nicht zu gefährden. Selbst Werner Leibbrand (1896-1974), der bereits 1946 eine kleine Schrift mit dem Titel »Um die Menschenrechte der Geisteskranken« veröffentlicht hatte, hielt 1948 zusammen mit Anton von Braunmühl (1901-1957), Direktor der Heil- und Pflegeanstalt Eglfing-Haar, eine öffentliche Stellungnahme der bayerischen Anstaltsdirektoren zu den »Euthanasie«-Verbrechen nicht für angebracht.[21] So fand auch Gerhardt Schmidt, 1945 bis 1946 als Kommissarischer Direktor der Heil- und Pflegeanstalt Eglfing-Haar eingesetzt, in der Nachkriegszeit keinen Verleger für seinen detailliert rekonstruierten Bericht über die Patientenverlegungen im Rahmen der »Aktion T4«, die Kindertötungen in der Kinderfachabteilung und die Hungerhäuser in Eglfing-Haar. Selbst Kurt Schneider (1887-1967), als politisch unbelastet geltend und seit 1946 Direktor der Heidelberger Psychiatrischen Universitätsklinik, sowie Karl Jaspers (1883-1969) rieten von einer Veröffentlichung ab.[22] Das Buch konnte erst 1965 erscheinen.[23] Im Hinblick auf die in der ersten Hälfte der 1960er Jahre laufenden Ermittlungen der Frankfurter Generalstaatsanwaltschaft zu »Euthanasie«-Ärzten kam die deutsche Psychiatrie nicht umhin, zumindest indirekt Stellung zu beziehen. Dies tat, wenn auch nicht in offizieller Funktion, der Schriftführer der Deutschen Gesellschaft für Psychiatrie und Nervenheilkunde, Helmut Ehrhardt (1914-1997), mit seinem Büchlein »Euthanasie und die Vernichtung lebensunwerten Lebens«. Diese Schrift verfolgte eine doppelte Zielrichtung: Einerseits sollte in der wiederaufkommenden Debatte um die Sterbehilfe die ärztliche Entscheidungsfreiheit vor gesetzlicher und staatlicher Bevormundung geschützt werden, so daß eine echte Sterbehilfe bei quälendem Leidenszuständen im Angesicht des Todes in der Stille des Sterbezimmers möglich bleiben sollte. Zum anderen sollte die aktuelle Debatte um die ärztliche Sterbehilfe von der Frage der »Vernichtung lebensunwerten Lebens« und der nationalsozialistischen »Euthanasie« freigehalten werden. Dabei lehnte Ehrhardt eine Verantwortung der deutschen Psychiatrie für die nationalsozialistischen Krankenmorde explizit ab. Vielmehr sei die deutsche Psychiatrie von den damaligen Machthabern mißbraucht worden:

»Als *Ergebnis* einer kritischen Analyse der Vernichtungsaktionen gegen Geisteskranke zwischen 1939 und 1945 wäre demnach festzuhalten, daß zwar einzelne Psychiater maßgeblich an der Vorbereitung und der Durchführung der Aktion beteiligt waren, daß aber ›die deutsche Psychiatrie‹ oder eine Mehrheit der deutschen Psychiater niemals auch nur die hypothetische Forderung nach einer ›gesetzlich begrenzten Vernichtung lebensunwerten Lebens‹ akzeptiert hat. [...] ›Die deutsche Psychiatrie‹ wurde niemals offiziell oder offiziös über die Vernichtungsaktionen irgendwie informiert, wohl aber ›das Führerkorps der beamteten deutschen Justiz‹.«[24]

Trotz ihrer apologetischen Tendenz waren die Stellungnahmen deutscher Psychiater zu den nationalsozialistischen »Euthanasie«-Verbrechen in 1960er Jahren auch von dem Bemühen geprägt, dringend notwendige Reformen in der sozialpsychiatrischen Versorgung einzufordern. Manfred in der Beeck, Psychiater am Westfälischen Landeskrankenhaus in Münster, hatte bereits 1957 in seinem Lehrbuch »Praktische Psychiatrie« geschrieben: »Dann kamen Jahre [...], in denen die geistig und seelisch Geschädigten trotz aller gerade zu jener Zeit aufkommenden organischen Behandlungsmethoden, dennoch nur verwaltet, dann sterilisiert und schließlich vergast wurden. Wir haben für das, was in jener Zeit in den Anstalten und mit unseren Kranken geschehen ist, immer noch eine nicht unerhebliche Hypothek an Schuld abzutragen! Es geht nicht an, daß die seelisch Leidenden weiterhin als zweitrangige Menschen und als Patienten 4. Klasse angesehen und behandelt werden.«[25]

Und 1966 formulierte der Heidelberger Ordinarius Walter von Baeyer (1904-1987): »Gegenüber den meisten zivilisierten Ländern besteht bei uns ein bedauerlicher, nur mit großen Anstrengungen einholbarer Rückstand gerade im Gebiete der mit sozialtherapeutischen Methoden arbeitenden, der sozialen, beruflichen und familiären Rehabilitation dienenden Psychiatrie.«[26] Gleichwohl blieb die Beschäftigung mit der NS-»Euthanasie« während der Psychiatrie-Enquête und dem Beginn der Psychiatriereform in Westdeutschland nur ein randständiges Thema. Erst Ende der 1970er Jahre löste sich diese Blockade auf dem Weg zu einer kritischen Auseinandersetzung mit den nationalsozialistischen Krankentötungen. Dabei spielte sicherlich auch eine Veränderung der gesamtgesellschaftlichen Erinnerungskultur in bezug auf die nationalsozialistische Vergangenheit eine Rolle, die – auch unter dem Eindruck der 1979 ausgestrahlten US-Spielfilmserie Holocaust – in Form von Geschichtswerkstätten und Schülerprojekten in den 1980er Jahren zu einer Spurensuche vor Ort anregte. 1979 formulierte eine Arbeitsgruppe der Deutschen Gesellschaft für Soziale Psychiatrie eine viel beachtete Denkschrift zum 40. Jahrestag der »Euthanasie«-Ermächtigung Hitlers, die ein Gedenken an die Opfer der NS-»Euthanasie« in einer breiten Öffentlichkeit einforderte und dies mit der Forderung nach einer Verbesserung der Lebensbedingungen psychiatrischer Patienten verband.[27] In der Folge entstanden an vielen psychiatrischen Kliniken Initiativen zur Aufarbeitung der Geschichte der Einrichtungen im Nationalsozialismus, die sich ab 1983 im »Arbeitskreis zur Erforschung der NS-›Euthanasie‹ und Zwangssterilisation« zusammenschlossen.[28] 1987 wurde der Bund der »Euthanasie«-Geschädigten und Zwangssterilisierten gegründet, der dieser in der Öffentlichkeit weitgehend vergessenen Gruppe von NS-Opfern eine Stimme verlieh.

Waren die Opfer der Zwangssterilisation und die Angehörigen der »Euthanasie«-Opfer in Westdeutschland bis 1980 von einer staatlichen Entschädigung ausgeschlossen, so konnte nun wenigstens eine geringfügige pauschale Entschädigungsleistung erreicht werden. Für die Angehörigen von »Euthanasie«-Opfern gilt dies dann, wenn sie Familienmitglieder verloren haben, die ihnen Unterhalt hätten leisten können.[29] Bis heute sind die zwangssterilisierten Menschen den anderen Opfern nationalsozialistischer Verfolgung nicht gleichgestellt.

Neben der Auseinandersetzung mit den Tätern spielte seit den 1990er Jahren zunehmend auch das Gedenken an die Opfer eine Rolle. Die Stimme der Opfer hatte in den Strafverfahren ab den 1960er Jahren nur eine untergeordnete Rolle gespielt, die Opfer traten als eine wenig differenzierte Gruppe in Erscheinung und unterlagen zumindest in der Darstellung der Täter und der Verteidigung einer stigmatisierenden und entrechtenden Darstellungsweise. Erst die Spurensuche vor Ort konnte individuelle Schicksale zur Darstellung bringen. In den 1980er Jahren entstanden die ersten Gedenkstätten in den ehemaligen Tötungsanstalten der »Aktion T4«, so in Hadamar 1983, in Bernburg 1989, in Grafeneck 1990. Die Gedenkstätten in Pirna-Sonnenstein, in Hartheim/Oberösterreich und zuletzt in Brandenburg an der Havel folgten seit dem Jahr 2000. In dem noch keinesfalls abgeschlossenen Prozeß der erinnerungskulturellen Rehabilitierung der »Euthanasie«-Opfer spielten auch die in den 1990er Jahren wiederaufgefundenen Krankenakten der Opfer eine wichtige Rolle.[30]

Immer mehr Angehörige, insbesondere der Enkelgeneration, fragen nach dem Schicksal von Familienmitgliedern, über die im Familiengedächtnis häufig geschwiegen wurde und die in den Jahren 1939 bis 1945 in den Tötungsanstalten, den Kinderfachabteilungen und den Heil- und Pflegeanstalten ums Leben gekommen sind. Manche erzählen die Geschichte ihrer vergessenen Familienmitglieder auch in der Öffentlichkeit.[31]

2010 sind die Deutsche Gesellschaft für Kinderheilkunde und die Deutsche Gesellschaft für Psychiatrie, Psychotherapie und Nervenheilkunde mit Erklärungen an die Öffentlichkeit getreten, in denen sie sich zu der historischen Verantwortung der deutschen Kinderärzte und der deutschen Psychiater für »Euthanasie«-Verbrechen im Nationalsozialismus bekennen.[32] Der damalige Präsident der DGPPN bat in einer eindrucksvollen Gedenkveranstaltung am 26. November 2010 die Angehörigen der Opfer ausdrücklich um Verzeihung:

»Im Namen der Deutschen Gesellschaft für Psychiatrie, Psychotherapie und Nervenheilkunde bitte ich Sie, die Opfer und deren Angehörige, um Verzeihung für das Leid und das Unrecht, das Ihnen in der Zeit des Nationalsozialismus im Namen der deutschen Psychiatrie und von deutschen Psychiaterinnen und Psychiatern angetan wurde, und für das viel zu lange Schweigen, Verharmlosen und Verdrängen der deutschen Psychiatrie in der Zeit danach.«[33]

Seit Ende der 1970er Jahre haben deutsche Psychiater die historische Erfahrung der nationalsozialistischen »Euthanasie« in der gegenwärtigen Debatte um die Sterbehilfe angemahnt.[34] Einer der ersten war der Göttinger Psychiater Joachim-Ernst Meyer (1917-1998). Als in den 1970er Jahren in den USA bereits vor Peter Singer eine Debatte um die »Beneficient Euthanasia« aufkam, die auch nicht entscheidungsfähige und psychiatrische Patienten einschloß (»chronically senile or insane«), schrieb Meyer:

»Wie die lange *vor* 1933 in Deutschland einsetzende Diskussion um den Gnadentod zeigt, läßt sich die Vernichtung ›lebensunwerten Lebens‹ nicht als historisch einmaliges Zeichen Hitlerischer Inhumanität abtun. Die heutige deutsche Psychiatrie kann sich nicht mehr von der Diskussion dieser zentralen Frage in der Einstellung der Gesellschaft zu ihren psychisch Kranken dispensieren. Es ist vielmehr ihre Pflicht, von den damaligen Erfahrungen aus auf die Parallelen zu verweisen, die in den modernen Euthanasiebestrebungen sichtbar werden. Zu der Last, die diese Seite der NS-Geschichte unserem Fach aufgegeben hat, würde sonst noch die Schuld der Verleugnung unserer Vergangenheit treten.«[35]

Auch der Münchner Psychiater Hans Lauter wiederholte diese moralische Verpflichtung der deutschen Psychiatrie 2001 noch einmal: »Gerade die deutsche Psychiatrie hat aufgrund ihrer historischen Verantwortung gegenüber den Opfern der nationalsozialistischen Verbrechen die Aufgabe, dem Dunkel des Vergessens die Wachheit der Erinnerung gegenüberzustellen und den kleinen, zunächst noch unscheinbaren Anfängen von Ausgrenzungs-, Entrechtungs- und Entwertungsprozessen entgegenzuwirken, aus denen sich so rasch neue Tötungshandlungen entwickeln.«[36]

Aus einer seine persönliche und professionelle Biographie reflektierenden Sichtweise setzt sich der Psychiater Klaus Dörner für den Schutz des Lebens gegen das verachtende Mitleid, gegen die tödliche Exklusion der schwächsten und gefährdetsten Menschen einer Gesellschaft ein.[37] Auch der »Arbeitskreis zur Erforschung der nationalsozialistischen ›Euthanasie‹ und Zwangssterilisation« verfaßte 1991 ein Memorandum gegen die Lebensunwertdiskussion, das die alte und die neue Euthanasiedebatte (insbesondere die Position Singers) miteinander vergleicht und auf die Gefahren einer utilitaristischen Bestimmung des Wertes menschlichen Lebens hinweist.[38] Der Psychologe Michael Wunder hat jeweils mit Blick auf die Fortentwicklung der aktuellen Debatte um die Sterbehilfe in Deutschland das Geschichtsargument weiter ausgearbeitet.[39]

Demgegenüber wird von Befürwortern der Legalisierung aktiver Sterbehilfe mit Blick auf die NS-»Euthanasie« die Tabuisierung einer unvoreingenommenen Debatte und eine Instrumentalisierung der Opfer beklagt.[40] Tabuisierung und Verdrängung der »Euthanasie«-Verbrechen in der deutschen Nachkiegsgesellschaft haben auch eine offene Auseinandersetzung mit den Problemen der Selbstbestimmung am Lebensende und der Sterbehilfe lange Zeit verhindert. In Kapitel 8 soll versucht werden, die historische Erfahrung der NS-»Euthanasie« angemessen zur Sprache zu bringen.

6. Ethik der Erinnerung

Die historische Erfahrung der nationalsozialistischen »Euthanasie« ist ein epochales Geschehen, hinter das wir – dem Holocaust vergleichbar – nicht zurückgehen können. Wenn zumindest in Deutschland von Euthanasie gesprochen wird, so sind Assoziationen zu den nationalsozialistischen Krankenmorden unvermeidbar. Man mag dies als ein unaufgeklärtes Tabu beklagen und darauf hinweisen, daß der Begriff durch die Nationalsozialisten mißbraucht worden ist, daß die gegenwärtigen Fragen von Sterbehilfe und medizinischer Lebensbeendigung mit den Tötungen von psychisch kranken Menschen *gegen* ihren Willen nichts zu tun haben, man mag den Begriff der Euthanasie gänzlich vermeiden oder durch Anführungsstriche den mißbräuchlichen Gebrauch im Nationalsozialismus deutlich machen, aber gerade angesichts des unvergleichbaren, geschichtlich einmaligen Charakters der nationalsozialistischen Massentötungen läßt sich in der Debatte um die Sterbehilfe zumindest in Deutschland eine Bezugnahme auf dieses Geschehen – sei sie explizit oder implizit – nicht vermeiden.

Die Verbrechen des Nationalsozialismus – Holocaust, »Euthanasie« und das System der Konzentrationslager – nehmen die nachfolgenden Generationen, auch diejenigen, die diese Zeit nicht mehr selbst erlebt haben, in eine ethische Pflicht, die als ein kategoriales Argument formuliert werden kann. Theodor W. Adorno sah hierin einen neuen kategorischen Imperativ: »Hitler hat den Menschen im Stande ihrer Unfreiheit einen neuen kategorischen Imperativ aufgezwungen: ihr Denken und Handeln so einzurichten, daß Auschwitz nicht sich wiederhole, nichts ähnliches geschehe.«[1]

Angesichts der engen Verknüpfung von »Euthanasie« und Holocaust[2], schließt Auschwitz als Symbol für menschenverachtende, industriell betriebene Massenvernichtung auch die Tötungsanstalten der »Euthanasie« mit ein. Der kategorische Imperativ Adornos wäre also um Hadamar, Grafeneck, Pirna-Sonnenstein, Bernburg, Brandenburg und Hartheim zu ergänzen, Orte, die sich jedoch nicht mit derselben Intensität in das kollektive Gedächtnis[3] der Deutschen und der Österreicher eingebrannt haben wie Auschwitz, Buchenwald, Dachau oder Mauthausen.

Daß den Verbrechen des Nationalsozialismus tatsächlich eine kategoriale Bedeutung für die verfassungsmäßige moralische Grundorientierung der Bundesrepublik Deutschland zukommt, läßt sich in zweifacher Hinsicht belegen. Mit der Verpflichtung aller staatlichen Gewalt zuallererst auf die Achtung der Menschenwürde, haben die Väter und Mütter des Grundgesetzes unter dem Eindruck der nationalsozialistischen Barbarei der Demütigung, Erniedrigung und Verzwecklichung des Menschen eine Grenze entgegengesetzt, die eine Abwägung von Menschenleben nach Nützlichkeitskriterien kategorisch, das heißt ausnahmslos ausschließt. An dieser moralischen Leitlinie orientiert sich die Rechtssprechung des Bundesverfassungsgerichts bis in die jüngste Zeit.[4] Mit dem Verbot der Leugnung des Holocausts wird die Erinnerung an die Opfer und ihre Leiden zu einer moralischen Verpflichtung, die als wesentliche Aufgabe für staatliches und gesellschaftliches Handeln auch gegen neofaschistische Strömungen durchzusetzen ist.

Im Sinne einer Ethik der Erinnerung ist auch die Errichtung des Holocaust-Mahnmals in Berlin zu verstehen. Es symbolisiert an zentraler Stelle die Verpflichtung zur Erinnerung an die Opfer für die Nachkommen der Täter.[5] In einem Vortrag »Ethik und Erinnerung« aus dem Jahr 1996 machte der Ausschwitz-Überlebende Elie Wiesel deutlich, daß der Mensch aus der Erinnerung und um der Erinnerung willen lebt. Die Erinnerung an die Opfer des Holocaust, so schwer sie zu ertragen ist und so unverständlich sie den Nachgeborenen bleibt, hat darum ihr ganz eigenes Recht. [6] Für die »Euthanasie«-Toten gibt es keine starke Stimme der Überlebenden. Ihr Zeugnis liegt bei den Angehörigen, wenn diese die Erinnerung zulassen, und es ist z.T. in den verschollen geglaubten Patientenakten aufbewahrt. Eine Ethik der Erinnerung an die Opfer der »Euthanasie« wiederum setzt eine breite Form der Auseinandersetzung mit den Medizinverbrechen im Nationalsozialismus voraus, sowohl in der historischen Forschung als auch in Bildung und Politik. Erinnerung an die Opfer sollte jedoch nicht zu einer Pflichtübung geraten, sie ist eine Aufgabe, die von jeder Generation wieder neu als Teil des kulturellen Erbes angenommen werden muß. Für die Wahrnehmung der »Euthanasie«-Toten in der Öffentlichkeit ist von Bedeutung, daß auch für sie ein zentraler Ort des Gedenkens gefunden wird. Nach einem Beschluss des Deutschen Bundestages vom 10.11.2011 entsteht zur Zeit ein Gedenk- und Informationsort für die Opfer der nationalsozialistischen »Euthanasie«-Verbrechen an der Berliner Tiergartenstraße 4.

Umstritten ist allerdings immer noch die Frage, ob die Namen der »Euthanasie«-Toten in der Öffentlichkeit genannt werden dürfen oder ob archivrechtliche Bestimmungen immer noch eine Anonymisierung der »Euthanasie«-Opfer erfordern. In Stuttgart wurde ein Erinnerungsbuch veröffentlicht, das die Namen aller Stuttgarter Opfer der »Aktion T4« namentlich nennt.[7] Ob ein solches Gedenkbuch auch in München veröffentlicht werden kann, ist noch nicht entschieden.[8]

Zwei grundlegende moralische Konsequenzen aus den Verbrechen des Nationalsozialismus, nämlich Respekt vor der Menschenwürde und Verpflichtung zur Erinnerung an die Opfer, liegen auf der Hand und können von den Menschen, die guten Willens sind, schwer bestritten werden. Die geschichtliche Erfahrung der nationalsozialistischen Gewaltherrschaft, der Vernichtung ganzer Bevölkerungsgruppen und der Medizinverbrechen bekräftigt kategoriale Grenzen, die – nimmt man die Erinnerung an die Opfer und ihre Leiden ernst – die Entwürdigung, Erniedrigung und Verzwecklichung des Menschen ausschließen. Damit sind jedoch konkrete moralische Streitfragen – z. B. in der Medizinethik – noch keineswegs entschieden. Wo die Grenze des »Nie wieder!« genau zu verlaufen hat, ist durch die geschichtliche Erfahrung der nationalsozialistischen Medizin allein noch nicht vorgegeben: Inwieweit beispielsweise dem werdenden menschlichen Leben, der befruchteten Eizelle, dem Embryo oder dem Fötus der Grundrechtsschutz der Menschenwürde zukommt, inwieweit aktive Sterbehilfe oder assistierter Suizid zulässig sein sollen, läßt sich anhand der Geschichte alleine nicht entscheiden. Insofern gibt es auch keine konkretisierten ethischen Normen, die sich nur aus der Geschichte heraus begründen ließen, sei es im Sinne einer für alle Zeiten verpflichtenden Tradition, sei es im Sinne unverrückbarer Verbote. Dies hieße die Geschichte selbst zu einer moralischen Instanz zu erklären. Moralische Urteile und die Begründung von Normen können jedoch nicht außerhalb ihres historischen Kontextes stehen. Andernfalls würden Menschen und die Gesellschaft zu geschichtslosen Wesen, die ihre Identität und den Konsens ihrer moralischen Werte und Normen jeweils aus sich selbst heraus neu definieren müßten. Von daher erscheint also eine – geschichtlichem Lernen gegenüber offene – Bezugnahme auf die NS-»Euthanasie« unvermeidlich, wenn wir uns in Deutschland heute mit Fragen der Sterbehilfe auseinandersetzen. Die gegenwärtige Debatte kann sich nicht auf eine »Stunde Null« moralischer Unschuld nach den »Euthanasie«-Verbrechen berufen, das Thema Sterbehilfe und der Begriff der Euthanasie stehen also nicht geschichtsfrei und kontextlos zur Verfügung. Ein Blick in die Nachkriegsgeschichte des Umgangs mit den nationalsozialistischen »Euthanasie«-Verbrechen zeigt vielmehr, daß das Euthanasie-Postulat Binding-Hochescher Prägung, das zur Legitimation der Krankenmorde im Nationalsozialismus wesentlich beigetragen hat, nach 1945 keineswegs einfach verschwunden war.[9] Wenn die historische Erfahrung der NS-»Euthanasie« sinnvoll in die gegenwärtige Debatte eingebracht werden soll, muß die epochenübergreifende Entwicklung des Euthanasie-Postulats deutlich gemacht werden. Geschichtliches Lernen in bezug auf die Zeit des Nationalsozialismus erscheint dann fruchtbar, wenn die Massenvernichtung von Menschen nicht einfach als eine ahistorische Manifestation des Bösen begriffen wird, sondern als eine *Möglichkeit* der Moderne mit spezifischen Ermöglichungsbedingungen wahrgenommen wird.[10] In letzter Konsequenz erklärbar, verstehbar oder entschuldbar werden damit weder die Tatbeteiligungen einzelner noch das Phänomen industrieller Massenvernichtung als solches.

Erst die angemessene Übernahme der Verantwortung für die »Euthanasie«-Verbrechen durch die Gesellschaft und die angemessene Erinnerung an die »Euthanasie«-Toten, gleichsam ihre Integration in das kulturelle Gedächtnis zu den Opfern des Nationalsozialismus, schafft die Voraussetzungen dafür, die gegenwärtige Debatte um die Sterbehilfe ohne Tabu, jedoch in Verantwortung vor der Geschichte zu führen.

7. Zwischen Autonomie und Erlösung – Sterbehilfe heute

In ihrem 1995 in erster Auflage erschienenen Buch »Menschenwürdig sterben« plädierten der Tübinger Theologe Hans Küng und der Tübinger Rhetorikprofessor Walter Jens für die Selbstbestimmung über das eigene Leben und Sterben, wenn keine Aussicht mehr auf Heilung zu erwarten ist und die Menschen dem Tod unumkehrbar entgegengehen:

»*Gerade weil der Mensch Mensch ist und* auch als Todkranker (Tod zu erwarten in absehbarer Zeit) oder als Sterbender (Tod in kurzer Zeit zu erwarten) bis zum Ende Mensch *bleibt*, hat er ein *Recht* nicht nur auf ein menschenwürdiges Leben, sondern auch *auf ein menschenwürdiges Sterben und Abschiednehmen*, ein Recht, das ihm durch endloses Hängen an Apparaten oder Medikamenten möglicherweise [...] verwehrt wird, dann nämlich, wenn ihm in einem Sterbeprozeß, der Stunden oder Monate, gar Jahre dauern kann, nur noch ein Dahinvegetieren, nur noch ein vegetatives Dasein möglich ist – sichergestellt durch alle Techniken pharmakologischer ›Ruhigstellung‹.«[1] Und Hans Küng stellt die Entscheidung, aktive Sterbehilfe einzufordern, in die gottgewollte Gewissensentscheidung des Einzelnen: »Der allbarmherzige *Gott*, der dem Menschen Freiheit geschenkt hat, *hat gerade auch dem sterbenden Menschen die Verantwortung und Gewissensentscheidung für Art und Zeitpunkt seines Todes überlassen.*«[2] Insofern fordern Hans Küng und Walter Jens eine gesetzlich geregelte Zulassung aktiver Sterbehilfe.

Damit werden drei wesentliche Prämissen für die aktuelle Debatte um die Sterbehilfe formuliert:

1. Die Selbstbestimmung des Menschen beinhaltet auch das Recht, über den eigenen Tod zu entscheiden, jedenfalls dann, wenn der Mensch unheilbar krank ist.

2. Es gibt Zustände menschlichen Lebens, die als unwürdig anzusehen sind, weil sie ein reines »Dahinvegetieren« darstellen. Dabei soll, mit Blick auf die verhängnisvolle Schrift von Karl Binding und Alfred Hoche, der Begriff »lebensunwertes Leben« ausdrücklich vermieden werden.[3]

3. Humane Sterbehilfe kann die Würde des Sterbenden wiederherstellen.

Walter Jens formulierte noch 2004 seinen Wunsch nach einer solchen ärztlichen Sterbehilfe in einem Interview mit dem Stern wie folgt:

»Nicht mehr schreiben können, heißt für mich: Nicht mehr atmen können. Dann ist es Zeit zu sterben. Dann möchte ich tot sein. [...] Ein sanftes Ende, erfüllt von menschlicher Würde, und kein erbärmliches Krepieren: Das ist meine Hoffnung. Wir könnten doch alle gelassener sein, wenn uns an diesem Tag ein Arzt mit einer Spritze zur Seite stünde, ein Arzt wie Doktor Max Schur hülfe, der Sigmund Freud zur Seite stand. Kurt Martis großer Wunsch spricht mich an: ›Dass der Tod uns einst treffe, plötzlich und sanft, von einer Sekunde zur anderen. Leichter, behender, wie Gemsen im Fels, wie Fische im Meer, ließe sich leben, wüßten wir diesen Wunsch uns gewährt‹«.[4]

Inzwischen ist Walter Jens gestorben, wohl eines natürlichen Todes, weder von eigener noch von fremder Hand. In den letzten Lebensjahren litt er an einer vaskulären Demenz. Die Welt der Literatur und des Geistes, die für ihn den Sinn des Lebens schlechthin bedeutete, war ihm verlustig gegangen. Auch wenn er im Verlauf seiner Erkrankung immer wieder den Wunsch zu sterben oder tot zu sein (nicht den Wunsch, getötet zu werden) äußerte, so gab es doch Momente der Todesangst, des Nichtsterbenwollens. Er ging, von seiner Frau und einer Privatpflegerin gut versorgt, in eine andere Lebenswelt über, eine Lebenswelt, in der er Freude empfand über Schweizer Schokolade oder ein Leberkasweckle, in der er aber auch immer wieder litt unter dem Verlust seiner selbst. In dieser sehr ambivalenten Situation definierte seine Ehefrau Inge Jens ihre Aufgabe: »Aber ich erfahre, dass es – im Augenblick – nicht meine wichtigste Aufgabe ist, meinem Mann zu einem humanen – das heißt ihn nicht von sich selbst entfremdenden Sterben zu verhelfen, sondern zu einem Leben, das, allen Einschränkungen und Schrecknissen, ja, allem Sich-selbst-abhanden-gekommen-Sein zum Trotz, menschenwürdig – das heißt Verzweiflung *und* Freude, Demütigung *und* Anerkennung bergend – genannt werden kann.«[5]

7.1. Die Entwicklung der aktuellen Debatte um die Sterbehilfe in Deutschland

Im Gegensatz zu England und den USA wurde über aktive Sterbehilfe für unheilbar kranke Menschen in Deutschland in den 1950er und 1960er Jahren selten diskutiert, erst 1973 nahmen sich »Der Stern«, »Die Zeit« und »Der Spiegel« dieses Themas an, indem sie über das Gerichtsverfahren gegen Geertruida Postma-van Boven im niederländischen Leeuwarden berichteten. Die Ärztin hatte ihre 78jährige Mutter, die nach einem Schlaganfall teilweise gelähmt war, auf ihre Bitte hin mit einer Überdosis Morphium getötet. Die journalistische Berichterstattung hegte Sympathien für die Zulässigkeit aktiver Sterbehilfe, man sprach von »Erlösung«

und beklagte, daß eine offene Diskussion dieser Frage durch die Erinnerung an die Ermordung von Menschen, deren Leben als nicht »lebenswert« angesehen wurde, in der Zeit des Nationalsozialismus belastet sei.[6] Erste Richtlinien der Bundesärztekammer zur Sterbebegleitung erschienen 1979, hier wurde die Möglichkeit passiver Sterbehilfe bei Patienten mit infauster Prognose anerkannt.[7] Eine der ersten Publikationen mit Stellungnahmen zum Problem der Sterbehilfe erschien 1975.[8] Der Gynäkologe Hans-Dieter Hiersche erkennt in seinem Beitrag zwar das Recht des Einzelnen an, den Zeitpunkt seines Todes im Sinne eines »Bilanzselbstmordes« selbst zu bestimmen, wendet sich aber dagegen, daß die Ärzte die Vollstrecker dieser Selbstbestimmung sein sollten. Außerdem sieht er in der jüngsten deutschen Vergangenheit fließende Übergänge zwischen Sterbehilfe, Tötung auf Verlangen und Vernichtung lebensunwerten Lebens.[9]

Die gegenwärtige Debatte um die Sterbehilfe steht im Kontext einer Medizin, die über vielfältige Möglichkeiten der Lebensrettung und Lebenserhaltung auch bei schweren Erkrankungen verfügt, der es aber erst langsam gelingt, das Sterben, wenn es unvermeidlich wird, zuzulassen und in ihre Praxis zu integrieren.[10] Aus medizinethischer und juristischer Sicht wird das Selbstbestimmungsrecht des Patienten auch in der Frage der Gestaltung seines Sterbens immer stärker betont. Während sich die Palliativmedizin als medizinisches Fachgebiet enwickelt und einen ganzheitlichen Ansatz der Sterbebegleitung vertritt, erregen national und international Fälle von Menschen Aufsehen, die für ihr Recht auf einen selbstbestimmten Tod kämpfen oder die angeblich durch Methoden der modernen Intensivmedizin künstlich am Leben gehalten und an einem Sterben in Würde gehindert würden. Zu nennen ist hier der Fall von Karen Quinlan, die nach einem Verkehrsunfall das Bewußtsein nicht mehr wiedererlangte und über Jahre künstlich beatmet wurde. Hier erstritt der Vater vor Gericht das Recht, die künstliche Beatmung einzustellen.[11] In Deutschland erregte Mitte der 1980er Jahre der bekannte Chirurg Julius Hackethal Aufsehen, indem er einer seiner Patienten, die an einem entstellenden Gesichtstumor litt, auf deren Wunsch hin Zyankali besorgte, jedoch nach Bereitstellung des tödlichen Giftes das Zimmer verließ, um nicht wegen unterlassener Hilfeleistung angeklagt zu werden.[12] In Spanien kämpfte in den 1990er Jahren Ramon Sampedros, seit 15 Jahren nach einem Sturz ins Wasser vom Hals abwärts gelähmt, vergeblich vor Gericht um die Erlaubnis aktiver Sterbehilfe, bis ihm eine Freundin das Gift Zyankali besorgte.[13] Der Film »Das Meer in mir« inszeniert diese Geschichte, behutsam und ohne plakativ zu wirken, als Dreiecksbeziehung zwischen Julia, die für eine Sterbehilfeorganisation arbeitet, und der Arbeiterin Rosa, deren Liebe zu Ramon unerfüllt bleibt. Auch wenn es schließlich Rosa ist, die sich für Ramon opfert, indem sie das Gift besorgt, so fühlt sich dieser in seinem selbstgewählten Tod doch mit Julia und dem von ihm geliebten Meer vereint: »Es wird der süßeste Tod sein, den ich mir vorstellen kann. Die reine, gegenseitige Liebe. Und alles ist wieder im Gleichgewicht, endlich, im Gleichgewicht.«[14]

Im Jahr 2005 hat der Fall der lange Jahre im Wachkoma liegenden Terry Schiavo in den USA und international großes Aufsehen erregt. Hier setzte der Ehemann gegen die Eltern das Recht durch, die künstliche Ernährung einzustellen. Terry Schiavo starb nach etwa zwei Wochen.[15]

1980 wurde in der Bundesrepublik die Deutsche Gesellschaft für Humanes Sterben gegründet, die sich für ein selbstbestimmtes Sterben gegen die angebliche Macht der Ärzte einsetzt und für ihre Mitglieder mithilfe von Patientenverfügungen die Einstellung lebensverlängernder Maßnahmen und die indirekte Sterbehilfe durchzusetzen versucht. Darüber hinaus bietet sie Freitodhilfe an und forderte die Legalisierung der aktiven Sterbehilfe.[16] Besonders heftig wurden Ende der 1980er und Anfang der 1990er Jahre in Deutschland die Positionen des australischen Bioethikers Peter Singer diskutiert, der neben der Rechtfertigung der aktiven Sterbehilfe auf ausdrückliches Verlangen des Patienten auch für die Tötung nichtentscheidungsfähiger Personen eintrat, wenn das Leiden überwiege. Insbesondere sein Plädoyer für die Tötung von behinderten Neugeborenen auf Wunsch der Eltern stieß auf massiven Protest.[17] Während in den Niederlanden in den 1990er Jahren Schritte unternommen wurden, die aktive Sterbehilfe und den assistierten Suizid zu legalisieren und Ärzte bei Einhaltung von bestimmten Sorgfaltskriterien von der Strafverfolgung auszunehmen, konzentrierte sich die Debatte in Deutschland in der zweiten Hälfte der 1990er Jahre auf die Frage der Beendigung lebensverlängernder Maßnahmen (z. B. künstliche Ernährung) bei entscheidungsunfähigen Patienten. Mit dem sogenannten Kemptener Urteil aus dem Jahre 1994 unterstrich der Bundesgerichtshof die Bedeutung des Selbstbestimmungsrechts auch für den Zustand der Entscheidungsunfähigkeit.[18] Mit dem mutmaßlichen Willen wurde eine nicht unproblematische Rechtsfigur[19] gewählt, an der sich Einleitung oder Abbruch lebensverlängernder Maßnahmen bei bewußtseinsgetrübten oder bewußtlosen Patienten dann zu orientieren habe, wenn sich der Wille des Betroffenen mit hinreichender Sicherheit aus konkreten Anhaltspunkten oder Äußerungen heraus rekonstruieren läßt. So komme ein Abbruch lebensverlängernder Maßnahmen im Einzelfall auch dann in Betracht, wenn sich der Patient noch nicht im Sterbeprozeß befindet und der Patient mutmaßlich einverstanden ist.[20] Im Jahr 2006 hat der Bundesgerichtshof die

Beachtlichkeit von Patientenverfügungen noch einmal grundsätzlich bekräftigt.[21] Nachdem sich sowohl eine Kommission des Bundesjustizministeriums als auch die Enquête-Kommission des Deutschen Bundestages mit der Frage der Reichweite von Patientenverfügungen beschäftigt hatte, ging die parlamentarische Auseinandersetzung um die Frage, ob der vorausverfügte Verzicht bzw. die Beendigung lebensverlängernder Maßnahmen auf irreversibel zum Tode führende Erkrankungen eingeschränkt werden oder grundsätzlich verbindlich sein soll. Der deutsche Bundestag entschied sich schließlich am 19. Juni 2009 mit großer Mehrheit für ein Patientenverfügungsgesetz, das keine Reichweitenbeschränkung enthält und den vorausverfügten Willen des Betroffenen grundsätzlich für verbindlich erklärt:

»Hat ein einwilligungsfähiger Volljähriger für den Fall seiner Einwilligungsunfähigkeit schriftlich festgelegt, ob er in bestimmte, zum Zeitpunkt der Festlegung noch nicht unmittelbar bevorstehende Untersuchungen seines Gesundheitszustandes, Heilbehandlungen oder ärztliche Eingriffe einwilligt oder sie untersagt (Patientenverfügung), prüft der Betreuer, ob diese Festlegungen auf die aktuelle Lebens- und Behandlungssituation zutreffen. Ist dies der Fall, hat der Betreuer dem Willen des Betreuten Ausdruck und Geltung zu verschaffen.«[22]

Nicht zuletzt durch die Freitodbegleitung der Schweizer Sterbehilfeorganisation »Dignitas«, die ihre Dienste auch für Ausländer anbietet, wird die Zulässigkeit (ärztlicher) Beihilfe zum Suizid in Deutschland zur Zeit besonders kontrovers diskutiert. Beihilfe zum Suizid ist in Deutschland im Gegensatz zur Tötung auf Verlangen im Grundsatz straffrei. Sie unterscheidet sich von der aktiven Sterbehilfe (Tötung auf Verlangen) dadurch, daß der Arzt das tödliche Mittel »nur« bereitstellt und der Patient dieses selbst einnimmt. Die Tatherrschaft bleibt also beim Patienten. Die Straffreiheit der Beihilfe zum Suizid gilt allerdings nur für den sogenannten freiverantworteten Suizid eines urteilsfähigen Menschen. Umstritten ist allerdings, ob der Arzt, nachdem der Patient das zur Verfügung gestellte tödliche Mittel eingenommen und das Bewußtsein verloren hat, wiederum zur Lebensrettung verpflichtet sei, was zu einer paradoxen Situation führen würde. Viele Juristen gehen heute davon aus, daß der Arzt bei einem freiverantworteten Suizid von der Garantenpflicht entbunden werden kann.[23]

Während die Bundesärztekammer in ihren Richtlinien zur Sterbebegleitung aus dem Jahre 2004 den ärztlich assistierten Suizid ebenso wie die Tötung auf Verlangen eindeutig ablehnte, plädierte die Mehrheit der Mitglieder des Nationalen Ethikrates im Jahr 2006 für seine Zulassung unter bestimmten Bedingungen.[24] Auch der Deutsche Juristentag schloß sich diesem Votum an.[25] Im Juli 2010 veröffentlichte das Deutsche Ärzteblatt eine von der Bundesärztekammer in Auftrag gegebene Umfrage unter 527 Ärzten zur Frage der ärztlichen Suizidbeihilfe: 37% der Ärzte konnten sich eine Mitwirkung am Suizid eines Patienten vorstellen, wenn eine eindeutig hoffnungslose Prognose und ein hoher Leidensdruck vorliege, 30% plädierten für eine Legalisierung des ärztlich begleiteten Suizids, 61% bzw. 60% der befragten Ärzte lehnten eine Suizidassistenz bzw. eine entsprechende gesetzliche Regelung ab.[26] Unter dem Eindruck dieser Umfrage überarbeitete die Bundesärztekammer die neuen Grundsätze zur ärztlichen Sterbebegleitung vom 18. Januar 2011 auch in diesem Punkt. Die Formulierung: »Die Mitwirkung des Arztes bei der Selbsttötung widerspricht dem ärztlichen Ethos und kann strafbar sein.«[27] wurde ersetzt durch den Satz: »Die Mitwirkung des Arztes bei der Selbsttötung ist keine ärztliche Aufgabe.«[28] Ende Dezember 2010 hatte der damalige Präsident der Bundesärztekammer Jörg-Dietrich Hoppe in einem Interview der Frankfurter Rundschau angedeutet, daß durch die neue Formulierung der Widerspruch zwischen der strafrechtlichen Zulässigkeit der Beihilfe zum Suizid und dem standesrechtlichen Verbot der ärztlichen Suizidassistenz aufgehoben werden solle.[29] Nachdem diese offene Formulierung, die eine Gewissensentscheidung des einzelnen Arztes in der Frage der Suizidbeihilfe zuließ, innerhalb der verfaßten Ärzteschaft zu Kontroversen geführt hatte[30], beschloß der Deutsche Ärztetag im Juni 2011 in Kiel mit großer Mehrheit eine Änderung der Musterberufsordnung, in der es nun sehr eindeutig heißt: »Ärztinnen und Ärzte haben Sterbenden unter Wahrung ihrer Würde und unter Achtung ihres Willens beizustehen. Es ist ihnen verboten, Patienten auf deren Verlangen zu töten. Sie dürfen keine Hilfe zur Selbsttötung leisten.«[31]

Dies wiederum führte zu der Frage, ob der Deutsche Ärztetag überhaupt berechtigt gewesen sei, den ärztlich assistierten Suizid zu verbieten. Der Deutsche Ärztetag habe weder ein Mandat, freien Bürgern Vorschriften zu machen, wie sie ihr Sterben selbstbestimmt gestalten wollen, noch ein Mandat, den Mitgliedern der Ärztekammern eine bestimmte ethische Haltung in der Frage der ärztlichen Suizidbegleitung aufzuzwingen, so pointiert der Medizinethiker Urban Wiesing. Das vielfach angeführte Argument, daß die Zulassung ärztlicher Suizidhilfe das Vertrauen der Patienten und der Bevölkerung in die Ärzteschaft beeinträchtige, überzeuge nicht und sei auch durch empirische Studien bisher nicht belegt worden.[32] Dem hält M. Wenker von der Niedersächsischen Landesärztekammer entgegen, daß eine Zulassung des ärztlich assistierten Suizids dem Ansehen der Ärzte in der Öffentlichkeit schaden könne und insoweit der Ärztetag berechtigt gewesen sei, diese Frage in der Musterberufsordnung zu regeln.[33] Rechtlich verbindlich wird dieses Verbot allerdings erst durch die Übernahme in die Berufsordnungen der jeweiligen Landesärztekammern. Neun von 17 Landesärztekammern sind der Änderung der Musterberufsordnung gefolgt, die Bayerische Landesärztekammer hat das Verbot in ihre Berufsordnung nicht übernommen, ein Dissens zur Entscheidung des Deutschen Ärztetages sei damit allerdings nicht beabsichtigt, so der Präsident der Bayerischen Landesärztekammer.[34] Ob das standesrechtliche Verbot des ärztlich assistierten Suizids allerdings tatsächlich einer (verwaltungs)rechtlichen Prüfung standhält, ist fraglich. Der Berliner Urologe Christian Arnold leistet bundesweit ärztliche Beihilfe zum Suizid, in 150 bis 200 Fällen habe er, so seine Aussage in der Fernsehsendung »Report Mainz« am 6. Juni 2011, eine entsprechende Hilfestellung für sterbewillige Menschen gegeben.[35] 2007 wollte er einer einsamen älteren Dame aus Oberbayern Suizidbeihilfe leisten, die weder an einer unheilbaren Erkrankung, noch an unerträglichen Schmerzen litt.[36] Daraufhin versuchte die Landesärztekammer Berlin, noch vor der eindeutigen Regelung in der Musterberufsordnung, Christian Arnold die ärztliche Suizidbeihilfe generell zu untersagen. Diese Untersagungsverfügung wurde inzwischen vom Berliner Verwaltungsgericht aufgehoben.[37] Demgegenüber ist der Göttinger Strafrechtler Gunnar Duttge der Meinung, daß die Ärzteschaft das Recht habe, den ärztlich assistierten Suizid zu verbieten, um das Vertrauensverhältnis der Patienten in die Ärzteschaft zu schützen.[38] Andere Juristen vertreten die Auffassung, daß beim sogenannten freiverantwortlichen Suizid die Garantenplicht des Arztes zur Lebenserhaltung entfalle, insofern stehe einer ärztlichen Suizidbegleitung strafrechtlich nichts im Wege. Daraus folge dann auch, daß der ärztlich assistierte Suizid zulässig sein müsse.[39] Auch der Deutsche Juristentag hat sich bereits 2006 für die Zulässigkeit des ärztlich assistierten Suizids ausgesprochen: »Die ausnahmslose standesrechtliche Missbilligung des ärztlich assistierten Suizids sollte einer differenzierten Beurteilung weichen, welche die Mitwirkung des Arztes an dem Suizid eines Patienten mit unerträglichem, unheilbarem und mit palliativmedizinischen Mitteln nicht ausreichend zu linderndem Leiden als eine nicht nur strafrechtlich zulässige, sondern auch ethisch vertretbare Form der Sterbebegleitung toleriert.«[40]

Ein deutscher Ableger der Schweizer Organisation Dignitas mit dem Namen »Dignitate« möchte die Zulässigkeit des assistierten Suizids in Deutschland seit längerem mithilfe eines Präzedenzfalles durchsetzen. Im Jahre 2008 hat der ehemalige Hamburger Justizsenator Roger Kusch einer zwar lebensmüden, aber weder körperlich noch seelisch schwerwiegend erkrankten Frau Beihilfe zum Suizid geleistet. Die Beihilfe zum Suizid mit Medikamenten wurde seiner Sterbehilfeorganisation daraufhin von der Hamburger Ordnungsbehörde verboten.[41] Inzwischen hat Roger Kusch unter neuem Namen, »SterbeHilfe Deutschland e. V.«, die organisierte Suizidbeihilfe wiederaufgenommen und im Jahr 2010 21 Suizidbegleitungen durchgeführt.[42] Auf politischer Ebene wird in Deutschland ein Verbot gewerbsmäßig betriebener Sterbehilfe diskutiert. Das Bundesjustizministerium legte im Oktober 2012 einen Entwurf für ein strafrechtliches Verbot der gewerbsmäßigen Beihilfe zum Suizid vor (§ 217 StGB neu), allerdings mit dem Zusatz, daß nicht gewerbsmäßig handelnde Angehörige und nahestehende Personen von der Strafbarkeit ausgenommen sind.[43] Ob damit die Zulässigkeit der ärztlichen Suizidbegleitung strafrechtlich festgeschrieben wird, blieb in der Diskussion offen. Dieser Gesetzentwurf wird in der laufenden Legislaturperiode nicht mehr zur Abstimmung im Deutschen Bundestag kommen.

Die aktuelle Diskussion um die Sterbehilfe in Deutschland läßt sich wie folgt zusammenfassen: Während ein konstant hoher Anteil der Bevölkerung sich in Meinungsumfragen für die Zulässigkeit auch der aktiven Sterbehilfe ausspricht[44], steht diese Frage in der politischen Diskussion zur Zeit nicht im Vordergrund. Vielmehr wird von Seiten der Palliativmedizin hervorgehoben, daß der Wunsch nach ärztlicher Lebensbeendigung unter optimaler und ganzheitlicher Betreuung sterbender und schwerkranker Menschen deutlich seltener auftritt und der notwendige Ausbau der Palliativmedizin die Legalisierung der aktiven Sterbehilfe und den ärztlich assistierten Suizid überflüssig machen würde.[45] Der Palliativmediziner Gian Domenico Borasio spricht sich dafür aus, daß zunächst eine flächendeckende palliativmedizinische Versorgung schwerkranker und sterbender Menschen bereitgestellt werden sollte, bevor über eine ausdrückliche Zulassung des ärztlich assistierten Suizids nachgedacht werde. Dennoch gebe es Einzelfälle, in denen auch die beste palliativmedizinische Versorgung mit optimaler Behandlung quälender Symptome und ganzheitlicher psychosozialer Begleitung die Patienten nicht von ihrem Suizidvorhaben abbringen könne. In diesem Falle solle die ärztliche Garantenpflicht, die Pflicht zur Suizidverhütung, entfallen.[46] Ralf Jox geht einen Schritt weiter: Er verweist auf die positiven Erfahrungen der streng geregelten Suizidbeihilfe in Oregon. Die befürchteten negativen Auswirkungen einer begrenzten Suizidbeihilfe auf die Arzt-Patient-Beziehung und die Gefahr einer gesellschaftlichen Erwartungshaltung an schwer kranke Menschen, den Tod zu wählen, seien durch empirische Studien nicht belegt.[47]

Im folgenden soll das Spektrum der Debatte um die Sterbehilfe durch eine Klärung der oftmals nicht einheitlich verwendeten Begriffe umrissen werden.

7.2. Definitionen: Formen der Sterbehilfe und die Aufgaben der Palliativmedizin

In Deutschland und Österreich ist der international gebräuchliche Begriff der Euthanasie durch die Krankenmorde im Nationalsozialismus belastet, stattdessen wird eher der Ausdruck Sterbehilfe verwendet.[48] Im folgenden soll der Begriff der Sterbehilfe analog zum international gebräuchlichen Terminus der Euthanasie gebraucht werden. Sterbehilfe im engeren Sinne bezieht sich auf Menschen, die an einer unheilbaren Erkrankung leiden und deren Tod absehbar ist, deren Leiden also einen irreversibel tödlichen Verlauf genommen hat. Sterbehilfe im weiteren Sinne schließt Menschen ein, die aufgrund eines seelischen oder körperlichen Leidens ihren Tod wünschen, ohne daß der Eintritt des Todes bereits absehbar ist. Dies trifft insbesondere auf Menschen mit einer bleibenden oder zunehmenden körperlichen Behinderung (z. B. hohe Querschnittslähmung mit Tetraplegie, Multiple Sklerose, Amyotrophe Lateralsklerose und andere neurodegenerative Systemerkrankungen) zu. Es handelt sich also im weiteren Sinne um Hilfe zum Sterben bei noch nicht sterbenden Menschen. Sterbehilfe im engeren Sinne ist zunächst einmal Begleitung, Unterstützung und Hilfeleistung für sterbende Menschen und bezieht sich auf den ganzen Menschen, sein körperliches und seelisches Wohl im Angesicht des Todes. Sie gründet in der Solidarität der Menschen im Hinblick auf Leiden und Sterben. Geht es um medizinische Behandlungen und Entscheidungen über therapeutische Maßnahmen, so ist die Unterscheidung von aktiver und passiver Sterbehilfe (Euthanasie) gebräuchlich. Unter *aktiver Sterbehilfe* wird die möglichst schmerzlose Tötung eines Menschen verstanden mit dem Ziel, sein Leiden zu beenden. *Passive Sterbehilfe* hingegen meint den Verzicht auf oder den Abbruch von lebensverlängernden medizinischen Maßnahmen wie z. B. künstliche Beatmung oder künstliche Ernährung, wenn eine kausale Therapie der zugrundeliegenden Erkrankung nicht mehr aussichtsreich erscheint. Passive Sterbehilfe meint jedoch nicht den Abbruch jeder medizinischen Behandlung. Die symptomatische Behandlung von Schmerzen und Atemnot, von Hunger und Durstgefühlen nach Abbruch lebensverlängernder Maßnahmen kann und soll im Rahmen der passiven Sterbehilfe fortgesetzt werden.[49] Der Tod tritt hier nicht durch eine gezielte medizinische Intervention, z. B. ein Medikament in tödlicher Dosierung, ein, sondern durch das Grundleiden. Die Passivität bezieht sich also aus medizinischer Sicht auf das Zulassen des Sterbens, im Gegensatz zur gezielten Herbeiführung des Todes bei der aktiven Sterbehilfe. Insofern erscheint es sinnvoll, wie vom Nationalen Ethikrat vorgeschlagen, im Hinblick auf die passive Sterbehilfe auch von »Sterbenlassen« zu sprechen.[50] Letztlich unterscheiden sich aktive und passive Sterbehilfe im Hinblick auf die Todesursache: Bei der aktiven Sterbehilfe führt eine gezielte Intervention des Arztes zum Tod, bei der passiven Sterbehilfe ist die Grunderkrankung die Todesursache. Im rechtlichen Sinne ist die aktive Sterbehilfe – jedenfalls in der deutschen Rechtsordnung – immer ein Tötungsdelikt, die passive Sterbehilfe hingegen zulässig, wenn sie dem mutmaßlichen oder vorausverfügten Willen des Patienten entspricht. Sind diese Voraussetzungen nicht erfüllt, kann auch der Abbruch lebenserhaltender Maßnahmen als eine Tötung durch Unterlassen gewertet werden. Die passive Sterbehilfe ist jedoch nicht auf den (passiven) Verzicht auf lebensverlängernde Maßnahmen beschränkt, sie kann auch durch ein aktives Tun, nämlich durch die Beendigung einer lebensverlängernden Maßnahme, realisiert werden, wenn die lebensverlängernde Maßnahme vom Patienten nicht mehr gewollt bzw. medizinisch nicht mehr indiziert ist.

In seiner Entscheidung vom 25. Juni 2010 hat der Bundesgerichtshof seine Rechtsprechung zur passiven Sterbehilfe präzisiert und folgende Leitsätze formuliert: »1. Sterbehilfe durch Unterlassen, Begrenzen oder Beenden einer begonnenen medizinischen Behandlung (Behandlungsabbruch) ist gerechtfertigt, wenn dies dem tatsächlichen oder mutmaßlichen Patientenwillen entspricht (§ 1901a BGB) und dazu dient, einem ohne Behandlung zum Tode führenden Krankheitsprozess seinen Lauf zu lassen. 2. Ein Behandlungsabbruch kann sowohl durch Unterlassen als auch durch aktives Tun vorgenommen werden. 3. Gezielte Eingriffe in das Leben eines Menschen, die nicht in Zusammenhang mit dem Abbruch einer medizinischen Behandlung stehen, sind einer Rechtfertigung durch Einwilligung nicht zugänglich.«[51]

Rechtsanwalt Wolfgang Putz hatte einer Mandantin geraten, den Schlauch zur künstlichen Ernährung ihrer seit fünf Jahren nach einer Hirnblutung im Koma liegenden Mutter zu durchtrennen, nachdem das Pflegeheim die künstliche Ernährung entgegen einem zuvor ausgehandelten Kompromiß wieder aufgenommen hatte. Letztlich starb die Mutter kurze Zeit später, obwohl man ihr in einem Krankenhaus eine neue Ernährungssonde gelegt hatte. Das Landgericht Fulda hatte den Rechtsanwalt wegen versuchten Totschlags zu einer Freiheitsstrafe auf Bewährung verurteilt. Der Bundesgerichtshof hob das Urteil auf und bewertete das Durchtrennen der Sonde als einen Behandlungsabbruch, der durch den »wirklichen« (von der Mutter gegenüber der Tochter in einem Gespräch geäußerten) Willen gerechtfertigt sei, und sprach den Anwalt frei.[52] Diese Geschichte ist tragisch: Der Rat des Anwalts, die Ernährungssonde zu durchtrennen, führte im Ergebnis zwar zu einer wegweisenden Entscheidung des Bundesgerichtshofes, aber eben nicht zu einem würdigen Sterben der Patientin, die nach dem Einschreiten von Staatsanwaltschaft und Polizei nochmals in ein Krankenhaus verlegt wurde und dort verstarb, ohne daß die Tochter sie noch einmal sehen konnte. Das drastische Mittel des Durchtrennens der Sonde eskalierte die verfahrene Situation in der Auseinandersetzung mit dem Pflegeheim über die Fortsetzung der Sondenernährung. Dies wirft die Frage auf, ob es nicht die Möglichkeit gegeben hätte, die Mutter in eine Palliativstation oder ein Hospiz zu verlegen. Der Bundesgerichtshof sah ebenso wie das Landgericht Fulda die Fortsetzung der künstlichen Ernährung entgegen dem früher geäußerten Willen der Mutter als rechtswidrig an. Gleichwohl läßt der Akt der Beendigung der Ernährung bei Wachkomapatienten zwei Deutungen zu: zum einen kann die Einstellung der künstlichen Ernährung als Ausdruck des mutmaßlichen oder vorausverfügten Willens der Betroffenen verstanden werden, die in der Situation der Kommunikationsunfähigkeit »nicht an Schläuchen hängen« und »künstlich am Leben erhalten« werden wollen. Zum anderen kann für diejenigen, die die Ernährung beendigen sollen, das Gefühl eine Rolle spielen, an der Herbeiführung des Todes beteiligt zu sein. Dieses Dilemma läßt sich auch durch die rechtlich eindeutige Unterscheidung zwischen passiver Sterbehilfe, vom Bundesgerichtshof nicht ganz glücklich als »Behandlungsabbruch« definiert, und aktiver Tötung nicht wirklich auflösen. Auf der Ebene der Handlungsabsichten kann man versuchen, zwischen »Sterbenlassen«, also Zulassen des tödlichen Verlaufs der Erkrankung, und der Absicht, den Tod des Anderen herbeizuführen, zu unterscheiden. Diese Unterscheidung fällt allerdings, im Gegensatz zu maschineller Beatmung, bei der Einstellung der künstlichen Ernährung schwerer, weil es sich bei der Ernährung, auch wenn sie über eine Sonde erfolgt, um eine grundlegende Form menschlicher Zuwendung handelt. Auch wenn der Tod durch Nahrungsentzug im Zustand des Wachkomas vielleicht nicht als qualvoll empfunden wird, so bleibt doch ein Unbehagen bestehen, einen Menschen »verhungern zu lassen«, auch wenn der mutmaßliche Wille des Betroffenen dafür zu sprechen scheint. Ebenso bleibt ein Unbehagen bestehen, das Leben von Wachkoma-Patienten mit allen zur Verfügung stehenden Mitteln zu erhalten und ein Sterben um jeden Preis zu verhindern.

Viele Ethiker sehen die Unterscheidung zwischen aktiver und passiver Sterbehilfe ohnehin als ethisch nicht relevant an. Aus der Perspektive einer Ethik, die im wesentlichen die Konsequenzen der Handlung bewertet, spielt es keine Rolle, ob der Tod von Wachkoma-Patienten durch Nahrungsmittelentzug oder durch eine tödliche Injektion herbeigeführt wird. Töten ist für den amerikanischen Moralphilosophen James Rachels im Hinblick auf die Folgen für den Betroffenen nicht schlimmer als Sterbenlassen.[53] Das setzt allerdings voraus, daß die Herbeiführung des Todes im Einklang mit den Wünschen des Patienten das Ziel der Handlung ist. Aus der Sicht einer konsequentialistischen Ethik sprechen nur sekundäre Gründe, z. B. Dammbruchargumente, gegen die moralische Gleichsetzung von aktiver und passiver Sterbehilfe. Wenn man passive Sterbehilfe, d. h. die Inkaufnahme des Todes des Patienten unter bestimmten Voraussetzungen für richtig hält, kann man die aktive Sterbehilfe nicht mehr kategorisch ablehnen.[54] Aus einer handlungstheoretischen Sicht lassen sich weder zwischen Tun und Unterlassen, noch zwischen Beabsichtigen und Inkaufnehmen kategoriale, für sich genommen ethisch bedeutsame Unterschiede feststellen. Dann besteht auch kein intrinsischer, kategorialer Unterschied mehr zwischen der Herbeiführung des Todes durch ein Unterlassen und der Herbeiführung des Todes durch ein aktives Tun (= Tötung).[55]

Neben der Aktiv-Passiv-Unterscheidung spielt die Direkt-Indirekt-Unterscheidung in der ethischen Bewertung der Sterbehilfe eine Rolle. Während unter direkter Sterbehilfe die direkte Herbeiführung des Todes durch eine ärztliche Maßnahme verstanden wird und sich der Begriff nicht von der Klassifikation der aktiven Sterbehilfe unterscheidet, ist mit indirekter Sterbehilfe die Inkaufnahme einer Lebensverkürzung als mögliche oder wahrscheinliche Nebenwirkung einer medizinischen Behandlung zur Linderung von Beschwerden gemeint. Die indirekte Sterbehilfe wird in der ethischen Diskussion insbesondere von katholischer Seite gewöhnlich durch das Prinzip der Doppelwirkung und mit Blick auf die Intention des Arztes gerechtfertigt. Wird eine Schmerzbehandlung primär mit der Intention der Linderung von Leiden durchgeführt, so wird die Inkaufnahme einer Lebensverkürzung als unvermeidliche Nebenwirkung der intendierten Hauptwirkung, nämlich einer ausreichenden Schmerzbekämpfung, angesehen.[56] Ob es bei angemessener Dosierung von atemdepressiv wirksamen Schmerz- und Beruhigungsmitteln tatsächlich zu einer relevanten Verkürzung der Lebenszeit kommt, ist fraglich, da gleichzeitig eine durch Schmerz und Atemnot bedingte Stressreaktion des Körpers gemindert wird. Insofern spricht der Nationale Ethikrat in seiner Stellungnahme auch von Therapien am Lebensende.[57]

Demgegenüber sollte die Gabe von Schmerz- und Beruhigungsmitteln in einer mit hoher Wahrscheinlichkeit tödlichen Dosis, die in der Kausalkette der Todesursache unmittelbar zum Tod führt, nicht als indirekte Sterbehilfe bezeichnet werden.

Von entscheidender Bedeutung für die ethische Bewertung der Sterbehilfe ist die Frage, inwieweit die geschilderten Formen der Sterbehilfe dem (mutmaßlichen) Willen des Betroffenen entsprechen. Hier ist die Unterscheidung von freiwilliger, nichtfreiwilliger und unfreiwilliger Euthanasie sinnvoll. *Freiwillige aktive Euthanasie* ist die Tötung auf ausdrückliches und ernsthaftes Verlangen eines Menschen, um sein Leben und damit sein Leiden zu beenden. Auch für die Bewertung der *passiven Euthanasie* ist es von Bedeutung, ob sie auf einer ausdrücklichen Zustimmung des Betroffenen beruht. Liegt ein ausdrückliches Verlangen bzw. eine ausdrückliche Zustimmung des Betroffenen nicht vor, weil der Betroffene sich nicht mehr äußern kann, spricht man von *nichtfreiwilliger Euthanasie*. Die nichtfreiwillige aktive Sterbehilfe ist in keinem der bisher vorliegenden Euthanasieregelungen erlaubt. Gleichwohl wird sie z. B. in den Niederlanden praktiziert.[58] Die Bewertung der nichtfreiwilligen passiven Sterbehilfe, also des Abbruchs lebensverlängernder Maßnahmen bei bewußtlosen bzw. entscheidungsunfähigen Patienten, muß sich – wie oben ausgeführt – am mutmaßlichen Willen des Betroffenen orientieren. Nur dieser nämlich kann auch die Einleitung und damit auch die Fortsetzung lebensverlängernder Maßnahmen rechtfertigen.[59] Bei der *unfreiwilligen Euthanasie* wird die Lebensbeendigung gegen den ausdrücklichen Willen des Betroffenen vorgenommen. Eine solche Zwangseuthanasie wurde gegenüber psychisch kranken und geistig behinderten Menschen in der Zeit des Nationalsozialismus praktiziert.

Abschließend soll noch auf den Unterschied zwischen assistiertem Suizid und aktiver Sterbehilfe eingegangen werden. Von den Befürwortern des assistierten Suizids wird die Bedeutung der Autonomie des Patienten hervorgehoben. Diese findet ihren Ausdruck darin, daß der Betroffene sich das tödliche Medikament selbst zuführt bzw. die tödliche Prozedur selbst in Gang setzt und damit in besonderer Weise seinen Willen, das Leben zu beenden, dokumentiert. In rechtlicher Hinsicht abzugrenzen von der aktiven Sterbehilfe ist der assistierte Suizid dadurch, daß die Tatherrschaft beim Suizidenten liegt. Insofern sind der Freitodbegleiter bzw. der assistierende Arzt keine eigenständigen Täter eines Tötungsdelikts, sondern nur Beihelfer. Wie fließend der Übergang von assistiertem Suizid zu aktiver Sterbehilfe sein kann, zeigen die von dem amerikanischen Arzt Jack Kevorkian[60] und zuletzt auch von dem ehemaligen Hamburger Justizsenator Roger Kusch konstruierten Selbsttötungsmaschinen, bei denen die den Tod auslösende Handlung in einem vom Patienten zu vollziehenden Knopfdruck besteht. Die rechtliche Differenzierung zwischen assistiertem Suizid und aktiver Sterbehilfe entbindet jedoch nicht von der ethischen Verantwortung für den Tod des Patienten, will der Arzt sich nicht nur als reines Werkzeug des Patienten verstehen. Außerdem stellt sich die Frage, ob es bei allgemein akzeptierter Zulässigkeit des assistierten Suizids nicht konsequent ist, die aktive Sterbehilfe zumindest für diejenigen Patienten zuzulassen, die zu einem assistierten Suizid aus körperlichen Gründen nicht mehr in der Lage sind.

7.3. Betroffene Menschen: Zwischen Selbstbestimmung und dem Anspruch auf Fürsorge

Eine wesentliche Voraussetzung für die Durchführung und Akzeptanz aktiver Sterbehilfe ebenso wie des assistierten Suizids ist in den Augen der Befürworter das Kriterium der Entscheidungsfähigkeit der den Tod verlangenden Menschen. Die betroffenen Menschen sollen in der Lage sein, aufgrund der Kenntnis aller relevanten Umstände ihrer Krankheitssituation und alternativer Behandlungsmöglichkeiten frei von äußeren Einflüssen und Zwängen eine selbst verantwortete Entscheidung über die Beendigung ihres Lebens zu treffen. Oft wird die Urteilsfähigkeit als Voraussetzung dafür genannt, eine solche Entscheidung über das Ende des eigenen Lebens zu treffen.[61] Die Schweizerische Akademie der Medizinischen Wissenschaften setzt die Voraussetzungen für die Urteilsfähigkeit in Fragen von Tod und Sterben besonders hoch an. Hier wird in Anlehnung an das Schweizer Zivilgesetzbuch neben der Fähigkeit, die relevanten Informationen zu verstehen, die Fähigkeit vorausgesetzt, »die erhaltene Information im Kontext eines kohärenten Wertesystems rational zu gewichten«.[62] Dabei stellt sich die Frage, ob gerade angesichts von Tod und Leiden die Kohärenz des persönlichen Wertesystems nicht ohnehin ins Schwanken gerät und ob die höchstpersönlichen Entscheidungen am Lebensende schließlich auch noch dem Kriterium der Rationalität genügen können. Demgegenüber nimmt Dagmar Fenner an, daß rationale Selbsttötungen möglich sind: »Wo aufgrund einer infausten Prognose oder anderer unverrückbarer Handlungsschranken die Wahrscheinlichkeit der Erreichung zentraler Lebensziele auf wenige Prozente geschrumpft und damit die eigene Identität bedroht ist, will man einem Identitätsverlust mittels Selbsttötung vorbeugen.«[63] Diese Selbsttötungsabsicht sei dann von der Gesellschaft anzuerkennen und ggf. mit der Option des assistierten Suizids auch zu unterstützen, wenn die Flucht aus einem »nicht mehr glücklichen oder lebenswerten Leben« auch von einem neutralen Beobachterstandpunkt nachvollziehbar ist und sich die Handlungs- und Erlebnismöglichkeiten zu einer nachvollziehbar »ausweglosen Situation« verengen.[64]

Bei tödlich verlaufenden Erkrankungen stellt sich allerdings die Frage, inwieweit die Voraussetzungen rationaler Entscheidungen für oder gegen die Lebensbeendigung erfüllt sind. Elisabeth Kübler-Ross beschrieb bereits Anfang der 1970er Jahre die verschiedenen Phasen, in denen die Auseinandersetzung mit dem eigenen Sterben verläuft.[65] Hier wird der starke Einfluß emotionaler Faktoren deutlich, so daß die Betonung der Rationalität in der Auseinandersetzung mit dem eigenen Sterben einseitig erscheint. Die Frage der Entscheidungs- und Urteilsfähigkeit führt zu einem Kernproblem des Autonomiearguments: Inwieweit können Entscheidungen am Lebensende wirklich frei von inneren und äußeren Zwängen sein? Zunächst einmal stellten die Erkrankung selbst, die damit verbundenen Ängste, Belastungen und Schmerzen, die Einschränkungen im alltäglichen Leben, die Begrenzung der Verwirklichung von Lebensplänen und Lebenszielen durch den mehr oder weniger unmittelbar bevorstehenden Tod eine Zwangslage[66] dar, der der Einzelne nicht entfliehen kann, es sei denn durch die Entscheidung für die Beendigung des Lebens. Allerdings vollzieht sich diese Entscheidung nicht in einem beziehungslosen Raum, sie ist vielmehr abhängig von mehr oder weniger tragenden sozialen und mitmenschlichen Beziehungen, von Vereinsamung und vor allem von dem Gefühl, sich gerade im Angesicht von Tod und Leiden als Mensch wertgeschätzt fühlen zu dürfen, auch wenn die eigene Identität bedroht erscheint. Und sie hängt von der Qualität der medizinischen Betreuung und der Pflege ab, die den Menschen als Ganzes mit seinen körperlichen und seelischen Beschwerden und Bedürfnissen wahrnimmt.[67] Der Großteil der Patienten in den Niederlanden, denen aktive Sterbehilfe auf ihren Wunsch hin gewährt wird, leidet an terminalen Krebserkrankungen. Als wesentliche Motive für den Wunsch nach ärztlicher Lebensbeendigung werden neben unerträglichen Schmerzen der Verlust an Würde und die Abhängigkeit von anderen Menschen genannt.[68] Diese Motive verweisen wiederum auf die zentrale Rolle, die mitmenschliche Beziehungen in der Entscheidung für oder gegen einen selbstbestimmten Tod spielen. Das Gefühl des Verlusts an Würde hängt wesentlich von der Wertschätzung ab, die einem Menschen im Angesicht des Todes und schweren körperlichen Leidens zugesprochen wird. Das Gefühl, von den anderen um seiner selbst willen und jenseits aller körperlichen Einschränkung und Pflegebedürftigkeit wertgeschätzt zu werden, kann die jedem Menschen in seiner Konfrontation mit Leiden und

Tod zustehende Würde mit Leben füllen. Dennoch empfinden viele Menschen im Zustand der Pflegebedürftigkeit die Abhängigkeit von anderen Menschen als belastend. Dabei korrespondiert das Gefühl der Nutzlosigkeit mit dem des »Zur-Last-Fallens«. So schrieb der lungenkranke Roland Gerkan bereits 1913: »Zu all dem gesellt sich noch das peinigende Bewußtsein, daß ich meinen Angehörigen schwer zur Last falle. Wenn auch die Opfer an Zeit, Arbeitskraft und Geld mir gern und mit liebevoller Hingebung gebracht worden – ein schädlicher Schmarotzer bleibe ich darum doch. Welch eine herzzerreißende und dabei doch groteske Energievergeudung, wenn man Aufwand und Erfolg gegeneinander abwägt!«[69]

Daß todkranke und sterbende Menschen ihrer Familie, ihrer Umgebung und der Gesellschaft nicht zur Last fallen wollen, wird von einigen Ethikern als Zeichen einer altruistischen Haltung, aber auch als Quelle schweren seelischen Leids interpretiert. Wenn nicht depressive Verstimmungen oder eine wirtschaftliche Notlage dieses Gefühl des »Zur-Last-Fallens« bedingen, wird es jedoch als ein nachvollziehbares Motiv für die Lebensbeendigung anerkannt.[70] Tatsächlich spielt das Gefühl des »Zur-Last-Fallens« bei todkranken und sterbenden Menschen eine große Rolle, es beeinflußt auch wesentlich die Entscheidung, um lebensbeendende Maßnahmen zu bitten. Von 16 Patienten, die in Oregon und Washington um ärztlich assistierten Suizid gebeten haben, waren 38% etwas und 58% sehr belastet durch das Gefühl, eine Last für andere zu sein.[71] Hinter dem Gefühl, anderen zur Last zu fallen, steht allerdings die Frage, ob Menschen sich unabhängig von bestimmten zu erbringenden Leistungen und einem Nutzen für andere angenommen und wertgeschätzt fühlen dürfen und welche Rahmenbedingungen eine Gesellschaft für die Pflege von schwerbehinderten, schwerkranken und sterbenden Menschen zur Verfügung stellt.

Für Menschen mit einer einschneidenden Behinderung oder einer fortschreitenden neurologischen Erkrankung und zunehmender Einschränkung der Bewegungsfähigkeit – ohne daß der Zeitpunkt des Todes absehbar wäre – stellt sich ebenfalls die Frage nach einem selbstbestimmten Tod. Manche Menschen z. B. mit Multipler Sklerose oder progressiven Muskeldystrophien wünschen sich die Möglichkeit zu einem assistierten Suizid, bevor totale Pflegebedürftigkeit oder Bewegungsunfähigkeit einsetzt. Der Neurologe Johann Friedrich Spittler beschreibt eine 36jährige Patientin, die seit sieben Jahren an Multipler Sklerose litt und die er beim assistierten Suizid in der Schweiz begleitet hat. Nach einer traumatischen Kindheit, einer Eßstörung und einer elfjährigen aus ihrer Sicht erfolglosen Psychotherapie fühlte sie sich zunehmend isoliert und ohne berufliche Perspektive. Die Einschränkung ihrer Bewegungsfähigkeit, die Abhängigkeit von wechselnden Pflegepersonen, die Auseinandersetzung mit den Trägern der Sozialhilfe und der Pflegeversicherung um angemessene Betreuung empfand sie als entwürdigend. Ihren Wunsch nach Lebensbeendigung faßte sie in dem Satz zusammen: »›Weiteres Leiden gibt mir nichts!‹« Nachdem sie sich in ihrer Autonomie und Würde »essenziell« beeinträchtigt fühlte und es für sie keine Alternativen gab, rechtfertigt Spittler die Suizidbegleitung: »Welches Recht hätten wir in unserer zunehmend säkularen Gesellschaft, selbst mit einem christlich geprägten Denken, ein weiteres Leiden nicht nur für uns selbst – vielleicht – anzunehmen, sondern von anderen zu fordern?«[72] Das selbstbestimmte Sterben wird bei vielen Patienten mit fortschreitenden neurologischen Erkankungen eingefordert aus Angst, in einen Zustand zu geraten, in dem nicht einmal mehr der begleitete Freitod möglich ist – quasi in Antizipation eines subjektiv als unerträglich empfundenen Zustandes. Der Neurologe Spittler spricht in diesem Zusammenhang von einem Auseinanderklaffen der Schere von schlechter Prognose und Lebenserwartung.[73]

Demgegenüber zeigen empirische Untersuchungen, daß die Lebensqualität bei schwerwiegenden Einschränkungen der Bewegungsfähigkeit und der Notwendigkeit assistierter Beatmung, z. B. bei der Amyotrophen Lateralsklerose, von den betroffenen Menschen nicht so negativ eingeschätzt wird wie allgemein angenommen.[74] Ein eindrucksvolles Beispiel ist der Franzose Jean-Dominique Bauby, der nach einem Schlaganfall fast vollständig gelähmt war und in diesem Zustand mit Hilfe einer Logopädin ein Buch über seine Erfahrungen in der besonderen Lebensform des Locked-In geschrieben hat: Es heißt *Schmetterling und Taucherglocke*.[75]

Das Gespräch über die Behandlungsoptionen in einem Zustand schwerer Behinderung ist in diesem Zusammenhang von entscheidender Bedeutung. Den Patienten soll, sei die Verständigung auch noch so schwierig, die Möglichkeit gegeben werden, *selbst* über die anzuwendenden Therapiemaßnahmen zu entscheiden. Hätte Jean-Dominique Bauby eine entsprechende Patientenverfügung gehabt, wäre er möglicherweise nicht am Leben erhalten worden.

Psychisch kranke Menschen und Menschen mit Demenz

Eine besondere Schwierigkeit ergibt sich im Hinblick auf selbstbestimmte Entscheidungen über das eigene Leben bei psychisch kranken Menschen. Würde man aktive Sterbehilfe bzw. assistierten Suizid legalisieren, würde es aus Gründen der Gleichbehandlung inkonsequent sein, psychisch kranke Menschen grundsätzlich davon auszuschließen. Dies ist auch der Tenor einer Entscheidung des Obersten Gerichtshofes der Niederlande, der bei einer an einer chronischen Depression leidenden Patientin die Zulässigkeit eines ärztlich assistierten Suizids grundsätzlich bejaht hat.[76] Auch bei der von der Laienorganisation Dignitas in der Schweiz angebotenen Suizidbeihilfe sind Menschen mit psychischen Erkrankungen oder begleitenden psychischen Störungen bei körperlichen Erkrankungen nicht von vornherein von der Suizidbegleitung ausgeschlossen. Die Entscheidungsfähigkeit bzw. Wohlerwogenheit des Suizidwunsches wird in diesen Fällen gutachterlich untersucht. Der Neurologe Spittler hat in den letzten Jahren mehr als 140 entsprechende Gutachen für Dignitas (Schweiz) und »SterbeHilfeDeutschland«, die Suizidhilfeorganisation von Roger Kusch, angefertigt. Bei den Patienten war erwartungsgemäß ein hoher Anteil relevanter psychiatrischer Erkrankungen festzustellen: Bei 31% der Patienten war die psychiatrische Erkrankung die Hauptdiagnose, bei 26% fand sich eine mittelgradige bzw. schwere depressive Verstimmung. Dennoch befürwortete Spittler die Suizidbeihilfe in 94% der Fälle und zwar auch dann, wenn die Urteilsfähigkeit »sowohl krankhaft als auch rational bestimmt« war.[77] Demgegenüber leidet nach empirischen Untersuchungen mehr als die Hälfte der krebskranken Patienten mit Todeswunsch an einer klinisch relevanten Depression, die die Selbstbestimungsfähigkeit tatsächlich beeinträchtigen kann.[78]

Psychisch kranke Menschen stehen auch in modernen pluralistischen und demokratischen Gesellschaften immer noch in der Gefahr gesellschaftlicher Stigmatisierung und Marginalisierung. Die Möglichkeit eines assistierten Suizids für psychisch kranke Menschen kann ihre Integration in die Gesellschaft gefährden und die Gefahr eines tatsächlich durchgeführten Suizids erhöhen.

Am 7. Mai 2011 erschoss sich der prominente Unternehmer, Künstler und »Playboy« der 1960er Jahre Gunter Sachs in seinem Schweizer Haus aus Angst vor der »ausweglosen Krankheit A.« Seinen Suizid begründete er wie folgt: »Der Verlust der geistigen Kontrolle über mein Leben wäre ein würdeloser Zustand, dem ich mich entschlossen habe, entschieden entgegenzutreten.«[79] Auch wenn unklar ist, ob Gunter Sachs' Befürchtung, an einer Demenz vom Alzheimer-Typ zu leiden, auf einer tragfähigen medizinischen Diagnose beruht, wurde sein Schritt in der Öffentlichkeit und in den Medien mehrheitlich als mutige Tat wahrgenommen. Die Angst vor dem geistigen Verfall im Verlauf einer Demenzerkrankung wird als rationaler Grund angesehen, sein Leben selbstbestimmt zu beenden. Julia Hartmann, Hans Förstl und Alexander Kurz beschreiben die Geschichte eines 73jährigen pensionierten Arztes, der bei einem stark auf Selbständigkeit ausgerichteten Lebensentwurf nach der Diagnosestellung einer Demenz seinem Leben im Zustand der Urteilsfähigkeit ein Ende setzen wollte und sich auch durch vielfältige psychotherapeutische Interventionen nicht davon abbringen ließ. Sein Motiv war »die Sorge, durch ein Weiterleben mit Krankheit und Behinderung seinen Angehörigen eine große Bürde aufzuerlegen.«[80] In ethischer Hinsicht gab es nach sorgfältiger Prüfung aus Sicht der Autorin und der Autoren keine Rechtfertigung, dem Wunsch des Patienten (mit Zwangsmitteln) entgegenzutreten.

Die Staatsanwaltschaft München hat bei einem von den Angehörigen begleiteten Suizid einer Ärztin, die sich ebenfalls im Frühstadium einer Demenz bei erhaltener Urteilsfähigkeit das Leben genommen hat, das Ermittlungsverfahren gegen die Angehörigen eingestellt.[81] Der Münchner Rechtsanwalt Putz, der die Patientin und ihre Familie rechtlich vertreten hat, kommentierte den Suizid der Ärztin in der Münchner Boulevardzeitung »tz« wie folgt:

»Die Dame hatte ich so überzeugend kennengelernt, sie war so faszinierend. Eine Woche vor ihrem Tod war sie so glücklich und zufrieden. Die Frau war so freudig, dass sie diesen Weg jetzt gehen und sich verabschieden kann, und dass sie sich dieses sonst sicher grauenhafte Ende erspart. Das war schon sehr eindrucksvoll und dann ist man doch nicht erschüttert, sondern man sagt, das ist eigentlich ganz vernünftig, was die Frau macht.«[82]

In der medialen Wahrnehmung erscheint der selbstbestimmte Tod, kontrastiert vor dem Grauen der Demenzerkankung, als eine mutige und rationale Handlungsalternative für die von der Erkrankung betroffenen Menschen. Damit geraten diejenigen Menschen, die sich gegen den selbstbestimmten Tod und für das Leben mit Demenz entscheiden, in Rechtfertigungsdruck, zumal sich dahinter das unausgesprochene ökonomische Problem zunehmender Pflegekosten in einer immer älter werdenden Gesellschaft verbirgt. In den Niederlanden wird die Angst vor dem Fortschreiten der Erkrankung im Frühstadium einer Demenz als »unerträgliches Leiden« und damit als Berechtigung für den ärztlich assistierten Suizid oder die Euthanasie von den regionalen Kontrollkommissionen anerkannt, auch wenn diese Entscheidungen nicht unumstritten sind.[83] Darüber hinaus ist es sowohl in den Niederlanden als auch in Belgien grundsätzlich möglich, daß Menschen mit Demenzerkrankungen mit einer vorausverfügten Erklärung für den Fall ihrer Einwilligungsunfähigkeit, um Euthanasie bitten, wenn die Ärzte das Leiden dann als unerträglich einschätzen. In einer Studie zur Einstellung von Ärzten, Pflegekräften und der Bevölkerung zur Euthanasie sprachen sich 33% der Ärzte, 58% der Pflegekräfte und 77% der Befragten aus der Bevölkerung für die vorausverfügte aktive Sterbehilfe bei Patienten mit schwerer Demenz aus.[84]

Die Entscheidung für oder gegen den Tod bei Demenzerkrankungen wird aber davon abhängen, welches Bild in der Gesellschaft und vor allem in den Medien über das Leben mit Demenz transportiert wird. Hans Lauter weist zurecht darauf hin, daß das Leben mit Demenz nicht per se menschenunwürdig und unerträglich sein muß, sondern daß – bei entsprechender gesellschaftlicher, pflegerischer und menschlicher Unterstützung – vielfältige Bewältigungsformen freigesetzt werden können. Ein rechtlich kodifiziertes Angebot ärzlicher Suizidhilfe hingegen würde die Schwelle, die Selbsttötung mithilfe eines Arztes umzusetzen, deutlich erniedrigen.[85] Hinzu kommen praktische Schwierigkeiten bei der Beurteilung der Entscheidungsfähigkeit von Patienten mit Demenz: Bis zu welchem Stadium der Erkrankung können die Patienten als entscheidungsfähig in bezug auf die Beendigung ihres Lebens angesehen werden? Wie sind Stimmungsschwankungen und begleitende Depressionen zu bewerten? Welche Rolle spielen im fortgeschrittenen Krankheitsstadium Äußerungen des natürlichen Lebenswillens?

Im Hinblick auf die Gleichbehandlung ähnlicher Fälle erscheint es schwierig, zu einer klaren Grenzziehung zu gelangen, die nicht willkürlich wäre und deren Umsetzung nicht letztlich von der subjektiven Beurteilung eines Gutachters abhängen würde.[86]

Menschen im Wachkoma

Bei sicher entscheidungsunfähigen und äußerungsunfähigen Patienten wird die aktive und passive Sterbehilfe kontrovers diskutiert. In Deutschland spielt die Frage der Einstellung der künstlichen Ernährung bei Patienten im Wachkoma (»persistent vegetative state«) eine besondere Rolle. Eine international gebräuchliche medizinische Definition geht davon aus, daß im »persistent vegetative state« bei einem erhaltenen Schlaf-Wach-Rhythmus, bei erhaltener Regulation vegetativer Körperfunktionen und unwillkürlichen, reflexhaften Antworten auf Schmerz und sensorische Reize Bewußtsein und Schmerzempfinden nicht vorhanden sind. Ein Wiedererlangen des Bewußtseins nach einem Jahr persistierenden vegetativen Zustandes infolge eines Schädelhirntraumas wird als sehr unwahrscheinlich, aber innerhalb von drei Jahren nicht als vollkommen ausgeschlossen angesehen.[87] Aus erkenntnistheoretischer Sicht kann jedoch subjektives Erleben auch mit modernen bildgebenden Verfahren nicht vollkommen ausgeschlossen werden, zumal die kognitive Stimulation isolierter kortikaler Areale möglich zu sein scheint.[88] Die ethische Kontroverse dreht sich um die Frage, ob Patienten im Wachkoma – unabhängig von den vorliegenden empirischen Ergebnissen der Neurophysiologie und der cerebralen Bildgebung – als zweifellos lebenden Menschen Menschenwürde und Lebensrecht zukommen[89] und sie somit einen Anspruch auf bestmögliche medizinische Versorgung und Pflege unter Einschluß der (künstlichen) Ernährung haben oder ob medizinische Behandlung und künstliche Ernährung bei dauerhaft fehlendem Bewußtsein keinen Nutzen für den Patienten darstellen und somit sinnlos sind.[90] Letztere Position wurde beispielsweise in einer Entscheidung des Supreme Court in Großbritannien im Fall von Anthony Bland vertreten. Der 21jährige junge Mann hatte bei der Katastrophe im Fußballstadium von Sheffield im Jahre 1989 einen hypoxischen Hirnschaden erlitten und lag über drei Jahre im Wachkoma. Auf Antrag der Eltern entschieden die Richter 1993, daß die Weiterbehandlung mit Beatmung, Flüssigkeitszufuhr und Ernährung keinen Nutzen für den Patienten mehr darstelle und insofern im Interesse des Patienten einzustellen sei.[91] Eine andere Position bezieht sich auf das Selbstbestimmungsrecht der Patienten und hebt auf den mutmaßlichen oder in Form einer Patientenverfügung vorausverfügten Willen des Patienten ab, der sowohl für die Fortsetzung einer künstlichen Ernährung (z. B. mit einer PEG-Sonde) als auch für deren Beendigung maßgeblich sei: Der zwanzigjährige Alexander Nicht erlitt 2002 einen Verkehrsunfall mit einem schweren Schädel-Hirn-Trauma, in dessen Folge sich ein Wachkomazustand entwickelte. Die Mutter wollte nicht, daß sein Leben unter allen Umständen erhalten wird und bezog sich dabei auf Äußerungen ihres Sohnes, der sportlich aktiv und voller Lebensenergie sich ein Leben im Zustand der Bewegungsunfähigkeit nicht vorstellen konnte. Konfrontiert mit dem Verkehrsunfall eines Bekannten habe er gesagt, »sich nicht mehr bewegen können, nicht mehr reden, nicht mehr denken – das wäre für ihn blanker Horror«.[92] Die Mutter versuchte in den folgenden Jahren als Betreuerin, den mutmaßlichen Willen ihres Sohnes zur Einstellung der künstlichen Ernährung gegen die behandelnden Ärzte und das Pflegeheim durchzusetzen und wurde in dieser Entscheidung schließlich vom Landgericht Berlin bestätigt. Alexander Nicht starb vier Wochen nach Einstellung der künstlichen Ernährung an einer Lungenentzündung. Der behandelnde Arzt war der Ansicht, daß es bei fehlendem Bewußtsein für Alexander auch kein Leiden gebe, dennoch erhielt er bis zu seinem Tod Schmerz- und Schlafmittel sowie krampflösende Medikamente, um sein Sterben *für* die Pflegenden und die Angehörigen erträglich zu gestalten.[93] Auch in einer Entscheidung des Oberlandesgerichts Hamm aus dem Jahr 2007 wurde den Eltern von Jule das Recht zugestanden, ihr Kind zu Hause sterben zu lassen. Die vierjährige Jule erlitt nach einer Komplikation bei einer Routineuntersuchung einen hypoxischen Hirnschaden und befand sich in einem Wachkomazustand.[94]

Die Unsicherheit in der Frage, was Bewußtsein ist und ob Patienten im Wachkoma mit ihrer Umgebung nur noch reflexhaft kommunizieren, markiert den zentralen ethischen Konflikt der Entscheidung für Lebenserhaltung oder Sterbenlassen. Dabei hat sich die gesellschaftliche Wahrnehmung und die ethische Bewertung von Patienten im so genannten Wachkoma in den letzten zehn Jahren in Deutschland deutlich verändert. War in den 1990er Jahren noch die Einsicht unstrittig, daß Menschen im Wachkoma aufgrund der Tatsache, daß sie ihren Willen nicht eindeutig kommunizieren können, besonders verletzlich sind und besonderer Zuwendung und Pflege bedürfen[95], so hat die Debatte um die rechtliche Verbindlichkeit von Patientenverfügungen zu einer Situation geführt, in der die Einstellung der künstlichen Ernährung und damit das Sterbenlassen von (Wach)Komapatienten eine Handlungsoption ist, die dann gerechtfertigt sei, wenn sie dem mutmaßlichen oder dem schriftlichen vorausverfügten Willen des Betroffenen entspreche.[96] Demgegenüber plädiert Oliver Tolmein dafür, daß es bei Menschen in eingeschränkten Bewußtseinszuständen vorrangig darum geht, ihre aktuellen Bedürfnisse zu berücksichtigen und ihren natürlichen Willen zu ermitteln.[97] Dieser kann aber nur beziehungsmedizinisch und beziehungsethisch erfaßt werden, indem die Körpersprache der Wachkomapatienten ernst genommen wird.[98] In einer Studie zu Einstellungen von Ärzten und Pflegepersonen zur aktiven Sterbehilfe bei Wachkomapatienten konnte gezeigt werden, daß 54,5% der Mitarbeiter in Gesundheitsberufen grundsätzlich für die Legalisierung der aktiven Sterbehilfe analog zum niederländischen Modell sind. 64,8% der Befragten hielten es unter bestimmten Umständen für gerechtfertigt, das Leben von Wachkomapatienten aktiv zu beenden. Beim Pflegepersonal lag die Zustimmung zu dieser Frage bei 70,4%, was Grit Böttger-Kessler, die Autorin der Studie, u. a. auf die zunehmende Belastung und Berufsunzufriedenheit im Pflegebereich zurückführt.[99] Anschaulich beschreibt der bereits erwähnte Münchner Rechtsanwalt Putz, daß es ihm in der Wahrnehmung von Menschen in eingeschränkten Bewußtseinszuständen durchaus um einen Wertewandel innerhalb der Gesellschaft geht:

»Die zunehmende Verbreitung von Patientenverfügungen wird dazu beitragen, die allgemeinen Wertvorstellungen zu beeinflussen. Je mehr

Menschen sich einer medizinisch möglichen Lebensverlängerung widersetzen, desto mehr wird sich auch der gesellschaftliche Grundkonsens verschieben. Auch Menschen, die diese Vorsorge nicht explizit für sich selbst in perfekter Form vorgenommen haben, werden dann in den Genuss dieser veränderten Wertewelt kommen. Die Verhältnisse werden sich umkehren: Wer in Zukunft ›Lebensverlängerung um jeden Preis‹ wünscht, wird dies in einer entsprechenden Patientenverfügung niederlegen müssen. Das jahrelange Dahinvegetieren an der Magensonde wird es im Normalfall nicht mehr geben.«[100]

Hier kommt deutlich zum Ausdruck, daß die Ermittlung des Patientenwillens im Zustand der Nichteinwilligungsfähigkeit, also des sogenannten mutmaßlichen Willens, doch nicht so unabhängig von allgemeinen gesellschaftlichen Wertvorstellungen ist, wie es das ursprünglich in Anspruch genommene Konzept der Autonomie erfordern würde. Wenn in einer Gesellschaft das Leben in eingeschränkten Bewußtseinszuständen, abhängig von künstlicher Ernährung und intensiver Pflege, als unüblich angesehen wird, wird der Spielraum von Entscheidungen für eine Fortsetzung dieser Form des Lebens geringer werden.

7.4. Früheuthanasie

Die alte wie die neue Euthanasiedebatte betrifft auch behinderte Neugeborene. Mit den verbesserten intensivmedizinischen Behandlungsmöglichkeiten für Frühgeborene, die bereits ab der 22. Schwangerschaftswoche oder ab 500g Geburtsgewicht eine Überlebenschance haben, steigt auch das Risiko des Überlebens mit einer schwerwiegenden gesundheitlichen Beeinträchtigung oder Behinderung. Aber auch bei Kindern, die aus anderen Gründen mit schweren Krankheiten, genetischen Defekten, körperlichen Behinderungen oder Hirnschädigungen geboren werden, stehen Neonatologen und Eltern vor Entscheidungskonflikten über die angemessenen Behandlungsmaßnahmen und die Frage eines möglichen Sterbenlassens der Kinder.[101] Die 1992 aktualisierten Richtlinien der Akademie für Ethik in der Medizin, der Deutschen Gesellschaft für Kinderheilkunde und der Deutschen Gesellschaft für Medizinrecht zu Grenzen der Behandlungspflicht bei schwerstgeschädigten Neugeborenen, die sogenannten Einbecker Empfehlungen, betonen die grundsätzliche Unverfügbarkeit menschlichen Lebens und sehen dieses als Wert höchsten Ranges an, insofern schließen sie auch die aktive Sterbehilfe bei Neugeborenen kategorisch aus.[102] Gleichwohl sei der Arzt nicht verpflichtet, in allen Fällen den ganzen Umfang medizinischer Behandlungsmöglichkeiten auszuschöpfen und könne im Rahmen seines Ermessensspielraumes und in Absprache mit den Eltern auf lebensverlängernde Maßnahmen verzichten, wenn ein in Kürze zu erwartender Tod nur hinausgezögert werde oder die Behandlung dem Neugeborenen nur ein Leben mit äußerst schweren Schädigungen ermöglichen würde. Schließlich solle geprüft werden, ob die Belastung der zur Verfügung stehenden Behandlungsmöglichkeiten die zu erwartende Hilfe übersteige.[103] Mit diesen, allerdings relativ vage formulierten Kriterien soll den behandelnden Ärzten eine Entscheidungshilfe für die jeweils notwendige Einzelfallentscheidung an die Hand gegeben und unter gewissen Umständen die passive Sterbehilfe, also Verzicht oder Abbruch lebenserhaltender Maßnahmen, gerechtfertigt werden.[104] Demgegenüber ist sowohl von dem bereits erwähnten australischen Bioethiker Peter Singer als auch von dem Mainzer Rechtsphilosophen Norbert Hoerster geltend gemacht worden, daß weder von ethischer noch von rechtlicher Seite eine Unterscheidung von aktiver und passiver Sterbehilfe aufrecht erhalten werden könne. Im Sinne einer utilitaristischen Ethik, die die Richtigkeit von Handlungen an ihren Konsequenzen für die Betroffenen mißt, komme es nicht darauf an, ob ein Leben durch eine Handlung (Tötung im kausalen Sinn) oder durch das Unterlassen einer Handlung (Lebensbeendigung durch Behandlungsverzicht) beendet werde.[105] In rechtlicher Hinsicht mache es für die Ärzte bzw. die Eltern keinen Unterschied, ob sie das Leben eines ihnen anvertrauten Menschen durch ein aktives Tun oder durch ein Unterlassen beenden würden. Wer die passive Sterbehilfe, die in rechtlicher Hinsicht als eine Tötung durch Unterlassen zu werten sei, für rechtmäßig halte, müsse konsequenterweise auch die aktive Sterbehilfe befürworten, beides unter der Voraussetzung, daß die Sterbehilfe dem (mutmaßlichen) Willen des Betroffenen entspreche bzw. in seinem wohlverstandenen Interesse sei.[106] Peter Singer geht weiter davon aus, daß Neugeborene bis zum Ende des ersten Lebensmonats kein Lebensrecht haben, das dem von Personen mit Selbstbewußtsein, Autonomie und Rationalität entspreche. Ihre Tötung verletze keine Interessen seitens der Neugeborenen, da sie sich noch nicht wie selbstbewußte Wesen in die Zukunft entwerfen und somit auch keine Wünsche für ihre Zukunft entwickeln könnten. Sie würden von dem Prinzip der gleichen Interessenerwägung aller von einer Handlung betroffenen *Personen* nicht erfaßt. Vielmehr unterlägen sie als empfindungsfähige Wesen lediglich einer Abwägung der mit ihrer Existenz verbundenen Bilanz von Lust und Schmerz, von freudvollen gegenüber schmerzlichen Empfindungen. Und sie seien durch andere erst zu zeugende Wesen (total view des Utilitarismus) ersetzbar, die über eine positivere Schmerz/Lust-Bilanz verfügten, weil sie beispielsweise nicht behindert seien. In dieser Sicht des Utilitarismus, die auch die Interessen erst zu zeugender Wesen berücksichtigt, steht es den Eltern frei, ihre behinderten Kinder schmerzlos töten zu lassen, wenn sie die mit ihnen verbundene Last nicht auf sich zu nehmen bereit sind und sich niemand findet, der das behinderte Kind adoptieren möchte. Dabei ist das Recht zur Tötung behinderter Kinder nicht auf schwerste Schädigungen beschränkt, sondern sie kann durchaus auch bei leichteren Behinderungen wie einer Hämophilie oder Trisomie 21 vollzogen werden.[107] Norbert Hoerster kommt aufgrund seiner interessenbasierten Theorie von Rechten und Pflichten zwar zunächst zu einem ähnlichen Ergebnis wie Peter Singer: Neugeborene könnten nur vorübergehende und sofort zu befriedigende Wünsche haben, nicht jedoch auf die Zukunft gerichtete Interessen entwickeln. Von daher haben sie auch kein Lebensrecht um ihrer selbst willen. Frühestens ab dem dritten Lebensmonat könnten Kinder ein Überlebensinteresse entwickeln. Deshalb – und hier kritisiert Hoerster die Position von Peter Singer – müsse das Lebensrecht von älteren Kindern durch eine eindeutige und unmißverständliche gesetzliche Regelung in der Moralpraxis einer Gesellschaft durchgesetzt werden. Hierzu sei es erforderlich, die Geburt als Grenze für das Lebensrecht anzusetzen.[108] Das von Hoerster lediglich mit dem Schutz des Lebensrechts älterer Kinder begründete Lebensrecht von Neugeborenen, das ihnen nicht um ihrer selbst willen zusteht, wird jedoch bereits durch die Art seiner Begründung (Neugeborene haben *kein* Überlebensinteresse) ausgehöhlt und kann die Moralpraxis einer Gesellschaft unterminieren. Ungeborenen Kindern spricht Hoerster dementsprechend grundsätzlich kein Lebensrecht zu. Daraus folgt eine liberale Praxis der Abtreibung, die ein säkularer Staat erfordere.[109] Ähnliches gelte für Frühgeborene mit einer Tragzeit unter 28 Wochen, da sie keine nennenswerte natürliche Überlebenschance hätten, nur mit einem mit erheblichen Kosten verbundenen intensivmedizinischen Aufwand am Leben erhalten werden könnten und ein erhebliches Risiko für Behinderungen aufweisen würden. Sie besäßen nur einen gewissen Lebensschutz und dürften nicht grundlos getötet werden, ihr Lebensrecht unterliege der Verfügung der Eltern.[110] Schließlich fordert Hoerster analog zum Recht auf Sterbehilfe bei einwilligungsfähigen Personen ein Recht auf aktive bzw. passive Sterbehilfe für Neugeborene und Kinder, deren »Leidenszustand [...] so gravierend [ist], daß das Kind, wenn es urteilsfähig und über seinen Zustand aufgeklärt *wäre*, aufgrund reiflicher Überlegung, Sterbehilfe selbst wünschen *würde*.«[111] Humane Sterbehilfe bei Neugeborenen und Kindern soll also in deren wohlverstandenem Eigeninteresse vollzogen werden. Da jedoch keine Anhaltspunkte für die Ermittlung eines individuellen mutmaßlichen Willens vorliegen, muß sich dieser an objektiven und allgemein anerkannten Maßstäben orientieren. Daß der Elternwille hier in letzter Konsequenz nicht maßgeblich ist, zeigt Hoersters letzte Schlußfolgerung: Sterbehilfe durch Tötung oder Behandlungsverzicht, wenn sie ärztlich indiziert ist, darf nicht am Widerspruch der Sorgeberechtigten scheitern, hier muß die Entscheidung des Vormundschaftsgerichts die fehlende Einwilligung der Eltern ersetzen können.[112] Letztlich kommt Hoersters Position nicht ohne eine rational nachvollziehbare Bestimmung des Wertes menschlichen Lebens aus. Dies gilt auch für die von ihm als lobenswert bezeichnete und staatlich zu fördernde eugenisch motivierte Auswahl des werdenden Lebens. Auch wenn das Lebensrecht geborener behinderter Menschen nicht angetastet werden dürfe, so sei es doch vorzugswürdig, »gesunden und nichtbehinderten anstatt kranken und behinderten Individuen zur Existenz zu verhelfen.«[113] Schließlich sei eine Welt ohne behinderte und kranke Menschen vorzuziehen.[114] In bezug auf die im alten Abtreibungsrecht der Bundesrepublik geltende eugenische Indikation schreibt Hoerster, »daß hier unser Staat in einem Teilbereich des menschlichen Lebensschutzes (nämlich gegenüber dem vorgeburtlichen Leben) ganz ähnliche Kriterien zur Anwendung bringt, wie sie vom nationalsozialistischen Staat für den menschlichen Lebensschutz durchgängig (nämlich auch *nach* der Geburt) in der Realität verwendet wurden.«[115]

Eine andere Legitimation für die Früheuthanasie gibt der Jurist Reinhard Merkel: Der Arzt sei gehalten, im besten Interesse der neugeborenen Kinder zu handeln. Könne ein Leidenszustand bei aussichtsloser Prognose nicht anders als durch aktive Sterbehilfe (also Tötung) abgewendet werden und würde passive Sterbehilfe zu einer vermeidbaren schweren Leidenszeit führen, so könne die aktive Sterbehilfe durch den Notstandsparagraphen des Strafgesetzbuches gerechtfertigt sein.[116]

7.5. Ethische Positionen: Der Wert des Lebens und die Autonomie

In der ethischen Debatte um die Euthanasie spielt die Frage der Unverfügbarkeit des menschlichen Lebens – auch Prinzip der Heiligkeit des menschlichen Lebens genannt – eine bedeutende Rolle. Wenn in einem religiösen Kontext der Mensch sich als Geschöpf Gottes versteht, so ist menschliches Leben ein Geschenk Gottes, eine Gabe, über die der Mensch nicht uneingeschränkt verfügen kann.[117] Insofern entspricht das Tötungsverbot dem Souveränitätsanspruch Gottes. Dies gilt sowohl für fremdes Leben wie für das eigene Leben. Dieser jüdisch-christlichen Tradition entsprechend gilt in der katholischen Moralphilosophie die Tötung eines unschuldigen Menschen als eine in sich schlechte Handlung. In der christlichen Ethik traditionell akzeptierte Ausnahmen von einem generellen Tötungsverbot sind Krieg, Notwehr und Todesstrafe. Das Prinzip der Heiligkeit des menschlichen Lebens kann in verschiedener Weise verstanden werden: zum einen so, daß das menschliche Leben einen absoluten Wert hat und Lebenserhaltung um jeden Preis geboten ist, zum anderen so, daß das menschliche Leben einen fundamentalen Wert darstellt.[118] Das Recht auf Leben ist von der Gesellschaft und ihren Mitgliedern grundsätzlich zu respektieren und kann nicht von bestimmten Bedingungen abhängig gemacht werden. Insofern hat das menschliche Leben einen intrinsischen Wert, über den der Mensch gerade nicht autonom verfügen kann. Aus dem Prinzip der Heiligkeit des menschlichen Lebens ergibt sich somit ein kategorisches Argument gegen die Tötung von Menschen auf deren Verlangen bzw. zur Beendigung von Leidenszuständen: Bereits auf einer prinzipiellen Ebene ist die freiwillige ebenso wie die nichtfreiwillige aktive Euthanasie ethisch nicht zu rechtfertigen. Von daher ist verständlich, daß das Prinzip der Heiligkeit des menschlichen Lebens von Befürwortern der aktiven Sterbehilfe auf verschiedenen Ebenen infrage gestellt wird. Erstens wird der Geltungsanspruch des Prinzips der Heiligkeit des menschlichen Lebens in einer pluralistischen und säkularen Gesellschaft bestritten, da es nur in einem religiösen Kontext schlüssig begründet werden kann. Zweitens wird das Prinzip der Heiligkeit des menschlichen Lebens im Hinblick auf höherentwickelte Tiere als diskriminierend angesehen, deren Lebensrecht im Vergleich zum Menschen keine angemessene Berücksichtigung findet. Zum dritten wird auf Inkonsistenzen in der praktischen Anwendung hingewiesen: Bei konsequenter Anwendung des Prinzips der Heiligkeit des menschlichen Lebens müßte z. B. auch die passive Sterbehilfe verboten sein.[119] Auf der anderen Seite sind verschiedene Versuche unternommen worden, das Prinzip der Heiligkeit des menschlichen Lebens im Kontext einer säkularen Gesellschaft neu zu interpretieren: Der erste Versuch betrifft die Unterscheidung zwischen rein biologischem und personalem oder biographischem Leben. Hier würde dem auf Selbstbewußtsein und personaler Identität beruhenden menschlichen Leben ein höherer Wert und damit Schutzanspruch zukommen als dem rein biologischen Leben. Von daher ließe sich die Beendigung des rein biologischen Lebens rechtfertigen, wenn personales Leben nicht mehr möglich sei.[120]

Der amerikanische Philosoph Ronald Dworkin hat ebenfalls eine säkulare Neuinterpretation des Prinzips der Heiligkeit des menschlichen

Lebens vorgelegt. Für Dworkin ist der Wert des menschlichen Lebens begründet durch die Investitionen, die sowohl die Natur als auch die Menschen in dieses Leben tätigen. Von daher sei das menschliche Leben als solches schützenswert. Da die Investitionen, die ein Mensch in sein Leben hineingebe, wesentlich von dem Bedürfnis getragen seien, daß es ein gutes, in sich stimmiges und mit seinen wertbezogenen Interessen übereinstimmendes Leben sei, habe der Mensch auch das Recht sicherzustellen, daß Zeitpunkt und Art seines Todes, also sein Sterben, soweit möglich, diesem seinem Lebensentwurf entsprächen. So entspreche es dem Respekt vor der menschlichen Komponente der Heiligkeit des Lebens, wenn ein Mensch unter bestimmten Bedingungen nicht mehr leben möchte, etwa wenn sein Leben nur noch von Maschinen abhänge, und er Vorkehrungen treffe, daß dieses Leben beendet werde.[121] Dworkin nimmt also für sich in Anspruch, das Prinzip der Heiligkeit des menschlichen Lebens mit dem der Selbstbestimmung über die Stimmigkeit von Leben und Tod zu verknüpfen. In ähnlicher Weise argumentiert Michael Quante für ein Recht auf selbstbestimmtes Sterben aus dem Konzept der biographischen Identität einer Person heraus. Diese biographische Identität konstituiert sich durch die Identifikation eines Menschen mit seiner erlebten Vergangenheit und seiner antizipierten Zukunft als Persönlichkeit. Indem der Mensch seine gelebte Geschichte und sein zukünftiges Leben bewerten könne, habe er auch das Recht, die Fortsetzung seiner Existenz insgesamt abzulehnen, somit entspreche das Recht auf freiwillige Euthanasie der Verwirklichung personaler Autonomie, welche am besten zu unserer pluralen Kultur und unserer pluralistischen Gesellschaft passe.[122]

Norbert Hoerster versucht, das Recht auf Sterbehilfe aus rechtsethischer Sicht zu begründen. Er geht von der Überlegung aus, daß die Einwilligung des Betroffenen in eine Rechtsgüterverletzung in der Regel die Strafbarkeit ausschließe. Hoerster erläutert dies am Beispiel desjenigen, der sein Klavier durch einen Dritten zerstören lasse, ohne daß dies strafbar wäre. So betont Hoerster das Recht des Bürgers einer liberalen Gesellschaft, auf sein Recht auf Leben zu verzichten und in seine Tötung einzuwilligen, wenn er kein Interesse mehr am Weiterleben habe. Allerdings sei diese Einwilligung, um wirksam zu sein, an hohe Voraussetzungen zu binden, nur so könne der Staat seiner Fürsorgepflicht für das Leben seiner Bürger entsprechen: Die Einwilligung müsse in einem urteilsfähigen Zustand, aufgrund freier Willensentschließung und unter Kenntnis aller relevanten Umstände gegeben werden und dabei dem Kriterium der Rationalität genügen. Unter diesen Voraussetzungen sei nicht nur die Straflosigkeit des Bilanzsuizids, sondern auch die aktive Sterbehilfe zu rechtfertigen. Diese setze neben der Urteilsfähigkeit als objektives Kriterium eine schwere und unheilbare Erkrankung voraus.[123] Daß Hoerster hier nicht auf die subjektive Unerträglichkeit des Leidens, sondern auf die objektiv durch den Arzt einzuschätzende Schwere des Leidens abhebt, soll eine zusätzliche Sicherheit gegen Mißbrauch darstellen.[124] Dieser den Kriterien aufgeklärter Rationalität folgende Verzicht auf das Lebensinteresse könne für den Fall der Einwilligungsunfähigkeit auch in Form einer Patientenverfügung vorausverfügt werden. Liege eine solche nicht vor, könne – mit der gebotenen größten Vorsicht – der individuell zu ermittelnde mutmaßliche Wille für die Zulässigkeit der aktiven Sterbehilfe sprechen. Aber auch bei Patienten, die nie urteilsfähig gewesen seien, bei denen also keine Anknüpfungspunkte zur Ermittlung eines individuellen mutmaßlichen Willens vorhanden seien, könne aktive Sterbehilfe gerechtfertigt werden:

»Angenommen, A war sein ganzes Leben schwer und unheilbar geisteskrank. Jetzt ist er außerdem unheilbar an einer Form von Krebs erkrankt, die ihm bis zu seinem natürlichen Ende unerträgliche Schmerzen bereitet, die durch keine positiven, ihm noch möglichen Erfahrungen annähernd kompensiert werden. Muß man in diesem Fall nicht, da A mit Sicherheit einer aktiven Sterbehilfe niemals ablehnend gegenüberstand, mit Rücksicht auf seinen Leidenszustand von seinem mutmaßlichen Wunsch nach einem möglichst baldigen Tod, also nach aktiver Sterbehilfe ausgehen?«[125]

In diesem Beispiel ist wie bei den schwer behinderten Neugeborenen – streng genommen – für Mutmaßungen über den Willen des Patienten kein Raum, da es keine Äußerungen im Zustand der Einwilligungsfähigkeit gibt, die es erlauben würden herauszufinden, wie gerade dieser individuelle Mensch sich in dieser Situation schweren Leidens entscheiden würde, wenn er sich entscheiden könnte. Die von Hoerster eingenommene Perspektive ist also einzig und allein abhängig von den allgemeinen Wertentscheidungen und Haltungen, dies wird schon in dem suggestiven Charakter der von ihm gestellten Frage deutlich: Als mutmaßlicher Wille des Patienten wird eine Werthaltung unterstellt, die urteilsfähige Menschen in dieser Situation vernünftigerweise einnehmen würden: Würde nicht jeder in dieser Situation unabwendbaren und unerträglichen Leidens seinen baldigen Tod wollen und konsequenterweise aktive Sterbehilfe für sich in Anspruch nehmen? Dabei übersieht Hoerster allerdings einen entscheidenden Punkt: Der Wunsch nach einem baldigen Tod muß nicht quasi automatisch zu dem Verlangen führen, getötet zu werden. In jedem Falle aber gibt es für Hoerster Leidenszustände, die so unerträglich sind, daß jeder vernünftige Mensch sich in dieser Situation dafür entscheiden würde, von einem Arzt getötet zu werden. Diese Leidenszustände sind dann in einem quasi objektiven Sinne, also unabhängig von der individuell unterschiedlichen, subjektiven Perspektive des Betroffenen, als nicht mehr »lebenswert« anzusehen und fordern aktive Sterbehilfe ein. Auch wenn das von Hoerster angeführte Beispiel konstruiert ist und er betont, daß man bei der Ermittlung des mutmaßlichen Willens zur Rechtfertigung aktiver Sterbehilfe besonders vorsichtig sein sollte, so zeigt sich an diesem Punkt ein grundsätzliches Problem der Rechtfertigung aktiver Sterbehilfe auf ausdrücklichen Wunsch des Betroffenen: Es stellt sich mit logischer Konsequenz die Frage, ob nicht auch Menschen, die ihren Willen nicht mehr äußern können, in vergleichbaren Situationen schweren Leidens ein Recht auf aktive Sterbehilfe haben, würde man sie doch benachteiligen, wenn man ihnen die aktive Sterbehilfe vorenthalten würde.[126] Dies setzt jedoch voraus, daß es einen weitgehenden gesellschaftlichen Konsens darüber gibt, unter welchen Umständen menschliches Leben im wörtlichen Sinne »lebensunwert« wird. Beispiele sind für Hoerster der erwähnte unheilbar Geisteskranke mit einer Krebserkrankung, aber auch behinderte und schwer kranke Neugeborene, bei denen das Leiden überwiegt.

Für den australischen Bioethiker Peter Singer ist es, geht man von den Prämissen des Präferenzutilitarismus aus, relativ einfach, sowohl die freiwillige aktive als auch die nichtfreiwillige aktive Euthanasie zu rechtfertigen. Ist es die Präferenz einer rationalen und selbstbewußten Person im Hinblick auf ihr unheilbares und quälendes Leiden, ihr Leben zu beenden, und ist die Person urteilsfähig, so gebietet es der Respekt vor der Autonomie der Person, der Bitte um Lebensbeendigung nachzukommen. Dieser Respekt vor der autonomen Entscheidung einer Person und den vor ihr formulierten Präferenzen dürfe nicht durch die mit der Legalisierung der aktiven Euthanasie eventuell verbundenen Gefahren (möglicherweise doch vorhandene Heilungschancen, Mißbrauchsgefahr) eingeschränkt werden.[127] Nichtfreiwillige Euthanasie hingegen rechtfertigt Singer, wie oben am Beispiel von behinderten Neugeborenen ausgeführt, mit den fehlenden Eigenschaften von Personen entsprechend einer Bilanz von schmerzhaften und lustvollen Empfindungen, welche es ermöglicht, zwischen lebenswertem und »lebensunwertem« Leben zu unterscheiden. Das Leben von Menschen im Wachkoma hat für Singer wegen der fehlenden Fähigkeit zu bewußten Empfindungen ohnehin keinen Wert. Für diejenigen, die nicht im Koma liegen, aber kein Bewußtsein von sich selbst haben, gilt: Ihr Leben »hat einen Wert, wenn sie mehr Lust als Schmerz erleben; aber es ist schwer einzusehen, warum man solche Wesen am Leben erhalten sollte, wenn ihr Leben insgesamt elend ist.«[128] Einschränkend macht Singer allerdings die Bemerkung, daß nichtfreiwillige Euthanasie bei Menschen, die einmal urteilsfähig gewesen, aber dann in einen irreversiblen Zustand fehlenden Selbstbewußtseins gelangt seien, nur dann gerechtfertigt werden könnte, wenn den (unberechtigten) Befürchtungen von Menschen, die Angst vor einer Euthanasie im Alter haben, wirksam entgegengewirkt werden könnte. Im Unterschied zu Hoerster hat bei Singer der vorausverfügte oder mutmaßliche Wille von nicht selbstbewußten Menschen (Menschen im Wachkoma oder Menschen mit hochgradiger Demenz) keine eigenständige ethische Relevanz für die Entscheidungsfindung in bezug auf medizinische Lebensbeendigung. Lediglich um den Ängsten von *Personen* entgegenzuwirken, im Zustand der Entscheidungsunfähigkeit getötet zu werden, seien Verfügungen, *nicht* getötet zu werden, relevant.[129]

Aus medizinethischer Perspektive kann vor allem der Respekt vor der Autonomie des Patienten für die Zulässigkeit von aktiver Sterbehilfe und ärztlich assistiertem Suizid sprechen. In der sechsten Auflage der einflußreichen »Principles of Biomedical Ethics« plädieren Tom Beauchamp und James Childress für die moralische Zulässigkeit ärztlicher Unterstüzung beim Sterben, wobei sie den Begriff des »Tötens« für unangemessen halten. Wenn man Lebensbeendigung durch den Abbruch lebensverlängernder Maßnahmen auf Wunsch des Patienten für zulässig halte, müsse man die Todeswünsche derjenigen Patienten beachten, die nicht von künstlicher Beatmung, künstlicher Ernährung oder anderen lebensverlängernden Therapien abhängig seien. Der ärztlich assistierte Suizid (»physician assisted suicide«) sei unter bestimmten Voraussetzungen moralisch gerechtfertigt:

»However, if a person freely authorizes death and makes an autonomous judgement that cessation of pain and suffering through death constitutes a personal benefit rather than a setback to his or her interests, then active aid-in-dying at the person's request involves neither harming nor wrongig. To the contrary, not to help such persons in their dying will frustrate their plans and cause them a loss, thereby harming them.«[130]

So sprechen aus Sicht der prinzipienorientierten modernen Medizinethik sowohl das Prinzip des Respekts vor der Autonomie des Patienten als auch das Prinzip des Wohltuns für die ärztliche Hilfe zur Lebensbeendigung: Denn bei einem Leben, das nur noch Schmerz und Leiden bedeutete, sei es nachvollziehbar, daß der Patient den Tod wünsche, um das Leiden zu beenden. So sei zumindest der ärztlich assistierte Suizid, unter der Voraussetzung einer unheilbaren, »terminalen« Erkrankung, eine für sich genommen moralisch gerechtfertigte Handlung. So schreibt die Medizinethikerin Bettina Schöne-Seifert pointiert: »Was zugunsten von Sterbeassistenz angeführt werden kann, bedarf kaum der Erläuterung: Respekt vor der Selbstbestimmung eines Patienten, der sich aus einer Situation nachvollziehbaren schwersten Leidens durch den Tod befreien (lassen) möchte. Es ist also die *Konvergenz* zweier Moralprinzipien – des Gebotes, Autonomie zu respektieren und des Wohltätigkeitsgebotes, welche Sterbeassistenz in den Augen ihrer Befürworter rechtfertigt.«[131]

Gegen eine gesetzliche Regelung ärztlicher Hilfe zum Sterben, welche nach Auffassung von Bettina Schöne-Seifert im Grundsatz sowohl den ärztlich assistierten Suizid als auch die aktive Sterbehilfe umfaßt[132], während sich Beauchamp und Childress auf den ärztlich assistierten Suizid beschränken, können also nur sekundäre Gründe vorgebracht werden. Diese beziehen sich auf mögliche unerwünschte Folgen einer solchen Regelung, auf den »slippery slope«: Die Befürchtungen jedoch, daß ein streng geregeltes Angebot ärztlicher Hilfe zum Sterben zu einer Verschlechterung der palliativmedizinischen Versorgung, zu einer Benachteiligung von älteren Menschen oder von Menschen mit Behinderungen, zu Mißbrauch und Ausweitung der Praxis medizinischer Lebensbeendigung führen könne, hätten sich nach der Einführung des ärztlich assistierten Suizids in Oregon nicht bestätigt.[133] Und das oft vorgebrachte Argument, daß durch ein Angebot ärztlicher Hilfe zum Sterben das Vertrauen in den Berufsstand des Arztes beschädigt werden könnte, sei durch empirische Untersuchungen nicht belegt.[134] Das ärztliche Ethos und die Bestimmung der Ziele ärztlichen Handelns unterlägen, so Bettina Schöne-Seifert, einem gesellschaftlichen Aushandlungsprozeß. Ärztliche Assistenz zum Sterben könne so durchaus mit der Verpflichtung des Arztes zur Linderung von Leiden und zur Achtung des Selbstbestimmungsrechtes des Patienten in Einklang gebracht werden.[135]

Wenn man die Unverfügbarkeit des menschlichen Lebens nicht anerkennen will und das Leben des Menschen keinen absoluten Wert mehr hat, so gibt es aus philosophischer Sicht kein individualethisches Argument mehr gegen die Zulässigkeit von medizinischer Lebensbeendigung auf ausdrücklichen Wunsch des Patienten bei schweren Leidenszuständen. Wenn es keine unbedingte Pflicht des Einzelnen gibt, sein Leben bis zum Ende zu ertragen, dann könne auch die medizinische Hilfe bei der Lebensbeendigung, die aktive Sterbehilfe eingeschlossen, für sich genommen nicht moralisch falsch sein, so Ludwig Siep und Michael Quante.[136]

Wenn man aber den Gedanken der Selbstbestimmung und der Selbstverfügung über das eigene Leben konsequent weiterdenkt, müßte jede Selbsttötung, die keine Rechte anderer verletzt und die den Kriterien der

Rationalität genügt, unabhängig vom Vorliegen bestimmter Gründe wie schweres körperliches oder seelisches Leiden, moralisch erlaubt sein, woraus auch folgt, daß die medizinische Hilfeleistung dazu nicht verboten sein könne. Diejenigen, die für eine rechtlich geregelte Zulässigkeit von ärztlich assistiertem Suizid oder aktiver Sterbehilfe plädieren, wollen diese in der Regel auf Zustände unheilbarer Erkrankungen und schweren Leidens beschränkt wissen, um Gefahren des Mißbrauchs zu begegnen. Damit jedoch wird die Entscheidung über die Zulässigkeit von ärztlich assistiertem Suizid und aktiver Sterbehilfe im Einzelfall in das Ermessen von Dritten, insbesondere von Ärzten und Juristen, gestellt und die Selbstbestimmung des Einzelnen über sein Leben und seinen Tod wiederum eingeschränkt. Das Autonomieargument, konsequent zu Ende gedacht, führt in die paradoxe Situation, daß man entweder alle rationalen Todeswünsche erfüllen oder aber die Selbstverfügung des Einzelnen über sein Leben und seinen Tod durch mehr oder weniger strenge Kriterien der Zulässigkeit einer solchen Entscheidung einschränken muß.[137]

Dieses moralische Paradox führt zu der Einsicht, daß das Prinzip der Autonomie die ethischen Probleme der Sterbehilfe alleine nicht zu lösen vermag. So warnt Klaus Dörner vor dem Absolutheitsanspruch einer ausschließlich an der Autonomie des Einzelnen orientierten Ethik.[138] Die Wünsche nach Suizidbeihilfe und nach aktiver Sterbehilfe nehmen denjenigen, der darum gebeten wird, in die Pflicht zu antworten: Er ist gezwungen nachzuvollziehen, ob das Leben des anderen nicht mehr gelebt werden soll oder ob es andere Antworten auf die Frage nach der Unerträglichkeit des Leidens gibt. Letztlich läßt sich das Problem medizinischer Lebensbeendigung nur beziehungsethisch, d. h. unter Berücksichtigung des besonderen Abhängigkeitsverhältnisses des Patienten vom Arzt und der gegenseitigen Verantwortung lösen.

7.6. Das vorausverfügte Sterben: Möglichkeiten und Grenzen von Patientenverfügungen

Mit dem 2009 in Kraft getretenen Patientenverfügungsgesetz sind die im voraus schriftlich festgelegten Behandlungswünsche einer Person für den Fall ihrer Einwilligungsunfähigkeit verbindlich, wenn die Festlegungen auf die aktuelle Lebens- und Behandlungssituation zutreffen und die Patientenverfügung nicht zwischenzeitlich widerrufen wurde. Für den Fall, daß der Patient seinen Willen nicht mehr bilden und äußern kann, treten der Betreuer bzw. eine im voraus bevollmächtigte Person an seine

Stelle. Der Betreuer entscheidet dann auf der Grundlage der ärztlichen Informationen über die medizinische Situation, die Prognose und die Therapiemöglichkeiten nach Maßgabe der in der Patientenverfügung festgelegten Willensäußerung über die Durchführung oder den Abbruch von medizinischen Therapien, insbesondere über künstliche Beatmung, künstliche Ernährung und andere lebenserhaltende medizinische Maßnahmen.[139]

So begrüßenswert das Instrument der Patientenverfügung im Hinblick auf die Stärkung des Selbstbestimmungsrechts der Patienten ist, so bleiben eine ganze Reihe von praktischen Fragen und grundsätzlichen ethischen Problemen ungelöst. Insbesondere ist eine vom Gesetz nicht ausdrücklich geforderte intensive und individuelle medizinische Beratung bei Abfassung einer Patientenverfügung wünschenswert um sicherzustellen, daß die Patientenverfügung auf einer wohlinformierten Entscheidung über die in dem Text der Verfügung beschriebenen medizinischen Situationen und Behandlungsoptionen beruht. Ungeklärt ist auch die Frage, ob es bei einer eindeutigen Patientenverfügung der Bestellung eines Betreuers bedarf oder ob der Arzt nach Rücksprache mit den Angehörigen die Festlegungen in der Patientenverfügung selbständig umsetzen kann. Oft aber wird die konkrete medizinische Situation, in der sich der Patient befindet, in der Patientenverfügung nicht so exakt beschrieben sein, daß kein Interpretationsspielraum mehr besteht. Die Komplexität und Vielfalt von medizinischen Situationen, in denen Einwilligungsunfähigkeit bestehen kann, läßt sich zumal im voraus schwer exakt beschreiben. Die Unsicherheit der Prognose, insbesondere bei Schädigungen des Gehirns durch einen Schlaganfall oder ein Schädel-Hirn-Trauma, machen es oft schwer festzustellen, ob der Zustand nun irreversibel ist oder nicht und ob schwere Beeinträchtigungen der Lebensqualität zu erwarten sind.

Tatsächlich wünschen sich nach einer Studie des Münchner Zentrums für Palliativmedizin etwa 70% der Patienten, die eine Patientenverfügung ausgefüllt haben, eine hohe Verbindlichkeit ihrer Vorausverfügungen. Etwa 24% der Befragten wollen, daß der Betreuer von der Patientenverfügung abweicht, wenn er den Eindruck hat, daß der Betreffende in der aktuellen Situation seine im voraus verfügte Meinung abändern würde und etwa 6% meinen, daß die Patientenverfügung nur Hinweischarakter haben soll.[140]

Immerhin ein Viertel der Patienten lassen die Möglichkeit offen, daß sie in Situationen geraten können, in denen sie vielleicht anders entscheiden würden, als in ihrer Patientenverfügung vorgesehen. Das Instrument der Patientenverfügung bietet die Chance, sich im voraus darüber Gedanken zu machen, wie man in kritischen medizinischen Situationen behandelt werden möchte, ob einem das nackte Leben, das Überleben wichtiger ist oder ob man ein Leben mit schwersten Beeinträchtigungen, im Wachkoma oder im fortgeschrittenen Stadium einer Demenz grundsätzlich ablehnt. Dabei impliziert die im Patientenverfügungsgesetz festgeschriebene Verbindlichkeit der Behandlungswünsche, daß man Entscheidungen über einen Zustand trifft, von dem man nicht wirklich weiß, wie man sich darin fühlen wird. So zeigt die klinische Erfahrung, daß Menschen mit schweren Behinderungen und Einschränkungen oft besser zurecht kommen, als sie sich das zuvor vorstellen konnten. Insofern bleibt die Frage offen, inwieweit Krankheits- und Leidenssituationen aus der Lebensperspektive des gesunden Menschen überhaupt sinnvoll antizipiert werden können. Weiterhin ist die Bedeutung von Äußerungen eines »natürlichen Lebenswillens« bei einwilligungsunfähigen, z. B. an einer Demenz leidenden Menschen umstritten, wenn die Patientenverfügung z. B. den Verzicht auf die Antibiotikabehandlung einer Lungenentzündung für den Fall einer fortgeschrittenen Demenz vorsieht.

Wenn wir von Chancen und Risiken der gesetzlichen Regelung der Verbindlichkeit von Patientenverfügungen sprechen, sollte die Gefahr nicht übersehen werden, daß die Aufforderung, eine Patientenverfügung zu verfassen, auch eine Zumutung darstellen kann, die Zumutung nämlich, daß selbstbestimmte Bürger ihr Recht auf autonome Entscheidungen auch auf Zustände und Lebensformen ausdehnen *sollen*, in denen sie dem Ideal der Autonomie nicht mehr entsprechen (können). Der selbstbestimmte Tod könnte dann eben auch ein vorausverfügter Tod sein. So konnte man kürzlich im Editorial der angesehenen »Neuen Juristischen Wochenschrift« in bezug auf das neue Gesetz über Patientenverfügungen lesen:

»Mit den bisherigen, religiös oder moralisch geprägten Vorbehalten kann die Rechtsgemeinschaft Menschen nicht mehr hindernd in den Arm fallen, die den Wunsch haben, mit ihrem Leben abzuschließen. Was ihr bleibt ist, darauf zu bestehen, dass der Einzelne, der der Gemeinschaft wesentliche Bedingungen seiner Existenz verdankt, seinerseits das ihm Zumutbare zu ihrem Fortbestand beiträgt und sich daraus nicht fortstiehlt. Ist er indessen – sei es infolge seines Alters, sei es infolge von Krankheit – aus diesen Pflichten faktisch entlassen, hat sie keinen zwingenden Grund mehr, ihn gegen seinen Willen im Leben festzuhalten.«[141]

Erst wenn der Mensch seine Pflicht für die Gesellschaft erfüllt habe, gestehe diese ihm das Recht zu, sein Leben zu beenden.

7.7. Die Niederlande: Ein Beispiel?[142]

Die gegenwärtige Praxis der Euthanasie in den Niederlanden ist Ergebnis eines seit Ende der 1960er Jahre begonnenen gesellschaftlichen Diskussionsprozesses um die ärztliche Sterbehilfe und kann sich auf einen relativ breiten gesellschaftlichen Konsens berufen, der sowohl die Rechtsprechung, die Politik, die Ärzteschaft, die Medizinische Ethik als auch die Bevölkerung und Teile der Kirchen umfaßt.[143] Gleichwohl gibt es auch in den Niederlanden kritische Stimmen.[144] Zunächst ist festzuhalten, daß in den Niederlanden Entscheidungssituationen am Lebensende als »Medical Decisions Concerning the End of Life« bezeichnet werden. Unter Euthanasie im engeren Sinne wird nur die Tötung auf ausdrückliches Verlangen der Betroffenen im Zustand der Entscheidungsfähigkeit verstanden.[145] Der Euthanasie rechtlich gleichgestellt ist der ärztlich assistierte Suizid. Die nichtfreiwillige Tötung von schwerkranken und sterbenden Patienten ohne ausdrückliches Einverständnis fällt nicht in den Bereich der Euthanasie und ist auch weiterhin strafbar, wird jedoch selten gemeldet, zur Anzeige gebracht und strafrechtlich verfolgt.[146] Nach mehreren empirischen Untersuchungen zur Praxis medizinischer Lebensbeendigung (hierzu zählten auch die passive Sterbehilfe und die terminale Sedierung) seit Anfang der 1990er Jahre wurde 1994 eine Regelung vorgenommen, die Ärzte von Strafverfolgung ausnahm, wenn sie die vollzogenen Handlungen freiwilliger Euthanasie an den Leichenbeschauer meldeten und folgende Sorgfaltskriterien eingehalten hatten:

1. Es besteht ein freiwilliges, im Zustand der Urteilsfähigkeit explizit ausgesprochenes und beständiges Verlangen des Patienten nach Euthanasie.
2. Der Patient ist vollständig über seinen Gesundheitszustand informiert.
3. Der Patient befindet sich in einer Situation unerträglichen und hoffnungslosen Leidens, das sowohl körperlicher wie seelischer Natur sein kann.
4. Es bestehen keine akzeptablen Alternativen zur Euthanasie.
5. Die unabhängige Einschätzung eines zweiten Arztes wurde eingeholt.[147]

Die Staatsanwaltschaften und ab 1997 regionale, mit Ärzten und Juristen besetzte Kommissionen entscheiden dann anhand der Meldungen über die Einleitung eines förmlichen Ermittlungsverfahrens. Diese Regelung des Verzichts auf Strafverfolgung bei gleichzeitiger Beibehaltung des gesetzlichen Verbots von Euthanasie und assistiertem Suizid stellte einen politischen Kompromiß der damals regierungsbildenden Parteien dar und entsprach der auch in anderen Bereichen (wie etwa der Drogenpolitik) verbreiteten spezifisch niederländischen Praxis der Duldung (gedogen): Eine verbreitete, gleichwohl ungesetzliche Praxis soll durch freiwillige Meldungen unter bestimmten Bedingungen von der Strafverfolgung ausgenommen und dabei zugleich kontrolliert werden.[148] Gleichwohl wurde diese Regelung nicht als dauerhaft befriedigend angesehen, so daß im April 2001 ein »Gesetz über die Kontrolle der Lebensbeendigung auf Verlangen und der Hilfe bei Selbsttötung« erlassen wurde. Dieses Gesetz stellt die ärztliche Tötung auf Verlangen und die ärztliche Beihilfe zur Selbsttötung unter den oben genannten Sorgfaltskriterien und unter Einhaltung der Meldepflicht an die Regionalen Kontrollkommissionen offiziell straffrei.[149] Allerdings wurden die Bedingungen zulässiger ärztlicher Lebensbeendigung in dreierlei Hinsicht ausgeweitet:

1. Das Verlangen nach ärztlicher Lebensbeendigung muß nicht mehr beständig sein, sondern lediglich freiwillig und nach reiflicher Überlegung ausgesprochen werden.

2. Die Entscheidung zur Lebensbeendigung kann auch durch eine schriftliche Erklärung für den Fall von Äußerungsunfähigkeit im voraus dargelegt werden. In der Praxis wird Euthanasie in den Niederlanden aber nur auf ausdrückliches, mündliches Verlangen praktiziert.[150]

3. Euthanasie kommt unter bestimmten Voraussetzungen (Urteilsfähigkeit, Einverständnis bzw. Einbeziehung der Eltern) für Kinder ab zwölf Jahren und Minderjährige ab 16 Jahren in Betracht.

Die drei Studien zur Praxis der medizinischen Lebensbeendigung in den Niederlanden mit Untersuchung von Todesbescheinigungen und Interviews einer Stichprobe von Ärzten aus den Jahren 1991, 1996 und 2003 zeigen, daß die Zahl der Fälle freiwilliger Euthanasie hochgerechnet auf alle Todesfälle in den Niederlanden inzwischen von 1,7% (1990) über 2,4% (1995) auf 2,6% (2001) angestiegen und nach Inkrafttreten des Euthanasiegesetzes wieder leicht gesunken ist (2005: 1,7%), wobei die Zahl ärztlich assistierter Selbsttötungen mit 0,1-0,2% der Todesfälle kontinuierlich niedrig blieb. Die Zahl der Tötungen ohne ausdrückliches Verlangen des Patienten, im niederländischen Verständnis nicht als Euthanasie zu bezeichnen, ist mit 0,8% bzw. 0,7% der Todesfälle ebenfalls konstant geblieben bzw. leicht gesunken. 2005 betrug der Anteil der nichtfreiwilligen Euthanasie an allen Todesfällen 0,4%. Es handelt sich um etwa 500 bis 1.000 Fälle pro Jahr.[151] Zwischen September 2002 und Dezember 2007 wurden 10.319 Fälle von Euthanasie gemeldet, davon 91% Tötung auf Verlangen.[152] Die Meldequote für Euthanasie und assistierten Suizid stieg von 18% im Jahr 1990 über 42% im Jahr 1995 auf 54% im Jahr 2001, aktuell wird sie auf 80% geschätzt.[153]

Ingesamt können die vorliegenden empirischen Ergebnisse zur Praxis medizinischer Lebensbeendigung in den Niederlanden nicht ohne weiteres als Abgleiten auf einer schiefen Ebene verstanden werden, da die Zahl unerwünschter und weiter strafbarer Tötungen ohne ausdrückliches Verlangen nicht zugenommen hat.[154] Gleichwohl verdienen diese Fälle Beachtung: Immerhin waren 1990 36% dieser ohne ihr Einverständnis getöteten Patienten völlig urteilsfähig, hätten also gefragt werden können, 56% waren entscheidungsunfähig.[155] Unter den von den Ärzten angeführten Motiven zur Tötung von Patienten ohne ihr Einverständnis spielte der mutmaßliche Wunsch des Patienten mit 30% (Mehrfachnennungen möglich) nur eine relativ geringe Rolle. Entscheidend waren die Sinnlosigkeit einer weiteren medizinischen Behandlung (67%), die fehlende Aussicht auf Besserung (44%), Entlastung der Angehörigen (38%) und die niedrige Lebensqualität (36%).[156]

Jede medizinische Handlung war sinnlos geworden.	67%
keine Aussicht auf Besserung	44%
Die Nächsten konnten es nicht mehr ertragen.	38%
geringe Lebensqualität	36%
(unterstellter) Wunsch des Patienten	30%
Vermeidung von Entwürdigung/weiterem Leiden	9%
Die Behandlung war eingestellt, aber der Patient starb nicht.	2%
andere Gründe	8%

Tabelle 9: Gründe für ärztliche Tötungen ohne ausdrückliches Verlangen in den Niederlanden 1995 (Mehrfachnennungen möglich, nach Oduncu, Fuat S. [2007]: In Würde sterben, S. 81)

Die Entscheidungen zu ärztlichen Lebensbeendigungen, die vorwiegend, aber nicht ausschließlich bei urteilsunfähigen (bewußtseinsgetrübten) Patienten durchgeführt wurden, orientierten sich maßgeblich in paternalistischer Weise an objektiven medizinischen Kriterien und nur zu einem geringem Anteil am mutmaßlichen Willen des Patienten.[157] Bei einem gleich bleibenden Anteil nichtfreiwilliger Euthanasie hat sich der Anspruch der niederländischen Gesetzgebung, die Praxis unerwünschter ärztlicher Tötungshandlungen durch eine liberale Sterbehilferegelung kontrollieren zu können, nicht erfüllt. Vielmehr scheint die gesellschaftliche, ethische und juristische Legitimation der freiwilligen aktiven Euthanasie zu einer Stabilisierung der Praxis unerwünschter und ethisch nur schwer zu rechtfertigender Tötungen ohne ausdrückliches Verlangen beizutragen. Das Argument, daß solche Fälle von nichtfreiwilliger Euthanasie auch in Ländern mit einem gesetzlichen Verbot von aktiver Sterbehilfe und assistiertem Suizid vorkommen, hält nur bedingt empirischer Überprüfung stand. So zeigt eine vergleichende Studie aus dem Jahre 2001 zur Euthanasiepraxis in Belgien, Dänemark, Italien, den Niederlanden, Schweden und der Schweiz, daß nichtfreiwillige Euthanasie in Italien und Schweden, wo ärztliche Tötungshandlungen grundsätzlich verboten sind, mit 0,06% bzw. 0,23% der Todesfälle entsprechend selten vorkommen[158], während Länder mit liberalisierter bzw. im Prozeß der Liberalisierung befindlicher Sterbehilfepraxis einen entsprechend hohen Anteil an medizinischer Lebensbeendigung aufweisen[159]:

	Belgien[160]	Dänemark	Italien[161]	Niederlande	Schweden	Schweiz[162]
Tötung auf Verlangen	0,30%	0,06%	0,04%	2,59%	0,0%	0,27%
Ärztlich Ass. Suizid	0,01%	0,06%	0,0%	0,21%	0,0%	0,36%
Tötung ohne Verlangen	1,50%	0,67%	0,06%	0,60%	0,23%	0,42%
Symptomlinderung mit ev. Lebensverkürzung	22,0%	26,0%	19,0%	20,0%	21,0%	22,0%
Therapieabbruch	15,0%	14,0%	4,0%	20,0%	14,0%	28,0%

Tabelle 10: Häufigkeit von medizinischen Entscheidungen am Lebensende in sechs europäischen Ländern 2001/2002 nach van der Heide, Agnes et al. (2003), S. 347

Belgien, das ebenfalls seit 2002 ein Euthanasiegesetz hat, zeigt mit einem Anteil von 1,5% nichtfreiwilliger Euthanasie und 0,30% freiwilliger Euthanasie an allen Todesfällen bereits vor der Legalisierung der aktiven Sterbehilfe den höchsten Anteil an Patiententötungen ohne ausdrückliches Verlangen in allen untersuchten Ländern. Das ist ein Hinweis darauf, daß eine Diskussion der Rechtfertigung von Euthanasie bereits vor der Legalisierung der Tötung auf Verlangen mit einer entsprechenden Praxis sowohl freiwilliger wie nichtfreiwilliger Euthanasie verbunden sein kann.[163] Auch in der Schweiz ist bei zulässigem bzw. geduldetem assistiertem Suizid die Zahl der Patiententötungen ohne ausdrückliches Verlangen relativ hoch.

Die Entwicklung der niederländischen Jurisdiktion und der Euthanasiepraxis zeigt weiterhin, daß die gezogenen Grenzen (Erlaubnis der freiwilligen aktiven Sterbehilfe und des assistierten Suizids) aufgeweicht werden: Eine Reihe von Gerichtsurteilen hat seit den 1990er Jahren die grundsätzliche Möglichkeit ärztlich assistierter Lebensbeendigung auch für psychisch kranke Menschen bzw. bei unerträglichem und nicht behandelbarem seelischen Leiden betont, wenngleich unter Beachtung äußerster Sorgfalt und wenn alle Therapiemöglichkeiten ausgeschöpft sind.[164] Auch wenn der ärztlich assistierte Suizid bei psychisch kranken Menschen in den Niederlanden zahlenmäßig nur eine geringe Rolle spielt, stellt sich die Frage, ob hier nicht die Möglichkeit zu einer grundsätzlichen Ausweitung ärztlicher Lebensbeendigung eröffnet wird. Dies gilt einerseits im Hinblick auf seelisches Leiden, das sich gar nicht mehr in einem medizinischen Krankheitsbegriff fassen läßt (Lebensmüdigkeit im Wortsinne), andererseits im Hinblick auf schwere chronische Depressionen, bei denen die Abgrenzung zwischen krankheitsbedingter Suizidalität und urteilsfähiger Entscheidung gegen das Leben mit der Erkrankung kaum möglich ist.[165]

Eine weitere Ausweitung der Indikationen für medizinische Lebensbeendigung ergibt sich bei Menschen mit der Diagnose einer Demenz im noch urteilsfähigen Zustand, die – wie die Entscheidung einer der Regionalen Kontrollkommissionen aus dem Jahr 2004 belegt – sich in Fortentwicklung der niederländischen Jurisdiktion dann für Euthanasie entscheiden können, wenn sie unter dem *befürchteten* weiteren Fortschreiten der Erkrankung unerträglich leiden.[166] Wenn bei der Diagnose einer Demenz der im voraus vollzogene oder verfügte Wunsch, getötet zu werden, als legitime Euthanasiehandlung anerkannt wird, stellt sich die Frage, wie das Lebensrecht von dementen Patienten langfristig aufrechterhalten werden kann: Bleibt Euthanasie für Demente eine kontrollierbare Ausnahme oder wird sie zu einer akzeptablen Praxis? Diese Frage wird angesichts des bevorstehenden demographischen Wandels und der Zunahme von Demenzerkrankungen zunehmend an Bedeutung gewinnen.

Aber auch für schwerbehinderte Neugeborene wird nichtfreiwillige ärztliche Lebensbeendigung ermöglicht. So hält das inzwischen auch vom niederländischen Justizministerium anerkannte Groninger Protokoll die aktive Sterbehilfe in solchen Fällen für gerechtfertigt, in denen die Kinder unerträglich leiden, die Prognose der Lebensqualität sehr schlecht ist und die Eltern zustimmen. Die Autoren des Groninger Protokolls gehen davon aus, daß die Unerträglichkeit des Leidens durch die

Eltern und die Pflegenden beurteilt werden kann: »Experienced caregivers and parents are able to evaluate the degree of suffering in a newborn, as well as the relief afforded by medication and other measures.« [167] Es wird mit etwa 15 bis 20 neugeborenen Kindern pro Jahr gerechnet, die in die Kategorie des unerträglichen Leidens fallen, darunter vor allem Kinder mit schwerer Spaltmißbildung des Rückenmarks (Spina bifida). Inzwischen wurde eine staatliche Kommission eingerichtet, an die die Fälle von Neugeboreneneuthanasie zu melden sind.

Zusammengefaßt läßt sich sagen, daß der Anspruch der Niederländischen Euthanasie-Jurisdiktion, nämlich den Graubereich medizinischer Lebensbeendigung transparent und kontrollierbar zu machen, nur bedingt eingelöst werden kann. Vielmehr zeigen sich an den Rändern der Indikationen freiwilliger Euthanasie (psychisch kranke Menschen, demente Patienten, behinderte Neugeborene) deutliche Anzeichen, daß das Kriterium der Freiwilligkeit und der Urteilsfähigkeit als unabdingbare Voraussetzung von Euthanasie im ursprünglichen niederländischen Verständnis an Verbindlichkeit verloren hat, und daß objektive medizinische Kriterien zur Lebensbeendigung – wie in Fällen nichtfreiwilliger Euthanasie – an Bedeutung gewinnen. Dies hat seinen Grund auch darin, daß die niederländische Jurisdiktion – im Gegensatz zum Beispiel zu den USA – relativ stark durch die Sichtweise der Ärzte bestimmt ist und die ursprüngliche Rechtfertigung von Euthanasie durch den unaufhebbaren Gewissenskonflikt des Arztes (Rechtfertigung durch Notstand) und nicht primär und ausschließlich durch die Selbstbestimmung der Patienten bestimmt ist.

7.8. Der assistierte Suizid: Ein Ausweg?[168]

Im US-Bundesstaat Oregon hat seit 1997 ein Gesetz Gültigkeit, das den ärztlich assistierten Suizid, die Verschreibung einer tödlichen Medikamentendosis, unter sehr strengen Voraussetzungen erlaubt. Diese Voraussetzungen sind:

1. Es muß eine terminale Erkrankung, die innerhalb von sechs Monaten zum Tode führt, vorliegen.
2. Das Gesuch um Suizidbeihilfe muß mehrfach schriftlich und mündlich gegenüber dem behandelnden Arzt geäußert worden sein.
3. Es muß die Meinung eines zweiten Arztes herangezogen werden.
4. Der Fall muß an die Gesundheitsbehörde gemeldet werden.

Etwa 0,1 bis 0,2% der Todesfälle in Oregon sind Folge eines ärztlich assistierten Suizids, das sind deutlich weniger als in den Niederlanden, was sicherlich mit der Begrenzung auf absehbar zum Tode führende Erkankungen zusammenhängt. Als Gründe für die Wünsche nach selbständiger Lebensbeendigung überwiegen die befürchtete schlechte Lebensqualität, der Verlust von Selbständigkeit, die Unfähigkeit für sich selbst zu sorgen und die Wahrnehmung der eigenen Person als Last für andere.[169] Wie bereits erwähnt, ist eine Ausweitung dieser streng geregelten Form der ärztlichen Suizidbeihilfe nicht zu beobachten. Ein Drittel der Patienten, die sich ein Rezept für ein tödliches Medikament verschreiben lassen, nutzen die Möglichkeit zum Suizid dann doch nicht, so gilt der US-Bundesstaat Oregon allgemein als Musterbeispiel für eine funktionierende Regelung begrenzter ärztlicher Suizidbeihilfe.[170] Gleichwohl wird von Seiten der Gesundheitsbehörden in Oregon, die für die Zuteilung von Gesundheitsleistungen zuständig sind, ein verdeckter Druck auf schwerkranke Menschen ausgeübt, den ärztlich assistierten Suizid in Anspruch zu nehmen. So erhielt im Jahre 2008 der 53jährige krebskranke Randy Stroup aus Dexter, der beim Oregon Health Plan um die Finanzierung einer kostspieligen Chemotherapie nachsuchte, einen ablehnenden Bescheid mit dem Hinweis, daß die Kosten für einen ärztlich assistierten Suizid übernommen würden. Im Sinne der Priorisierung von Gesundheitsleistungen werden lebenserhaltende Therapien nur dann bezahlt, wenn sie eine fünfprozentige Chance aufweisen, daß der Patient weitere fünf Jahre lebt.[171] Auch andere Patienten bekamen ähnliche Hinweise auf »physician aid in dying«, wenn sie um teure Chemotherapien nachsuchten.[172] Auch wenn die Verantwortlichen die Interpretation dieser Briefe als Mißverständnis hinstellten, so wird doch deutlich, daß allein die Tatsache einer offiziellen Sterbehilferegelung Menschen mit schweren Erkrankungen, die sich dafür entscheiden, trotz hoher Kosten weiterleben zu wollen, unter Rechtfertigungsdruck setzen kann.

In der Schweiz liegt die Durchführung des assistierten Suizids weitgehend in den Händen von nicht-ärztlichen Sterbehilfeorganisationen (EXIT – Deutsche Schweiz und Dignitas). Die Tätigkeit dieser Sterbehilfeorganisationen ist nicht gesetzlich geregelt, sie wird von den zuständigen Behörden jedoch geduldet mit der Begründung, daß nichtselbstsüchtige Suizidbeihilfe nach § 114 des Schweizerischen Strafgesetzbuches nicht strafbar ist.[173] Die Schweizer Akademie der Medizinischen Wissenschaften hat in ihren Richtlinien zur Betreuung von Patienten am Lebensende die ärztliche Suizidassistenz einerseits als nicht vereinbar mit den Zielen ärztlichen Handelns erklärt. Andererseits hat sie Bedingungen für eine mögliche Gewissensentscheidung des einzelnen Arztes formuliert, unter denen Suizidassistenz – im Sinne einer Privathandlung – zulässig sein könnte.[174] Hierzu zählen das nahe Lebensende, die Urteilsfähigkeit, der wohlüberlegte und von äußerem Druck freie Willensentschluß des Patienten und die Erörterung von Alternativen. In Schweizer Hospitälern wird der Umgang mit dem Wunsch nach Freitodbegleitung kontrovers diskutiert, einige Spitäler wollen die Suizidbeihilfe als ultima ratio zulassen.[175] Wie die Schweiz das Dilemma zwischen der Achtung der Patientenautonomie und der Fürsorgepflicht, welche zumindest eine medizinische und staatliche Kontrolle der Freitodbegleitung implizieren würde, lösen will, bleibt unklar.

Sowohl in der Öffentlichkeit diskutierte Einzelfälle als auch empirische Untersuchungen lassen Zweifel daran aufkommen, ob die Sterbehilfeorganisationen sich an ihre eigenen Kriterien halten. In einer Studie aus dem Jahr 2001 konnte anhand von 43 konsekutiven Suizidbeihilfefällen der Sterbehilfeorganisation EXIT aus den Jahren 1992 bis 1997 in der Region Basel gezeigt werden, daß der Anteil von Krebserkrankungen mit 46,5% im Vergleich zu den Niederlanden oder zu Oregon relativ gering ist, daß die Suizidalität in mindestens zwei Fällen Teil einer schweren psychiatrischen Erkrankung war und daß in 11 Fällen keine behindernde oder zum Tode führende Erkrankung vorlag. In 5 Fällen spielten Trauerreaktionen, soziale Isolation, Angst vor dem Pflegeheim und die Angst, anderen zur Last zu fallen, die entscheidende Rolle. In mindestens einem Viertel der Fälle waren die von EXIT selbst formulierten Kriterien einer schlechten Prognose und eines unerträglichen oder behindernden Leidens nicht erfüllt.[176] Inzwischen plädiert EXIT dafür, auch betagten Menschen einen erleichterten Zugang zu Sterbemitteln zu verschaffen. Allein das Gefühl, sein Leben gelebt zu haben, läßt dann Freitodhilfe gerechtfertigt erscheinen.

Die Sterbehilfeorganisation Dignitas, die im Gegensatz zu EXIT auch ausländischen Bürgern offensteht, versteht sich als Verfechter einer liberalen Grundhaltung in einer pluralistischen Gesellschaft: Sie verteidige die Rechte aufgeklärter Bürger gegen staatliche Bevormundung und fühle sich der Menschlichkeit verpflichtet. Die Verweigerung von Suizidhilfe sei unmenschlich:

»Man muss sich insbesondere in diesem Zusammenhang auch fragen, weshalb es denn ethisch geboten ist, ein schwer leidendes Tier zu töten, es einem schwerst leidenden Menschen aber unmöglich zu machen, sein Leben selbst zu beenden, ohne dabei unerhörte Risiken des Scheiterns und der zusätzlichen Selbstschädigung in Kauf nehmen zu müssen.«[177]

Insofern tritt der Vorsitzende von Dignitas Ludwig A. Minelli für die Enttabuisierung des Suizids ein: »Suizidversuchs-Prophylaxe kann nur funktionieren, wenn die Tatsache, dass Menschen sich selbst zu töten in der Lage sind, nicht mehr verteufelt, sondern als Möglichkeit nicht nur hingenommen, sondern mit vollem Bewusstsein und aus Überzeugung in einem ersten entscheidenden Schritt bejaht wird.«[178]

So soll die vom Patienten selbst vollzogene Tötung – im Sinne des Freitod-Ideals – der Selbstbestimmung des einzelnen über Zeitpunkt und Art seines Sterbens am besten gerecht werden. Ob sie wirklich der Situation und den Bedürfnissen todkanker, einsamer, pflegebedürftiger, seelisch labiler, verbitterter oder vom Leben enttäuschter Menschen gerecht wird, ist fraglich.

Ärztliche Aufgaben im Umgang mit Todeswünschen[179]

Betrachtet man abschließend noch einmal den *ärztlich* assistierten Suizid, so stellt sich die Frage nach den ärztlichen Aufgaben im Umgang mit Todeswünschen. Der ernstgemeinte Wunsch, das eigene Leben zu beenden, bringt zum Ausdruck, daß das Leben aus der Sicht desjenigen, der sich das Leben nehmen will, unter den gegebenen Umständen keinen Sinn mehr macht, daß es nicht mehr wert ist, gelebt zu werden, daß der Tod dem Leben vorzuziehen ist. Man kann im »Freitod« ein Zeichen menschlicher Freiheit[180] sehen, die zum Äußersten, zur Selbstaufgabe bereit ist, oder aber im Suizid die Unfähigkeit erkennen, sein Leben und die damit verbundenen Anforderungen anzunehmen und auch das unvermeidliche Leiden zu bewältigen. Die ärztliche Erfahrung aber zeigt, wie stark Suizidwünsche durch seelische Erkrankungen, seelische Krisen, durch innere und äußere Zwänge, durch Einsamkeit, Verzweiflung und Sinnverlust bedingt sind, wie sehr der Wunsch zu sterben geprägt ist durch ein Sowohl-als-auch, durch die Verneinung des Weiterlebens und den Appell an den Anderen, den Arzt, dem Leben vielleicht doch einen Sinn zuzusprechen, Leid zu lindern, Not und Verzweiflung gemeinsam zu tragen. Damit soll nicht gesagt sein, daß jeder Suizidwunsch pathologisch ist, aber retrospektive Studien zu vollendeten Suiziden zeigen, daß in über 90% der Fälle seelische Erkrankungen und psychische Störungen nachweisbar sind.[181] Will man den freiverantworteten Suizid nicht nur negativ, d. h. durch die Abwesenheit von psychischen Erkrankungen und seelischen Krisen definieren, so spiegeln die gewählten Definitionen und Kriterien das zugrunde liegende Menschenbild wider. Der freiverantwortete Suizid ist also keine empirisch vorfindbare deskriptive Kategorie. Einen freiverantworteten Suizid anzunehmen, beruht vielmehr auf normativen Vorentscheidungen, etwa auf der Annahme, daß sich der Sinn menschlichen Lebens im Erreichen selbstgesetzter Ziele erfüllt[182] oder daß Menschen ihr Leben nach rationalen Kriterien bewerten.[183] Es gibt somit gute Gründe für die Annahme, daß die positive Feststellung eines freiverantworteten Suizids sowohl die ärztliche als auch die psychiatrische Kompetenz überfordert. Unabhängig von der Frage nach der Möglichkeit eines freiverantworteten Suizids bleiben dem Arzt also nur das empathische Eingehen auf die hinter dem Todeswunsch verborgene Not und Verzweiflung, das Angebot gemeinsamer Krisenbewältigung und die Linderung körperlicher Beschwerden. Bei der Antwort auf die Todeswünsche von Patienten am wichtigsten aber ist eine Haltung, die vermittelt, daß dem Arzt am Dasein dieses einen Menschen, so begrenzt und schwer das Leben auch scheinen mag, etwas liegt. Die vom Patienten gestellte Frage nach dem Sinn des Lebens und des Leidens gehört auf den Kopf gestellt: Auch wenn der Patient, sei er auch tödlich erkrankt, die Lebenserwartung begrenzt und die körperlichen Beschwerden schwer erträglich, in seinem Dasein keinen Sinn mehr sieht, so kann er doch immer noch etwas für die Anderen bedeuten, sein Dasein als hilfsbedürftiger Mensch einen Sinn und Wert für Andere ausmachen. Auf den Satz »Mein Leben bedeutet mir nichts mehr« wäre also zu antworten: »Was kannst Du in diesem Augenblick für andere tun, allein dadurch, daß Du da bist, daß Du in welcher Form auch immer einen anderen Menschen ansprichst?»[184] Erst wenn die soziale Sinngebung des Lebens verlorengegangen ist, erscheint der Suizid tatsächlich unausweichlich. Der Suizidassistenz des Arztes liegt, ob bewußt oder unbewußt, immer eine Teilnahme an einem endgültigen Beziehungsabbruch zugrunde. Letztlich bedeutet ärztliche Suizidassistenz in normativer Hinsicht zumindest implizit ein Einverständnis mit der Feststellung, daß das Leben des Patienten keinen Sinn mehr macht, daß dieses Leben unter den gegebenen Bedingungen keinen Wert mehr hat. Durch seine Mitwirkung am Suizid teilt der Arzt die Verneinung des Lebenswertes durch den Patienten. Über den Wert eines Lebens, sei es auch so beschädigt und beeinträchtigt, zu entscheiden, gehört nicht zu den ärztlichen Aufgaben, das wird das folgende Kapitel zeigen. Sicherlich kann der Versuch der Sinngebung für den anvertrauten Menschen, der sich das Leben nehmen will, scheitern. Sicherlich können alle Versuche, die hinter dem Todeswunsch verborgene Not und Verzweiflung, die unausgesprochene Botschaft des Nicht-Mehr-Leben-Wollens zur Sprache zu bringen, scheitern. Und es wird vielleicht auch nicht auf alle Fragen und Nöte eine Antwort geben. Auch kann das Angebot, die Last der seelischen und körperlichen Beschwerden gemeinsam auszuhalten, kann die Solidarität im Angesicht des Todes scheitern, aber erst dann ließe sich – aus beziehungsethischer Sicht – über eine ärztliche Suizidassistenz nachdenken. Der Arzt kann nicht jeden Menschen von seinen Selbsttötungsvorhaben abbringen und er kann auch nicht jeden Suizid verhindern. Wenn er sich in der Grenzsituation des gemeinsamen Scheiterns, des gemeinsamen Bemühens um Sinn und Wert des Lebens im Angesicht des Todes entscheidet, dem Suizidentschlossenen in seinem letzten Akt beizustehen, so sollte er dies in dem Bewußtsein tun, eine Norm zu überschreiten, die unter normalen Umständen nicht überschritten werden sollte.

8. Die Fragen der Geschichte

Aus der Darstellung der gegenwärtigen Debatte um die Sterbehilfe ergeben sich drei zentrale ethische Fragen:

1. Gibt es einen notwendigen oder wahrscheinlichen Zusammenhang zwischen der Befürwortung bzw. Zulassung freiwilliger aktiver Sterbehilfe (Tötung auf Verlangen) und der Befürwortung bzw. Zulassung nichtfreiwilliger Euthanasie (Tötung von behinderten Neugeborenen, Wachkoma-Patienten, hochgradig dementen Menschen)?
2. Wie autonom sind selbstbestimmte Entscheidungen am Lebensende? Welchen Einfluß haben ökonomische Faktoren bzw. das Gefühl des Zur-Last-Fallens für die Praxis der Sterbehilfe?
3. Welche Bedeutung hat die Unterscheidung zwischen aktiver und passiver Sterbehilfe, zwischen Töten und Sterbenlassen im Hinblick auf den Geltungsanspruch des Tötungsverbots? Diese Frage läßt sich zugespitzt so formulieren: Sollen Ärzte töten dürfen?

Diese Fragen sollen in den folgenden Kapiteln aus der historischen Erfahrung der Genese der nationalsozialistischen »Euthanasie« heraus untersucht werden. Diese Untersuchung orientiert sich an den epochenübergreifenden Strukturmomenten *Mitleid und Ökonomie der Erlösung*, *freiwillige und nichtfreiwillige Euthanasie*, *Selbstbestimmung und Fremdbestimmung des Lebenswertes* und *Einschränkung des Tötungsverbots*. Diese Strukturmomente spielen sowohl in der historischen (deutschen) Debatte um die Euthanasie als auch in der gegenwärtigen Diskussion eine Rolle. Dadurch wird die Grundlage geschaffen für ein *historisches Argument der schiefen Ebene*.

Wenn im folgenden ein solches historisches Argument in der Debatte um die Sterbehilfe formuliert werden soll, so geht es nicht darum, vorschnelle Analogien zwischen der historischen Debatte um die Euthanasie in Deutschland, der Praxis der nationalsozialistischen Krankenmorde und gegenwärtig vertretenen Positionen zu behaupten oder bestimmte Positionen mit einer Nazi-Analogie zu diskreditieren. Vielmehr sollen die Erkenntnisse der historischen Forschung dazu beitragen, die in gegenwärtigen ethischen Positionen implizit enthaltenen epochenübergreifenden Problemkonstellationen besser zu verstehen und einer auf der historischen Erfahrung der NS-»Euthanasie« beruhenden Kritik zu unterziehen. Daraus ergibt sich weder ein ethischer Imperativ der Geschichte noch ein Tabu, daß bestimmte Fragen nicht diskutiert werden dürfen. Insofern soll der »lange Schatten der Vergangenheit«[1] in bezug auf die historische Erfahrung der NS-»Euthanasie« produktiv in die gegenwärtige Debatte eingebracht werden.

8.1. Mitleid und Erlösung

Mitleid ist ein vieldeutiger Begriff. Er steht einerseits für die Fähigkeit des Menschen, sich in einen anderen Menschen hineinzuversetzen, an seinem Leiden teilzunehmen und sein Handeln an der notwendigen Hilfe auszurichten. So verstanden entspricht der Begriff in der jüdisch-christlichen Tradition der Nächstenliebe und der Barmherzigkeit (misericordia). Auf der anderen Seite haben bereits antike Philosophen vor den vernunftverwirrenden Auswirkungen des Mitleidsaffekts gewarnt. Für die Stoa war Mitleid ein unvernünftiges Verzagen, eine Schwäche. Dem Philosophen Arthur Schopenhauer (1788-1860) wurde er zum Ausgangspunkt und zum Kernbegriff seiner die Individualität und den damit verbundenen Egoismus überwindenden Ethik.[2] Moralisches Handeln setzt die Fähigkeit zur Einfühlung in die Situation, die Gefühle und Bedürfnisse des Anderen voraus. Die Fähigkeit zur Empathie motiviert und befähigt dazu, den Anderen in seinem Recht, nicht mißhandelt zu werden, und in seinem Anspruch auf Hilfe in der Not zu achten.[3] Auf der anderen Seite gibt es eine Form sentimentalen Mitleids, das dem Anspruch der Einfühlung in den Anderen nur scheinbar genügt: Wer ein solches Mitleid empfindet, stellt sich dem Leiden des Anderen gerade nicht, sondern wendet sich mit dem Gefühl ab, so nicht sein zu wollen, und beruhigt das Gewissen im besten Falle mit einem Almosen. Auf ein solches, den Anderen in seinem Leiden und seinem Anspruch auf Zuwendung letztlich verachtendes Mitleid wies der Anstaltsdirektor Ewald Meltzer in den 1920er Jahren hin, indem er eine häufig gestellte Frage von Besuchern seiner Einrichtung für geistig behinderte Menschen zitierte:

»›Warum sorgt man nicht dafür, daß diese unglücklichen Wesen, soweit sie unheilbar sind, schmerzlos von ihrem Jammerdasein erlöst werden? Wäre das nicht zugleich eine Erlösung für die Eltern, für die Mitwelt und für den Staat, die doch allesamt erhebliche, für andere Zwecke viel nützlicher zu verwendende Beiträge für die Pflege dieser lebensunwerten Leben aufbringen müssen?‹«[4]

Meltzer betonte, daß dieses »Mitleid« gar nicht auf einer wirklichen Begegnung mit den betroffenen Menschen, die sich ihres Lebens in der Regel erfreuen würden, beruht: »Bei denen aber, die diese Kinder niemals in der Nähe gesehen und ihr Seelenleben belauscht haben, kann man überhaupt nicht von Mitleid sprechen. Sie bemitleiden nur sich, als einen Teil der Menschheit, daß es solche taube Blüten gibt.«[5]

Gleichwohl spielen das Gefühl und der Begriff des Mitleids – mit der ganzen darin enthaltenen Zweideutigkeit – für die Legitimation der Euthanasie eine große Rolle. So hat sich im angloamerikanischen Sprachgebrauch neben dem Begriff »euthanasia« auch der Begriff »mercy killing« eingebürgert, der seit Ende des 19. Jahrhunderts verwendet wird und den emotionalen Aspekt der Begründung von medizinischer Lebensbeendigung hervorhebt.[6] Auch aus theologischer Sicht wird eine Tötung aus Barmherzigkeit für gerechtfertigt gehalten, wenn der Tod das kleinere Übel ist.[7] In der gegenwärtigen Debatte tritt der Begriff des Mitleids zur Begründung der Zulässigkeit aktiver Sterbehilfe zugunsten des Autonomiearguments zurück. Der emotionale Aspekt des Plädoyers für aktive Sterbehilfe wird aber häufig durch bewegende und aussichtslos erscheinende Einzelfälle unerträglichen Leidens oder scheinbar sinnlosen menschlichen Lebens transportiert. So beschreibt Ronald Dworkin das Schicksal von Lillian Boyles, einer siebzigjährigen Engländerin, die von ihrem Arzt auf ihren Wunsch hin mit einer Kaliuminjektion getötet wurde, wie folgt: »Sie litt an einer schrecklichen Art Arthritis deformans, die so schmerzhaft war, daß selbst die stärksten schmerzstillenden Mittel keine Wirkung hatten und sie vor Schmerz aufschrie, wenn ihr Sohn sie nur mit dem Finger berührte.«[8] In der Tat erscheint ein Leben, das nur noch aus körperlichem Schmerz besteht, nur schwer erträglich zu sein. Zu dem Gefühl unerträglichen Leidens kommt – in der Darstellung Dworkins – das Gefühl der Abhängigkeit von einem medizinischen Apparat, gegen den die Menschen sich nicht mehr zur Wehr setzen können:

»Ärzte befehligen eine Technologie, mit deren Hilfe sie Menschen – manchmal für Wochen, manchmal für Jahre – am Leben erhalten können, die im Sterben liegen, die entsetzlich verkrüppelt, intubiert oder durch experimentelle Operationen entstellt sind, die Schmerzen erleiden oder mit schmerzstillenden Mitteln so vollgepumpt sind, daß sie nichts mehr wahrnehmen.«[9]

Der emotionale Aspekt des Plädoyers für aktive Sterbehilfe sollte gerade im Hinblick auf die Einstellung der Bevölkerung nicht unterschätzt werden. Dabei muß die gegenwärtige Debatte auf die durch emotional stark bewegende Einzelfallschilderungen hervorgerufene Ambivalenz des Phänomens Mitleid hin befragt werden. Soll das evozierte Gefühl des Mitleids dazu führen, das unerträgliche Leiden durch die Beseitigung des Leidenden selbst zu beenden und aus Barmherzigkeit zu töten? Diese Frage kann an dieser Stelle nicht abschließend beantwortet werden. Im Hinblick auf die hinter dem Begriff des Mitleids stehende Zweideutigkeit kann jedoch aus der Geschichte der nationalsozialistischen »Euthanasie« gelernt werden.

Die nationalsozialistische Propaganda bediente sich mit dem Spielfilm »Ich klage an« sehr geschickt des Mitleidsmotivs. Dieser sehr erfolgreiche Kinofilm, Ende August 1941 uraufgeführt, kleidete das Programm der »Vernichtung lebensunwerten Lebens« in eine dramatische Liebesgeschichte: Thomas Heyt, Arzt und Forscher, bis zuletzt auf der Suche nach der Ursache der Erkrankung, erlöst seine an Multipler Sklerose leidende Frau auf ihren drängenden Wunsch hin mit Morphium. Am Ende des Films wird er, des Mordes angeklagt, selber zum Ankläger:

»*Ich klage* die Vollstrecker überwundener Anschauungen und überholter Gesetze an. Es geht hier nicht um mich, sondern um die Hunderttausende jener hoffnungslos Leidenden, deren Leben wir gegen die Natur verlängern müssen und deren Qualen wir ins Widernatürliche steigern [...]«.[10]

Auch in der Debatte um die Euthanasie vor dem ersten Weltkrieg spielte das Mitleid mit den unerträglich Leidenden eine große Rolle. Bereits Jost appellierte 1895 an das Mitleid, wenn er die Bilder der unheilbar kranken und unerträglich leidenden Menschen evozierte und seinen Blick dann auf die beklagenswerten Insassen der Irrenhäuser richtete.[11] So motivierte er das von ihm geforderte Recht auf den Tod auch in emotionaler Hinsicht:

»Wen aber alle diese abstrakten Gründe nicht zu überzeugen vermögen, der gehe einmal selbst an das Sterbebett eines Unheilbaren und lasse diese gräßliche Situation in aller Anschaulichkeit auf sich wirken. Er trete in eine Familie, in der vielleicht obendrein Armuth herrscht, wo die langwierige Krankheit den letzten Nothpfennig in Anspruch genommen hat. Der Kranke selbst, vielleicht altersschwach, schon längst lebensmüde und lebensunfähig, dem jede Bewegung des Körpers infolge des langen Liegens Qualen verursacht, bittet Gott um die Gnade, ihn sterben zu lassen, vielleicht wirft er in letzter Verzweiflung alle Vorurtheile ab und sucht sich mit Zuhilfenahme der letzten Kraft selbst zu tödten oder bittet seine Umgebung, ihm den Tod zu geben. Nichts da, er wird gezwungen am Leben zu bleiben, einem unberechtigten Vortheil zuliebe ein neues Opfer menschlichen Schmerzes dargebracht werde.«[12]

Die gewünschte und von der Gesellschaft verweigerte Erlösung durch den Tod ist dabei auch vor dem ökonomischen Hintergrund der zur Pflege der Kranken nutzlos verbrauchten Ressourcen zu verstehen. Mit der Selbstschilderung seines Leidens hatte der lungenkranke Gerkan in seinem Plädoyer für ein Sterbehilfegesetz, »Mitleid und Pflichtbewußtsein der Welt aufzurütteln« versucht und auf die Nutzlosigkeit der Zuwendung und Pflege seitens seiner Angehörigen verwiesen.[13] Die Bedeutung des Mitleidsmotivs findet sich schließlich zusammengefaßt in der Forderung von Karl Binding, daß die erlösende Tat einer »*Pflicht gesetzlichen Mitleids*« entspringe und »Ausfluß freien Mitleids mit dem Kranken« sein müsse.[14] Der Philosoph Thomas Sören Hoffmann spricht in diesem Zusammenhang von Mitleidstyrannei und meint damit die Selbstermächtigung des Mitleidenden über den Bemitleideten, welche dem »lebensunwerten Leben« den Status eines gleichberechtigten Rechtssubjekts abspricht. Wenn die Tötung schließlich als Vernichtung bezeichnet wird, so gewinne diese schließlich einen das Leiden auslöschenden, erlösenden Charakter.[15]

Dem Mitleid mit den unerträglich Leidenden korrespondiert in der Euthanasie-Debatte vor dem Zweiten Weltkrieg also die Pflicht zur Erlösung. Das Mitgefühl mit kranken und leidenden Menschen wird auf diese Weise zum tödlichen Mitleid, wie es Klaus Dörner im Titel seines Buches beschrieben hat.[16] Nicht etwa nur das Leiden, die Schmerzen, die Hoffnungslosigkeit und die Angst sollen beseitigt werden, sondern schließlich der Betroffene selbst, der sich als solchermaßen Bemitleideter in seiner Hoffnungslosigkeit bestätigt fühlt und umso stärker den Unwert seines Lebens empfinden muß. Indem das Gefühl des Mitleids ein Unwerturteil, ein So-möchte-*ich*-nicht-Leiden-Wollen, in sich trägt, entzieht es dem Leidenden jene Solidarität im Angesicht des Leidens, die ihm zusteht.

So verstanden bleibt nur noch der erlösende Tod, der herbeigesehnt, von den Betroffenen eingefordert oder – wie bei den hoffnungslosen Fällen psychisch kranker Anstaltspatienten – von dritter Seite angeordnet wird. Nach außen hin firmiert diese Tötung schließlich als barmherzige Tat der Erlösung. Von dieser Form sentimentalen Mitleids kann kein wirkliches Einfühlen in die Situation kranker und leidender Menschen erwartet werden. Daß Mitleid und Mitgefühl in dieser Weise unterschieden werden können, läßt sich ebenfalls an einem historischen Beispiel belegen. Der Psychiater Friedrich Hölzel begründete im Sommer 1940 seine Ablehnung, die neueingerichtete Kinderfachabteilung in Eglfing-Haar endgültig zu übernehmen, mit dem Gefühlskontakt zu den ihm anvertrauten Kindern, auch wenn daraus keine grundsätzliche Ablehnung einer rational begründeten Lebensvernichtung resultierte:

»So lebhaft ich in vielen Fällen den Wunsch hätte, den natürlichen Ablauf [gemeint ist die Lebensverkürzung bei behinderten Kindern] verbessern zu können, so sehr widerstrebt es mir, dies als eine systematische Aufgabe nach kalter Überlegung und nach wissenschaftlich-sachlichen Richtlinien – nicht aus ärztlicher Gefühlsnötigung den Kranken gegenüber auszuführen. [...] Und so kommt es, daß ich zwar bei der *Begutachtung* volle Objektivität zu wahren glaube, mich aber doch als ärztlicher Betreuer den Kindern irgendwie gefühlsmäßig verbunden fühle, und ich glaube, daß dieser Gefühlskontakt vom Gesichtspunkte des nationalsozialistischen Arztes kein Mangel ist. Aber es hindert mich, die neue Aufgabe mit den bisherigen zu vereinigen.«[17]

Im Gegensatz zum sentimentalen Mitleid erschwert Mitgefühl mit den betroffenen Menschen in diesem Fall eine *rational* begründete Form des medizinischen Tötens. Insofern formulierte Hoche in seinem Beitrag zur »Freigabe der Vernichtung lebensunwerten Lebens« auch folgerichtig, daß gegenüber den »geistig Toten« und »Ballastexistenzen« kein Mitleid angebracht sei: »wo kein Leiden ist, ist auch kein mit-Leiden.«[18]

Daß die Dynamik von Mitleid und Erlösung in der Genese der NS-»Euthanasie« tatsächlich eine bedeutsame Rolle gespielt hat, zeigt sich z.B. in der »idealistischen« Erlösungs-Überzeugung der beteiligten Psychiater. So schrieb der Heidelberger Psychiater und T4-Gutachter Carl Schneider[19], in einer Stellungnahme zu einem die »Euthanasie« rechtfertigenden Propagandafilm:

»Wenn die Schlußpunkte nicht mehr zu elegisch gesprochen werden, sondern im Tonfall dem Worte ›Erlösung‹ der Charakter einer erhebenden Verpflichtung gegeben wird, kann der Schluß, zumal in der Verbindung mit der hier überaus glücklichen Musik, auch nach meinem Empfinden unverändert gelassen werden.«[20]

Dabei waren die Verhältnisse in den Heil- und Pflegeanstalten durch mangelnde Ernährung, fehlendes Personal, und Raumnot längst so schlecht geworden, daß es weniger die Art der Erkrankung als vielmehr die Beschneidung der Lebensmöglichkeiten war, die die Dynamik von Mitleid und Erlösung unheilvoll verstärkt hat.[21] Hinter dem Topos von Mitleid und Erlösung kann sich also auch die Frage verbergen, welche Ressourcen eingesetzt werden sollen, um Leiden erträglich zu machen. Die NS-Psychiater haben diese Frage so beantwortet, daß die durch die »Erlösung« der Unheilbaren, »Unbrauchbaren« und »Gemeinschaftsunfähigen« eingesparten Mittel für die Therapie und Wiedereingliederung der Heilbaren und Gemeinschaftsfähigen eingesetzt werden sollten.[22] Dem mit dem Begriff des Mitleids verbrämten Unwerturteil der »Erlösung« lag in der Legitimation der NS-»Euthanasie« ein ökonomisches Kalkül zugrunde.

8.2. Die Ökonomie der Erlösung

Die Ergebnisse der Auswertung der Krankenakten der Opfer der zentral organisierten und systematisch durchgeführten »Aktion T4« zeigen, daß die Patienten nach einem ökonomischen Kalkül zur Tötung bestimmt worden sind. Entscheidend für Tod über Überleben war die ökonomische Brauchbarkeit der Patienten, die Fähigkeit oder Unfähigkeit zu produktiver Arbeitsleistung, die Anpassung an die Anstaltsordnung, der Pflegeaufwand und schließlich die Prognose der Erkrankung im Sinne von Heilbarkeit oder Unheilbarkeit. Unter den genannten Selektionskriterien spielte die ökonomische Brauchbarkeit der Patienten die entscheidende Rolle.

Das ökonomische Kalkül der »Euthanasie«-Aktion T4 kommt in einem Dokument gänzlich unverhüllt zum Ausdruck, das der Statistiker Edmund Brandt (geb. 1906) nach dem Stopp der Gasmorde für die T4-Organisation erstellte. Hier wird auf etwa 39 Seiten exakt berechnet, wieviele Ressourcen (Geld und Nahrungsmittel) durch die »Desinfektion« eingespart wurden bzw. bis zum Jahr 1951, also innerhalb von 10 Jahren, eingespart würden:

»Bei einem durchschnittlichen Tagessatz von RM 3,50 ergibt sich hierdurch:

1. eine tägliche Ersparnis von RM 245.955,50
2. eine jährl. Ersparnis von RM 88.543.980,00
3. Bei einer Lebenserwartung von 10 Jahren: RM 885.439.800,00

[...] d.h. diese Summe wird bzw. ist bis zum 1. Sept. 1951 auf Grund der bisher durchgeführten Desinfektion von 73.273 [sic!] Personen erspart worden.«[23]

Damit wollte die T4-Organisation den Beweis erbringen, daß durch die Vernichtung der Unbrauchbaren, hier entmenschlichend als »Desinfektion« bezeichnet, tatsächlich ökonomische Ressourcen eingespart werden können, die für angeblich nutzbringendere Zwecke als für die Pflege der »Ballastexistenzen« aufgewendet werden sollten. Auch wenn Karl Binding und Alfred Hoche ihre »Vernichtung lebensunwerten Lebens« auf etwa 4.000 »geistig völlig Tote« beschränkt wissen wollten, so war das ökonomische Argument zur Vernichtung der Unbrauchbaren doch offensichtlich das durchsetzungskräftigste.

In ihrem Kern war bereits zu Beginn der modernen Euthanasie-Debatte die Frage des Nutzwertes menschlichen Lebens in der Argumentationsstruktur angelegt. So begründete Jost 1895 das Recht auf den Tod damit, daß das Verlangen des Kranken und das Interesse der Gesellschaft dann zusammenfallen, wenn der Wert des menschlichen Lebens negativ wird.[24] Der Verlauf der Debatte in der Weimarer Republik zeigt weiterhin, daß die Intensität, mit der die Freigabe der »Vernichtung lebensunwerten Lebens« gefordert bzw. debattiert wurde, sehr stark von der ökonomischen Situation der Gesellschaft abhing. Dies hat Ewald Meltzer, ein differenzierter Beobachter der Debatte, sowohl für die Hungerzeit unmittelbar nach dem Ersten Weltkrieg als auch für die Zeit der Weltwirtschaftskrise hervorgehoben.[25]

Auch wenn ökonomische Argumente in der gegenwärtigen Debatte von den Befürwortern der aktiven Sterbehilfe meist nur indirekt gebraucht werden und die Euthanasie vordergründig stets den Interessen und dem Wohl des betroffenen Individuums entsprechen soll, so läßt sich die Frage nicht umgehen, welche Ressourcen eine Gesellschaft angesichts der demographischen Entwicklung für eine gute Versorgung alter, kranker und behinderter Menschen aufbringen will. In einer Beschlußvorlage der Schweizer Akademie der Medizinischen Wissenschaften aus dem Jahr 2003 wird dieser Zusammenhang relativ offen ausgesprochen: Um den demographischen und ökonomischen Entwicklungen zunehmender Pflegebedürftigkeit im Alter entgegenzuwirken, sollten Ärzte und Pflegepersonal an der Vorbereitung zu einem assistierten Suizid mitwirken dürfen.[26] Zwar ist die Richtlinie in dieser Form nach heftigen Protesten nicht beschlossen worden, aber sie zeigt, daß ökonomische Faktoren die Debatte um die Euthanasie im Hintergrund mit bestimmen und beeinflussen. In der amerikanischen Debatte gibt es eine relativ offene Auseinandersetzung über mögliche Kosteneinsparungen durch die Legalisierung des assistierten Suizids. Eine Schätzung geht von 627 Millionen US-Dollar aus, mit Blick auf das gesamte Gesundheitsbudget ein vergleichsweise geringer Betrag.[27] Allerdings spielt die Frage der Kosten für medizinische Versorgung, Pflege und Betreuung insbesondere für den nicht krankenversicherten Teil der amerikanischen Bevölkerung eine nicht unerhebliche Rolle. Briefe der Gesundheitsbehörden in Oregon aus dem Jahre 2008, in denen bedürftigen krebskranken Patienten eine kostspielige Chemotherapie mangels Erfolgsaussicht verweigert und sie stattdessen auf das Recht hingewiesen wurden, »physician aid in dying« in Anspruch zu nehmen, verdeutlichen diesen Zusammenhang noch einmal.[28] Letztlich stellt sich die Frage, ob der dringend notwendige Ausbau palliativmedizinischer Versorgung, mithin der Aufbau einer gesamtgesellschaftlichen Sterbekultur[29], nicht durch die Legalisierung von Organisationen konterkariert wird, die mit Todesapparaten den Menschen einen schnellen selbstbestimmten Tod versprechen, einen Tod, der gleichwohl, zumindest in der Schweiz, keineswegs kostenlos ist.[30]

Aus ethischer Sicht läßt sich eine Konsequenz aus der historischen Erfahrung der nationalsozialistischen »Euthanasie« folgendermaßen formulieren: Es soll sich niemand aus dem Gefühl heraus, den anderen oder der Gesellschaft nur noch zur Last zu fallen, genötigt fühlen, seinen Tod einzufordern und hierbei durch eine Medikalisierung des Tötens unterstützt zu werden. Die Antwort der Gesellschaft als Ganzes und der Ärzte auf einen solchen – nicht immer stabilen, sondern oft ambivalenten – Todeswunsch sollte nicht ein den Unwert des Lebens transportierendes Mitleid, sondern Solidarität im Angesicht von Leiden und Tod sein: die Bemühung um menschenwürdiges Sterben und Abschiednehmen ohne Verbitterung und Einsamkeit.

8.3. Von der »Tötung auf Verlangen« zur Euthanasie nichteinwilligungsfähiger Menschen

Zweifellos sind die Krankentötungen im Nationalsozialismus ohne bzw. gegen den Willen der Betroffenen durchgeführt worden und in juristischer Hinsicht auch dann als Mord zu qualifizieren, wenn die Täter Motive angeblicher Humanität oder einer höheren Sittlichkeit für sich Anspruch nahmen. Dennoch ist nicht zu verkennen, daß die Krankentötungen in einem legitimierenden Kontext durchgeführt wurden, der von dem Recht auf einen selbstbestimmten Tod seinen Ausgang nahm. Hierfür sprechen nicht nur die verschiedenen Entwürfe zu einem Sterbehilfe-Gesetz aus den Jahren 1940/41, welche die Freigabe der Tötung auf Verlangen mit der schmerzlosen und unmerklichen Lebensbeendigung bei unheilbarer Geisteskrankheit verknüpften, sondern auch die indirekte Rechtfertigung der in der Öffentlichkeit nicht mehr zu verheimlichenden Krankenmorde durch den bereits erwähnten Spielfilm »Ich klage an«. Das 1940 im Kreis der Protagonisten der Euthanasie diskutierte »Gesetz über Sterbehilfe bei unheilbar Kranken« hat folgenden Wortlaut:

»§ 1 Wer an einer unheilbaren, sich oder andere stark belästigenden oder sicher zum Tode führenden Krankheit leidet, kann auf sein ausdrückliches Verlangen mit Genehmigung eines besonders ermächtigten Arztes Sterbehilfe durch einen Arzt erhalten.

§ 2 Das Leben eines Kranken, der infolge unheilbarer Geisteskrankheit sonst lebenslänglicher Verwahrung bedürfen würde, kann durch ärztliche Maßnahmen, unmerklich für ihn, beendet werden.«[31]

Dieser Gesetzentwurf formulierte klar die Verknüpfung von freiwilliger und nichtfreiwilliger Euthanasie, welche für die Legitimation der nationalsozialistischen Krankentötungen von besonderer Bedeutung war.

Die Euthanasie sollte im nationalsozialistischen Staat zu einer selbstverständlichen Praxis werden: für die unheilbar körperlich Kranken ihrem Verlangen entsprechend, für die Geisteskranken in stellvertretender Entscheidungsvollmacht der Ärzte und des Staates.

Aus ethischer Sicht ist die Frage entscheidend, ob das Euthanasiepostulat mit der Legalisierung der aktiven Sterbehilfe auf ausdrückliches Verlangen des Betroffenen möglicherweise oder mit einer gewissen Wahrscheinlichkeit zu einer Praxis führt, in der unheilbar kranke oder an einer schweren Behinderung leidende Patienten getötet werden, die ein solches Verlangen gar nicht äußern können, denen aber aus Gründen der Gleichbehandlung die Wohltat der Euthanasie nicht vorenthalten werden sollte. Bereits 1913 hat der Bielefelder Richter Alfred Bozi auf eine solche Gefahr der Ausweitung des Euthanasiepostulats insbesondere im Hinblick auf die unheilbar Geisteskranken hingewiesen.[32] Auch in dem Forderungskatalog des Moralphilosophen Peter Singer ist die nichtfreiwillige Euthanasie enthalten: »Das Leben derer, die nicht im Koma liegen und die zwar Bewußtsein haben, aber kein Bewußtsein von sich selbst, hat einen Wert, wenn sie mehr Lust als Schmerz erleben; aber es ist schwer einzusehen, warum man solche Wesen am Leben erhalten sollte, wenn ihr Leben insgesamt elend ist.«[33]

Daß das Euthanasiepostulat eine solche Tendenz zur Ausweitung in sich trägt, hat aus historischer Sicht folgende Gründe: Diskutiert wurde das Recht auf den Tod nicht nur im Hinblick auf die Selbstbestimmung des Menschen über sein Leben und Sterben, sondern immer auch im Hinblick auf die Frage, welchen Wert das jeweilige Leben sowohl für den Betroffenen als auch für die Gesellschaft noch hat. Die Tötung auf Verlangen sollte also nicht generell und unabhängig von den subjektiven Gründen der Verlangenden freigegeben werden, sondern nur unter bestimmten objektiv, im Einzelfall durch eine Kommission feststellbaren Voraussetzungen, d. h. bei unheilbarer Krankheit und schweren Leidenszuständen. Dabei war der Lebenswert nicht nur aus der subjektiven Sicht des Betroffenen zu bestimmen, sondern das Leben mußte seinen Wert auch für die Angehörigen und die Gesellschaft verloren haben. Erst aus diesen subjektiven und objektiven, individuellen Lebenswert und gesellschaftliche Nützlichkeit kombinierenden Faktoren ergab sich nach Binding und Hoche die Berechtigung zur Freigabe der Vernichtung lebensunwerten Lebens.[34] Der Betroffene, die prüfende Kommission und schließlich der ausführende Arzt sollten vom Lebensunwert des Lebens überzeugt sein, um die Tötung zu rechtfertigen. Diese Lebenswertbestimmung nach objektiven Kriterien führte in der historischen Euthanasiedebatte zu der Frage, warum möglicherweise noch schwerer leidende, aber einwilligungs- bzw. äußerungsunfähige Menschen von der Euthanasie ausgenommen werden sollten, stellte diese doch kein Übel, sondern eine Wohltat dar. Historisch gesehen bildete die Selbstbestimmung des Menschen über seinen Tod also keineswegs eine stabile Grenze der Debatte, vielmehr radikalisierte sie sich von der Freigabe der Tötung auf Verlangen zur »Vernichtung lebensunwerten Lebens«.[35]

Das Euthanasiepostulat zeigt damals wie heute eine Tendenz zur Ausweitung und zwar im Hinblick auf die zur Debatte stehenden Gruppen von Menschen und Leidenszuständen. Ausgehend von den unheilbar Kranken, die ihren Tod wünschen, weil sie sich selber und der Gesellschaft gegenüber nur noch als Last empfinden, wurden zunächst die Bewußtlosen, nicht mehr äußerungsfähigen Patienten, deren Leben von außen betrachtet als sinnlos erschien, und schließlich die »geistig toten«, die »unheilbar Geisteskranken« und pflegebedürftigen Anstaltspatienten in die zu erlösenden Gruppen von Menschen einbezogen. Auch die gegenwärtige Diskussion zeigt eine ähnliche Tendenz zur Ausweitung: Längst geht es nicht mehr nur um die Sterbenden, deren Leidensweg auf ihren eigenen Wunsch hin abgekürzt werden soll, sondern auch um die nicht sterbenden und intensiver Pflege bedürftigen Wachkomapatienten, die schwerbehinderten Neugeborenen und schließlich auch um den assistierten Suizid bei psychisch kranken Menschen. Auch die Möglichkeit einer Euthanasie von Demenzkranken ist, wie die belgische und niederländische Diskussion zeigt, längst kein Tabu mehr. Die niederländische Euthanasiepraxis macht deutlich, daß die pragmatische Rechtfertigung der freiwilligen Euthanasie auf ausdrücklichen und reiflich überlegten Wunsch der Betroffenen zugleich die Tötung unheilbar kranker und schwer leidender Patienten ohne deren Einverständnis nicht verhindert. In diesen Fällen wurden immerhin 21% bis 36% der Patienten retrospektiv als entscheidungs*fähig* eingeschätzt, hätten also gefragt werden können (und müssen). Unter den Motiven der Ärzte zu Lebensbeendigung bei schwerem Leiden spielte der unterstellte Wunsch des Patienten nur in 30% eine Rolle. Maßgeblich waren vielmehr Kriterien der Sinnlosigkeit der Behandlung, der geringen Lebensqualität und der Belastung der Angehörigen.[36]

Ob sich das von den Befürwortern einer liberalisierten Sterbehilferegelung eingeführte Konstrukt der Bestimmung des Lebenswertes aus der Binnenperspektive der Betroffenen, nicht mehr äußerungsfähigen Menschen, wirklich als tragfähig und in der Praxis belastbar erweist, um eine gesellschaftlich determinierte Fremdbestimmung des Lebenswertes auszuschließen, ist die entscheidende Frage, an der sich die gegenwärtige Debatte wird messen lassen müssen.

8.4. Haben alle Menschen ein Recht auf Leben? Oder: die Ersetzbarkeit von behinderten Neugeborenen

Die Tötung nichtentscheidungsfähiger Menschen ohne deren ausdrückliches Verlangen wird in der utilitaristischen Ethik z. B. von Singer häufig mit einem abgestuften Lebensrecht für Nichtpersonen begründet. Patienten im Wachkoma, denen Bewußtseinsfähigkeit abgesprochen wird, sind ebenso wie Neugeborene keine Personen, da sie die Kriterien für personales menschliches Leben nicht erfüllen. Ist das zu erwartende Leben mehr durch Schmerz als durch freud- und lustvolle Zustände gekennzeichnet, soll eine schmerzlose Lebensbeendigung in Form aktiver Sterbehilfe in ihrem eigenen Interesse erfolgen, im Falle der behinderten Neugeborenen dann, wenn die Eltern zustimmen.[37] Daß diese Tötung auch den Interessen der Eltern und der Gesellschaft, die für die Kosten der Pflege aufzukommen haben, entspricht, liegt auf der Hand. Die Tötung von schwerbehinderten Neugeborenen in ihrem eigenen Interesse wird bei einem Übermaß an Leiden auch von Rechtsphilosophen und Ethiker/innen in Deutschland für legitimierbar gehalten.[38] In den Niederlanden legt das Groninger Protokoll Kriterien für eine zulässige Tötung von schwerbehinderten und schwer leidenden Neugeborenen fest.[39] Darüber hinaus ermöglicht es die Totalansicht des Utilitarismus im Sinne von Singer auch, potentiell erst zu zeugende Menschen in die Interessenabwägung einzubeziehen. Dann sind Neugeborene auch mit weniger schwerwiegenden Einschränkungen wie Hämophilie oder Downsyndrom durch nichtbehinderte Kinder ersetzbar, die in der Regel eine bessere Lebensqualität zu erwarten haben. Der Satz »die Tötung eines behinderten Säuglings ist nicht moralisch gleichbedeutend mit der Tötung einer Person. Sehr oft ist sie überhaupt kein Unrecht.«[40] geht von zweierlei Voraussetzungen aus:

1. Nichtpersonale Wesen können entsprechend einem überwiegend leidvollen Leben in ihrem eigenen Interesse getötet werden. Diese Einschränkung des Lebensrechts gilt im Prinzip auch für ältere Kinder und Erwachsene, die nie personale Wesen waren.[41]
2. Ersetzbare, aber in der zu erwartenden Lebensqualität eingeschränkte Wesen, also behinderte Neugeborene, für die jeweils gesunde Ersatzkinder gezeugt werden können, können auch im Interesse Dritter – also der Eltern – getötet werden, wenn sich dadurch die Gesamtsumme des Glücks in der Welt erhöht.

Auch für die historische Debatte um die Euthanasie war es von entscheidender Bedeutung, das Recht aller geborenen Menschen auf Leben einzuschränken. Die »Freigabe der Vernichtung lebensunwerten Lebens« war für Binding im rechtlichen Sinne nur denkbar, indem die Träger »lebensunwerten Lebens« angeblich kein Interesse am Weiterleben haben: So führt Binding im Hinblick auf die Gruppe der *»unheilbar Blödsinnigen«* aus: »Sie haben weder den Willen zu leben, noch zu sterben. So gibt es ihrerseits keine beachtliche Einwilligung in die Tötung, andererseits stößt diese auf keinen Lebenswillen, der gebrochen werden müßte.«[42] Und auch Hoche bestreitet, daß die »geistig Toten«, »einen subjektiven Anspruch auf Leben« erheben können. Er begründet dies vor allem mit dem Fehlen des Selbstbewußtseins, einem »intellektuellen Niveau, das wir erst tief unten in der Tierreihe wieder finden«.[43] Der Begriff des »geistigen Todes« ist für Hoche dadurch definiert, »daß nach der Art der Hirnbeschaffenheit klare Vorstellungen, Gefühle oder Willensregungen nicht entstehen können, daß keine Möglichkeit der Erweckung eines Weltbildes im Bewußtsein besteht, und daß keine Gefühlsbeziehungen zur Umwelt von den geistig Toten ausgehen können, (wenn sie auch natürlich Gegenstand der Zuneigung von seiten Dritter sein mögen).«[44]

Das Recht eines Menschen auf Leben wird von Hoche vom Vorliegen personaler Eigenschaften abhängig gemacht, von der Fähigkeit, einen subjektiven Anspruch auf Leben erheben zu können. Die Argumentationsmuster ähneln sich: Sowohl für Singer wie für Binding und Hoche hängt ein unbedingtes Recht auf Leben vom Vorliegen von Selbstbewußtsein ab, von der Fähigkeit, sich in die Zukunft zu entwerfen und Interessen für die Zukunft zu entwickeln. Liegen diese personalen Eigenschaften nicht vor, ist es unter bestimmten Umständen erlaubt oder geboten, nichtpersonale menschliche Wesen zu töten. Eine weitere Parallele besteht darin, daß sowohl Hoche als auch Singer einen Vergleich mit dem Bewußtseinszustand und den geistigen Fähigkeiten von Tieren vornehmen.[45]

Der Vergleichspunkt liegt nicht auf der Ebene der moralischen Prinzipien und der Motive für die Tötung von nichtpersonalem menschlichen Leben, hier unterscheiden sich Binding und Hoche und Singer grundlegend, sondern in der schlichten Tatsache, *daß* das Recht auf Leben von bestimmten Eigenschaften einer Person, nämlich Selbstbewußtsein und Rationalität, abhängig gemacht wird. Diese Einschränkung von Lebensrecht und Tötungsverbot hatte im Hinblick auf die Euthanasiedebatte in Deutschland fatale Konsequenzen. Sie hat entscheidend dazu beigetragen, daß Ärzte, Juristen und Verwaltungsfachleute, sich im Rahmen der »Euthanasie«-Maßnahmen des NS-Staates berechtigt fühlten, »lebensunwertes Leben« zu beenden. Es geht nicht darum, Singer eine geistige Nähe zum sozialdarwinistisch geprägten Weltbild von Binding und Hoche zu unterstellen. Vielmehr soll auf die grundlegenden Gefahren hingewiesen werden, die entstehen, wenn bestimmte Gruppen von Menschen aus dem unverletzlichen Recht auf Leben, das ein Staat allen Menschen mit Ausnahme der Notwehr zu garantieren hat, herausdefiniert werden.

Auch in einer zweiten Hinsicht ist die historische Erfahrung der NS-»Euthanasie« für eine kritische Bewertung der Argumentation von Singer bedeutsam. Das Argument der Ersetzbarkeit von behinderten Neugeborenen durch ein gesundes, jedoch erst zu zeugendes Kind war für die bevölkerungspolitische Strategie des nationalsozialistischen »Kindereuthanasie«-Programms von großer Bedeutung. Mit dem System der Kinderfachabteilungen versuchte man geschickt, die häufig ambivalente Einstellung der Eltern gegenüber ihren behinderten Kindern auszunutzen und unter Vorspiegelung bestmöglicher Behandlung nur anzudeuten, was mit den Kindern geschehen würde. So schrieb Johann Duken, Direktor der Heidelberger Kinderklinik, an die Mutter eines in der Kinderfachabteilung Eichberg im Rheingau getöteten geistig behinderten Kindes:

»Ich wusste wohl, dass das Kind nicht lange würde leben können; aber den schnellen Tod hatte ich nicht erwartet. Ich teile mit Ihnen den Gedanken, dass es gut war, dass dieses kleine Geschöpf sobald aus seiner Not befreit wurde. Dennoch wird Ihnen das Herz schwer sein; denn schliesslich haben Sie viel Liebe und Sorge für dieses Kind getragen. Möge Ihnen ein gütiges Geschick bald ein neues Kindle schenken.«[46]

Die Forschungen von Carl Schneider zur Genese der verschiedenen Formen des Schwachsinns, die 1942 bis 1945 im Rahmen des »Euthanasie«-Programms an der Heidelberger Psychiatrischen Klinik durchgeführt wurden, waren von dem Ziel geleitet, die Eltern geistig behinderter Kinder in den Fällen, in denen die Erkrankung nicht auf einem erblichen Defekt beruht, zur Zeugung weiterer Kinder anzuhalten:

»Es ist dann aber auch die Hoffnung begründet, daß es gelingen wird, bei dieser Forschung auch die Entstehungsursachen der nichterblichen Schwachsinnsformen weiter zu klären. Sind diese erst einmal bekannt, so werden sich schon Mittel und Wege finden, selbst auch in der Schwangerschaft oder *in der ersten Nachgeburtszeit* verhütend einzugreifen, sodaß zu hoffen ist, wenn auch nicht sofort, so doch in absehbarer Zeit, das Volk vor einem erheblichen Teil dieser unglücklichen Existenzen bewahren zu können und ihm dafür brauchbare Menschen zu schenken.«[47]

Sicherlich steht die hier propagierte Ersetzbarkeit von behinderten durch gesunde Kinder im Kontext der nationalsozialistischen Rassenhygiene und Zwangseugenik, die auf die Rechte der betroffenen Familien keine Rücksicht zu nehmen brauchte. Das Ziel, eine Welt mit weniger behinderten Menschen zu erreichen, wird jedoch auch von einer liberalen Eugenik verfolgt, die mit der Möglichkeit zu pränataler Diagnostik, selektiver Abtreibung und Früheuthanasie auf die freiwilligen Entscheidungen der Mütter und Familien setzt.[48] Wenn man das Plädoyer für eine Totalansicht des Utilitarismus mit der Rechtfertigung, behinderte Kinder durch gesunde zu ersetzen, ernst nimmt, wird man sich allerdings die Frage stellen müssen, ob die Lehren aus der nationalsozialistischen Erbgesundheits- und Euthanasiepolitik in richtiger Weise gezogen worden sind.

Im Hinblick auf die historische Erfahrung der nationalsozialistischen »Euthanasie« stellt sich weiterhin die Frage, ob eine Kategorisierung von menschlichem Leben nach unterschiedlichen Lebenswerten und die Bindung des Rechts auf Leben an bestimmte Eigenschaften und Fähigkeiten der betroffenen Menschen nicht Gefahr läuft, das Töten von behinderten Neugeborenen, von Menschen im Zustand der Demenz oder des Wachkomas zu einer generell akzeptablen Praxis werden zu lassen. Mit der Tötung von entscheidungsunfähigen Menschen aufgrund eines utilitaristischen Kalkül oder eines unterstellten mutmaßlichen Willens, sei es auch im besten Interesse der Betroffenen formuliert, öffnet man letztlich einer gesellschaftlich legitimierten Fremdbestimmung von Lebenswert und Lebensrecht Tür und Tor.

8.5. Entscheidungen über den Wert menschlichen Lebens: Töten als ärztliche Aufgabe?

Die »Euthanasie«-Ärzte und T4-Gutachter haben ihr Handeln häufig mit Bezug auf eine höhere Sittlichkeit und Pflichterfüllung gegenüber den Anforderungen des Staates gerechtfertigt, die eine Überschreitung tradierter Normen ärztlichen Handelns erlaubt haben.[49] So betonte der im Rahmen des Nürnberger Ärzeprozesses angeklagte Karl Brandt, daß es die humansten Absichten zur Lösung eines uralten Menschheitsproblems gewesen seien, die ihn als Arzt und Mensch dazu bewogen hätten, die mit der »Euthanasie«-Ermächtigung verbundene Verantwortung auf sich zu nehmen.[50] Hinter dem Euthanasiegedanken stehe die Idee, »dem Menschen, der sich selbst nicht helfen kann und der unter entsprechenden quaelenden Leiden sein Dasein fristet, eine Hilfe zu bringen. Diese Überlegung ist sicher nicht etwas Unmenschliches, und es ist auch von mir nie als irgendetwas Nichtethisches oder Nichtmoralisches empfunden worden.«[51]

Gleichwohl sind die Krankentötungen im Nationalsozialismus nie offiziell legalisiert worden, juristisch galten sie weiterhin als Totschlag bzw. Mord. Der fehlenden gesetzlichen Grundlage – diese sollte aus taktischen Gründen erst nach dem Krieg geschaffen werden – entsprachen die umfangreichen Anstrengungen zur Geheimhaltung. Dennoch fühlten sich die Beteiligten durch die Kategorie des »lebensunwerten Lebens« in ihrem Handeln moralisch gerechtfertigt. Daß dem Verbot, unschuldige Menschen zu töten, und insbesondere der ärztlichen Verpflichtung zur Lebenserhaltung, wie sie im Hippokratischen Eid[52] dokumentiert ist, dennoch und auch unter den Bedingungen der nationalsozialistischen Diktatur eine Bedeutung zukam, zeigt das folgende Beispiel:

Als der Gauleiter des Warthelandes im besetzten Polen Arthur Greiser (1897-1946) es 1942 mit Blick auf die Ansiedlungspolitik für die deutschstämmige Bevölkerung für erforderlich hielt, die angeblich von an Tuberkulose leidenden Polen ausgehende Ansteckungsgefahr durch radikale Maßnahmen einzudämmen, und bei Heinrich Himmler (1900-1945) um die Genehmigung zur »Sonderbehandlung« nachsuchte, war es der Stellvertretende Reichsärzteführer Kurt Blome (1894-1969), der diesem Ansinnen mit dem Argument widersprach, daß es die traditionelle Aufgabe von Ärzten sei, Leben zu erhalten und nicht zu vernichten. Auf diese Eingabe Blomes zog Himmler seine Genehmigung zur »Sonderbehandlung«, d. h. Tötung der tuberkulösen Polen, zurück. Blome wies darauf hin, daß »von altersher die allgemeine Auffassung vom ärztlichen Tun und Handeln dahin geht, ›dem armen, unschuldigen Kranken sein Leben möglichst lange zu erhalten und seine Leiden zu mildern‹.«[53] Der Respekt des Arztes vor dem menschlichen Leben hatte also auch unter den Bedingungen einer ansonsten menschenverachtenden Diktatur seinen verpflichtenden Anspruch nicht vollkommen verloren.

Auch für pluralistische und demokratische Gesellschaften ist die Unverfügbarkeit des menschlichen Lebens ein hohes Gut, das insbesondere im Hinblick auf mögliche ökonomisch oder politisch bedingte Destabilisierungen rechtsstaatlicher Prinzipien nicht ohne Not preisgegeben werden sollte. Angesichts der historischen Erfahrung der nationalsozialistischen »Euthanasie« sollte am Verbot ärztlicher Tötungshandlungen festgehalten werden, da die Legalisierung aktiver medizinischer Lebensbeendigung einen grundlegenden Paradigmenwechsel in der Aufgabenstellung des Arztes und im Arzt-Patient-Verhältnis bedeuten würde, dessen langfristige Folgen gar nicht abgeschätzt werden können. Die Eindeutigkeit der Grenzsetzung jedenfalls würde verloren gehen. Zwar mag es einzelne Situationen und Fälle extremen nicht therapierbaren Leidens geben, in denen ein einzelner Arzt keinen anderen Ausweg sieht, als

Hilfe zur aktiven Lebensbeendigung leisten zu müssen, dann muß er sich aber bewußt sein, daß er hier eine Grenze überschreitet, die für sich genommen bestehen bleiben muß und nicht durch eine Praxis immer weitergehender Ausnahmen untergraben werden darf.

Vor diesem Hintergrund kann auch eine Antwort auf die Frage nach der ethischen Relevanz einer Unterscheidung von aktiver und passiver Sterbehilfe versucht werden: Jede intendierte und durch eine medizinische Maßnahme kausal verursachte Beendigung des menschlichen Lebens ist eine Tötungshandlung, die in diesem Falle dem Arzt als Verursacher des Todes des Patienten direkt zuzurechnen ist. Eine solche Tötung setzt im medizinischen Sinne – kriminelle Intentionen einmal beiseite gelassen – ein Lebensunwerturteil des Täters über den Getöteten auch dann voraus, wenn die Tötung auf dessen ausdrückliches oder mutmaßliches Verlangen hin durchgeführt wird. Erst durch dieses Lebensunwerturteil, sei es auch hinter Motiven wie Mitleid oder Hilfeleistung verborgen, kann der Tötende den Tod als von ihm verursacht verantworten. Andernfalls würde er zum bloßen Instrument des zu tötenden Menschen. Im Hinblick auf den für die ärztliche Tätigkeit grundlegenden Respekt vor dem menschlichen Leben ist ein solches Lebensunwerturteil moralisch fragwürdig, es gehört – wie Christoph Wilhelm Hufeland es 1806 formuliert hat – nicht in das Geschäft des Arztes.[54] Bei der Unterlassung oder der Beendigung lebensverlängernder Maßnahmen hingegen – jedenfalls wenn sie dem ausdrücklichen oder mutmaßlichen Willen des Patienten entspricht – muß der Arzt sich den Tod des Patienten nicht als durch ihn kausal verursacht zurechnen lassen. Der Tod tritt durch die zugrundeliegende Erkrankung ein. Der Arzt ist nicht Täter, sondern nimmt den Behandlungsanspruch der Lebensverlängerung zurück und steht dem Patienten in seinem Sterben bei. Dabei muß er kein Urteil über den Wert des Lebens oder den Unwert der nun einsetzenden Phase des Sterbens fällen. Die ärztliche Tötung hingegen enthält notwendig ein Lebensunwerturteil: Mit der direkten Einwirkung in die biologische Integrität des Organismus und dessen Lebensprozesse bringt der Arzt zum Ausdruck, daß dieses Leben beendet werden soll, und setzt dies Urteil auch in die Tat um.[55]

8.6. Euthanasie und das Argument der schiefen Ebene[56]

Im folgenden soll versucht werden, die historische Entwicklung der Euthanasiedebatte und der gesellschaftlich-ökonomischen Strukturen hin zu den nationalsozialistischen Krankenmorden als eine schiefe Ebene zu beschreiben, die wiederum für die gegenwärtige Debatte um die Sterbehilfe relevant sein kann.

Ein Argument der schiefen Ebene hat folgende Struktur: Eine für sich genommen moralisch begründbare Regelung sollte deshalb nicht zugelassen werden, weil sie in der Moralpraxis einer Gesellschaft zu einer Reihe von Nebenfolgen führt, die Schritt für Schritt – wie auf einer schiefen Ebene – schließlich in einer Praxis von moralisch verwerflichen Handlungen enden. Der Übergang zwischen den einzelnen Schritten ist gleitend, es fällt schwer bzw. ist unmöglich, die Abfolge zu stoppen, bevor das moralisch unakzeptable Ende erreicht ist. Dabei kann die Abfolge zwischen den einzelnen Schritten durch logische oder durch empirische Argumente wahrscheinlich gemacht werden. Logische Argumente beziehen sich auf die Begründung von Regelungen oder Handlungen, empirische Argumente auf mögliche oder wahrscheinliche Folgen einer Regelung in der Praxis. Neben dem Präzedenzfallargument, eine Ausnahme wird zur Regel, spielen vor allem die in einer Regelung verwendeten Begriffe eine Rolle. Diese Begriffe können z. B. eine willkürliche Grenze zwischen ähnlichen Fällen oder schwer zu unterscheidenden Zuständen markieren, dann handelt es sich um ein Kontinuumsargument. Oder diese Begriffe können auf einer unzureichenden Definition oder einer mangelnden Umsetzbarkeit dieser Definition in der Praxis beruhen, dann handelt es sich um ein Vagheitsargument. Dabei hält Barbara Guckes logische Argumente der schiefen Ebene für grundsätzlich nicht begründbar: Es sei logisch möglich und werde auch im Alltag häufig praktiziert, willkürliche Grenzen zu ziehen oder ein inkonsistentes Überzeugungssystem zu vertreten. Aus der Zulassung einer bestimmten Handlung lasse sich die daraus folgende Zulassung einer anderen Handlung *logisch* nicht ableiten.[57]

Das historische Beispiel der Genese der nationalsozialistischen »Euthanasie« führt uns eine »schiefe Ebene« vor Augen, auf der es, ist einmal der erste Schritt in Richtung ärztlicher Tötungshandlungen getan, schwierig ist, klare Grenzen für den Schutz beeinträchtigten menschlichen Lebens aufrechtzuerhalten. Diese »schiefe Ebene« läßt sich wiederum, wie in den historischen Kapiteln ausführlich dargelegt, auf zwei verschiedenen Ebenen beschreiben:

Die erste Ebene betrifft die *Debatte um die Euthanasie* seit dem Ende des 19. Jahrhunderts. Das geforderte Recht auf einen würdigen Tod für unheilbar kranke Menschen führte nach dem Ersten Weltkrieg zur Diskussion des Lebenswertes von Menschen, die angeblich gar keinen Lebenswillen mehr haben bzw. sich nicht mehr äußern können. Während für Jost die Zulassung der Tötung auf Verlangen (Recht auf den Tod) im

Vordergrund des vom ihm geforderten sozialen Reformprozesses stand[58] und der lungenkranke Roland Gerkan seinen Gesetzentwurf (»Wer unheilbar krank ist, hat das Recht auf Sterbehilfe.«) mit dem eigenen drängenden Wunsch nach Erlösung von seinem nutzlosen Leiden begründete und nur den ausdrücklichen und unzweideutig kundgegebenen Wunsch anerkannt wissen wollte[59], umfaßte die Kategorie des »lebensunwerten Lebens« bei Binding und Hoche die »zufolge Krankheit oder Verwundung unrettbar Verlorenen«, die »unheilbar Blödsinnigen« und die Bewußtlosen, die »zu einem namenlosen Elend erwachen würden«, und legitimierte somit die Tötung von bestimmten Gruppen von Menschen auch ohne deren Zustimmung.[60] Hoche klassifizierte einen Teil der Patienten psychiatrischer Anstalten als geistig tote »Ballastexistenzen« und »leere Menschenhülsen«.[61] Für die Veränderung der moralischen Einstellung gegenüber psychisch kranken und geistig behinderten Menschen war diese Radikalisierung der Sprache bedeutsam, in juristischer und moralischer Hinsicht wurden sie damit vom Recht auf Leben ausgeschlossen. Auch wenn die Forderungen von Binding und Hoche nicht unwidersprochen blieben und sich auch politisch in der Weimarer Republik nicht durchsetzen konnten, so hatte die Kategorie des »lebensunwerten Lebens« doch eine Definitionsmacht entfaltet, die abhängig von der ökonomischen Situation Anfang der 1930er Jahre wieder stärker in den Vordergrund der Diskussion rückte und auch die Tötung von behinderten Neugeborenen umfaßte.[62]

Auf der *Ebene des Übergangs vom Diskurs in die Praxis* zeigt das historische Beispiel der NS-»Euthanasie«, wie sich unter veränderten politischen Herrschaftsbedingungen und einem verschärften ökonomischen Druck die Lebensbedingungen der Anstaltspatienten so verschlechterten, daß diese immer geringere Aussichten auf Rückkehr in die Gesellschaft oder ein Überleben hatten. Die Umsetzung des nationalsozialistischen »Euthanasie«-Programms wäre jedoch nicht denkbar gewesen ohne die bereits seit den 1920er Jahren entwickelte Kategorie des »lebensunwerten Lebens« und die damit verbundene Veränderung in der moralischen Einstellung gegenüber den anvertrauten Patienten gerade auch unter den jüngeren Psychiatern.[63] So bedurfte es keines Befehls von Adolf Hitler, sondern lediglich einer Straffreiheit suggerierenden Ermächtigung, um den von ambitionierten Psychiatern und Verwaltungsfachleuten betriebenen »Euthanasie«-Apparat in Gang zu setzen und den Großteil der deutschen und österreichischen Psychiater zumindest zur Duldung, wenn nicht zur aktiven Mitwirkung zu gewinnen.[64] Angehalten werden konnten – neben anderen relevanten Faktoren – die zentral organisierten Massenvergasungen (»Aktion T4« 1939-1941) nur durch öffentlichen Protest des Münsteraner Bischofs Clemens August Graf von Galen, der mit der Unverletzlichkeit des unschuldigen menschlichen Lebens, auch wenn es schwach, krank oder behindert ist, argumentierte und damit ein Prinzip wieder in Geltung zu setzen versuchte, das durch sozialdarwinistisches Denken und nicht zuletzt durch den Propaganda- und Terrorapparat des nationalsozialistischen Staates weitgehend ausgehölt war.[65] Aber auch nach dem scheinbaren Stopp der Krankentötungen wirkte das »Euthanasie«-Postulat fort und ermöglichte die Krankentötungen durch Medikamente und Nahrungsentzug in regional unterschiedlichem Ausmaß. Hier gab es keine zentrale Entscheidungsinstanz, vielmehr erfüllten die Ärzte die an sie gestellten expliziten und impliziten Erwartungen, das Problem begrenzter Ressourcen durch Tötung zu lösen. Somit läßt sich eine Radikalisierung der Krankenmorde insofern feststellen, als die Tötungsentscheidungen der Verantwortung und Willkür einzelner Ärzte oblagen und sich auch auf immer weitere Gruppen von Menschen, z. B. psychisch oder körperlich kranke Menschen, verwirrte und sieche Bombenopfer oder Fürsorgezöglinge ausdehnten.[66]

Nun soll das Argument der schiefen Ebene aber nicht so verstanden werden, daß eine Legalisierung der aktiven (tötenden) Sterbehilfe zu denselben Konsequenzen von Massentötungen führen kann oder muß, wie sie im Nationalsozialismus auftraten.[67] Vielmehr zeigt das historische Beispiel, daß Debatten über den unterschiedlichen Lebenswert von Menschen eine Tendenz zur Ausweitung haben und daß – ist einmal die Grenze der Gültigkeit des Tötungsverbots aufgeweicht – es immer schwieriger wird, die veränderte Grenzziehung argumentativ und in der Realität aufrechtzuerhalten: Bei welchen Gruppen von leidenden und in ihren Lebensvollzügen eingeschränkten Menschen soll die Diskussion um die Euthanasie aufhören, wo soll das Verbot ärztlicher Tötungshandlungen, einmal aufgeweicht, wieder die Funktion einer klaren Grenzziehung aufnehmen? Wenn die freiwillige Euthanasie auf ausdrücklichen Wunsch des Patienten freigegeben würde, warum dann nicht auch die Tötung behinderter Neugeborener auf Wunsch der Eltern? Bei welchem Grad und bei welchen Arten von Behinderungen will man hier eine nicht willkürliche Grenze ziehen? Schließlich folgt auf die Zulässigkeit des Abbruchs der künstlichen Ernährung bei komatösen Patienten die Frage, ob eine direkte Tötung der Patienten nicht sogar ethisch geboten ist, um Leiden zu vermeiden. Können nicht auch wieder psychiatrische Patienten unter das Euthanasiepostulat fallen, sei es weil ihr Leiden für aussichtslos gehalten wird, sei es weil ihre geistigen Funktionen erheblich eingeschränkt sind? Auf diese Fragen müßten die Befürworter einer Liberalisierung der Gesetzgebung für die Sterbehilfe eine überzeugende Antwort finden.

Das im folgenden zur Diskussion gestellte und auf die historische Erfahrung der NS-»Euthanasie« Bezug nehmende Argument der schiefen Ebene geht von zwei Prämissen aus:

1. Die historische Erfahrung der nationalsozialistischen »Euthanasie« impliziert zumindest aus deutscher und österreichischer Perspektive die moralische Verpflichtung, daß sich Massentötungen von kranken und behinderten Menschen nicht wiederholen. Die moralische Verwerflichkeit unfreiwilliger Euthanasie ist insoweit auch in der medizinischen Ethik unbestritten.

2. Die Auseinandersetzung mit der Geschichte der NS-»Euthanasie« ist für unsere heutigen ethischen Fragestellungen insofern relevant, als sich gemeinsame epochenübergreifende Strukturmomente nachweisen lassen, die unabhängig von den spezifischen Herrschaftsbedingungen des Nationalsozialismus bestehen. Diese Strukturmomente betreffen das Verhältnis von Mitleid und Erlösung, den Einfluß von subjektiven und objektiven Faktoren, von Eigeninteressen und Fremdinteressen bei der Bestimmung des Lebenswertes und schließlich den Übergang von der freiwilligen zur nichtfreiwilligen Euthanasie. Unter dieser Voraussetzung ist das historische Argument auch unter den Bedingungen einer pluralistischen und demokratischen Gesellschaft nicht mit dem Argument von der Hand zu weisen, daß wir heute unter anderen gesellschaftlichen Bedingungen als denen des nationalsozialistischen Staates leben. Das mit Blick auf die historische Erfahrung der nationalsozialistischen »Euthanasie« formulierte »Argument der schiefen Ebene« läßt sich in zwei Richtungen entfalten:

1. Zum einen im Hinblick auf diejenigen leidenden und pflegebedürftigen Menschen, die sich gedrängt fühlen könnten, sich für ihren Tod zu entscheiden und medizinische Lebensbeendigung zu wünschen, weil sie ihren Angehörigen und der Gesellschaft nur noch Last fallen, weil sie sich nicht mehr als nützliche Mitglieder der Gesellschaft ansehen. Dies ist ein Faktor, der in der Lebenswirklichkeit älterer und pflegebedürftiger Menschen bereits heute eine große Rolle spielt.[68] Die vorliegenden empirischen Studien zu den Motiven der Patienten, die um Euthanasie oder assistierten Suizid zu bitten, zeigen, daß neben Schmerzen und dem Verlust an Würde Angst vor Abhängigkeit und Pflegebedürftigkeit eine große Rolle spielt.[69] Aber auch die historische Entwicklung der Euthanasiedebatte bietet hierfür genügend Beispiele: So sagt z. B. der unheilbar kranke Jurist zu seinem Freund und Arzt in der bereits zitierten Erzählung von Max Nassauer: »›Ich bin zu nichts mehr nütze. Zu gar nichts. Nur eine Last für meine Frau, für meine Familie, für meine Bediensteten, für Sie, mein Freund, und vor allem für mich.‹«[70]

Anhand der Geschichte der »Vernichtung lebensunwerten Lebens« lernen bedeutet in diesem Zusammenhang, für gesellschaftliche Verhältnisse einzutreten, in denen leidende, kranke, pflegebedürftige, alte und behinderte Menschen nicht das Gefühl haben müssen, daß ihr Leben nutzlos, sinnlos oder überflüssig wäre. Die Zulassung des ärztlich assistierten Suizids oder die Legalisierung der aktiven Sterbehilfe wäre eine vorschnelle und allzu einfache Lösung des Problems einer immer älter werdenden Gesellschaft, die zu wenige Ressourcen für eine menschenwürdige Pflege im Alter aufwendet und Menschen mit schweren Behinderungen nicht wirklich in ihre Mitte nimmt.

2. Die zweite Richtung, in der sich ein historisch fundiertes Argument der schiefen Ebene entfalten läßt, betrifft den zu befürchtenden *Übergang von der freiwilligen zur nichtfreiwilligen Euthanasie*. Das in den Programmschriften zur Sterbehilfe seit dem Ende des 19. Jahrhunderts eingeforderte »Recht auf den Tod«, die Freigabe der Tötung auf Verlangen bei unheilbaren Erkrankungen und schweren Leidenszuständen, implizierte die Ausweitung der Sterbehilfe auch auf äußerungsunfähige, psychisch Kranke und geistig behinderte Menschen, denen Selbstbewußtsein und die Fähigkeit zu autonomen Entscheidungen abgesprochen wurden.

Vor diesem historischen Hintergrund läßt sich ein Argument der schiefen Ebene formulieren, das auch für die Ausweitungstendenzen in der gegenwärtigen Debatte um die Euthanasie Gültigkeit hat. Dabei sollen Unterschiede und Gemeinsamkeiten zwischen der historischen und der gegenwärtigen Debatte berücksichtigt werden:

1. Die Legalisierung der aktiven Sterbehilfe (Tötung auf Verlangen) wird heute wie damals begründet mit der Achtung vor der Autonomie des Einzelnen, mit dem Recht jedes Menschen, über Zeitpunkt und Art seines Todes selbst zu bestimmen. Dabei hat die historische Debatte die autonome Entscheidung des Einzelnen für seinen Tod rational unterfüttert mit einer utilitaristisch formulierten ökonomischen Bestimmung des Wertes des menschenlichen Lebens und emotional aufgeladen mit dem Gefühl des Mitleids im Angesicht von schwerem körperlichen und seelischem Leiden. Deshalb warnt die historische Erfahrung der Debatte um die Euthanasie vor einer ökonomischen Bewertung des Wertes menschlichen Lebens, die offen oder versteckt zusammen mit dem Autonomieargument transportiert werden. Aber selbst wenn es gelingen sollte, die autonome Entscheidung für den eigenen Tod allein aus der subjektiven Perspektive der Betroffenen, frei von inneren und äußeren Zwängen, frei von gesellschaftlichen Druck zu bestimmen, bleibt die Frage der Grenzziehung. In den vorgeschlagenen gesetzlichen Regelun-

gen zur Zulässigkeit von aktiver Sterbehilfe (und assistiertem Suizid) werden zum Schutz vor Mißbrauch objektive Voraussetzungen zulässiger Sterbehilfe formuliert. Diese können z. B. in der Unheilbarkeit der Erkrankung und der Schwere des Leidens bestehen.[71] Damit soll sichergestellt werden, daß die Lebensbeendigung zum Wohl des Betroffenen erfolgt. Das bedeutet jedoch, daß die Autonomie des Einzelnen, der um Sterbehilfe nachsucht, wiederum eingeschränkt wird. Damit führt die autonomiegestützte Argumentation für aktive Sterbehilfe einerseits zu einem moralischen Paradox[72], andererseits liegt in der Definition objektiver Kriterien für die Zulässigkeit aktiver Sterbehilfe bereits die Gefahr einer Ausweitung auf Menschen begründet, die zu autonomen Entscheidungen nicht mehr fähig sind.

2. Liegen die Voraussetzungen von aktiver Sterbehilfe auf ausdrücklichen Wunsch des Betroffenen (unheilbare Erkrankung, schweres bzw. unerträgliches Leiden) auch bei nichtentscheidungsfähigen Menschen vor, so stellt sich im Sinne der Gleichbehandlung ähnlicher Fälle die Frage, warum diese Menschen nicht auch aufgrund eines *mutmaßlichen* Willens, von ihrem Leiden erlöst zu werden, getötet werden können.[73]

3. Da die Ermittlung des mutmaßlichen Willens in der Frage der Lebensbeendigung, zumindest bei Fehlen einer Patientenverfügung, eine ganze Reihe von Unsicherheitsfaktoren mit sich bringt und dieser zwar theoretisch, aber nicht praktisch immer klar von den Interessen der Angehörigen und den Wertorientierungen in der Gesellschaft unterschieden werden kann, besteht die Gefahr, daß Menschen scheinbar selbstbestimmt, in Wirklichkeit jedoch um der Interessen Dritter (der Angehörigen, der Gesellschaft) willen getötet werden.

4. Wenn die Interessen Dritter bei der Tötung von entscheidungsunfähigen, leidenden Menschen implizit eine Rolle spielen, ist es wahrscheinlich, daß sie mit der Zeit auch explizit als akzeptable Gründe für medizinische Lebensbeendigung anerkannt werden. Insofern erscheint es dann akzeptabel, behinderte Neugeborene oder Menschen im Wachkoma im Interesse der Eltern, der Angehörigen oder zur Vermeidung unnötiger Pflegekosten im Interesse der Gesellschaft zu töten. Diese Stufe der Eskalation ist in der utilitaristischen Rechtfertigung der Tötung behinderter Neugeborener in der Argumentation des Bioethikers Singer erreicht.[74] Genau an diesem Punkt ist das historische Beispiel der Genese der nationalsozialistischen Krankenmorde lehrreich: Bereits in der Debatte um die Euthanasie seit Ende des 19. Jahrhunderts wurde mit dem Begriff des »lebensunwerten Lebens« eine Rechtfertigung für die Tötung von kranken und behinderten Menschen geschaffen, die sowohl am Nutzen des Lebens für den Einzeln wie für die Gesellschaft orientiert war

und den Übergang von der freiwilligen zur nichtfreiwilligen Euthanasie leicht gemacht hat. Auch für die Legitimation der Krankentötungen im Nationalsozialismus war diese Doppelgesichtigkeit des Begriffs des »lebensunwerten Lebens« von entscheidender Bedeutung.

5. Wenn die Interessen Dritter bzw. der Gesellschaft als akzeptable Gründe für die medizinische Lebensbeendigung anerkannt werden – wie dies in der Debatte um die Euthanasie bis zum zweiten Weltkrieg und in der Legitimation der nationalsozialistischen Krankentötungen der Fall warm – ist es möglich, daß entscheidungs*un*fähige Menschen, auch wenn sie noch Lebenswillen zeigen, wie z. B. demente Menschen, scheinbar um ihrer selbst willen, in Wirklichkeit jedoch um der Interessen der Angehörigen oder Gesellschaft willen getötet werden. Dann wäre unfreiwillige Euthanasie oder Zwangseuthanasie die Folge.[75]

Da die unfreiwillige Euthanasie allgemein als moralisch unakzeptabel angesehen wird – sich jedoch in der Praxis der Anwendung moralischer Normen in mehreren Schritten aus der Legalisierung der aktiven Sterbehilfe entwickeln kann –, sollte die aktive Sterbehilfe nicht zugelassen werden, auch dann nicht, wenn primäre Gründe, wie die Autonomie der Patienten, dafür sprechen sollten. Dabei belegt das historische Beispiel der Legitimation der nationalsozialistischen »Euthanasie« aus der Debatte um das Recht auf den Tod die grundsätzliche Möglichkeit einer solchen Entwicklung.

Das hier formulierte historische Argument kann primär als eine empirische Version des Arguments der schiefen Ebene im Sinne von Guckes aufgefaßt werden, da die Genese der nationalsozialistischen Krankenmorde und die Debatte um das »Recht auf den Tod« auch unter Berücksichtigung der Komplexität historischer Prozesse eine schiefe Ebene aufweisen, die ihren Ausgang von der Aushöhlung des in den moralischen Intuitionen tief verankerten Tötungsverbots nimmt. Dabei enthält das hier formulierte Argument an zwei entscheidenden Stellen auch eine logische bzw. eine begriffliche Komponente (Vagheitsargument): Die auch historisch nachweisbare Verknüpfung von freiwilliger und nichtfreiwilliger Euthanasie beruht auf der Ebene der Begründung von Normen auf einem logischen Schluß: Entsprechend dem Prinzip der Gleichbehandlung ähnlicher Fälle und unter Abweisung des in einer säkularen Gesellschaft unbegründbaren Prinzips der Heiligkeit des menschlichen Lebens dürften bei einem vergleichbaren Ausmaß an Leiden und fehlenden Chancen auf ein lebenswertes Leben entscheidungsunfähige Menschen nicht von der Möglichkeit zur leidens- und lebensbeendenden Sterbehilfe ausgeschlossen werden. Vielmehr wären hier stellvertretende Entscheidungen der Sorgeberechtigten erforderlich und geboten.[76] Diese müssen sich notwendigerweise am *mutmaßlichen Willen* des Betroffenen orientieren. Dabei wird das für diese Argumentation grundlegende Prinzip des Respekts vor der Autonomie des Einzelnen auf einen für die Moralpraxis unzureichend definierten Begriff zurückgeführt, nämlich den des mutmaßlichen Willens. Dieser kann nur aufgrund von mehr oder weniger gesicherten Anhaltspunkten und meist nur vermittelt durch die Angehörigen erschlossen werden. Je weniger Anhaltspunkte vorliegen, desto eher orientiert er sich an allgemeinen Wertmaßstäben oder aber an willkürlichen Mutmaßungen der Entscheidenden. Von daher ist der Begriff notwendigerweise offen für allgemeine Vorstellungen von Lebensqualität und lebenswertem Leben, die in der Moralpraxis einer Gesellschaft das ursprüngliche Konzept der Autonomie für Entscheidungen im Interesse Dritter und der Gesellschaft öffnen. Auch vorausverfügte Willenserklärungen (Patientenverfügungen) bieten Interpretationsspielraum und können letztlich den aktuellen Willen des Betroffenen nicht erschließen. Die Gefahr der Fremdbestimmung, was lebenswertes und was »lebensunwertes Leben« ist, zeigt sich bereits in der Debatte um die »Vernichtung lebensunwerten Lebens« zu Beginn der 1920er Jahre.

Daß der Übergang von der freiwilligen zur nichtwilligen Euthanasie sich auch in der Moralpraxis einer modernen pluralistischen Gesellschaft nachweisen läßt, zeigt das Beispiel der Niederlande, wo Euthanasie schon ursprünglich in der Definition des Begriffs strikt auf das ausdrückliche Verlangen des urteilsfähigen Menschen beschränkt sein sollte, Ärzte sich aber berechtigt fühlen, das Leben von Menschen zu beenden, weil die Fortsetzung der medizinischen Behandlungich sinnlos geworden ist. Mit der Duldung der Tötung von schwerbehinderten und schwer leidenden Neugeborenen tritt notwendigerweise eine Fremdbestimmung von nicht lebenswertem Leben hinzu. Ob sich bei der getroffenen Erweiterung des ursprünglichen Konzepts von Euthanasie dauerhaft die Interessen Dritter und ökonomische Aspekte ausschließen lassen, muß offen bleiben.

Jedenfalls spricht die historische Erfahrung der NS-»Euthanasie« dafür, die Gefahr einer Tötung von leidenden Menschen im Interesse Dritter bzw. der Gesellschaft, zur Senkung der zunehmenden Kostenbelastung im Gesundheitswesen ernst zu nehmen.

Das hier vorgelegte Argument gegen die Legalisierung aktiver Sterbehilfe läßt sich unter zwei Voraussetzungen auch auf den ärztlich assistierten Suizid anwenden:

1. Auch die Teilnahme am Suizid eines Patienten impliziert, daß der Arzt sich mit der Tötungsabsicht des Patienten identifiziert.
2. Die Legalisierung des ärztlich assistierten Suizids führt längerfristig auch zu der Frage der Legalisierung aktiver Sterbehilfe, da diese den-

jenigen Patienten nicht verweigert werden kann, die körperlich nicht mehr zum Vollzug des Suizids in der Lage sind.

3. Insbesondere die Konstruktion von Selbsttötungsmaschinen stellt einen gleitenden Übergang vom ärztlich assistierten Suizid zur aktiven Sterbehilfe dar.

Damit ist nicht gesagt, daß die Beihilfe zum Suizid grundsätzlich bestraft werden muß, sondern nur, daß der ärztlich assistierte Suizid keine legitime ärztliche Handlung sein sollte.

9. Abschließende Überlegungen

Die gesellschaftliche Auseinandersetzung über den guten, den selbstbestimmten und den erlösenden Tod in Deutschland kann nicht verstanden werden, ohne auf die moralische Katastrophe der nationalsozialistischen Krankenmorde, ihre Entstehungsgeschichte, ihre Ermöglichungsbedingungen und ihre Nachwirkungen Bezug zu nehmen. Dabei zeigt sich, daß bereits Ende des 19. Jahrhunderts – also weit vor dem Aufkommen der nationalsozialistischen Bewegung – das Argument der Selbstbestimmung, im Sinne eines Rechts, über den Zeitpunkt des eigenen Todes zu bestimmen, stringent verknüpft war mit einer gesellschaftlich vorgegebenen Bestimmung des Lebenswertes der betroffenen Menschen. Im Laufe der Debatte, die sich mit der Erfahrung des Ersten Weltkrieges zumindest in Deutschland deutlich radikalisierte, rückte die Frage der »Vernichtung lebensunwerten Lebens« immer stärker in den Vordergrund. Im Gefolge der Rechtfertigung der Tötung auf ausdrückliches Verlangen der Betroffenen bei unheilbaren Erkrankungen entstand unweigerlich die Forderung nach Mitleidstötung auch derjenigen Menschen, denen die Fähigkeit, in ihre Tötung einzuwilligen, abgesprochen wurde. Dies galt insbesondere für die sogenannten »geistig Toten« unter den Anstaltspatienten, die zudem eine nicht mehr tragbare ökonomische Belastung des Volkes darstellen würden. Des Weiteren konnte gezeigt werden, wie die in dieser Debatte geprägten Begriffe des »lebensunwerten Lebens«, des »geistigen Todes« sowie der »Ballastexistenzen« nicht nur für das Handeln der verantwortlichen NS-Funktionäre, sondern auch für die Haltung und Einstellung eines Teils der Anstaltspsychiater prägend waren. So finden sich in einigen der Krankenakten von Opfern der NS-»Euthanasie« entsprechende Charakterisierungen von Patientinnen, die den gewünschten Tod vorwegnahmen. In ethischer Hinsicht läßt die Untersuchung des Selektionsverfahrens der zentral organisisierten »Euthanasie«-Aktion T4 erkennen, daß hinter der scheinbaren moralischen Rechtfertigung der Tötung sogenannten lebensunwerten Lebens mit Begriffen wie Gnadentod, Mitleidstötung oder Erlösung vom Leiden in erster Linie ein ökonomisches Nützlichkeitskalkül die Selektionspraxis bestimmt hat. Dabei waren die ideologischen Voraussetzungen der Vernichtung »lebensunwerten Lebens« nach Kriegsende keineswegs verschwunden. Noch bis in die 1960er Jahre wurde die Schrift des bekannten Psychiaters Alfred Hoche und des einflußeichen Strafrechtlers Karl Bindung von den Gerichten zur Entschuldung der »Euthanasie«-Ärzte herangezogen.

Zwar steht die Frage der Legalisierung aktiver medizinischer Tötungshandlungen in einer demokratischen und pluralistischen Gesellschaft unter ganz anderen gesellschaftlichen und politischen Rahmenbedingungen zur Debatte als in der Zeit des Nationalsozialismus. Die Gefahr, den Wert menschlichen Lebens zumindest implizit an der sozialen und ökonomischen Leistungsfähigkeit des Betroffenen zu bemessen, läßt sich jedoch auch dann nicht vollkommen von der Hand weisen, wenn primär mit der Selbstbestimmung des Menschen über sein Leben und Sterben argumentiert wird. Auch in der gegenwärtigen Debatte spielen ökonomische Faktoren eine Rolle, z. B. wenn Menschen mit schweren Erkrankungen und Behinderungen das Gefühl haben, den anderen oder der Gesellschaft nur noch zur Last zu fallen, und deshalb ihren Tod wünschen. Die differenzierte Untersuchung der Genese und der Selektionspraxis der NS-»Euthanasie« läßt sich als Argument der schiefen Ebene (»slippery slope«) auf verschiedenen Ebenen in die gegenwärtige Debatte einbringen: Zum einen kann anhand der Entwicklung der Euthanasiedebatte und der Rechtfertigung der »Euthanasie« im Nationalsozialismus gezeigt werden, daß das Argument der Selbstbestimmung über den eigenen Tod (bei unheilbaren Erkrankungen und aussichtslosem Leiden) zu einer zunächst impliziten und dann expliziten Rechtfertigung der Lebensbeendigung bei aktuell äußerungsunfähigen Menschen geführt hat. Der Übergang von der freiwilligen zur nichtfreiwilligen Euthanasie entspricht einer inneren Logik der Euthanasiedebatte. So zeigt auch das Beispiel der Niederlande als liberal-pragmatischer Gesellschaft, daß sich hinter der legalisierten Praxis von Euthanasie auf ausdrückliches Verlangen der Betroffenen eine konstante Zahl von Tötungen von Patienten verbirgt, die den geforderten Sorgfaltskriterien nicht entsprechen und wo kein explizierter Todeswunsch geäußert wurde. Weiterhin steht die Rechtfertigung des Tötens durch Begriffe wie Mitleid oder Erlösung immer in der Gefahr, Lebensunwerturteile zu transportieren, die zu einer Negation der Solidarität im Angesicht von Tod, Leid und Behinderung führen. Die historische Erfahrung der NS-Euthanasie zeigt die schiefe Ebene auf, die entsteht, wenn über den Wert menschlichen Lebens nach objektiven Kriterien entschieden wird und damit ärztliche Tötungshandlungen gerechtfertigt werden sollen. Die Befürworter einer Legalisierung medizinischer Tötungshandlungen müßten belegen, wie sie den aufgezeigten Gefahren begegnen wollen.

In dem bereits mehrfach erwähnten Spielfilm »Ich klage an« lehnt der Arzt und Jugendfreund Bernhard die Bitte der Protagonistin Hannah Heyt um Sterbehilfe mit der Begründung ab: »Wir wissen nicht, was das Leben ist.« Damit ist vielleicht eines der tiefgründigsten Argumente gegen die ärztliche Mitleidstötung angesprochen: Wir können Lebensvorgänge zwar naturwissenschaftlich auf genetischer, molekularer, biochemischer und physiologischer Ebene erklären und auch den Tod im biologischen Sinne definieren, aber Grund und Wesen des menschlichen Lebens können wir damit ebenso wenig verstehen wie den Tod selbst. Gerade aus einer säkularen und nichtmetaphysischen Perspektive heraus bleiben der Sinn und das Wesen des menschlichen Lebens ebenso wie das Rätsel des Todes verschlossen. Von daher können wir aus erkenntnistheoretischer Sicht nicht über das menschliche Leben als Ganzes verfügen. Das schließt nicht aus, daß sich mithilfe der Medizin die Bedingungen des menschlichen Lebens verbessern lassen. Über das Leben selbst, die nackte Existenz, zu verfügen, liegt jedoch jenseits der Aufgaben der Medizin. Insofern kann auch das Warum und der Wert des einzelnen menschlichen Lebens aus medizinischer Sicht nicht bestimmt werden. Auch aus psychologischen Studien zur Lebensqualität ergibt sich noch kein Werturteil über das jeweilige Leben.

Der einzelne Mensch kann über die Bedingungen seiner Existenz nicht verfügen, sein naturwüchsiges Gewordensein ist ebenso wie seine Endlichkeit unverfügbare Voraussetzung seiner Subjekthaftigkeit.[1] Indem Geborensein und Sterbenmüssen allen Menschen gleichermaßen eingeschrieben sind, ist es die dazwischen liegende Zeitspanne, das ganze Leben, das die Menschen einer Gesellschaft miteinander verbindet. Daß das jeweilige Leben ein gelungenes, ein gutes Leben werden kann, dafür sollte eine solidarische Gesellschaft die Voraussetzungen schaffen. Dazu gehört auch ein würdiges Sterben und Abschiednehmen, nicht jedoch die Verfügung über das, was Bedingung der Subjekthaftigkeit des Menschen ist, nicht jedoch die Verfügung über den Tod. Der einzelne mag sein Leben mehr oder weniger schätzen, er kann sich gegen sein Leiden auflehnen, er mag seiner Existenz ein Ende setzen wollen, darüber ist kein moralisches Urteil zu fällen. Die Antwort der Gesellschaft angesichts des Leidens kann nur eine Antwort der Solidarität sein, die auch im Sterben auf der Seite des Lebens steht. Das schließt ein gesellschaftlich legitimiertes Tötungsangebot aus.[2]

Nachdem Pfarrer Oberlin den eingangs erwähnten psychisch kranken Dichter Jakob Michael Reinhold Lenz nach seinem Selbsttötungsversuch nach Straßburg gebracht hatte, heißt es am Schluß der Erzählung von Georg Büchner: »Er [Lenz] schien ganz vernünftig, sprach mit den Leuten. Er tat alles, wie es die anderen taten; es war aber eine entsetzliche Leere in ihm, er fühlte keine Angst mehr, kein Verlangen, sein Leben war ihm eine notwendige Last. – So lebte er hin …«.[3]

Ob das Leben von Lenz einen Wert hat oder nicht, vermögen wir nicht zu entscheiden.

Anmerkungen

Vorwort

1 Gerrit Hohendorf (2008): Empirische Untersuchungen zur nationalsozialistischen »Euthanasie« bei psychisch Kranken – mit Anmerkungen zu aktuellen ethischen Fragestellungen, Habilitationsschrift zur Erlangung der Lehrbefugnis für das Fach Psychiatrie und Psychotherapie an der Medizinischen Fakultät der Technischen Universität München.

1. Einleitung: Der Tod als Erlösung vom Leiden

1 Gemeint ist eine Verweltlichung der Heiligkeit Gottes.
2 Büchner, Georg (1839): Lenz, S. 109 f.
3 Gabriele L.: Warum dürfen nur Tiere »human« erlöst werden, in: Neumann, Gita (Hg.) (2012): Suizidhilfe als Herausforderung, S. 80.
4 Im folgenden wird meist, der Lesbarkeit halber, die männliche Form für beide Geschlechter gebraucht. Selbstverständlich sind, wenn von Ärzten und Patienten die Rede ist, immer auch die Ärztinnen und die Patientinnen mitgedacht.
5 Vgl. Wunder, Michael (2010): Des Lebens Wert, S. 401.

2. Die nationalsozialistische »Euthanasie« zwischen Tabu und Argument oder: Läßt sich aus der Geschichte lernen?

1 So kritisierte der Schrifsteller Martin Walser 1998 in seinen »Erfahrungen beim Verfassen einer Sonntagsrede« in der Frankfurter Paulskirche den ewigen Vorhalt der »Schande von Auschwitz«: »Wenn ich merke, daß sich in mir etwas dagegen wehrt, versuche ich, die Vorhaltung unserer Schande auf Motive hin abzuhören, und bin fast froh, wenn ich glaube, entdecken zu können, daß öfter nicht mehr das Gedenken, das Nichtvergessen das Motiv ist, sondern die Instrumentalisierung unserer Schande zu gegenwärtigen Zwecken. Immer zu guten Zwecken, ehrenwerten. Aber doch Instrumentalisierung.«, Walser, Martin (1998): Erfahrungen, S. 10.
2 Czerner, Frank (2004): Das Euthanasie-Tabu, S. 87 f.
3 Kodalle, Klaus-M. (2003): Ein Tabu bröckelt, S. 22.
4 Hoerster, Norbert (1998): Sterbehilfe im säkularen Staat, S. 125.
5 De Ridder, Michael (2010): Wie wollen wir sterben?, S. 271 f., Hervorhebung im Original.
6 Vgl. z.B. Ach, Johann S.; Gaidt, Andreas (Hg.) (1993): Herausforderung der Bioethik, S. 9-15.
7 Vgl. Sass, Hans-Martin (1991): Medizin, Krankheit und Gesundheit, S. 214-216 und Sass, Hans-Martin (1994): Hippokratisches Ethos und nachhippokratische Ethik mit weiterer Literatur.
8 Vgl. Wilmanns, Juliane (2000): Ethische Normen im Arzt-Patienten-Verhältnis, S. 204.
9 Vgl. Benzenhöfer, Udo (2000a): Geschichte und Recht, S. 360, Im Originalzitat hervorgehoben. Die Anspielung auf die Geschichte der »Euthanasie« im Nationalso-

zialismus ist jedenfalls bezogen auf die Juristen nicht ganz korrekt. Hier waren es Ärzte, die über Leben und Tod entschieden.

10 Nationaler Ethikrat (2006): Selbstbestimmung und Fürsorge am Lebensende, S. 95.

11 Ernst Nolte prägte diesen Begriff im Verlauf des Historiker-Streits in einem Beitrag für die Frankfurter Allgemeine Zeitung vom 6. 6. 1986: »Für den Historiker ist eben dies die beklagenswerteste Folge des ›Nichtvergehens‹ der Vergangenheit: daß die einfachsten Regeln, die für jede Vergangenheit gelten, außer Kraft gesetzt zu sein scheinen, nämlich daß jede Vergangenheit mehr und mehr in ihrer Komplexität erkennbar werden muß, daß der Zusammenhang immer besser sichtbar wird, in den sie verspannt war, daß die Schwarz-Weiß-Bilder der kämpfenden Zeitgenossen korrigiert werden, daß frühere Darstellungen einer Revision unterzogen werden.«

12 Wiesing, Urban (1995): Zum Verhältnis von Geschichte und Ethik in der Medizin.

13 Vgl. hierzu Paul, Norbert (1997): Von der medizinethischen Reichweite strukturhistorischer Erklärungsmodelle in der Medizingeschichte. Zur geschichtsphilosophischen Diskussion siehe Nagl-Docekal, Herta (Hg.) (1996): Der Sinn des Historischen. Pragmatisch argumentiert Hans-Ulrich Wehler, wenn er von einem notwendigen historischen Orientierungswissen spricht, ohne das gegenwärtige ethische und politische Problemstellungen nicht oder nur unzureichend verstanden werden können, vgl. Wehler, Hans-Ulrich (1988a): Aus der Geschichte lernen?.

14 Vgl. Geddert-Steinacher, Tatjana (1990): Menschenwürde als Verfassungsbegriff, S. 30 mit Bezug auf die NS-Vergangenheit: »Nie wieder sollte zwischen würdigem und unwürdigem Leben unterschieden und eine wie auch immer definierte Staatsräson über den einzelnen gestellt werden.«

15 Vgl. hierzu ausführlich Tröhler, Ulrich; Reiter-Theil, Stella (Hg.) (1997): Ethik und Medizin 1947-1997 sowie Annas, George J.; Grodin, Michael A. (Hg.) (1992): The Nazi Doctors and the Nuremberg Code.

16 Vgl. aber das Memorandum gegen die neue Lebens(un)wert-Diskussion des Arbeitskreises zur Erforschung der nationalsozialistischen »Euthanasie« und Zwangssterilisation aus dem Jahr 1991, abgedruckt in Daub, Ute; Wunder, Michael (Hg.): Des Lebens Wert, S. 148-156.

17 Klee, Ernst (1990): »Durch Zyankali erlöst«, S. 68.

18 Vgl. Singer, Peter (1979): Praktische Ethik, S. 101-128 u. 174-214, eine 2. leicht veränderte Auflage ist 1993 in englisch bzw. 1994 in deutscher Übersetzung erschienen, vgl. Singer, Peter (1993): Praktische Ethik, S. 114-146 u. 225-277. Zur Frage der Tötung schwerbehinderter Neugeborener siehe Kuhse, Helga; Singer, Peter (1985): Should the Baby live?, die deutsche Ausgabe erschien in erweiterter Form 1993, vgl. Kuhse, Helga; Singer, Peter (1993): Muß dieses Kind am Leben bleiben?, siehe auch Kuhse, Helga; Singer, Peter (1994): Individuals, Humans, Persons.

19 So etwa das Kinsauer Manifest abgedruckt in Rest, Franco (1992): Das kontrollierte Töten, S. 171-176, vgl. auch Spaemann, Robert (1992): Wir dürfen das Tabu nicht aufgeben und Spaemann, Robert; Fuchs, Thomas (1997): Töten oder sterben lassen? Für eine unvoreingenommene Diskussion der Positionen von Singer im Sinne akademischer Freiheit und gegen ein öffentliches Tabu in der Frage der Euthanasie plädierten eine Reihe von Hochschullehrer/innen, siehe hierzu Hegselmann, Reiner; Merkel, Reinhard (Hg.) (1991): Zur Debatte über Euthanasie, insbesondere Wolf, Ursula (1991): Philosophie und Öffentlichkeit und Kliemt, Hartmut (1991): Ein guter Philosoph ist stets darauf bedacht, ob nicht auch ein anderer Böses macht.

20 Vgl. Memorandum gegen die neue Lebens(un)wertdiskussion, abgedruckt in: Daub, Ute; Wunder, Michael (Hg.) (1994): Des Lebens Wert. Eine differenzierte

Gegenüberstellung der Geschichte der NS-»Euthanasie« und der gegenwärtigen Debatte um die Sterbehilfe gibt Stadler, Christian (1991): Sterbehilfe – gestern und heute.

21 Vgl. Hegselmann, Reiner; Merkel, Reinhard (Hg.) (1991): Zur Debatte über Euthanasie, S. 14. Hoerster, Norbert (1998): Sterbehilfe im säkularen Staat, S. 124-129.

22 Singer, Peter (1991): Bioethik und akademische Freiheit, S. 324.

23 Biomedical Ethics and the Shadow of Nazism (1976), vgl. insbesondere die Ausführungen der Historikerin Lucy Dawidowicz, S. 3f. und 8-10.

24 A. a.O. S. 15-19, hier insbesondere die Anmerkungen von Milton Himmelfarb.

25 Caplan, Arthur (1994): The Relevance of the Holocaust to Current Bio-Medical Issues und Caplan, Arthur (1992): The Doctors' Trial and Analogies in Contemporary Bioethical Debate.

26 Foot, Philippa (1977): Euthanasie, S. 313.

27 Tucker, Kathryn, L. (2010): What does »Medicine after the Holocaust« have to do with Aid in Dying? – die Antwort ist einfach: Nichts!

28 Burleigh, Michael (1997): Ethics and extermination, S. 142-152, siehe auch Burleigh, Michael (2000): Die Nazi-Analogie und die Debatten zur Euthanasie.

29 Leven, Karl-Heinz (1998): »NS-Euthanasie« und die gegenwärtige Debatte um aktive Sterbehilfe, S. 19-21.

30 Guckes, Barbara (1997b): Das »Faschismus-Argument«, S. 152.

31 Schmuhl, Hans-Walter (2000): Nationalsozialismus als Argument. Eine Untersuchung der Bezugnahme auf die Zeit des Nationalsozialismus in deutschen und angloamerikanischen medizinethischen Zeitschriften hat Eva Simon für den Zeitraum von 1980 bis 1994 vorgelegt. Die Autorin unterscheidet dabei mehr formal als inhaltlich zwischen marginalen, impliziten und konstitutiven Formen der Bezugnahme auf den Nationalsozialismus. Während in den amerikanischen Zeitschriften die NS-Zeit keine zentrale Rolle für die ethische Argumentation spiele, sei dies bei deutschen Autoren eher der Fall, vgl. Simon, Eva (2004): Geschichte als Argument in der Medizinethik.

32 Vgl. Schockenhoff, Eberhard (1991): Sterbehilfe und Menschenwürde, S. 62-66 und Binding, Karl; Hoche, Alfred (1920): Freigabe der Vernichtung, s. Kapitel 8.4.

33 Vgl. z. B. Kaupen-Haas, Heidrun (Hg.) (1986): Der Griff nach der Bevölkerung.

34 Zum Verhältnis von Rassenhygiene/Eugenik und moderner Humangenetik vgl. Weingart, Peter; Kroll, Jürgen; Bayertz, Kurt (1988): Rasse, Blut und Gene, S. 631-684.

35 Vgl. Graefe, Stefanie (2007): Autonomie am Lebensende?, S. 279-294.

36 Vgl. Schneider, Christof (2011): Das Subjekt der Euthanasie.

37 Vgl. Dörner, Klaus (1988): Tödliches Mitleid, S. 49 u. Dörner, Klaus (2002): Tödliches Mitleid, S. 62f., vgl. auch Dörner, Klaus (2001): Die »Endlösung« der Sozialen Frage und Dörner, Klaus (2010): Die soziale Frage und der Diskurs um die Euthanasie.

38 Peukert, Detlev J. K. (1988): Die Genesis der »Endlösung« aus dem Geist der Wissenschaft, insbes. S. 111.

39 Vgl. Bauman, Zygmunt (1989): Dialektik der Ordnung.

40 Vgl. Wittmann, Roland (1991): Metaethische Überlegungen, S. 267.

41 Alexander, Leo (1949): Medical Science under Dictatorship, S. 44. Das Bild des »infinitely small wedged-in lever« findet keine Entsprechung im Deutschen. Gemeint ist die unendlich kleine Seite eines Keils, der in eine gegebene Struktur hineingetrieben wird und – einmal angesetzt – unmerklich und unaufhaltsam zur Zerstörung dieser Struktur führen wird.

42 Vgl. Guckes, Barbara (1997a): Argument der schiefen Ebene, S. 8 und zur weiteren Differenzierung von Argumenten der schiefen Ebene S. 15-55.
43 Vgl. Ach, Johann S.; Gaidt, Andreas (2000): Wehret den Anfängen? und Ach, Johann S.; Gaidt, Andreas (1994): Am Rande des Abgrunds, vgl. auch Walton, Douglas (1992): Slippery Slope Arguments.
44 Vgl. Lamb, David (1988): Down the Slippery Slope, S. 3. Lamb nennt die begriffliche Version des »slippery slope« Arguments »logial version«. Ach und Gaidt (2000) sind demgegenüber der Meinung, daß begriffliche Argumente der schiefen Ebene gegen eine Legalisierung der aktiven Sterbehilfe deshalb nicht vorgebracht werden können, weil bereits die jetzigen begrifflichen Grenzziehungen unklar seien, a.a.O. S. 431.
45 A.a.O. S. 432 ff.
46 Guckes, Barbara (1997a): Argument der schiefen Ebene, S. 16-22.
47 A.a.O. S. 25-30.
48 A.a.O. S. 53-55.
49 A.a.O. S. 210-224.
50 Guckes, Barbara (1997b): Das »Faschismus-Argument«, S. 152 f. Guckes versucht insbesondere das Kinsauer Manifest und die Argumentation des Philosophen Robert Spaemann zu widerlegen, vgl. Guckes, Barbara (1997a): Argument der schiefen Ebene, S. 225-232.
51 Kipke, Roland (2008): Schiefe-Bahn-Argumente. S. 140-144.
52 So kritisiert J.A. Burges, daß das »great slippery-slope argument« der nationalsozialistischen »Euthanasie« bisher nicht detailliert genug vorgebracht wurde und den Unterschied zwischen dem totalitären Herrschaftssystem des Nationalsozialismus und den pluralistischen Gesellschaftsformen der westlichen Welt zu wenig beachte, vgl. Burgess, J.A. (1993): The great slippery-slope argument.
53 Schmuhl, Hans-Walter (1994): Die Geschichte der Lebens(un)wertdiskussion, S. 55.
54 Vgl. Wunder, Michael (1994): Die neue Lebens(un)wertdiskussion u. Wunder, Michael (2000): Medizin und Gewissen, sowie mit Bezügen zur aktuellen Diskussion um Patientenautonomie, Patientenverfügungen und den Abbruch künstlicher Ernährung Wunder, Michael (2010): Des Lebens Wert und Wunder, Michael (2013): Die alte und die neue Euthanasiediskussion.
55 Schmuhl, Hans-Walter (1994): Die Geschichte der Lebens(un)wertdiskussion, S. 52.
56 Lauter, Hans (2001): Euthanasie – früher und heute und Lauter, Hans (2000): Euthanasie.
57 Vgl. Hegselmann, Reiner (1991): Moralische Aufklärung, moralische Integrität und die schiefe Bahn, S. 208 f.
58 Vgl. Zimmermann-Acklin, Markus (2002): Euthanasie – Eine theologisch-ethische Untersuchung, S. 412 f.

3. Der gute Tod und die »Vernichtung lebensunwerten Lebens« – Debatten um die Euthanasie in Deutschland 1895-1945

1 Vgl. Benzenhöfer, Udo (1997): Begriffsgeschichte der Euthanasie in der Antike. Eine Übersicht über die Entwicklung des Euthanasiebegriffs seit der Antike geben Benzenhöfer, Udo (1999): Der gute Tod?, S. 13-76 und Engelhardt, Dietrich v. (2010): Euthanasie in Geschichte und Gegenwart, vgl. auch Engelhardt, Dietrich v.

(2000): Euthanasie zwischen Lebensverkürzung und Sterbebeistand, S. 5-15 und Engelhardt, Dietrich v. (1993): Euthanasie in historischer Perspektive.

2 Vgl. Reinis, Austra (2010): Ars moriendi.

3 Vgl. hierzu Roelcke, Volker (2006): »Ars moriendi« und »euthanasia medica«, S. 31-33.

4 Ob Thomas Morus (1477-1535) mit seiner Schilderung des Lebens auf der Insel Utopia aus dem Jahre 1516 tatsächlich als erster Verfechter des modernen Euthanasiegedankens gelten kann, muß fraglich bleiben. Zwar pflegen die Utopier mit Hingabe ihre Kranken, sind sie jedoch unheilbar und leidend, so werden sie von Behörde und Priestern zum »freiwilligen« Tod gedrängt. Die literarische Gattung der Utopie läßt durchaus die Deutung einer ironisierenden Übertreibung zu, vgl. Benzenhöfer, Udo (1999): Der gute Tod?, S. 61-66.

5 Vgl. Roelcke, Volker (2006): »Ars moriendi« und »euthanasia medica«, S. 34f. und Benzenhöfer, Udo (1999): Der gute Tod?, S. 66-69.

6 Siehe Stolberg, Michael (2011): Geschichte der Palliativmedizin, S. 29.

7 A. a.O.

8 Zit. nach Stolberg, Michael (2011): Geschichte der Palliativmedizin, S. 43. Es ist, wie oft bei frühneuzeitlichen Dissertationen, unklar, ob der Promovend Christoph Friedrich Detharding oder sein (Doktor)vater Georg Christoph Detharding die Dissertation »De mortis cura« verfaßt hat.

9 Vgl. die von Stolberg zitierten Dissertationen von Zacharias Philipp Schulz »De euthanasia medica, vom leichten Todt« und von Karl Christian Henning »De dysthanasia medica. Vom schwehren Todt«, die beide im Jahr 1735 unter dem Promotor Michael Alberti (1682-1757) in Halle entstanden sind, a. a.O. S. 47-51.

10 A. a.O. S. 52f. Zur Praxis palliativmedizinischer Behandlung in der ersten Hälfte des 19. Jahrhunderts vgl. Schilling, Katharina (2011): Ach gieb mir doch nur etwas Luft. Die Autorin untersucht die Krankengeschichten von Conrad Heinrich Fuchs (1803-1855), der in Würzburg und Göttingen wirkte, in bezug auf die palliativmedizinische Behandlung der Schwindsucht: Wenn die geschwächte Konstitution der Patienten keine drastischen, ausleitenden Therapiemaßnahmen mehr gestattete, um die Krankheitsmaterie zu beseitigen, stand die Linderung der Beschwerden, die Schmerzbehandlung mit Opium und der tröstende Sterbebeistand im Vordergrund der Behandlung, vgl. auch Nolte, Karen (2010): Ärztliche Praxis.

11 So Georg Hieronymus Welsch in seinem 1676 erschienenen Werk »Somnium Vindiciani sive desiderata medicinae«, siehe Stolberg, Michael (2011): Geschichte der Palliativmedizin, S. 45f.

12 Paradys, Nikolaus (1796): Rede, S. 561, 566 u. 571, vgl. auch Roelcke, Volker (2006): »Ars moriendi« und »euthanasia medica«, S. 36f.

13 Paradys, Nikolaus (1796): Rede, S. 567.

14 Vgl. Stolberg, Michael (2007): Active Euthanasia in Pre-Modern Society und Stolberg, Michael (2011): Geschichte der Palliativmedizin, S. 69-74.

15 Vgl. Stolberg, Michael (2011): Geschichte der Palliativmedizin, S. 73f.

16 Vgl. Stolberg, Michael (2008): Pioneers of Euthanasia.

17 Zit. nach Stolberg, Michael (2011): Geschichte der Palliativmedizin, S. 157, Herv. im Originalzitat.

18 Mursinna, Christian Ludwig (1801): Gebrauch des Cosmischen Mittels, S. 469, vgl. Stolberg, Michael (2011): Geschichte der Palliativmedizin, S. 157f.

19 Zit. n. Hufeland, Christoph Wilhelm (1836): Enchiridion medicum, S. 502.

20 Vgl. Kapitel 2.

21 Hufeland, Christoph Wilhelm (1836): Enchiridion medicum, S. 502.
22 Zit. n. Roelcke, Volker (2006): »Ars moriendi und »euthanasia medica«, S. 41.
23 Villaret, A. (1888): Handwörterbuch der gesamten Medizin, Bd. 1, S. 553.
24 Mendelsohn, Martin (1898): Euthanasie, S. 246.
25 Munk, William (1887): Euthanasia. S. 105: »Die Annäherungen an den Tod sind so sanft, und der Akt des Sterbens ist so leicht, daß die Natur selbst eine vollkommene Euthanasie verschafft.«
26 Zum folgenden vgl. Große-Vehne, Vera (2005): Tötung auf Verlangen, S. 11-34.
27 Hume, David (1784): Über den Freitod, S. 20f., vgl. auch Bormuth, Matthias (2008): Ambivalenz der Freiheit, S. 36-40.
28 A.a.O. S. 37-47, Zitat S. 46.
29 Vgl. Baumann, Ursula (2001): Recht auf den eigenen Tod, S. 157-161. Zur Geschichte der ethischen Bewertung des Suizids im Kontext der Aufklärung vgl. a.a.O. S. 127-144. Zur Ideengeschichte des Suizids siehe die sehr differenzierte Studie Bormuth, Matthias (2008): Ambivalenz der Freiheit – Suizidales Denken im 20. Jahrhundert.
30 Vgl. Joachim Linder; Claus-Michael Ort (2000): ›Recht auf den Tod‹.
31 Storm, Theodor (1887): Ein Bekenntnis, vgl. auch Elsaghe, Yahya (2011): Sterbehilfe, Glaubensverlust und Religionsersatz.
32 Vgl. Hierzu Käser, Rudolf (1998): Arzt, Tod und Text, S. 179-207.
33 Nietzsche, Friedrich (1889): Götzendämmerung, S. 101f., Herv. im Original.
34 Käser, Rudolf (1998): Arzt, Tod und Text, S. 181.
35 Nietzsche, Friedrich (1889): Götzendämmerung, S. 102, Herv. im Original.
36 Vgl. unter Betonung des Selbstbestimmungsrechtes der Patienten Bundesärztekammer (2011): Grundsätze zur Sterbebegleitung, S. 346.
37 Zur Geschichte des Sozialdarwinismus vgl. Zmarzlik, Hans-Günter (1963): Der Sozialdarwinismus und Koch, Hannsjoachim W. (1973): Sozialdarwinismus. Eine umfassende Darstellung und ethische Bewertung des Sozialdarwinismus gibt Vogt, Martin (1997): Sozialdarwinismus, vgl. auch Reusch, Tanja (2000): Ethik des Sozialdarwinismus. Mit Blick auf die Folgen im 20. Jahrhundert siehe auch Eckart, Wolfgang U. (2010): »Ein Feld der rationalen Vernichtungspolitik« und Wilmanns, Juliane C.; Hohendorf, Gerrit (2012): Der ideengeschichtliche Hintergrund.
38 Vgl. Koch, Hannsjoachim W. (1973): Der Sozialdarwinismus, S. 39-49.
39 Vgl. Schmuhl, Hans-Walter (1987): Rassenhygiene, Nationalsozialismus, Euthanasie, S. 57.
40 Zur Geschichte der Rassenhygiene in Deutschland vgl. Weingart, Peter; Kroll, Jürgen; Bayertz, Kurt (1988): Rasse, Blut und Gene und Weindling, Paul (1989): Health, race and German politics.
41 Ploetz, Alfred (1895): Die Tüchtigkeit unsrer Rasse, S. 144. Ploetz stellt in dem Kapitel über den »idealen und den heutigen Rassenprozess« eine rassenhygienische Utopie vor, die den Leser nicht zu erschrecken brauche, da es sich ja nur um eine Utopie handele, die die Konsequenzen der Anschauungen gewisser darwinistischer Kreise zu unseren »Culturidealen« deutlich hervortreten lassen solle (S. 143f.).
42 Auch in seiner weit verbreiteten »Natürlichen Schöpfungsgeschichte«, zuerst erschienen 1868, nahm Haeckel positiv Bezug auf die »altspartanischen Kindertötungen«: »Alle schwächlichen, kränklichen oder mit irgendeinem Gebrechen behafteten Kinder wurden getötet. Nur die vollkommen gesunden und kräftigen Kinder durften am Leben bleiben, und sie allein gelangten zur Fortpflanzung. Dadurch wurde die spartanische Rasse nicht allein beständig in auserlesener Kraft und Tüchtigkeit erhalten, sondern mit jeder Generation wurde ihre körperliche Voll-

kommenheit gesteigert.« Zit. n. Haeckel, Ernst (1924): Natürliche Schöpfungsgeschichte. S. 177.

43 Lenz, Fritz (1931): Menschliche Auslese und Rassenhygiene, S. 306.

44 Vgl. Schwartz, Michael (1996): ›Rassenhygiene, Nationalsozialismus, Euthanasie‹?.

45 Vgl. Schmuhl, Hans-Walter (1997): Eugenik und »Euthanasie«.

46 Dabei war die Rassenhygiene keineswegs ein isoliert deutsches Phänomen. Zur eugenischen Bewegung im Ländervergleich siehe Roelcke, Volker (2002): Zeitgeist und Erbgesundheitsgesetzgebung und Roelcke, Volker (2010): Deutscher Sonderweg?. Zur internationalen eugenischen Bewegung siehe Kühl, Stefan (1997): Internationale der Rassisten.

47 Williams, Samuel (1870): Euthanasia, vgl. Stolberg, Michael (2011): Geschichte der Palliativmedizin, S. 159 f. und Kemp, N. D. A. (2002): ›Merciful release‹, S. 11-33.

48 Kemp, N. D. A. (2002): ›Merciful release‹, S. 207 f.

49 Vgl. Dowbiggin, Ian (2003): A Merciful End, S. 1-31.

50 A. a.O. S. 23-31.

51 Zur Internationalen Euthanasie-Bewegung vgl. auch Sluis, I. van der (1979): The Movement for Euthanasia sowie zur Geschichte der Euthanasiebewegung in den USA und England Emanuel, Ezekiel J. (1994): History of Euthanasia Debates. Zum Beginn der Euthanasiedebatte in England vgl. Fye, Bruce W. (1978): Active Euthanasia. Aus vergleichender Perspektive siehe Schwartz, Michael (2008): Eugenik und »Euthanasie«.

52 Zur Euthanasie-Debatte in Deutschland vgl. die folgenden Überblicksarbeiten: Hafner, Karl-Heinz; Winau, Rolf (1974): »Die Freigabe der Vernichtung lebensunwerten Lebens«; Fichtner, Gerhard (1976): Die Euthanasiediskussion; Schmuhl, Hans-Walter (1987): Rassenhygiene, Nationalsozialismus, Euthanasie, S. 106-125; Winau, Rolf (1993): Der eigene und der fremde Tod; Schmiedebach, Hans-Peter (1998): »... Kein Platz für halbe, Viertels- und Achtels-Kräfte«; Schwartz, Michael (1998): »Euthanasie«-Debatten in Deutschland; Benzenhöfer, Udo (1999): Der gute Tod, S. 77-108; Schwartz, Michael (2001): Einfallstore der »Euthanasie«; Baumann, Ursula (2001): Recht auf den eigenen Tod, S. 305-321; Große-Vehne, Vera (2005): Tötung auf Verlangen, S. 86-108. Eine Übersicht nach Argumenttypen bietet Burkhardt, Claudia (1981): Euthanasie. Eine ausführliche Auseinandersetzung mit dem juristischen Diskurs um Euthanasie und »Vernichtung lebensunwerten Lebens« gibt Christian Merkel mit seiner juristischen Dissertation »Tod den Idioten« (Berlin 2006). Er kommt zu den Schluß, daß es eine spezifische Anfälligkeit der deutschen Juristen für den Euthanasiegedanken nicht gegeben habe. Eine Auswahl von Quellentexten bietet Grübler, Gerd (2007): Quellen zur deutschen Euthanasie-Diskussion.

53 Siehe Kapitel 3.1.

54 Zur Schrift von Adolf Jost vgl. auch Benzenhöfer, Udo (1998a): Bemerkungen.

55 Jost, Adolf (1895): Das Recht auf den Tod, S. 53.

56 A. a.O. S. 13.

57 Vgl. auch Schockenhoff, Eberhard (1991): Sterbehilfe und Menschenwürde, S. 64 f. und Dörner, Klaus (1988): Tödliches Mitleid, S. 7-14 mit der Beschreibung des verdinglichenden Blickes des Auschwitz-Arztes Dr. Pannwitz auf die Häftlinge.

58 Jost, Adolf (1895): Das Recht auf den Tod, S. 18, Herv. im Original.

59 A. a.O. S. 16.

60 A. a.O. S. 6.

61 A. a.O. S. 32.

62 A. a.O. S. 40 und 44.

63 Der utilitaristischen Ethik entspricht auch, daß es für Jost keinen Unterschied zwischen Tun und Unterlassen gibt, a. a. O. S. 25.

64 A. a. O. S. 22-26.

65 A. a. O. S. 41 f.

66 Die von Hans-Walter Schmuhl genannten Grundzüge des Euthanasiepostulats, die sich in der im Monistenbund geführten Debatte vor dem Ersten Weltkrieg nachweisen lassen (Operation mit Lebenswerten, Verabsolutierung überindividueller Sozialstrukturen und Relativierung der individuellen Existenz, Synthese von utilitaristischem Kalkül und Mitleidsmotiv sowie die expansive Tendenz) sind m. E. bereits bei Jost enthalten, erfuhren jedoch in der weiteren Entwicklung der Debatte eine noch stärkere Akzentuierung zu einer »sozialen Nützlichkeitsmoral«, vgl. Schmuhl, Hans-Walter (1987): Rassenhygiene, Nationalsozialismus, Euthanasie, S. 113.

67 Zit. n. Käubler, Konrad Johannes (1902): Bericht an den Landtag, S. 63.

68 Vgl. die Erwiderung von Oppler (1901): Dem Hunde einen Gnadenstoß, dem Menschen keinen.

69 Haeckel, Ernst (1904): Lebenswunder, S. 134.

70 Weitere literarische Texte, die das Thema der aktiven Sterbehilfe aufgreifen, erscheinen zu Beginn des 20. Jahrhunderts: Marie Ebner Eschenbachs »Die Reisegefährten« (1901) Ricarda Huchs Novelle »Der Fall Deruga« (1917), vgl. Linder, Joachim; Ort, Claus-Michael (2000): ›Recht auf den Tod‹.

71 Nassauer, Max (1911): Sterben, S. 83.

72 A. a.O. S. 127.

73 A. a.O. S. 132.

74 So schrieb Pfannmüllers Ehefrau am 21. 1. 1946 an ihren inhaftierten Mann: »Schon als Student hat das Buch vom Juden Dr. Max Nassauer Dir den Kopf verdreht und Du glaubtest, die Euthanasie wäre nötig, um das Leid der Gequälten zu mindern.« Staatsarchiv München, StAnw 17.460/01-13, Staatsanwanwaltschaft München I 1b 1791/47, Bd. 1.

75 Der Monistenbund wurde 1906 unter dem Ehrenvorsitz von Ernst Haeckel in Jena gegründet und machte es sich zur Aufgabe, eine einheitliche Weltanschauung auf naturgesetzlicher Grundlage zu propagieren. Auf freidenkerische und freireligiöse Gruppierungen zurückgehend, läßt sich der Deutsche Monistenbund mit seinen österreichischen und schweizer Ablegern nicht auf eine einheitliche politische Ausrichtung festlegen. In der Monistischen Bewegung waren sozialreformerische, sozialistische und pazifistische Positionen ebenso vertreten wie sozialdarwinistische und nationalistische. Gemeinsamer Bezugspunkt war die antikirchliche und säkulare Ausrichtung des Bundes. 1910 bis 1915 wurde der Monistenbund von dem Chemienobelpreisträger Wilhelm Ostwald geleitet, der auch die Zeitschrift »Das Monistische Jahrhundert« herausgab. Der Deutsche Monistenbund wurde 1933 von den Nationalsozialisten verboten.

76 Vgl. Stolberg, Michael (2011): Geschichte der Palliativmedizin, S. 162 Anm. 551.

77 Gerkan, Roland (1913): Euthanasie, S. 169.

78 A. a. O. S. 172 f. Herv. im Original.

79 A. a. O.

80 Vgl. z. B. Börner, Wilhelm (1913): Euthanasie.

81 Vgl. z. B. die Stellungnahme von Franz Henle, abgedruckt in »Das Monistische Jahrhundert«, 2. Jg., 1. Halbband, Heft 12, S. 309-311 und Wolfsdorf, Eugen (1913): Euthanasie und Monismus.

82 Bozi, Alfred (1913): Euthanasie und Recht, S. 579.

83 Vgl. Binding, Karl; Hoche, Alfred (1920): Freigabe der Vernichtung, S. 21, Fußnote 36. Eine Neuausgabe der Schrift – versehen mit einer rechtshistorischen Einleitung von Wolfgang Naucke – liegt im Berliner Wissenschafts-Verlag vor, vgl. Binding, Karl; Hoche, Alfred (2006): Die Freigabe der Vernichtung lebensunwerten Lebens.

84 A. a.O. S. 6, Herv. im Original. Folgt man der einflußreichen strafrechtsdogmatischen Normentheorie von Karl Binding, so unterliegt das positive, in den Gesetzen vorfindliche Recht der Herrschaft der zugrundeliegenden Normen. Diese wiederum entsprechen den jeweiligen sozialen, politischen und ökonomischen Verhältnissen. Von daher gilt auch das strafrechtliche Tötungsverbot nicht absolut, sondern kann abgeschwächt werden für das »schwache« bzw. das »lebensunwerte Leben«. Genau dies ist der juristische Angelpunkt der Argumentation von Karl Binding, vgl. hierzu Naucke, Wolfgang (2009): Ein fortwirkender juristischer Einbruch in das Tötungsverbot.

85 A. a.O. S. 19, im Original hervorgehoben.

86 A. a.O. S. 27, im Original hervorgehoben.

87 A. a.O. S. 28.

88 A. a.O. S. 30 f. Herv. im Original.

89 A. a.O. S. 29, im Original hervorgehoben.

90 A. a.O. S. 31, Herv. im Original.

91 A. a.O. S. 29, im Original hervorgehoben.

92 A. a.O. S. 31, im Original hervorgehoben.

93 A. a.O. S. 32, im Original hervorgehoben.

94 A. a.O. S. 33, Herv. im Original.

95 A. a.O. S. 54.

96 A. a.O. S. 55 f.

97 A. a.O. S. 57 f.

98 A. a.O. S. 58, Herv. im Original.

99 A. a.O. S. 57, Herv. im Original.

100 Vgl. Faulstich (1998): Hungersterben, S. 55-68.

101 Binding, Karl; Hoche, Alfred (1920): Freigabe der Vernichtung, S. 27.

102 A. a. O. S. 55, Herv. im Original.

103 Zur Einordnung der Ärztlichen Bemerkungen Hoches in sein psychiatrisches und literarisches Werk sowie zu seiner Biographie vgl. Steinberg, Holger (2005): Alfred Erich Hoche, insbesondere S. 90-102. Immerhin hat Hoche, der im Umgang mit seinen Patienten als empfindsam und weichherzig beschrieben wird, im Jahre 1923 in einem Lehrbuchbeitrag seine Position wiederholt: »Die Pflege von vielen Tausenden geistig Toter bedeutet eine ungeheuere Belastung des Volksorganismus, der mit dem wirtschaftlichen Untergang kämpft, ohne daß irgendwelche Gegenwerte in Rechnung gesetzt werden könnten. Eine verfeinerte Sittlichkeit einer hoffentlich nicht zu fernen Zukunft wird die Vernichtung der völlig lebensunwerten Leben gutheißen.« (S. 98 f.). 1933 zog Hoche sich ins Privatleben zurück. 1940 soll er gegenüber dem Emmendinger Anstaltsdirektor Mathes seine Mißbilligung über die angelaufene »Euthanasie«-Aktion geäußert haben (S. 102), vgl. auch Funke, Andreas (2002): Alfred Erich Hoche und »Die Freigabe der Vernichtung lebensunwerten Lebens«, S. 87-91.

104 Vgl. hierzu auch Roelcke, Volker (2005): »Lebensunwertes Leben« und Rechtfertigung zum Töten, S. 26.

105 Graefe, Stefanie (2007): Autonomie am Lebensende?, S. 257.

106 Vgl. die zeitgenössische Einschätzung im Vorwort zu Meltzer, Ewald (1925): Problem der Abkürzung »lebensunwerten« Lebens, S. V und S. 3.

107 Gaupp, Robert (1920): Die Freigabe der Vernichtung lebensunwerten Lebens, S. 336.
108 Lenz, Fritz (1920): Die Freigabe der Vernichtung lebensunwerten Lebens.
109 Meyer, Joachim Ernst (1988): Binding und Hoche im Spiegel der deutschen Psychiatrie.
110 Haenel, Hans (1923): »Darf der Arzt töten?«.
111 Bresler, Johannes (1920): Karl Bindings »letzte Tat für die leidende Menschheit«.
112 Hans Brennecke war Abteilungsarzt der Staatskrankenanstalt Friedrichsberg in Hamburg und an der Landesheilanstalt Nietleben bei Halle a.d. Saale, vgl. Kreuer, Alma (1996): Deutschsprachige Neurologen und Psychiater.
113 Brennecke, H. (1920): Kritische Bemerkungen, S. 7.
114 Strassmann, F. (1921): Freigabe der Vernichtung, S. 180.
115 Heyn (1921): Über Sterbehilfe, S. 200 u. 210.
116 Vgl. Vollmann (1921): Vom 42. Ordentlichen Deutschen Aerztetag, Sp. 267 f.
117 Limacher, F. (1934): Vernichtung lebensunwerten Lebens, S. 181 f.
118 Klee, Karl (1921): Freigabe der Vernichtung lebensunwerten Lebens, S. 172.
119 Vgl. Borchardt (1922): Freigabe der Vernichtung lebensunwerten Lebens.
120 Vgl. Ebermayer, Ludwig (1920): Freigabe der Vernichtung lebensunwerten Lebens, S. 161 f. und Ebermayer, Ludwig (1922): Erwiderung gegen Borchardt.
121 Vgl. Pelckmann, Fritz (1923): Euthanasie, S. 272-274.
122 Vgl. Schumann, Eva (2005): Karl Bindings Schrift, S. 56-58. Allerdings ist ein kurzer Satz im Strafrechtskommentar von Justus von Olshausen aus dem Jahr 1927 bemerkenswert: »›Andere Arten der Vernichtung lebensunwerten Lebens, z. B. die T(ötung) unheilbar Blödsinniger, könnten erst recht nur durch Änderung der Gesetzgebung straffrei werden.‹« (Zit. n. Schumann, S. 62 Anm. 107). In diesem Falle hätte die Schrift Bindings ihr Ziel erreicht.
123 A. a.O. S. 56 f.
124 Vgl. Große-Vehne, Vera (2005): Tötung auf Verlangen, S. 55-77. Immerhin nimmt Radbruch die Terminologie Bindings auf: Der Rechtsordnung bleibe derweil nichts anderes übrig »›als der ärztlichen Ethik die Bahn frei zu machen für die allmähliche Entwicklung von Grundsätzen über die Sterbehilfe und überhaupt über die ›Vernichtung lebensunwerten Lebens‹ [...].‹« (S. 77).
125 Zit. n. Große-Vehne, Vera (2005): Tötung auf Verlangen, S. 74.
126 Mann, Ernst (1922): Erlösung, S. 57 u. 66 f.
127 Vgl. auch Große-Vehne (2005): Tötung auf Verlangen, S. 99.
128 A. a.O. S. 79-84.
129 Meltzer, Ewald (1925): Problem der Abkürzung »lebensunwerten Lebens«, S. 11 f.
130 A. a.O. S. 15-18.
131 A. a.O. S. 49-54. Bezüglich der Sinnhaftigkeit der »Idiotenpflege« kann sich Meltzer bemerkenswerterweise nicht auf eine einstimmige Unterstützung seitens der Theologen berufen. So zitiert er Stimmen – wie die von Karl Weidel aus Magdeburg –, der »die Pflege unheilbarer blödsinniger Kinder für genauso zwecklos [hält] wie das Tun der ägyptischen Mönche, die, um sich in der Selbstverleugnung zu üben, dürre Stecken in die Erde steckten und täglich bewässerten.« (A. a.O. S. 76). Der Religionspädagoge Thrändorf wendet sich gegen eine Pflicht zur Lebensverlängerung vollkommen Leistungsunfähiger: »Man könne auch aus Wohlwollen Leben verkürzen.« (a. a.O. S. 78). Auch der Heidelberger Theologe Lemme sieht in der Lebensbeendigung bei »untermenschliche[m] Vegetieren, das lediglich sich selbst zur Last falle«, keinen Widerspruch zur christlichen Ethik (a. a.O. S. 81).
132 A. a.O. S. 64.

133 A. a.O. S. 93.
134 A. a.O. S. 90.
135 A. a.O. S. 93.
136 A. a.O. S. 101.
137 A a. O. S. 94f., Herv. im Original.
138 A. a. O. S. 87.
139 A. a.O. S. V.
140 Vgl. Binding, Karl; Hoche, Alfred (1920), Freigabe der Vernichtung, S. 32 Fußnote 52.
141 Vgl. Schwartz, Michael (2001): Einfallstore der »Euthanasie«.
142 Zit. n. Große-Vehne, Vera (2005): Tötung auf Verlangen, S. 107. Zu Oda Olberg vgl. auch Schwartz, Michael (1998): »Euthanasie«-Debatten, S. 635-637.
143 Zit. n. Czech, Herwig (2013): Julius Tandler, S. 4. Tandler griff auch die Kosten-Nutzen-Rechnung der Binding-Hocheschen Argumentation auf und bewertete die Forderung nach »Freigabe der Vernichtung lebensunwerten Lebens« ambivalent: »Gewiss, es sind ethische, es sind humanitäre oder fälschlich humanitäre Gründe, welche dagegen sprechen, aber schließlich und endlich wird auch die Idee, dass man unwertes Leben opfern müsse, um lebenswertes zu erhalten, immer mehr und mehr ins Volksbewußtsein dringen.« a. a.O S. 5, vgl. auch Czech, Herwig (2013): Ärzte am »Volkskörper«, im Druck.
144 Elster, Alexander (1923): Freigabe lebensunwerten Lebens, S. 284.
145 Vgl. Kapitel 3.1.
146 So Neukamp, Franz (1937): Zum Problem des Gnadentodes oder der Sterbehilfe, S. 162f. Zum Verhältnis von Rassenhygiene und Euthanasie in den Debatten des 19. und 20. Jahrhunderts vgl. die Auseinandersetzung zwischen Michael Schwartz und Hans-Walter Schmuhl: Schwartz, Michael (1996): ›Rassenhygiene, Nationalsozialismus, Euthanasie‹? und Schmuhl, Hans-Walter (1997): Eugenik und »Euthanasie«.
147 Meltzer, Ewald (1932): Die Frage des unwerten Lebens, S. 584f.
148 A. a.O. S. 586.
149 A. a.O. S. 589.
150 Zit. n. Schwartz, Michael (1998): »Euthanasie«-Debatten, S. 633.
151 Vgl. Siemen, Hans-Ludwig (1987): Menschen blieben auf der Strecke, S. 95-129, und Faulstich (1998): Hungersterben, S. 88-99, siehe auch die Arbeit des Anstaltsdirektors in Berlin-Wittenau E. Bratz »Kann die Versorgung der Geisteskranken billiger gestaltet werden und wie?« aus dem Jahr 1932, die sich z. T. kritisch mit den Vorschlägen des Reichssparkommissars auseinandersetzt.
152 Kihn, Berthold (1932): Ausschaltung der Minderwertigen, S. 395.
153 A. a.O. S. 394 Fußnote 3.
154 Vgl. Schwartz, Michael (2001): Einfallstore der »Euthanasie«, S. 140.
155 Ebermayer, Ludwig (1920): Freigabe der Vernichtung lebensunwerten Lebens, S. 161.
156 Vgl. Hitler, Adolf (1994): Reden, S. 345-354.
157 Vgl. Bock, Gisela (1986): Zwangssterilisation.
158 Vgl. Große-Vehne, Vera (2005): Tötung auf Verlangen, S. 115.
159 A. a.O. S. 114.
160 Vgl. Leß, Erwin (1934): Sterbehilfe im neuen Strafrecht.
161 Vgl. z. B. Neukamp, Franz (1937): Zum Problem des Gnadentodes oder der Sterbehilfe. Aber auch die Diskussion in der Zeitschrift Ethik mit den Beiträgen von Meltzer, Ewald (1934): Euthanasie auch bei Geisteskranken? und Ulbrich, Martin (1935): Frage der Euthanasie. Letzterer begründet aus theologischer Sicht die Unantastbarkeit des menschlichen Lebens mit dem Majestätsrecht Gottes.
162 Vgl. Kerrl, Hanns (1933): Nationalsozialistisches Strafrecht, S. 87.

163 Aussage Karl Brandt vor dem Nürnberger Kriegsverbrechertribunal vom 4.2.1947, vgl. Dörner, Klaus; Ebbinghaus, Angelika; Linne, Karsten (Hg.) (2000): Nürnberger Ärzteprozeß 1946/47, S. 2/2413.
164 Vgl. Makowski, Christine Charlotte (1996): Eugenik, Sterilisationspolitik, »Euthanasie«, S. 232-234. Den Presseanweisungen des Reichspropagandaministeriums läßt sich entnehmen, daß das Thema Euthanasie z.B. in Buchbesprechungen – wenn überhaupt – nur sehr zurückhaltend angesprochen werden durfte.
165 Zur Entwertung der Geisteskrankenpflege und zur Diffamierung der Betroffenen, vgl. a.a.O. S. 175f. und Wilmanns, Juliane C.; Hohendorf, Gerrit (2012): Der ideologische Hintergrund, S. 244ff.
166 Vgl. Makowski, Christine Charlotte (1996): Eugenik, Sterilisationspolitik, »Euthanasie«, S. 177-179.
167 Dorner, Adolf (1935): Mathematik im Dienste der nationalpolitischen Erziehung, S. 42.
168 Zit. n. Faulstich, Heinz (1998): Hungersterben, S. 194f.
169 Vgl. hierzu ausführlich Faulstich, Heinz (1998): Hungersterben, S. 101-240 und Rotzoll, Maike (2007): Heilen, Verwahren, Vernichten.
170 Vgl. Sandner, Peter (2003a): Verwaltung des Krankenmordes, S. 320f.
171 Bundesarchiv Berlin, R 179/24496, Krankengeschichtseintrag vom 8.8.1938, vgl. Hohendorf, Gerrit (2009a): Adelheid B. und Kapitel 4.
172 Bundesarchiv Berlin, R 179/24884, Krankengeschichtseintrag vom 30.6.1939.
173 Bundesarchiv Berlin R 179/9751, Krankengeschichtseintrag vom 30.6.1939.
174 Bundesarchiv Berlin R 179/24945, Krankengeschichtseinträge vom 8.8.1939 und vom 30.6.1939. Herv. im Original.
175 Vgl. Peschke, Franz (2012): Ökonomie, Mord und Planwirtschaft, S. 61 u. 768.
176 Bundesarchiv Berlin R 179/13176, Meldebogen, ausgefüllt von Dr. Elster.
177 Zit. n. Roth, Karl Heinz; Aly, Götz (1984): Gesetz über die Sterbehilfe, S. 123-128, »Entwurf einer Denkschrift des Hitler-Leibarztes Dr. Theodor Morell zu einem Gesetz über die ›Vernichtung lebensunwerten Lebens‹«, hier S. 123, vgl. auch Große-Vehne, Vera (2005): Tötung auf Verlangen, S. 138-141.
178 Binding, Karl; Hoche, Alfred (1920): Freigabe der Vernichtung, S. 32.
179 A.a.O. S. 57f.
180 Zit. n. Roth, Karl Heinz; Aly, Götz (1984): Gesetz über die Sterbehilfe, S. 123-128, hier S. 123f.
181 Vgl. Roth, Karl Heinz; Aly, Götz (1984): Gesetz über die Sterbehilfe, S. 123-128, hier S. 128, vgl. auch Binding, Karl; Hoche, Alfred (1920): Freigabe der Vernichtung, S. 54 Anm. 1.
182 Vgl. Große-Vehne, Vera (2006): »Euthanasie«-Quellen bei T. Morell, S. 143-147.
183 Bundesarchiv Berlin, R 96 I/8, Heidelberger Dokumente 127 182-194, Dasein ohne Leben, undatiert, S. 127 191.
184 Binding, Karl; Hoche, Alfred (1920): Freigabe der Vernichtung lebensunwerten Lebens, S. 55.
185 Bundesarchiv Berlin, R 96 I/8, Heidelberger Dokumente 127 182-194, Dasein ohne Leben, undatiert, S. 127 194.
186 Zit. n. Benzenhöfer, Udo (2005): Binding-Hoche-Rezeption in der NS-Zeit, S. 131.
187 Vgl. Roth, Karl Heinz (1985): Filmpropaganda, S. 148-170, Rost, Karl Ludwig (1987): Sterilisation und Euthanasie im Film des »Dritten Reiches« und Hachmeister, Sylke (1992): Kinopropaganda gegen Kranke.
188 Vgl. Roth, Karl Heinz; Aly, Götz (1984): Gesetz über die Sterbehilfe, S. 108. Zu den verschiedenen von der Reichskanzlei, von der Kanzlei des Führers und vom

Leibarzt Hitlers Theodor Morell vorgelegten Gesetzentwürfen vgl. Große-Vehne, Vera (2005): Tötung auf Verlangen, S. 144-161 und Große-Vehne, Vera (2007): Pläne für ein »Euthanasie«-Gesetz.

189 Vgl. Benzenhöfer, Udo; Finsterbusch, Karin (1998): Moraltheologie pro NS-»Euthanasie«, vgl. auch Schwartz, Michael (1998): »Euthanasie«-Debatten, S. 646-649 und Richter, Ingrid (2001): Katholizismus, S. 493-510.

190 Nowak, Kurt (1978): »Euthanasie« und Sterilisierung, S. 120 ff. Stroothenke befürwortete sowohl die Tötung auf Verlangen bei sinnlosem Leiden und objektivem »Lebensunwert« als auch die Tötung mißgestalteter Kinder auf Wunsch der Eltern, lehnte jedoch »Zwangseuthanasie« ab, vgl. Stroothenke, Wolfgang (1940): Erbpflege und Christentum, S. 95-130.

4. »Euthanasie« im Nationalsozialismus

1 Die Angaben zur Lebensgeschichte von Adelheid B. stammen aus der Krankenakte der Heil- und Pflegeanstalt Wiesloch, Bundesarchiv Berlin R 179/22496, der Pfleglingsakte der Erziehungs- und Pflegeanstalt Scheuern (Archiv der Heime Scheuern Nr. 6186-1) und der Krankenakte der Landesheilanstalt Eichberg, Hessisches Hauptstaatsarchiv Wiesbaden Abt. 430/1 Nr. 7920, vgl. auch Hohendorf, Gerrit (2009a): Adelheid B.

2 Vgl. Bundesarchiv Berlin R 179/22496.

3 Zit. n. Klee, Ernst (2010): »Euthanasie« im Dritten Reich, S. 114.

4 Zur Rolle von Karl Brandt bei Planung und Durchführung der nationalsozialistischen Krankenmorde vgl. Süß, Winfried (2003): »Volkskörper im Krieg«, S. 76-94 sowie die Biographie von Schmidt, Ulf (2007): Karl Brandt: The Nazi Doctor.

5 Zur Aufarbeitung der NS-»Euthanasie« vgl. grundlegend Platen-Hallermund, Alice (1948): Tötung Geisteskranker in Deutschland; Dörner, Klaus (1967): Nationalsozialismus und Lebensvernichtung; Klee, Ernst (1983/2010): »Euthanasie« im NS-Staat; Klee, Ernst (1985): Dokumente zur »Euthanasie«; Klee, Ernst (1986): Was sie taten; Aly, Götz (1985a): Medizin gegen Unbrauchbare; Schmuhl, Hans-Walter (1987): Rassenhygiene, Nationalsozialismus, Euthanasie; Burleigh, Michael (1994): Death and Deliverance; Friedlander, Henry (1995): Origins of Nazi Genocide; Faulstich, Heinz (1998): Hungersterben; Süß, Winfried (2003): »Volkskörper« im Krieg; Rotzoll, Maike et al. (Hg.) (2010): »Euthanasie«-Aktion »T4«. Zum Forschungsstand vgl. Kaminsky, Uwe (2008): NS-»Euthanasie«. Ein Forschungsüberblick und Schmuhl, Hans-Walter (2011): »Euthanasie« und Krankenmord. Zum Begriff »Krieg nach außen – Krieg nach innen« vgl. Dörner, Klaus; et al. (1989): Der Krieg gegen die psychisch Kranken, S. 2 Vorwort.

6 Binding, Karl; Hoche Alfred (1920): Freigabe der Vernichtung, S. 27.

7 Vgl. Schmuhl, Hans-Walter (1987): Rassenhygiene, Nationalsozialismus, Euthanasie, S. 180 f.

8 Vgl. Jaroszewski, Zdzisław (Hg.) (1993): Die Ermordung der Geisteskranken, S. 57-76, Klee, Ernst (2010): »Euthanasie« im Dritten Reich, S. 94-111 und Rieß, Volker (1995): Anfänge der Vernichtung, S. 23-53.

9 Vgl. Rieß, Volker (1995): Anfänge der Vernichtung, S. 243 ff. und Jaroszewski, Zdzisław (Hg.) (1993): Die Ermordung der Geisteskranken, S. 76 ff.

10 Vgl. Jaroszewski, Zdzisław (Hg.) (1993): Die Ermordung der Geisteskranken, S. 87-103.

11 A. a.O. S. 109-113.

12 Vgl. Hinz-Wessels, Annette (2013): Antisemitismus und Krankenmord, S. 81-85.
13 Vgl. Rieß, Volker (1995): Anfänge der Vernichtung, S. 53-117.
14 Zit. n. Klee (2010): »Euthanasie« im Dritten Reich, S. 96.
15 Vgl. Topp, Sacha et al. (2008): Die Provinz Ostpreußen und die nationalsozialistische »Euthanasie«.
16 Vgl. Süß, Winfried (2003): »Volkskörper« im Krieg, S. 327-339 und Kapitel 4.4.
17 Vgl. Halder, Franz (1964): Kriegstagebuch, Bd. III, S. 252-254. In einer Fußnote wird eine apologetische Stellungnahme von Franz Halder aus dem Jahre 1953 angeführt: Er habe verhindern wollen, daß die SS eine Grundsatzentscheidung des Führers zur Beseitigung der Insassen russischer Irrenanstalten im Sinne der »Euthanasietheorien« der NSDAP erwirke.
18 Vgl. Ebbinghaus, Angelika; Preissler, Gerd (1985): Dokumentation, S. 95f. Zitat S. 96.
19 Zum folgenden vgl. Winkler, Ulrike; Hohendorf, Gerrit (2011): »Nun ist Mogiljow frei von Verrückten«, S. 83ff.
20 BStU, MfS, HA IX/11, ZUV 9, Bd. 4/2, Bl. 315, Vernehmungsprotokoll A. N. Stepanow vom 24. 12. 1948.
21 Vgl. Gerlach, Christian (1999): Kalkulierte Morde, S. 1069.
22 BStU, MfS, HA IX/11, ZUV 9, Bd. 4/2, Bl. 316, Vernehmungsprotokoll A. N. Stepanow vom 24. 12. 1948.
23 Vgl. Gerlach, Kalkulierte Morde, S. 1069.
24 BStU, MfS, HA IX/11, ZUV 9, Bd. 4/1, Bl. 249, Vernehmungsprotokoll A. N. Stepanow vom 1. 6. 1970.
25 BStU, MfS, HA IX/11, ZUV 9, Bd. 4/2, Bl. 319, Vernehmungsprotokoll A. N. Stepanow vom 24. 12. 1948.
26 BStU, MfS, HA IX/11, ZUV 9, Bd. 4/2, Bl. 279, Vernehmungsprotokoll Frentzel vom 25. 8. 1970.
27 Vgl. Ebbinhaus/Preissler, Dokumentation, S. 88.
28 Vgl. Winkler, Ulrike; Hohendorf, Gerrit (2011): »Nun ist Mogiljow frei von Verrückten«, S. 81-83.
29 Vgl. Benzenhöfer, Udo (2008): Der Fall Leipzig, S. 51-60. Die Identität des Kindes ist bis heute ungeklärt. Die von Benzenhöfer 1998 vorgenommene Identifizierung und Datierung der Tötung des behinderten Kindes mit dem Decknamen »Kind Knauer« erwies sich im Nachhinein als fragwürdig, nachdem die Angehörigen des vermeintlichen »Kindes Knauer« eine Identität ausgeschlossen hatten, vgl. www.klinik.uni-frankfurt.de/zgw/ifg/knauerhomepage5.pdf, letzter Zugriff 5. 4. 2008, vgl. Benzenhöfer, Udo (1998b): Der Fall »Kind Knauer«.
30 Zur »Kindereuthanasie« vgl. die Überblicksdarstellungen bei Benzenhöfer, Udo (2000b): »Kinderfachabteilungen« und »NS-Kindereuthanasie«, Dahl, Matthias (2001): Aussonderung und Vernichtung, Benzenhöfer, Udo (2003): Genese und Struktur der »NS-Kinder- und Jugendlicheneuthanasie« und Topp, Sascha (2004): »Reichsausschuß«.
31 30 Kinderfachabteilungen können als gesichert gelten, vgl. Topp, Sascha (2004): »Reichsausschuß«, S. 34f. vgl. auch die Übersicht bei Kaelber, Lutz; Reiter, Raimund (Hg.) (2011): Kindermord und »Kinderfachabteilungen« im Nationalsozialismus. Ausführlich dokumentiert ist die Kinderfachabteilung »Am Spiegelgrund« in Wien, vgl. Dahl, Matthias (1998): Endstation Spiegelgrund und die Darstellung der Einzelschicksale bei Häupl, Waltraud (2006): Die ermordeten Kinder. Auch Gerhard Schmidt geht in seinem Buch über die Heil- und Pflegeanstalt Eglfing-Haar ausführlich auf die dortige Kinderfachabteilung ein, vgl. Schmidt, Gerhard

(1965): Selektion in der Heilanstalt, S. 99-131, vgl. auch Koch, Julia (2011): Kinderfachabteilung. Weitere Untersuchungen liegen vor zur Landesheilanstalt Eichberg [Hohendorf et al. (1999): Kinderfachabteilung], zur Kinderfachabteilung Ansbach [Nedoschill, Jan; Castell, Rolf (2001): »Kinderfachabteilung« Ansbach], zu Westfalen [Walter, Bernd (2001): NS-»Kinder-Euthanasie«-Aktion], zu Lüneburg [Sueße, Thorsten; Meyer, Heinrich (1993): Die »Kinderfachabteilung« in Lüneburg und Reiter, Raimond (1997): Psychiatrie im Dritten Reich in Niedersachsen, S. 292-307], zu Ueckermünde [Bernhardt, Heike (1993): »Niemals auch nur zu den primitivsten Arbeitsleistungen zu gebrauchen«], zu Hamburg [Aly, Götz (1984): Der Mord an behinderten Hamburger Kindern], zur Kinderfachabteilung »Wiesengrund« in Berlin [Krüger, Martina (1989): Die Tötung behinderter Kinder in Wittenau] sowie zur Kinderfachabteilung Waldniel am Niederrhein [Kinast, Andreas (2010): »Das Kind ist nicht abrichtfähig ...«]. Thomas Beddies hat das Schicksal von Kindern und Jugendlichen in der Brandenburgischen Landesanstalt Görden unter dem Jugendpsychiater Hans Heinze dargestellt. In Görden wurde 1940 die erste Kinderfachabteilung als »Reichsschulstation« eingerichtet, allerdings sind viele Kinder und Jugendliche auch außerhalb der Kinderfachabteilung verstorben oder wurden im Rahmen der »Aktion T4« verlegt, so daß sich eine scharfe Trennung von Kinder- und Erwachsen-»Euthanasie« als problematisch erweist, vgl. Beddies, Thomas (2002a): Kinder- und Jugendliche.

32 Vgl. Roer, Dorothee (1997): »Lebens-unwert«, S. 115.

33 Vgl. »Entscheidungen der beiden Euthanasie-Beauftragten hinsichtlich der Begutachtung (unter Einbeziehung der Ergebnisse der Besprechung in Berchtesgarden am 10.3.1941)«, abgedruckt bei Klee, Ernst (1985): Dokumente zur Euthanasie, S. 100-103.

34 Archiv des Bezirks Oberbayern München, Krankenakte Wilhelmine Haußner, Nennung des Namens mit Zustimmung der Familie, Horst Haußner und Dr. Claudia Busch.

35 Hessisches Hauptstaatsarchiv Wiesbaden Abt. 430/1 Nr. 11074, vgl. Hohendorf et al. (1999): »Kinderfachabteilung« der Landesheilanstalt Eichberg, S. 228 f.

36 Brief Walter Schmidt an den Vater von Heinz F. vom 30.10.1941, a. a. O.

37 Hessisches Hauptstaatsarchiv Wiesbaden Abt. 430/1 Nr. 11848 Korrespondenz zwischen dem Großvater von Heinz Sch. und Dr. Walter Schmidt vom Dezember 1943.

38 Lutz, Petra (2001): NS-Gesellschaft und »Euthanasie«, S. 104 f., vgl. auch Lutz, Petra (2006): Herz und Vernunft.

39 Vgl. Krischer, Markus (2006): Kinderhaus, S. 133.

40 Aussage von Katharina K. vom 29.11.1965, Bundesarchiv Ludwigsburg, Aussagensammlung »Euthanasie«, zit. n. Lutz, Petra (2001): NS-Gesellschaft und »Euthanasie, S. 105. Zur ambivalenten Haltung der Eltern vgl. auch Hohendorf, Gerrit; Rotzoll, Maike (2004): »Kindereuthanasie« in Heidelberg, S. 140 f.

41 Vgl. Kapitel 3.2.

42 Vgl. den Propagandafilm »Dasein ohne Leben« mit explizitem Bezug auf die Umfrage von Meltzer, Bundesarchiv Berlin, R 96 I/8 (127 182-194).

43 Dabei handelt es sich einerseits um Tuberkulose-Impfexperimente, so in Kaufbeuren, Wien und Berlin, andererseits um psychiatrisch-neurologische und neuropathologische Forschung. Zu den Tuberkulose-Impfexperimenten vgl. Steger, Florian (2003): Medizinische Forschung an Kindern, Dahl, Matthias (2002): Behinderte Kinder als Versuchsobjekte und Schweizer-Martinschek, Petra (2004): Tbc-Versuche an behinderten Kindern.

44 Zur Gördener Forschungsabteilung vgl. Beddies, Thomas (2002): Kinder und Jugendliche, S. 145-148.

45 Zur Heidelberger Forschungsabteilung vgl. Hohendorf, Gerrit; Rotzoll, Maike; Roelcke, Volker (1996): Innovation und Vernichtung, Hohendorf, Gerrit; Roelcke, Volker; Rotzoll, Maike (1997): Von der Ethik des wissenschaftlichen Zugriffs auf den Menschen, Rotzoll, Maike; Hohendorf, Gerrit (2006): Psychiatrisch-Neurologische Klinik, S. 929-932 und Rotzoll, Maike; Hohendorf, Gerrit (2012): Krankenmord im Dienst des Fortschritts.

46 Psychiatrische Universitätsklinik Heidelberg, Historisches Archiv, Forschungsakte F 11.

47 Heidelberg, Universitätsarchiv, Bestand Kinderklinik Acc. 15/01 L-II, Krankenblatt Günter R., Prot.-Nr. 580/1943, vgl. Hohendorf, Gerrit; Rotzoll, Maike (2004): »Kindereuthanasie« in Heidelberg, S. 134 und Hohendorf, Gerrit; Oehler-Klein, Sigrid; Rotzoll, Maike (2007): Der Pädiater Johann Duken.

48 Heidelberg, Universitätsarchiv, Bestand Kinderklinik Acc. 15/01 L-II, Krankenblatt Klaus A. Prot.-Nr. 1196/1942, vgl. Hohendorf, Gerrit; Rotzoll, Maike (2004): Kindeuthanasie in Heidelberg, S. 139.

49 Brief Prof. Duken an den Vater vom 22.7.1942, a.a.O.

50 Vgl. Hohendorf, Gerrit; Rotzoll, Maike (2004): »Kindereuthanasie« in Heidelberg, S. 127 und Renner, Renate; Zimmermann, Susanne (2003): Der Jenaer Kinderarzt Jussuf Ibrahim.

51 Vgl. Fuchs, Petra et al. (2004): Minderjährige als Opfer und Fuchs, Petra (2010): Selektion von Kindern. Zu den Schwierigkeiten der Abgrenzung von Kinder- und Erwachsenen-»Euthanasie« siehe Roer, Dorothee (1997): »Lebens-unwert«.

52 Vgl. Benzenhöfer, Udo (2001): Bemerkungen zur Planung der NS-»Euthanasie«.

53 Vgl. Bundesarchiv Berlin, R 96/1, Liste der erfaßten Anstalten.

54 Grünes Merkblatt, Bei Ausfüllung der Meldebogen zu beachten, abgedruckt in Vormbaum, Thomas (Hg.) (2005): »Euthanasie« vor Gericht, S. 111 f.

55 Zur Struktur der Meldebögen und zu den verschiedenen Meldebogenversionen vgl. Rauh, Philipp (2010): Medizinische Selektionskriterien.

56 Vgl. etwa die Aussage von Prof. Gottfried Ewald, dem damaligen Leiter der Universitätsnervenklinik und der Provinzialheilanstalt Göttingen vom 24.3.1960 im Verfahren GstA Frankfurt/M. Js 17/59, zit. in der Anklageschrift gegen Dr. Werner Heyde, abgedruckt in Vormbaum, Thomas (Hg.) (2005): »Euthanasie« vor Gericht, S. 114 f.: Trotz der Gerüchte um die Euthanasie der Insassen von Heil- und Pflegeanstalten habe er sich die beabsichtigte Aktion so vorgestellt, »dass die genesungsfähigen oder auch arbeitsfähigen Kranken von den Unheilbaren getrennt werden sollten, um die Ersteren lebensmittelmässig besser versorgen zu können [...]«. Auch die meisten Anstaltsdirektoren in Baden und Württemberg haben die Meldebogenaktion für eine statistische Erhebung gehalten oder gedacht, ihnen sollten die besten Arbeitskräfte weggenommen werden. Lediglich Dr. Arthur Schreck, Leiter der Pflegeanstalt Rastatt und später Gutachter der »Aktion T4«, habe sich gefragt, ob die Erhebung Grundlage von Maßnahmen »im Sinne von Binding und Hoche« sein sollte, vgl. Urteil des Landgerichts Freiburg 1 Ks 5/48 vom 16.11.1948 gegen Dr. Josef Schreck und Dr. Josef Sprauer, zit. n. Faulstich, Heinz (1993): Von der Irrenfürsorge zur »Euthanasie«, S. 212 f.

57 Vgl. Klee, Ernst (2010): »Euthanasie« im Dritten Reich, S. 114, Faulstich, Heinz (1993): Von der Irrenfürsorge zur »Euthanasie«, S. 215 f., sowie das Ermittlungsverfahren des Ministeriums für Staatssicherheit der DDR gegen Dr. Otto Hebold, Vernehmung vom 30.7.1964, BStU Berlin HA IX/11-Archiv ZUV 45, Akte 1, Bd. 1, S. [BStU] 203.

58 So auch die Beurteilung der Frankfurter Generalstaatsanwaltschaft in ihrer Anklageschrift gegen Dr. Werner Heyde, vgl. Vormbaum, Thomas (Hg.) (2005): »Euthanasie« vor Gericht, S. 184-190, besonders S. 185.

59 Ministerialrat Dr. Herbert Linden, Reichsministerium des Innern, an den Oberpräsidenten in Hannover vom 26.7.1940, abgedruckt in Vormbaum, Thomas (Hrsg.) (2005): »Euthanasie« vor Gericht, S. 117.

60 Vgl. Kapitel 4.5.

61 Vgl. Neugebauer, Wolfgang; Czech, Herwig (2010): »Aktion T4« in Österreich.

62 Vgl. Schmuhl, Hans-Walter (1998): Ärzte in der Anstalt Bethel, S. 44-56 und Hochmuth, Anneliese (1997): Spurensuche, S. 104-124 u. 323-326.

63 Vgl. Walter, Bernd (1996): Psychiatrie und Gesellschaft in der Moderne, S. 719-729.

64 Vgl. Staatsarchiv München, Staatsanwaltschaften 19051/1 (Film AF 1868) Anklageschrift der Staatsanwaltschaft München I gegen Walter Schultze Ib Js 1793/47, Landgericht München I 1 Kls 154/48, Bd. 1, Bl. 89-90. Hier wird Bezug genommen auf eine nicht mehr auffindbare Entschließung des Bayerischen Innenministeriums vom 21.3.1941, in der ausgeführt wird, daß die Anstaltsleiter bei den mündlichen Besprechungen (vermutlich mit Schmalenbach) Gelegenheit hatten, unbedingt notwendige und tüchtige Arbeitskräfte von der Verlegung auszuschließen, vgl. auch Hohendorf (2011a): Euthanasie im Nationalsozialismus, S. 72-75.

65 Vgl. Aly, Götz (2013): Die Belasteten, S. 37-39. Götz Aly beschreibt das Beispiel von Ernst Weiss aus der Taubstummenanstalt Wilhelmsdorf bei Ravensburg, der durch die regelmäßigen Besuche und die Intervention seiner Mutter in der Zwischenanstalt Weinsberg vor der Weiterverlegung in die Tötungsanstalt Hadamar bewahrt worden sei.

66 So die Aussage des Hadamarer Tötungsarztes Bodo Gorgass vom 15.8.1960 im Rahmen des Ermittlungsverfahrens gegen Dr. Heyde, abgedruckt in Vormbaum, Thomas (Hg.) (2005): »Euthanasie« vor Gericht, S. 202-204. Zu den Rückstellungen in der Tötungsanstalt Grafeneck vgl. Rüdenburg, Bodo (2010): Die »Rückkehrer« aus Grafeneck. Aus Grafeneck wurden 1940 insgesamt 110 Patienten, 89 Männer und 21 Frauen in die Zwischenanstalt Zwiefalten zurückgeschickt. Das entspricht etwa einem Prozent der in Grafeneck emordeten Patienten. Entgegen der Vermutung von Götz Aly sind die Zurückstellungen in der Tötungsanstalt nicht alle auf Rettungsversuche der Angehörigen zurückzuführen, vgl. Aly, Götz (2013): Die Belasteten, S. 39 f.

67 Vernehmung Werner Heyde vom 17.2.1947, Hessisches Hauptstaatsarchiv Wiesbaden, Abt. 631a, Nr. 85, auch in Bundesarchiv Ludwigsburg, Aussagensammlung Euthanasie, B 162, 491, für den Hinweis auf dieses Dokument sei Herrn Philipp Rauh herzlich gedankt.

68 Vgl. Rauh, Philipp (2010): Medizinische Selektionskriterien und Hohendorf, Gerrit (2010): Die Selektion der Opfer.

69 R 179/18427, für den Hinweis auf dieses Dokument danken wir Herrn Prof. Dr. Wolfgang Neugebauer von Dokumentationsarchiv des Österreichischen Widerstandes in Wien.

70 Vgl. auch Hinz-Wessels, Annette et al. (2005): Zur bürokratischen Abwicklung eines Massenmords, S. 93-95.

71 Schilter, Thomas (1999): Unmenschliches Ermessen; Schulze, Dietmar (1999): »Euthanasie« in Bernburg; Roer, Dorothee; Henkel, Dieter (Hg.) (1986): Die Anstalt Hadamar 1933-1945; George, Uta et al. (Hg.) (2006): Hadamar; Stöckle, Thomas (2002): Grafeneck 1940; Kepplinger, Brigitte; Marchkgott, Gerhard; Reese, Hartmut (Hg.) (2008): Tötungsanstalt Hartheim; Ley, Astrid; Hinz-Wessels, Annette (Hg.) (2012): Euthanasie-Anstalt Brandenburg an der Havel.

72 Aussage von Dr. Bodo Gorgaß vor dem Landgericht Frankfurt/M. 1947, HHStA Wiesbaden Abt. 461/32061, Bd. 7, S. 13-15, zit. nach Trus, Armin (1995): »... vom Leid erlösen«, S. 104 f.

73 Aussage von Maximilian Friedrich Lindner vor dem Landgericht Frankfurt a. M. vom 3.3.1947, zit. nach Friedlander, Henry (1995): Origins of Nazi Genocide, S. 169.

74 Zu den Falschbeurkundungen in den Sonderstandesämtern der Tötungsanstalten vgl. Lilienthal, Georg (2010a): Falsche Sterbebeurkundung.

75 Zit. nach Klee, Ernst (2010): »Euthanasie« im Dritten Reich, S. 148.

76 Zur Haltung der katholischen und evangelischen Kirche in Deutschland vgl. immer noch grundlegend Nowak, Kurt (1978): »Euthanasie« und Sterilisierung im »Dritten Reich«, S. 129 ff. Zur Einstellung der Bevölkerung gegenüber den Krankenmorden siehe Nowak, Kurt (1991): Widerstand, Zustimmung, Hinnahme und Stöckle, Thomas (2010): Reaktionen der Angehörigen sowie Rauh, Philipp (2007): »Ist mein Bruder in der Anstalt noch seines Lebens sicher?« sowie Kapitel. 4.3.5.

77 Vgl. Schmuhl, Hans-Walter (1987): Rassenhygiene, Nationalsozialismus, Euthanasie, S. 297-304.

78 Vgl. Leitner, Irene (2008): NS-Euthanasie: Wissen und Widerstand, S. 235-241.

79 Vgl. Klee, Ernst (2010): »Euthanasie« im Dritten Reich, S. 234-236.

80 Die Predigt ist abgedruckt in Dörner, Klaus; Haerlin, Christiane; Rau, Veronika; Schernus, Renate; Schwendy, Arnd (Hg.) (1989): Der Krieg gegen die psychisch Kranken, S. 112-124, hier S. 115.

81 Zu den Hintergründen der Unterbrechung der »Aktion T4« vgl. Faulstich, Heinz (1998): Hungersterben in der Psychiatrie, S. 273-288 und Süß, Winfried (2003): »Volkskörper« im Krieg, S. 127-151.

82 National Archives and Records Administration College Park/MD, USA, War Crimes Case Files Cases not Tried, Case 000-12-463, Box 490-491, sogenannte Hartheimstatistik, S. 1.

83 Vgl. Grode, Walter (1987): »Sonderbehandlung 14f13« und Ley, Astrid (2011): »Aktion 14f13«.

84 Vgl. Schmuhl, Hans-Walter (1987): Rassenhygiene, Nationalsozialismus, Euthanasie, S. 224-229.

85 Bericht Dr. Thumm aus der Heil- und Pfleganstalt Emmendingen vom 18.10.1945, abgedruckt in Poitrot, R. (1945): Waren die Ermordeten schuldig?, S. 58. im Original z.T. hervorgehoben.

86 Vgl. Roelcke, Volker; Hohendorf, Gerrit (1993): Akten der »Euthanasie«-Aktion T4 gefunden.

87 Zum folgenden vgl. Sandner, Peter (1999): »Euthanasie«-Akten und Sander, Peter (2003b): Schlüsseldokumente.

88 In Hartheim wurden noch im Jahr 1944 Häftlinge des Konzentrationslagers Mauthausen vergast, vgl. Klee, Ernst (2010): »Euthanasie« im NS-Staat, S. 293.

89 Dafür spricht, daß die Akten in räumlicher Nähe zur Zentralverrechnungsstelle aufbewahrt wurden.

90 In Bad Schönfließ in der Neumark wurde ein Großteil der Unterlagen der T4 bei Näherrücken der Roten Armee in Januar 1945 vernichtet, die 30.000 Krankenakten blieben jedoch erhalten, vgl. Kepplinger, Brigitte (2003): Die Tötungsanstalt Hartheim, S. 103.

91 Kaul war Nebenklagevertreter von Angehörigen von »Euthanasie«-Opfern in westdeutschen »Euthanasie«-Strafverfahren. Sein propagandistisches Ziel war es, die Rolle der NS- und BRD-Justiz in bezug auf die »Euthanasie« zu entlarven, vgl. auch Kaul, Karl Friedrich (1979): Psychiatrie im Strudel der »Euthanasie«. Zum Umgang

des MfS mit dem Themenkomplex NS-»Euthanasie« siehe Leide, Henry (2005): NS-Verbrecher und Staatssicherheit, S. 332-353.

92 DFG-Projekt HO 2208/2 – 1-3 »Wissenschaftliche Erschließung und Auswertung des Krankenaktenbestandes der nationalsozialistischen ›Euthanasie‹-Aktion T4«, Förderzeitraum 2002-2006. Antragsteller: Gerrit Hohendorf, Christoph Mundt, Wolfgang U. Eckart, Universitätsklinikum Heidelberg, Klinik für Allgemeine Psychiatrie und Institut für Geschichte und Ethik der Medizin der Universität Heidelberg. Bearbeiterinnen und Mitarbeiter/innen: Petra Fuchs, Maike Rotzoll, Paul Richter, Annette Hinz-Wessels, Sascha Topp, Philipp Rauh, Stephanie Schmitt, Christine Dewitz, Nadin Zierau, Babette Reicherdt. Eine zusätzliche finanzielle Förderung erfolgte durch die Medizinische Fakultät der Universität Heidelberg und die Boehringer Ingelheim Stiftung.

93 Bei den knapp 30.000 Krankenakten der Opfer der »Aktion T4« im Bundesarchiv Berlin (Signatur R 179) handelt es sich um einen heterogenen Bestand: Die Akten sind in einem Zeitraum etwa von 1900 bis 1941 geführt worden, stammen aus Heil- und Pflegeanstalten sowie Einrichtungen der Schwachsinnigenfürsorge in öffentlicher und privater Trägerschaft in Deutschland und Österreich. Etwa 300 Akten sind aus den tschechischen Anstalten des 1938 angegliederten Reichsgaus Sudetenland überliefert, ebenso wie etwa 60 Akten aus Slowenien (Reichsgau Untersteiermark). Dementsprechend unterschiedlich ist nicht nur das Schema der Aktenführung, sondern auch die Ausführlichkeit der Dokumentation und somit der Umfang der Akten. Von den einzelnen Anstalten sind entweder nur die Personalakte, nur die Krankengeschichte oder aber beides beim Abtransport der Patienten mitgegeben worden. Während die Krankengeschichte die Anamnese, die ärztlichen Befunde, die Diagnose und den Krankheitsverlauf dokumentiert, enthält die Personalakte den Schriftverkehr mit Behörden, Kostenträgern und Angehörigen, eventuell auch nicht abgeschickte Briefe und Eingaben der Patienten. In etwa 40% der Akten ist die Überlieferung lückenhaft, d.h. es fehlen wesentliche Aktenteile. Einige Akten bestehen nur aus wenigen Blättern. Außerdem enthält der Krankenaktenbestand auch 821 Akten von ostpreußischen Patienten, die im Frühsommer 1940 vom Sonderkommando Lange ermordet wurden, also außerhalb der zentral organisierten »Aktion T4«, vgl. Topp, Sascha (2010): Krankentötungen in Ostpreußen und Topp, Sascha et al. (2008): Provinz Ostpreußen, S. 29-31. Diese Akten wurden, sofern sie in die Stichprobe fielen, bei der Auswertung ausgeschlossen. Angesichts der Tatsache, daß die Kriterien der Aktenvernichtung nicht bekannt sind, stellt sich die Frage, ob es systematische Überlieferungslücken gibt, die die Repräsentativität des Aktenbestandes für die Gesamtheit der Opfer der »Aktion T4« einschränken könnten. Thomas Beddies und Paul Richter haben gezeigt, daß der Aktenbestand bezüglich der Überlieferung der einzelnen Tötungsanstalten keine Lücken enthält. Auch in zeitlicher und regionaler Hinsicht konnten keine systematischen Einflüsse auf die Aktenüberlieferung festgestellt werden, vgl. Beddies, Thomas (2000): Vorläufige quantitative Aussagen und Richter, Paul (2010): Statistik und historische Forschung.

94 Zu den Projektergebnissen vgl. Fuchs, Petra et al. (Hg.) (2007): »Das Vergessen der Vernichtung ...«, Rotzoll, Maike et al. (Hg.) (2010): Die nationalsozialistische »Euthanasie«-Aktion »T4« und ihre Opfer sowie zusammenfassend Rotzoll, Maike; Fuchs, Petra; Richter, Paul; Hohendorf, Gerrit (2010): Die nationalsozialistische »Euthanasieaktion T4«.

95 Zur erbbiologischen Bestandaufnahme vgl. Roth, Karl Heinz (1984): »Erbbiologische Bestandsaufnahme«, S. 76-80 und Sandner, Peter (2010): Von den Illusionen der Mediziner.

96 Vgl. die Aufstellung des Deutschen Gemeindetages zum 31.12.1935, abgedruckt bei Roth, Karl Heinz (1984): »Erbbiologische Erfassung«, S. 81.

97 Nicht auswertbare Akten und Kinder jünger als 12 Jahre wurden ausgeschlossen. Das Ergebnis ist hochsignifikant: $\chi^2 = 102{,}42$, $p < 0{,}005$. Der χ^2-Test prüft, ob sich die prozentualen Zuordnungen innerhalb einer Variable zwischen der Gruppe der T4-Opfer und der der Überlebenden signifikant voneinander unterscheiden.

98 Vgl. Art. 1 der Verordnung zur Ausführung des Gesetzes zur Verhütung erbkranken Nachwuchses vom 5.12.1933, abgedruckt in Gütt, Arthur; Rüdin, Ernst; Ruttke, Falk (1934): Gesetz zur Verhütung erbkranken Nachwuchses, S. 63.

99 Zur Interpretation der NS-»Euthanasie« als Ergebnis eines Prozesses kumulativer Radikalisierung des rassenhygienischen Paradigmas vgl. Schmuhl, Hans-Walter (1987): Rassenhygiene, Nationalsozialismus, Euthanasie, S. 134f., dazu kritisch Schwartz, Michael (1996): ›Rassenhygiene, Nationalsozialismus, Euthanasie‹? Inzwischen hat Hans-Walter Schmuhl seine urspürngliche These eines quasi zwangsläufigen Abgleitens von der Eugenik zur »Euthanasie« relativiert, vgl. Schmuhl, Hans-Walter (2010): Genesis der »Euthanasie«.

100 Vgl. auch Walter, Bernd (1991): Anstaltsleben als Schicksal, S. 233.

101 Bericht Hermann Pfannmüller an die Regierung von Oberbayern vom 1.11.1939, zitiert nach Schmidt, Gerhard (1965): Selektion in der Heilanstalt, S. 23.

102 A. a. O.

103 Vgl. Hermeler, Ludwig (2002): Euthanasie und die späte Unschuld, S. 65 und Schröter, Sonja (1994): Psychiatrie in Waldheim, S. 129ff. und S. 139ff.

104 Zur Verfolgung von »Asozialität« im Nationalsozialismus vgl. Ayaß, Wolfgang, (1995): »Asoziale« im Nationalsozialismus.

105 Nichtauswertbare Akten ausgeschlossen, $\chi^2 = 6{,}61$, $p = 0{,}251$.

106 Vgl. Dörner, Klaus (1988): Tödliches Mitleid, S. 49: Das Programm nationalsozialistischer Vernichtungspolitik läßt sich mit Klaus Dörner wie folgt formulieren: »wir, die Elite der Täter-Bürger, haben die welthistorische Mission, dem Rest der Welt am Beispiel Deutschlands, ein für alle Mal zu beweisen, daß eine Gesellschaft, die sich ein einziges Mal radikal von ihrem gesamten sozialen Ballast – und sei es auch ein Drittel der Bevölkerung – befreit, also die sicher schmerzhafte Endlösung der Sozialen Frage wirklich riskiert, das totale Potential der Industrialisierung frei zur Entfaltung kommen läßt und dadurch wirtschaftlich, militärisch, wissenschaftlich und sicher auch kulturell unschlagbar sein wird.«, vgl. auch Dörner, Klaus (2002): Tödliches Mitleid, S. 62f., siehe auch bereits Roth, Karl Heinz (1984): »Erbbiologische Bestandsaufnahme«, S. 69. Kritisch zu diesem Interpretationsansatz: Schmuhl, Hans-Walter (2010): Genesis der »Euthanasie«, S. 66f.

107 Bundesarchiv Berlin R 179/14249.

108 Nichtauswertbare Akten ausgeschlossen, $\chi^2 = 126{,}10$, $p < 0{,}005$.

109 Vgl. die Antwort von Ministerialrat Dr. Linden vom Reichsinnenministerium auf eine Eingabe des Oberpräsidenten in Hannover vom 26.7.1940, abgedruckt in Vormbaum, Thomas (Hg.) (2005): »Euthanasie« vor Gericht, S. 117, vgl. Kapitel 4.3.1.

110 Für die Variable Arbeitsbereiche unterscheidet der χ^2-Quadrat-Test hochsignifikant zwischen Opfer- und Überlebendenstichprobe, $\chi^2 = 343{,}58$, $p < 0{,}005$. In die Berechnungen zur Arbeitsleitung wurden nur Patienten ab 14 Jahren einbezogen, da davon auszugehen ist, daß jüngere Kinder nicht zur Arbeitsleistung herangezogen wurden. Nichtauswertbare Akten ausgeschlossen.

111 $\chi^2 = 304{,}48$, $p < 0{,}005$, nichtauswertbare Akten ausgeschlossen, ohne Kinder jünger als 14 Jahre. Zum Selektionskriterium der Arbeitsleistung vgl. auch Hohendorf, Gerrit (2010): Die Selektion der Opfer, S. 317ff.

112 Vgl. Faulstich, Heinz (1993): Von der Irrenfürsorge zur »Euthanasie«, S. 225 f.

113 Ebenfalls ohne Kinder < 14 Jahre, vgl. auch Hohendorf, Gerrit et al. (2006): Die Opfer der nationalsozialistischen »Euthanasie«-Aktion T4 in der Tötungsanstalt Hadamar.

114 $\chi^2 = 195{,}446$; $p < 0{,}005$.

115 Der Betheler Psychiater und Neurologe Karsten Jaspersen (1896-1968) versuchte 1940 vergeblich, verschiedene Universitätspsychiater, unter ihnen Oswald Bumke (1877-1950) in München und August Bostroem (1886-1944) in Leipzig, zum Protest gegen die »Euthanasie«-Aktion zu bewegen. Die Angeschriebenen zeigten, bei Widerspruch zum Verfahren, ein mehr oder weniger ausgeprägtes Verständnis für die staatlichen Maßahmen der »Euthanasie«, denen man sich nicht grundsätzlich verschließen könne, vgl. Klee, Ernst (2010): »Euthanasie« im Dritten Reich, S. 185-189. Der Göttinger Lehrstuhlinhaber Gottfried Ewald (1888-1963) verweigerte zwar seine Mitarbeit als T4-Gutachter, setzte jedoch dem Abtransport seiner Patienten aus der Heil- und Pflegeanstalt Göttingen keinen Widerstand entgegen, vgl. Stobäus, Ricarda (2000): »Euthanasie« im Nationalsozialismus und Beyer, Christoph (2013): Gottfried Ewald.

116 Zur Lebensgeschichte von Leopoldine S. vgl. auch Hohendorf, Gerrit (2007): Leopoldine S.

117 Bundesarchiv Berlin R 179/18428, Krankengeschichte Nr. 1 der Anstalt Steinhof, Eintrag vom 5. 3. 1930, Herv. im Original.

118 Bundesarchiv Berlin R 179/18428, Krankengeschichte Nr. 4 der Anstalt Steinhof.

119 A. a. O.

120 Bundesarchiv Berlin R 179/18428, vgl. auch Hohendorf, Gerrit (2007): Leopoldine S., S. 271. Die Photos sind offensichtlich zufällig in der Akte vergessen worden.

121 Nach Zeugenaussagen wurden vor allem diejenigen Patienten photographiert, die als interessante Fälle galten, vgl. Sandner, Peter (1999): »Euthanasie«-Akten«, S. 393 f. Der Tötungsarzt der »Euthanasie«-Anstalt Hartheim Georg Renno (1907-1997) gab demgegenüber an, daß alle Patienten vor ihrem Tod photographiert worden seien, vgl. Hinz-Wessels, Annette; Fuchs, Petra; Hohendorf, Gerrit; Rotzoll, Maike (2005): Bürokratische Abwicklung, S. 95.

122 Vgl. Hinz-Wessels, Annette; Fuchs, Petra; Hohendorf, Gerrit; Rotzoll, Maike (2005): Bürokratische Abwicklung und Hinz-Wessels, Annette (2010a): Dokumentenfunde.

123 Vgl. Hinz-Wessels, Annette; Fuchs, Petra; Hohendorf, Gerrit; Rotzoll, Maike (2005): Bürokratische Abwicklung, S. 95 f.

124 Vgl. Fuchs et al. (Hg.) (2007): »Das Vergessen der Vernichtung …« und die Lebensgeschichten in dem Band Jüdisches Museum (Hg.) (2009): Tödliche Medizin. Zur Methode des Erzählens von Lebensgeschichten anhand der Krankenakten vgl. Müller, Ulrich (2007): Metamorphosen.

125 Folgende kollektivbiographische Skizzen sind bereits publiziert: Fuchs, Petra et al. (2005): Die Opfer der »Aktion T4«, Fuchs, Petra (2007): Die Opfer als Gruppe. Getrennt nach Minderjährigen und Erwachsenen vgl. die beiden Arbeiten von Rotzoll, Maike (2010): Wahnsinn und Kalkül und Fuchs, Petra (2010): Selektion von Kindern und Jugendlichen.

126 Bundesarchiv Berlin R 179/24818.

127 Vgl. Kapitel 4.2. sowie Fuchs, Petra et al. (2004): Kinder als Opfer und Fuchs, Petra (2010): Selektion von Kindern und Jugendlichen.

128 Siehe Kapitel 4.2.

129 Vgl. Fuchs, Petra (2010): Selektion von Kindern und Jugendlichen, S. 292 f.

130 Vgl. Rotzoll, Maike (2007b): Karl Ahrendt und Brand-Claussen, Bettina; Rotzoll, Maike (2010): Schikaniert und schaponiert und Rotzoll, Maike (2002): Karl Ahrendt. Der Verfasser verdankt die Angaben zur Lebensgeschichte von Karl Ahrendt und die Zitate aus der Krankengeschichte Frau Dr. Maike Rotzoll, Heidelberg.

131 Bundesarchiv Berlin, R 179/16071, vgl. Fuchs, Petra (2007): Die Opfer als Gruppe, S. 56.

132 In den Anstalten des Deutschen Reiches lebten laut Volkszählung 1939 93.951 Frauen und 92.343 Männer (50,4% zu 49,6%), vgl. Fuchs, Petra (2007): Die Opfer als Gruppe, S. 69 Anm. 11.

133 Unter den Opfern der »Aktion T4« mit der Diagnose Schizophrenie überwogen die Frauen deutlich mit 59,7% zu 40,3%, unter den überlebenden Patienten ist das Verhältnis genau umgekehrt (43,0% zu 57,0%), vgl. auch Rotzoll, Maike et al. (2004): Frauenbild und Frauenschicksal, S. 47-50.

134 Es fällt lediglich auf, daß unter den Überlebenden fast doppelt so viele verwitwet waren wie unter den T4-Opfern (9,4% zu 4,7%).

135 Die Schichtzuordnung wurde nach dem eigenen Beruf bzw. bei Ehefrauen nach dem des Ehemannes vorgenommen. Bei Patienten ohne eigenen Beruf, die in der Kindheit oder Jugend hospitalisiert wurden und aufgrund ihrer Erkrankung keinen eigenen Beruf erlernen konnten, wurde der Beruf der Eltern herangezogen. Bei der Klassifikation der Berufe hat sich die Studie orientiert an Hohls, Rüdiger; Kälble, Hartmut (Hg.) (1989): Regionale Erwerbsstruktur. Zum folgenden siehe auch Fuchs, Petra (2007): Die Opfer als Gruppe, S. 59 f.

136 Vgl. die Angaben zur Schichtzusammensetzung der Bevölkerung in der Zeit des Nationalsozialismus bei Banach, Jens (1998): Heydrichs Elite, S. 86: 54,5% Unterschicht, 42,7% untere Mittelschicht, 2,8% oberer Mittelstand und Oberschicht.

137 Vgl. Statistisches Reichsamt (1940): Die ständige Bevölkerung. S. 335. Die Reichsbevölkerung verteilte sich 1939 nach der sozialen Stellung wie folgt: Selbständige 16,9%, mithelfende Familienangehörige 10,3%, Beamte 7%, Angestellte 13%, Arbeiter 52,8%.

138 Die Unterschiede zwischen der Gruppe der T4-Opfer und der Überlebenden sind im χ^2-Text signifikant: $\chi^2 = 22{,}9$; $p < 0{,}005$.

139 Vgl. Vgl. Dörner, Klaus (1988): Tödliches Mitleid, S. 49 und Kap. 4.3.2.

140 Die Diagnose konnte fast allen Akten entnommen werden, zur Klassifikation wurde einheitlich der Würzburger Schlüssel, ein Anfang der 1930er Jahre in der deutschen Anstaltspsychiatrie eingeführtes Diagnoseschema verwendet, vgl. Dörries, Andrea; Vollmann, Jochen (1997): Klassifikation psychischer Störungen.

141 Beispiele finden sich bei Schmitt, Stephanie et al. (2008): »Aktion T4« im Reichsgau Sudetenland und Roebel, Martin (2010): Forensische Patienten als Opfer der »Aktion T4«.

142 Die Diagnoseverteilung unterscheidet sich signifikant für T4-Opfer und Überlebende, $\chi^2 = 214{,}982$, $p < 0{,}005$.

143 Vgl. hierzu insbesondere das entsprechende Kapitel aus dem Habilitationsprojekt von Maike Rotzoll mit dem Titel »Gefährdetes Leben. Eine Kollektive Biografie von Langzeitinsassen psychiatrischer Anstalten bis zur nationalsozialistischen ›Euthanasie‹-Aktion ›T4‹«.

144 Götz, Aly (2013): Die Belasteten, insbesondere S. 14 f., S. 37-41 und S. 280-287.

145 Ein enger Familienzusammenhalt kann bei 39,4% der Überlebenden und bei 19,4% der T4-Opfer angenommen werden. Demgegenüber hatten 38,0% der Überlebenden und 53,9% der T4-Opfer keinen oder nur einen geringen Familien-

zusammenhalt. Die nichtauswertbaren Akten sind ausgeschlossen worden. Das Ergebnis ist hochsignifikant, $\chi^2 = 77{,}644$.

146 Vgl. Aly, Götz (2013): Die Belasteten, S. 39 und May, Johannes (1996): Staatliche Heilanstalt Schussenried, S. 79 f. Alfred N. fiel allerdings unter die Ausnahmebestimmung, daß Kriegsteilnehmer mit Auszeichnungen und Verwundungen von der »Aktion« auszunehmen seien, vgl. »Entscheidungen der beiden Euthanasie-Beauftragten hinsichtlich der Begutachtung (unter Einbeziehung der Ergebnisse der Besprechung in Berchtesgarden am 10. 3. 1941)«, abgedruckt bei Klee, Ernst (1985): Dokumente zur Euthanasie, S. 100-103.

147 Bundesarchiv Berlin R 179/13051, zit. n. Hoffmann, Christine (2007): Fritz D., S. 128. In Sachsen ist bereits während der »Aktion T4« auch mit Medikamenten getötet worden, vgl. Kapitel 4.4.

148 A. a. O. S. 130 f.

149 Vgl. Nowak, Kurt (1991): Widerstand, Zustimmung, Hinnahme und Stöckle, Thomas (2010): Reaktionen der Angehörigen sowie Rauh, Philipp (2007): »Ist mein Bruder in der Anstalt noch seines Lebens sicher?«.

150 Vgl. Klee, Ernst (2010): »Euthanasie« im Dritten Reich, S. 211 f.

151 Sächsisches Staatsarchiv Leipzig, Heil- und Pflegeanstalt Großschweidnitz, Nr. 1385.

152 Archiv des Bezirkskrankenhauses Kaufbeuren. Das Dokument wurde freundlicherweise von Herrn Prof. Dr. Michael von Cranach, Eggenthal, zur Verfügung gestellt.

153 Archiv des Bezirkskrankenhauses Kaufbeuren. Die beiden Briefe wurden freundlicherweise von Herrn Prof. Dr. Michael von Cranach, Eggenthal, zur Verfügung gestellt.

154 Vgl. Sandner, Peter (2003a): Verwaltung des Krankenmordes, S. 327 f.

155 Ein Planungsbericht der T4-Zentrale aus dem Jahr 1942 zeigt, daß unauffällige »Euthanasie«-Maßnahmen in einzelnen Anstalten bereits vor Kriegsbeginn durchgeführt wurden, vgl. Bundesarchiv Berlin R 96 I/16 Planungsbericht Baden vom 15. 9. 1942 gez. [Robert] Müller.

156 Zu der in Sachsen praktizierten Tötung durch Nahrungsmittelentzug und Schlafmittelüberdosierung, vgl. Faulstich, Heinz (2001): Sächsischer Sonderweg und Böhm, Boris (2001): Funktion und Verantwortung, S. 67-70.

157 Zur Heil- und Pflegeanstalt Wehnen vgl. Harms, Ingo (1996): »Wat mööt hier smachten …«, vgl. auch Faulstich, Heinz (1998): Hungersterben, S. 426-428.

158 Vgl. hierzu das Schreiben von Hans Heinze an Hermann Paul Nitsche vom 20. 1. 1944, in dem Heinze sich gegen »diese wilden E.-Maßnahmen, die keiner zentralen Kontrolle unterliegen« ausspricht, abgedruckt in Roth, Karl Heinz; Aly, Götz (1984): Das »Gesetz über die Sterbehilfe bei unheilbar Kranken«, S. 178 f.

159 Vgl. Faulstich, Heinz (1998): Hungersterben, S. 255-260.

160 Vgl. Süß, Winfried (2003): »Volkskörper« im Krieg, S. 350 f. und Faulstich, Heinz (1998): Hungersterben, S. 356, 519 f. u. 499-502.

161 Zit. n. Schmidt, Gerhard (1965): Selektion in der Heilanstalt, S. 132 f., vgl. auch Hohendorf, Gerrit (2011): Euthanasie im Nationalsozialismus, S. 76 f.

162 Zit. n. Schmidt, Gerhard (1965): Selektion in der Heilanstalt, S. 139.

163 Zit. n. Sirl, Sr. Benigna M.; Pfister, Peter (Hg.) (2011): Assoziationsanstalt Schönbrunn, S. 156-162. Tanja Kipfelsperger sei für den Hinweis auf dieses Dokument herzlich gedankt.

164 Vgl. Sandner, Peter (2003a): Verwaltung des Krankenmordes, S. 607-653.

165 Vgl. Beddies, Thomas (2002b): Heil- und Pflegeanstalt Meseritz-Obrawalde.

166 Welche Rolle die sogenannte »Aktion Brandt«, d. h. die Räumung von Betten in Heil- und Pflegeanstalten für Ausweichkrankenhäuser in luftgefährdeten Gebieten ab 1942 bei der »Reinstitutionalisierung der ›Euthanasie‹-Maßnahmen« (Schmuhl, Hans-Walter [1987]: Rassenhygiene, Nationalsozialsimus, Euthanasie, S. 220 ff.) gespielt hat, ist in der Forschungsdiskussion umstritten: Bernd Walter geht davon aus, daß der »Sonderaktion Brandt« kein intentionales Mordkonzept zugrunde lag: »die regionale ›Euthanasie‹ bedurfte nicht der zentralen Initiative, aber ohne Einbindung in das Verlegungssystem der ›Aktion Brandt‹ hätte sie nicht die ihr eigene Dynamik bekommen.« (Walter, Bernd [1996]: Psychiatrie und Gesellschaft, S. 762). Georg Lilienthal schlägt für die in Hadamar praktizierte Form der dezentralen bzw. regionalen »Euthanasie« den Begriff der kooperativen »Euthanasie« vor, um das Zusammenspiel zwischen dem Provinzialverband Hessen-Nassau und den beteiligten Berliner Dienststellen (T4-Zentrale, Reichsinnenministerium mit dem Reichsbeauftragten für die Heil- und Pflegeanstalten Herbert Linden (1899-1945) und der Dienststelle des Bevollmächtigten für das Sanitäts- und Gesundheitswesens Karl Brandt) bei der Organisation der Patientenverlegungen deutlich zu machen, vgl. Lilienthal, Georg (2010b): Von der »zentralen« zur »kooperativen Euthanasie«. Zur kontroversen Diskussion über die Deutung der »Aktion Brandt« vgl. auch Arbeitskreis zur Erforschung der nationalsozialistischen »Euthanasie« und Zwangssterilisation (Hg.) (2000): Protokoll der Herbsttagung. Eine umfassende Darstellung der Krankenmorde nach dem Stopp der »Aktion T4« in den einzelnen Regionen bietet Faulstich, Heinz (1998): Hungersterben, S. 587-633, zur dezentralen »Euthanasie«,vgl. auch Süß, Winfried (2003): »Volkskörper« im Krieg, S. 314-369.

167 Vgl. Faulstich, Heinz (1998): Hungersterben, S. 593-602.

168 Vgl. Faulstich, Heinz (1998): Hungersterben, S. 437.

169 A. a.O. S. 309 f.

170 A. a.O. S. 383 ff. u. S. 406 ff., zum Rheinland vgl. auch Süß, Winfried (2003): »Volkskörper im Krieg«, S. 327-339 sowie Kaminsky, Uwe (1995): Zwangssterilisation und »Euthanasie«, S. 436-446 und zu Westfalen Walter, Bernd (1996): Psychiatrie und Gesellschaft, S. 756-776.

171 Vgl. Faulstich, Heinz (1998): Hungersterben, S. 627-632.

172 A. a.O. S. 620-624.

173 Zit. n. Faulstich, Heinz (1998): Hungersterben, S. 314.

174 Vgl. Schmuhl, Hans-Walter (1987): Rassenhygiene, Nationalsozialismus, Euthanasie, S. 237-239 und Hamann, Matthias (1985): Morde an polnischen und sowjetischen Zwangsarbeitern und Klee, Ernst (2010): »Euthanasie« im Dritten Reich, S. 299-305.

175 Vgl. Klee, Ernst (2010): »Euthanasie« im Dritten Reich, S. 296-299.

176 Faulstich, Heinz (2000): Die Zahl der »Euthanasie«-Opfer.

177 Vgl. Friedlander, Henry (1995): Der Weg zum NS-Genozid, S. 418-448, Hinz-Wessels, Annette (2002): Schicksal jüdischer Patienten, Hinz-Wessels, Annette (2010b): Jüdische Opfer und Hinz-Wessels, Annette (2013): Antisemitismus und Krankenmord. Einzelne jüdische Patienten sind auch im Rahmen der Meldebogenaktion selektiert und z. B. in Grafeneck getötet worden. Dagegen betraf die Konzentration der in den Heil- und Pflegeanstalten lebenden jüdischen Menschen in bestimmten Sammelanstalten (ab April 1940) und ihre spätere Verlegung in die Tötungsanstalten der »T4« *alle* erfaßbaren jüdischen Psychiatriepatienten.

178 Vgl. Schmuhl, Hans-Walter (1987): Rassenhygiene, Nationalsozialismus, Euthanasie, S. 248-264.

179 A. a.O., S. 258.
180 Zit. n. Chroust, Peter (1987): Friedrich Mennecke, S. 81 f.
181 Staatsarchiv München, StAnw 17.460, Bd. 4, Vernehmung Hermann Pfannmüller in der Hauptverhandlung vor dem Schwurgericht München 19.10-5. 11. 1949, Bl. 265.
182 Vgl. Schmuhl, Hans-Walter (1991a): Reformpsychiatrie und Massenmord, S. 240-249, vgl. auch Cranach, Michael v. (2013): Handlungsmotivation, S. 266.
183 Zu Person und Wirken von Carl Schneider vgl. Teller, Christine (1990): Biographie eines deutschen Wissenschaftlers und Rotzoll, Maike; Hohendorf (2012): Krankenmord im Dienst des Fortschritts?
184 Schneider, Carl (1939): Behandlung und Verhütung, vgl. die positive Rezension bei Dörner, Klaus (1986): Carl Schneider: Genialer Therapeut, moderner ökologischer Systemtheoretiker und Euthanasie-Mörder.
185 Zur Dialektik von Heilen und Vernichten vgl. Aly, Götz (1985b): Der saubere und der schmutzige Fortschritt und Schmuhl, Hans-Walter (1991a): Reformpsychiatrie und Massenmord.
186 Vgl. Hohendorf, Gerrit (2013): Therapieunfähigkeit als Selektionskriterium.
187 National Archives and Records Administration College Park/MD, US Army Europa, Records of the Judge Advocate General, War Crimes Branch, Records Relating to Medical Experiments, Record Group 549, Stack Area 290, Row 59, Compartement 17, box 2, folder 10, Bl. 126 420-427, Rüdin, de Crinis, C. Schneider, Heinze, Nitsche, Gedanken und Anregungen betr. die künftige Entwicklung der Psychiatrie, hier 126 423 f., vgl. auch Aly, Götz (1985b): Der saubere und der schmutzige Fortschritt, S. 41-48. Dirk Blasius sieht in der Denkschrift lediglich einen Reflex auf den mit der »Euthanasie« verbundenen Ansehensverlust der Psychiatrie und betont, daß sie ohne realpolitische Relevanz gewesen sei, vgl. Blasius, Dirk (1994): »Einfache Seelenstörung«, S. 185 ff.
188 Vgl. Hohendorf, Gerrit (2013): Therapieunfähigkeit als Selektionskriterium.
189 Vgl. Schmuhl, Hans-Walter (1987): Rassenhygiene, Nationalsozialismus, Euthanasie, S. 265-278.
190 Vgl. Aly, Götz (1985b): Der saubere und der schmutizige Fortschritt, S. 41 ff. und Schmuhl, Hans-Walter (1991a): Reformpsychiatrie und Massenmord.
191 Vgl. Peiffer, Jürgen (1997): Hirnforschung im Zwielicht, Peiffer, Jürgen (2000): Neuropathologische Forschung und Schmuhl, Hans-Walter (2002): Hirnforschung und Krankenmord. Zur neuropathologischen Verwertung der »Euthanasie«-Opfer in Wien, die auch nach Kriegsende fortgesetzt wurde, vgl. Czech, Herwig (2002): Forschen ohne Skrupel.
192 Zur Heidelberger Forschungsabteilung vgl. Aly, Götz (1985b): Der saubere und der schmutzige Fortschritt, S. 49-63 und Hohendorf, Gerrit; Roelcke, Volker; Rotzoll, Maike (1996): Innovation und Vernichtung sowie Kap. 4.2. Speziell zu Carl Schneider, Julius Deussen und Ernst Rüdin vgl. Roelcke, Volker; Hohendorf, Gerrit; Rotzoll, Maike (1998): Erbpsychologische Forschung im Kontext der »Euthanasie« sowie Roelcke, Volker (2000): Psychiatrische Wissenschaft im Kontext nationalsozialistischer Politik und »Euthanasie«.
193 Zur Gördener Forschungsabteilung vgl. Beddies, Thomas (2002): Kinder und Jugendliche, S. 145-148.
194 National Archives and Records Administration College Park/MD, US Army Europa, Records of the Judge Advocate General, War Crimes Branch, Records Relating to Medical Experiments, Record Group 549, Stack Area 290, Row 59, Compartement 17, box 4, folder 7, 127 050-055, Hans Heinze, Bericht über die Gördener Forschungsabteilung vom 9. 9. 1942, hier S. 127 055.

195 Max-Planck-Institut für Psychiatrie, Historisches Archiv, GDA 129, Rüdin an den Reichsgesundheitsführer 23.10.1942.
196 Vgl. Kap. 4.2.
197 National Archives and Records Administration College Park/MD, US Army Europa, Records of the Judge Advocate General, War Crimes Branch, Records Relating to Medical Experiments, Record Group 549, Stack Area 290, Row 59, Compartement 17, box 5, folder 5, Bl. 127 878-883, C. Schneider an Nitsche vom 24.1.1944: Bericht über Stand, Möglichkeiten und Ziele der Forschung an Idioten und Epileptikern im Rahmen der Aktion.
198 Dasein ohne Leben, undatiertes Typoskript, A.a.O. box 4, folder 5, 127 182-194, hier 127 194.
199 A.a.O. box 4, folder 7, Bl. 127 353/9, Bemerkungen zum Film »Dasein ohne Leben«, Prof. Schneider 13.3.1942.

5. Der Umgang mit den »Euthanasie«-Verbrechen in den deutschen Nachkriegsgesellschaften

1 Dieses Kapitel wurde erarbeitet im Rahmen des Sonderforschungsbereiches Erinnerungskulturen der Justus-Liebig-Universität Gießen (SFB 434), Teilprojekt E 12 »Geschichte(n) als Argument in der Biomedizin: Vergegenwärtigung der nationalsozialistischen ›Euthanasie‹ zwischen Politisierung und Historiographie, ca. 1945-2000« unter der Leitung von Prof. Dr. Volker Roelcke, Gießen, und Etienne Lepicard, MD PhD, Jerusalem, vgl. auch Topp, Sascha (2013): Geschichte als Argument. Einen Überblick über den Umgang mit den »Euthanasie«-Verbrechen in den deutschen Nachkriegsgesellschaften bieten: Pingel, Falk (1993): Die NS-Psychiatrie im Spiegel des historischen Bewußtseins; Peiffer, Jürgen (2007): Phasen der deutschen Nachkriegsauseinandersetzung und Roelcke, Volker (2007): Trauma or Responsibility?; Leide, Henry (2005): NS-Verbrecher und Staatssicherheit, S. 332-353, Hoffmann, Ute (2001): »Da ist wohl ein Stück verdrängt worden …« und Topp, Sascha (2008): Facetten der Bewältigung. Zum Umgang mit der NS-Vergangenheit in der westdeutschen Medizin vgl. auch Jachertz, Norbert (1997): Phasen der »Vergangenheitsbewältigung«. Zur Rezeption der NS-»Euthanasie« in der deutschen Psychiatrie siehe Trenckmann, Ulrich (1993): Nach Hadamar: Wulff, Erich (2006): La réception du massacre des aliénés und Hohendorf, Gerrit (2009b): The Representation of Nazi Euthanasia in German Psychiatry 1945 to 1998. Den Zusammenhang zwischen (verspäteter) Psychiatriereform und ersten Versuchen der Aufarbeitung der NS-Psychiatrieverbrechen in den 1960er Jahren hat Franz-Werner Kersting herausgearbeitet, vgl. Kersting, Franz-Werner (2003): Vor Ernst Klee.
2 Zum Umgang der Justiz mit den »Euthanasie«-Verbechen vgl. allgemein Dreßen, Willi (1996): NS-»Euthanasie«-Prozesse und Benzler, Susanne (1988): Justiz und Anstaltsmord.
3 Vgl. Böhm, Boris; Hacke, Gerald (Hg.) (2008): Gebote der Sittlichkeit.
4 Zit. n. Petersen, Hans-Christian; Zankel, Sönke (2008): Werner Catel, S. 186 f.
5 Revisionsentscheidung des Bundesgerichtshofes vom 6.12.1960 (1 StR 404/60), zit. n. Ermittlungsverfahren gegen Walter Schultze Staatsanwaltschaft München 1 Js 1793/47 (Staatsarchiv München StA 19501, Bd. 3, S. 370-377, hier S. 374 recte).
6 Zwei andere Ärzte der Tötungsanstalten, Aquilin Ullrich (1914-2001) und Heinrich Bunke (1914-2001), wurden schließlich nach überlanger Verfahrensdauer 1988

durch Revisionsbeschluß des Bundesgerichtshofs, unter Anrechnung ihrer Abwesenheitszeiten in den Tötungsanstalten, zu drei Jahren Haft verurteilt, vgl. Dreßen, Willi (1996): NS-»Euthanasie«-Prozesse, S. 46-54.

7 Vgl. Godau-Schüttke, Klaus-Detlev (1998): Die Heyde/Sawade-Affäre.

8 Vgl. die Quellenedition: Vormbaum, Thomas (Hg.) (2005): »Euthanasie« vor Gericht. Zu Fritz Bauer vgl. Loewy, Hanno; Winter Bettina (Hg.) (1996): NS-»Euthanasie« vor Gericht.

9 Vgl. Bader, Helmut (2007): Martin Bader, S. 121 f.

10 Vgl. Sparing, Frank (2003): Psychiatrie in Düsseldorf nach 1945, S. 360-363 und Forsbach, Ralf (2012): Friedrich Panse.

11 Vgl. Klee, Ernst (2003): Personenlexikon, S. 396 und Siberzahn-Jandt, Gudrun; Schmuhl, Hans-Walter (2012): Friedrich Mauz.

12 Vgl. Holtkamp, Martin (2002): Werner Villinger.

13 Catel, Werner (1962): Grenzsituationen, S. 112.

14 Vgl. Petersen, Hans-Christian; Zankel, Sönke (2008): Werner Catel, S. 213.

15 Vgl. Ärztliche Mitteilungen Jg. 46, 1961, S. 1619: »Mit ärztlichem Berufsethos nicht vereinbar.«

16 Vgl. Ärztliche Mitteilungen Jg. 46, 1961, S. 234 f.: Approbation wird nicht entzogen – Gemeinsame Erklärung der Hamburger Gesundheitsbehörde und der Ärztekammer Hamburg.

17 Vgl. Herold (1960): Zur Strafbarkeit der Euthanasie.

18 BStU, HA IX/11, ZUV 45, Akte 2, Bd. 2, Urteil des Bezirksgerichts Cottbus vom 12. 7. 1965 gegen Otto Hebold, vgl. auch Hohmann, Joachim S.; Wieland, Günther (1996): MfS-Operativvorgang »Teufel«.

19 BStU, Archiv der Außenstelle Gera, AOP 613/66. Gegen Rosemarie Albrecht wurde seit dem Jahr 2000 von der Staatsanwaltschaft Gera erneut ermittelt. Das zuständige Landgericht lehnte die Eröffnung der Hauptverhandlung gegen die inzwischen 90jährige Angeklagte Rosemarie Albrecht am 9. 2. 2005 wegen Verhandlungsunfähigkeit ab, vgl. Erices, Rainer; Gumz, Antje (2005): Zu Ende begutachtet.

20 Vgl. Rotzoll, Maike; Hohendorf, Gerrit (2007): Zwischen Tabu und Reformimpuls.

21 Archiv des Bezirks Oberbayern, München, Bestand Heil- und Pflegeanstalt Eglfing-Haar, Direktorenkonferenzen 1948-1951, Protokoll der Konferenz der Direktoren der Bayerischen Heil- und Pflegeanstalten am 8. April 1948 in Eglfing-Haar.

22 Vgl. Schmidt, Gerhard (1988): Das unerwünschte Buch.

23 Schmidt, Gerhard (1965): Selektion in der Heilanstalt, vgl. auch Schmidt, Gerhard (2012): Selektion in der Heilanstalt.

24 Ehrhardt, Helmut (1965): Euthanasie, S. 42, Herv. im Original.

25 Zit. n. Kersting, Franz-Werner (2003): Vor Ernst Klee, S. 66 f.

26 von Baeyer, Walter v. (1966): Die Bestätigung der NS-Ideologie, S. 72, vgl. Kersting, Franz-Werner (Hg.) (2003): Vor Ernst Klee, S. 74 f.

27 Vgl. Dörner, Klaus et al. (Hg.) (1989): Der Krieg gegen die psychisch Kranken, S. 205 ff.

28 Wunder, Michael (2001): Geschichte des Arbeitskreises und Topp, Sascha (2012): Das Ringen der Zwangssterilisierten.

29 Vgl. Surmann, Rolf (2005): Die verweigerte Entschädigung. Zur langen Geschichte des Kampfes um Anerkennung der zwangssterilisierten Menschen als Opfer nationalsozialistischer Verfolgungspolitik siehe jetzt Tümmers, Henning (2011): Anerkennungskämpfe und zur subjektiven Perspektive der Betroffenen Westermann, Stefanie (2010): Verschwiegenes Leid.

30 Vgl. Fuchs, Petra et al. (Hg.) (2007): »Das Vergessen der Vernichtung …«.
31 Vgl. z. B. Bader, Helmut (2007): Martin Bader, Falkenstein, Sigrid (2012): Annas Spuren und Martin, Daniela (2010): »Die Blumen haben fein geschmeckt«.
32 Zur Potsdamer Erklärung der Deutschen Gesellschaft für Kinder- und Jugendmedizin vom 18. 9. 2010 siehe Beddies, Thomas (Hg.): Im Gedenken der Kinder, S. 8-11.
33 Schneider, Frank (Hg.) (2011): Psychiatrie im Nationalsozialismus, S. 37.
34 Vgl. auch das Buch des Essener Psychiaters Payk, Theo R. (2004): Töten aus Mitleid?.
35 Meyer, Joachim-Ernst (1977): »Gnadentod« für behinderte Kinder, für Demente und chronisch Geisteskranke. Herv. im Original. Meyer nimmt u. a. bezug auf das Buch von Marvin Kohl (Hg.) (1975): Beneficient Euthanasia.
36 Lauter, Hans (2001): Euthanasie – früher und heute, S. 243, vgl. auch Lauter, Hans (1999): Ärztliche Überlegungen, S. 122-124 und Lauter, Hans (2000): Euthanasie.
37 Vgl. Dörner, Klaus (1988): Tödliches Mitleid und die Neuausgabe Dörner, Klaus (2002): Tödliches Mitleid.
38 Arbeitskreis zur Erforschung der ›Euthanasie‹-Geschichte: Memorandum gegen die neue Lebens(un)wert-Diskussion, Hamburg 1991, abgedruckt in: Daub, Ute; Wunder, Michael (Hg.) (1994): Des Lebens Wert, S. 148-156.
39 Vgl. Wunder, Michael (1994): Die neue Lebens(un)wertdiskussion, Wunder, Michael (2000): Medizin und Gewissen und Wunder, Michael (2010): Des Lebens Wert.
40 Vgl. z. B. Czerner, Frank (2004): Euthanasie-Tabu, S. 84-91: »Daher ist zu fragen, ob die ›Euthanasie‹ künftig nicht denjenigen Menschen als allerletztes Mittel zugebilligt werden sollte, die sich aufgrund ihres irreversiblen und auch durch optimale palliativmedizinische Bemühungen nicht mehr hinreichend zu lindernden Schmerzen […] auf die Gewährung eines im Wortsinne ›schönen‹ Todes berufen und dafür zu Recht die Menschenwürde in Anspruch nehmen. Ihnen stattdessen die als Euthanasie etikettierten Morde des Nationalsozialismus entgegenzuhalten, zeugt nicht nur von Respektlosigkeit gegenüber den Sterbenden und gegenüber den unzähligen Opfern des Dritten Reiches, sondern auch von der mangelnden Bereitschaft bzw. Fähigkeit, sich den dringenden und drängenden gegenwärtigen Fragen um die Sterbehilfe zu stellen und zu versuchen, einen hinreichend tragfähigen Konsens zu erzielen, der in einer gesetzlichen Kodifikation Eingang finden sollte.« (S. 90).

6. Ethik der Erinnerung

1 Adorno, Theodor W. (1997): »Ob nach Auschwitz sich noch leben lasse«, S. 29.
2 Friedlander, Henry (1995): Der Weg zum NS-Genozid, vgl. auch Kapitel 4.5.
3 Zum kollektiven Gedächtnis vgl. Assmann, Aleida (2005): Der lange Schatten. Gegenüber einem eindimensionalen und statisch verstandenen kollektivem Gedächtnis hat sich in der kulturwissenschaftlichen Forschung der letzten Jahre der Begriff der Erinnerungskulturen (Plural!) entwickelt. Damit soll die Verschiedenheit der Formen des Erinnerns in einer Gesellschaft und ihren Subgruppen betont werden, vgl. Oesterle, Günter (2005): Erinnerung, Gedächtnis, Wissen, S. 27 f.
4 Zur rechtlichen Bedeutung der Menschenwürde im deutschen Verfassungsrecht vgl. Geddert-Steinacher, Tatjana (1990): Menschenwürde, S. 196 ff.
5 Zur Diskussion um das Holocaust-Mahnmal vgl. Leggewie, Claus; Meyer, Erik (2005): »Ein Ort, an den man gerne geht«.

6 Wiesel, Elie (1997): Ethics and Memory.
7 Vgl. Martin, Elke, (Hg.) (2011): Verlegt.
8 Die Arbeitsgruppe »Psychiatrie und Fürsorge im Nationalsozialismus in München« (Michael von Cranach, Annette Eberle, Gerrit Hohendorf und Sibylle von Tiedemann) erarbeitet zusammen mit dem NS-Dokumentationszentrum München ein Gedenkbuch für alle Münchner Opfer der NS-»Euthanasie«. Am 18. Januar 2013, dem Jahrestag des ersten Transportes von der Heil- und Pflegeanstalt Eglfing-Haar in die Tötungsanstalt Grafeneck, wurden von einem breiten Bündnis Münchner Bürgerinnen und Bürger die Namen von etwa 400 Münchner »Euthanasie«-Opfern auf dem Marienplatz verlesen. Zur Diskussion um die Namensnennung vgl. auch Arbeitskreis zur Erforschung der nationalsozialistischen »Euthanasie« und Zwangssterilisation (Hg.) (2011): Den Opfern ihre Namen geben mit den Beiträgen von Michael von Cranach, Paul Weindling und Margit Ksoll-Marcon.
9 Vgl. Kapitel 5.
10 Vgl. Schmuhl, Hans-Walter (1991a): Reformpsychiatrie und Massenmord, S. 240.

7. Zwischen Autonomie und Erlösung – Sterbehilfe heute

1 Jens, Walter; Küng, Hans (2009): Menschenwürdig sterben, S. 57, Herv. im Original.
2 A.a.O. S. 72, Herv. im Original.
3 A.a.O. S. 47.
4 Gespräch zwischen Arno Luik und Walter Jens 2003/2004, veröffentlicht im Stern, Heft 15/2008. S. 183f.
5 Jens, Inge (2008): Ein Nach-Wort in eigener Sache, S. 210.
6 Vgl. Benzenhöfer, Udo (1999): Der gute Tod, S. 137-141.
7 A.a.O. S. 141-144.
8 Hiersche, Hans-Dieter (Hg.) (1975): Euthanasie.
9 Vgl. Hiersche, Hans-Dieter (1975): Euthanasie aus ärztlicher Sicht, S. 224ff.
10 Vgl. de Ridder, Michael (2010): Wie wollen wir sterben?.
11 Vgl. Benzenhöfer, Udo (1999): Der gute Tod?, S. 152f., zu dem ähnlich gelagerten Fall von Nancy Cruzan, der die amerikanische Rechtsprechung entscheidend beeinflußte, vgl. Dworkin, Ronald (1993): Grenzen des Lebens, S. 258ff.
12 Vgl. Benzenhöfer, Udo (1999): Der gute Tod?, S. 191-193.
13 Vgl. Hibbeler, Birgit (2005): Briefe aus der Hölle.
14 Das Meer in mir, ein Film von Alejandro Amenábar, Spanien, Italien, Frankreich 2004.
15 Vgl. Synofzik; Matthis; Marckmann, Georg (2005): Verdursten lassen oder sterben dürfen?.
16 Vgl. Atrott, Hans Henning (1990): Der ersehnte Tod – Interview. In diesem Interview bezeichnete der damalige Vorsitzende Hans Henning Atrott die DGHS mit ihren 40.000 Mitgliedern als »die größte Organisation gegen Menschenquälerei in unserem Land.« (S. 13). Atrott mußte später wegen des Handels mit Zyankali und anderen finanziellen Unregelmäßigkeiten zurücktreten.
17 Vgl. z.B. das von vielen deutschen Politikern und Wissenschaftlern in Deutschland unterzeichnete Kinsauer Manifest: »Fünfzig Jahre nach Hitlers Mordprogramm hat die Kampagne für Euthanasie in unserem Lande wieder begonnen.«, abgedruckt in Rest, Franco (1992): Das kontrollierte Töten, S. 171-176. Peter Singer beklagte sich, nachdem 1989 aufgrund der Proteste mehrere Vortragsveranstaltungen abgesagt worden waren,

über die in Deutschland immer noch vorhandene Intoleranz gegenüber kontroversen Meinungen, vgl. Singer, Peter (1991): Bioethik und akademische Freiheit, S. 319.

18 Vgl. Benzenhöfer, Udo (1999): Der gute Tod?, S. 194-199.

19 Kritisch zur Rechtsfigur des mutmaßlichen Willens in Fragen der Lebensbeendigung siehe Beckmann, Rainer (2004): »Recht auf selbstbestimmtes Sterben?«, S. 212-218.

20 Vgl. Benzenhöfer, Udo (2000a): NS-»Euthanasie« in neueren Gerichtsbeschlüssen, S. 357.

21 Hahne, Meo-Micaela (2005): Rechtsprechung des XII. Zivilsenats.

22 Vgl. Bundestagsdrucksache 593/09, Drittes Gesetz zur Änderung des Betreuungsrechts vom 29. Juli 2009, Bundesgesetzblatt 2009, Teil I Nr. 48, Bonn 31. Juli 2009, siehe auch Kap. 7.6.

23 Vgl. Laufs, Adolf; Katzenmeier, Christian; Lipp, Volker (2009): Arztrecht, S. 96-98, Roxin, Claus (2010): Zur strafrechtlichen Beurteilung der Sterbehilfe, S. 104-110, Schreiber, H. L. (1998): Juristische Aspekte und Duttke, Gunnar (2009): Der assistierte Suizid, sowie ganz aktuell die rechtsvergleichende Studie Gavela, Kallia (2013): Ärztlich assistierter Suizid und organisierte Sterbehilfe.

24 Nationaler Ethikrat (2006): Selbstbestimmung und Fürsorge, S. 100.

25 Beschlüsse des 66. Deutschen Juristentages Stuttgart 19.-22. September 2006, www.djt.de, S. 12, vgl. auch Schöch, Heinz; Verrel, Thorsten u. a. (2005): Alternativ-Entwurf Sterbebegleitung, S. 586.

26 Simon, Alfred (2010): Einstellung der Ärzte zur Suizidbeihilfe.

27 Bundesärztekammer (2004): Grundsätze zur Sterbebegleitung, S. A 1098.

28 Bundesärztekammer (2011): Grundsätze zur Sterbebegleitung, S. A 346, vgl. Lipp, Volker; Simon, Alfred (2011): Beihilfe zum Suizid.

29 Hoppe, Jörg-Dietrich (2010): Ärztepräsident Hoppe über Präimplantationsdiagnostik und Sterbehilfe.

30 Vgl. Wenker, M. (2013): Durfte der Kieler Ärztetag den ärztlich assistierten Suizid verbieten?, S. 74.

31 Bundesärztekammer, Ärztettag: Ärzte dürfen keine Hilfe zur Selbsttötung leisten, Pressemitteilung vom 1. 6. 2011, www.baek.de/page.asp?his=3. 71. 8899.9327.9345 [letzter Zugriff 19.8.2013].

32 Vgl. Wiesing, Urban (2013): Durfte der Kieler Ärztetag den ärztlich assistierten Suizid verbieten? Nein!

33 Wenker, M. (2013): Durfte der Kieler Ärztetag den ärztlich assistierten Suizid verbieten? Ja!, S. 75 f.

34 Vgl. das Schreiben des Präsidenten der Bayerischen Landesärztekammer Dr. Max Kaplan an den Verfasser vom 9.7.2012.

35 Vgl. Report Mainz, Pressemeldung: Arzt gibt Suizidhilfe in bis zu 200 Fällen zu, http://www.swr.de/report/presse.

36 Holzhaider, Hans (2007): Umkehr ins Leben.

37 Vgl. Tolmein, Oliver (2012): Arzthilfe beim Suizid? und Arnold, Christian (2012): Ärztlich Assistierter Suizid, S. 34-36.

38 Duttke, Gunnar (2009): Der assistierte Suizid, S. 263-265.

39 Vgl. Laufs, Adolf; Katzenmeier, Christian; Lipp, Volker (2009): Arztrecht, S. 96-98 und Roxin, Claus (2010): Zur strafrechtlichen Beurteilung der Sterbehilfe, S. 104-110. Pointiert schreibt Gavela, Kallia (2013): Ärztlich assistierter Suizid, S. 246 f.: »ein ausnahmsloses standesrechtliches Verbot ärztlicher Suizidassistenz, wie es die Bundesärztekammer im neuen § 16 ihrer Musterberufsordnung festzuschreiben versucht« erweist sich als unhaltbar. »Für die Fälle des ›unerträglichen, unheilbaren

Leidens, das trotz Ausschöpfung aller palliativmedizinischer Maßnahmen nicht ausreichend zu lindern ist‹, […] bedarf es hier einer Lockerung«, vgl. auch Putz, Wolfgang (2012): Strafrechtliche Aspekte der Suizid-Begleitung.

40 Deutscher Juristentag, Beschlüsse des 66. Deutschen Juristentages Stuttgart 19.-22. September 2006, www.djt.de/fileadmin/downloads/66/66_DJT_Beschluesse.pdf [letzter Zugriff 18.8.2013].

41 Vgl. Schneider, Christof (2011): Subjekt der Euthanasie, S. 213-215.

42 Vgl. Kusch, Roger (2012): Das letzte Recht im Leben, S. 63.

43 Gesetzentwurf der Bundesregierung zur Strafbarkeit der gewerbsmäßigen Förderung der Selbsttötung vom 22.10.2012, Bundestagsdrucksache 17/11126.

44 Vgl. Fischer, Elena (2004): Recht auf Sterben?!, S. 222-237. Die Ergebnisse der Meinungsumfragen hängen stark von den auftraggebenden Organisationen und der Fragestellung ab.

45 Vgl. Oduncu, Fuat (2007): Sterben in Würde, S. 109-128, vgl. auch Borasio, Gian Domencio (2011): Über das Sterben.

46 Vgl. Borasio, Gian Domenico (2011): Über das Sterben, S. 157-173, vgl. auch Borasio, Gian Domenico (2009): Der assistierte Suizid, 240 ff. Hier lehnt der Autor noch eine »*Koppelung des straflosen assistierten Suizids an den Arztberuf*« ab. »*Sie würde das Arzt-Patienten-Verhältnis nachhaltig negativ verändern, da die Assistenz im Suizid damit quasi zu einer ärztlichen Leistung gemacht würde.*« (Herv. im Original).

47 Vgl. Jox, Ralf J. (2011): Sterben lassen, S. 163-199.

48 Vgl. Kapitel 2. Demgegenüber plädiert Markus Zimmermann-Acklin dafür, den Begriff der Euthanasie unter Hinzusetzung erläuternder Adjektive beizubehalten, vgl. Zimmermann-Acklin, Markus (2002): Euthanasie, S. 150-152.

49 Vgl. auch Bundesärztekammer (2011): Grundsätze zur Sterbebegleitung.

50 Nationaler Ethikrat (2005): Selbstbestimmung und Fürsorge, S. 53 ff.

51 Urteil des Bundesgerichtshofes vom 25. Juni 2010, BGH 2 StR 454/09, vgl. auch Neue Juristische Wochenschrift 63, 2010, Heft 40, S. 2963-2968.

52 Vgl. auch die Darstellung der Betroffenen in Putz, Wolfgang; Gloor, Elke (2011): Sterben dürfen.

53 Vgl. Rachels, James (1975): Aktive und passive Sterbehilfe.

54 Vgl. Birnbacher, Dieter (1990): Ist die Unterscheidung zwischen aktiver und passiver Sterbehilfe ethisch bedeutsam?, S. 38 f. und Birnbacher, Dieter (2010): Sterbehilfe, S. 36 f.

55 Quante, Michael (1998): Passive, indirekt und direkt aktive Sterbehilfe und Siep, Ludwig; Quante, Michael (2000): Aktive Herbeiführung des Todes, S. 45-54. Demnach können keine kategorialen, sondern nur sekundäre Gründe für eine Unterscheidung zwischen aktiver, passiver und indirekter Sterbehilfe geltend gemacht werden.

56 In ethischer Hinsicht kann die indirekte Sterbehilfe in zweierlei Hinsicht gerechtfertigt werden: auf der Ebene der Intentionen des Arztes (Symptomkontrolle und nicht Lebensverkürzung) und auf der Ebene der Folgen der Handlung: Hier überwiegt das positive Ergebnis ausreichender Schmerzbekämpfung die negativen Folgen der Lebensverkürzung, vgl. auch Zimmermann-Acklin, Markus (2002): Euthanasie, S. 277 ff. Zur Problematik der Direkt-Indirekt-Unterscheidung siehe auch Grimm, Carlo; Hillebrand, Ingo (2009): Sterbehilfe, S. 115-117.

57 Nationaler Ethikrat (2006): Selbstbestimmung und Fürsorge, S. 54. Demgegenüber vertritt Norbert Hoerster im Gegensatz zur herrschenden Meinung unter den Strafrechtswissenschaftlern die Auffassung, daß die indirekte Sterbehilfe nach dem gegenwärtig gültigen Strafrecht als Tötungsdelikt zu bestrafen sei. Wie bei anderen Delikten auch habe sich der Arzt den billigend in Kauf genommenen Tod des

Patienten als Taterfolg zurechnen zu lassen. Aus dieser Argumentation will er ein Argument für die Zulässigkeit der direkten aktiven Sterbehilfe gewinnen, vgl. Hoerster, Norbert (1998): Sterbehilfe, S. 41-50.

58 Vgl. Kapitel 7.7.

59. Vgl. Hahne, Meo-Micaela (2005): Rechtsprechung des XII. Zivilsenats.

60 Der Pathologe Jack Kevorkian verhalf seit 1990 im US-Bundesstaat Michigan über 30 Patienten mit verschiedenen Selbsttötungsapparaturen zum Tode und provozierte in diesem Bundesstaat den Erlaß eines Gesetzes, das die Beihilfe zum Suizid unter Strafe stellt, vgl. Benzenhöfer (1999): Der gute Tod?, S. 158-160.

61 Vgl. z. B. Hoerster, Norbert (1998): Sterbehilfe, S. 37 f.

62 SAMW (2004a): Betreuung von Patientinnen und Patienten am Lebensende – Medizinethische Richtlinien der SAMW, 25. 11. 2004, S. 7.

63 Fenner, Dagmar (2008): Suizid, S. 389.

64 A.a.O. S. 396 ff., vgl. auch etwas zurückhaltender Wittwer, Héctor (2003): Selbsttötung als philosophisches Problem, S. 395: »Auf eine gesellschaftlich legitimierte Beihilfe zum Suizid hätten hingegen nur diejenigen Anspruch, die (1) nach dem Urteil von Sachverständigen fähig sind, ihre Situation und ihre Zukunft realistisch einzuschätzen, und die (2) an ihrer Entscheidung über längere Zeit hinweg festgehalten haben.«

65 Kübler-Ross, Elisabeth (1973): Interviews mit Sterbenden.

66 Merkwürdigerweise setzt Dagmar Fenner das Leiden an einer terminalen Krankheit gleich neben die KZ-Gefangenschaft als Beispiele für menschliche Extremsituationen, vgl. Fenner, Dagmar (2008): Suizid, S. 388.

67 Vgl. Oduncu, Fuat (2007): In Würde sterben, S. 149 ff.

68 A. a. O. S. 83.

69 Gerkan, Roland (1913): Euthanasie, S. 173, vgl. Kapitel 3.2.

70 Vgl. mit einem Überblick über die empirischen Studien Bleek, Julian (2012): Beihilfe zum Suizid.

71 Vgl. McPherson, Christine J.; Wilson, Keith, G.; Murray Mary Ann (2007): Feeling like a burden to others, S. 121 ff.

72 Spittler, Johann Friedrich (2006): Argumente, Gründe und Motive, S. 858.

73 Vgl. Spittler, Johann Friedrich (2004): Die präsuizidale Entwicklung.

74 Vgl. Lulé, Dorothée et al. (2008): Depression und Lebensqualität bei Patienten mit amyotropher Lateralsklerose und Förstl, Hans (2008): Lebenswille statt Euthanasie: Das »angenommene Leid entspricht dem Bild des Betrachters und nicht dem subjektiven Empfinden des Patienten, – unter Umständen des gleichen Menschen der vorab ganz anders über sich verfügt hat.«

75 Bauby, Jean-Dominique (1997): Schmetterling und Taucherglocke, vgl. auch den gleichnamigen Film von Julian Schnabel, Frankreich 2007.

76 Vgl. Fuchs, Thomas; Lauter, Hans (1997): Der Fall Chabot.

77 Vgl. Spittler, Johann Friedrich (2012): Organisierte Suizid-Beihilfe, S. 142-150.

78 Vgl. Vollmann, Jochen et al. (2008): Patientenselbstbestimmung S. 175 f.

79 Zit. n. Jox, Ralf J. (2011): Sterben lassen, S. 164.

80 Hartmann, Julia; Förstl, Hans; Kurz, Alexander (2009): Suizid bei beginnender Demenz, S. 346 f.

81 Staatsanwaltschaft München I, AZ 125 Js 11736/09 Verfügung vom 30. 7. 2010.

82 »Diese Entscheidung ist bahnbrechend«, Wolfgang Putz im Interview mit Karl-Heinz Dix, tz München, 9. 9. 2010, S. 7.

83 Berghmans, Ron; Molewijk, Bert; Widdershoven, Guy (2009): Alzheimer's disease.

84 Vgl. Kouwenhoven, Pauline S. C. et al. (2012): Opinions of health care professionals.

85 Lauter, Hans (2011): Ärztliche Suizidassistenz bei Demenzerkrankungen?, S. 54 ff.

86 Zu den zur Verfügung stehenden Testinstrumenten vgl. Vollmann, Jochen et al. (2008): Patientenselbstbestimmung, S. 122-153.

87 Vgl. The Multi-Society Task Force on PVS (1996): Medical Aspects of the persistent Vegetative State und Nacimiento, Wilhelm (2005): Appallisches Syndrom, Wachkoma, persistent vegetative state. Vom Wachkoma abzugrenzen ist ein »minimaler Bewußtseinszustand«, in dem einfache Aufforderungen befolgt werden können und Ja/Nein-Antworten möglich sind.

88 Synofzik; Matthis; Marckmann, Georg (2005): Verdursten lassen oder sterben dürfen?, S. 2079.

89 Vgl. Honnefelder, Ludger (1996): Lebensrecht und Menschenwürde, S. 1 f. Allerdings ergibt sich daraus für Honnefelder keine Verpflichtung zur Lebenserhaltung um jeden Preis. Vielmehr stehe jedem Menschen das Recht zu, im Hinblick auf ranghöhere Güter eine bestimmte Behandlung zur Lebenserhaltung nicht zu wollen. Dies gelte auch für die Ermittlung des mutmaßlichen Patientenwillens bei Wachkoma-Patienten.

90 Diese Position wird angedeutet bei Synofzik, Matthis; Marckmann, Georg (2005): Verdursten lassen oder sterben dürfen?, S. 2080.

91 Vgl. Lanzerath, Dirk (1996): Selbstbestimmung und Fürsorge, S. 304, Anm. 14 und Dworkin, Ronald (1993): Grenzen des Lebens, S. 259 f. Die erste Instanz und das Berufungsgericht hatten den mutmaßlichen Willen und das Recht auf Selbstbestimmung in den Vordergrund ihrer Argumentation gerückt. In der Entscheidung der Lordrichter des Oberhauses hingegen war mehrheitlich die Tatsache entscheidend, daß die Fortdauer der Behandlung nicht zu seinem Wohl sei.

92 Zit. n. Lakotta, Beate (2006): Alexanders Abschied, S. 171.

93 A. a. O. S. 177.

94 Die Entscheidung wurde vor dem Bundesverfassungsgericht angegriffen, vgl. Schmidt, Caroline (2007): Ethik – »Schlimmer als der Tod«.

95 Vgl. Lanzerath, Dirk (1996): Selbstbestimmung und Fürsorge.

96 Vgl. Simon, Alfred (2005): Umgang mit Wachkomapatienten, S. 111: »Wachkomapatienten haben – wie alle anderen Patienten – ein Recht auf Behandlung, Pflege und Zuwendung. Sie haben aber auch das Recht, nicht gegen ihren geäußerten oder mutmaßlichen Willen behandelt oder am Leben erhalten zu werden.«

97 Tolmein, Oliver (2005): Integritätsschutz und Selbstbestimmungsrecht, S. 130.

98 Vgl. Zieger, Andreas (2005): Beziehungsmedizinisches Wissen.

99 Böttger-Kessler, Grit (2006): Aktive Sterbehilfe bei Wachkomapatienten, S. 191 ff., vgl. auch Böttger-Kessler, Grit; Beine, K. H. (2007): Aktive Sterbehilfe.

100 Putz, Wolfgang; Steldinger, Beate (2007): Patientenrechte am Ende des Lebens, S. 27.

101 Vgl. Zimmermann, Mirjam (1997): Geburtshilfe als Sterbehilfe?.

102 Vgl. Einbecker Empfehlungen (1992): Monatsschrift für Kinderheilkunde 140, S. 437 f.

103 A. a. O.

104 Zur Kritik an der Inkonsistenz der Einbecker Empfehlungen vgl. Hoerster, Norbert (1995): Neugeborene und das Recht auf Leben, S. 75-100.

105 Singer, Peter (1993): Praktische Ethik, S. 232-244.

106 Hoerster, Norbert (1995): Neugeborene und das Recht auf Leben, S. 106-111.

107 Singer, Peter (1993): Praktische Ethik, S. 123-146 und S. 232-244. Zur Definition von Personen vgl. Singer, Peter (1979): Praktische Ethik, S. 106-109. Demgegenüber sind für den Philosophen Robert Spaemann alle Menschen Personen, vgl. Spaemann, Robert (1996): Personen, S. 252 ff.

108 Hoerster, Norbert (1995): Neugeborene und das Recht auf Leben, S. 11-48
109 Vgl. Hoerster, Norbert (1991): Abtreibung im säkularen Staat.
110 Hoerster, Norbert (1995): Neugeborene und das Recht auf Leben, S. 49-72. Auch mit dieser letztlich willkürlichen Festlegung unterminiert Hoerster das gerade erst mühsam und auf Umwegen begründete Lebensrecht von Neugeborenen.
111 A a. O. S. 106 f. Herv. im Original. Zwar gesteht Hoerster auf der einen Seite zu, daß auch das Leben von Schwerstbehinderten für diese selbst einen Wert haben *kann* (S. 92 f.), auf der anderen Seite unterliegt die erforderliche Abschätzung des Lebenswertes eines entscheidungsunfähigen Kindes der Frage von überwiegendem Leiden.
112 A. a.O. S. 112.
113 A. a.O. S. 123.
114 A. a.O. S. 121.
115 A. a.O. S. 38 Hervorhebung im Original. Ob Hoerster mit seiner eugenischen Zukunftsvision die rechten Lehren aus der Geschichte der nationalsozialistischen Erbgesundheits- und »Euthanasie«-Politik gezogen hat, mag bezweifelt werden.
116 Vgl. Merkel, Reinhard (2001): Früheuthanasie, S. 578 ff.
117 Kritisch zu den religiösen Argumenten für die Unverfügbarkeit des menschlichen Lebens Wittwer, Héctor (2003): Selbsttötung, S. 312-320.
118 Vgl. Zimmermann-Acklin, Markus (2002): Euthanasie, S. 221. Zimmermann-Acklin geht in seiner Untersuchung davon aus, daß sich normative Konflikte am Lebensende nicht durch das Prinzip der Heiligkeit des menschlichen Lebens lösen lassen. Im Hinblick auf den Ansatz der katholischen Theologin L. S. Cahill kommt er zu dem Schluß: »Da das menschliche Leben nicht als ein absolutes Gut verstanden wird, kann die Tötung menschlichen Lebens (bzw. das absichtliche Sterbenlassen eines Menschen) im Unterschied zum Mord nicht als eine immer und unter allen Umständen in sich schlechte Handlung ausgewiesen werden.« (S. 215).
119 Vgl. Singer, Peter (1993): Praktische Ethik, S. 115 ff. und Kuhse, Helga; Singer, Peter (1993): Muß dieses Kind am Leben bleiben?, S. 169-187.
120 Vgl. kritisch zu diesen Ansätzen Zimmermann-Acklin, Markus (2002): Euthanasie, S. 167 ff. Zimmermann-Acklin wendet ein, daß die dualistische Unterscheidung von personalem und biologischem Leben dem ganzheitlichen Anspruch des christlich-jüdischen Lebensbegriffs nicht entspricht.
121 Dworkin, Ronald (1993): Die Grenzen des Lebens, S. 295-301.
122 Quante, Michael (2002): Personales Leben, S. 224-267.
123 Hoerster, Norbert (1998): Sterbehilfe, S. 27-41.
124 A. a.O. S. 170 f.
125 A. a.O. S. 70-98, Zitat S. 97.
126 Zum Übergang von der freiwilligen zur nichtfreiwilligen Euthanasie, vgl. Kapitel 8.3.
127 Singer, Peter (1993): Praktische Ethik, S. 246-256.
128 Singer, Peter (1979): Praktische Ethik, S. 189.
129 Singer, Peter (1993): Praktische Ethik, S. 246.
130 Beauchamp, Tom L.; Childress, James F. (2009): Principles of Biomedical Ethics, S. 181: »Jedoch, wenn eine Person ihren Tod aus freien Stücken autorisiert und ein autonomes Urteil fällt, daß die Beendigung von Schmerzen und Leid durch den Tod einen Vorteil für sie darstellt und keine Zurückweisung ihrer Interessen impliziert, dann bedeutet eine aktive Hilfe im Sterben auf Wunsch dieser Person weder einen Schaden, noch ist das moralisch falsch. Im Gegenteil, es würde den Interessen solcher Personen zuwiderlaufen, einen Verlust herbeiführen und damit einen Schaden verursachen, wenn man solchen Personen nicht zu ihrem Sterben verhilft.« (Übersetzung vom Verfasser).

131 Schöne-Seifert, Bettina (2000): Ist Assistenz zum Sterben unärztlich?, S. 105. Herv. im Original.
132 A. a.O. S. 98-101.
133 Beauchamp, Tom L.; Childress, James F. (2009): Principles of Biomedical Ethics, S. 177-180.
134 Schöne-Seifert, Bettina (2000): Ist Assistenz zum Sterben unärztlich?, S. 113 und Wiesing, Urban (2000): Ist aktive Sterbehilfe »unärztlich«?, S. 238-240. Urban Wiesing ist der Meinung, daß ein striktes standesrechtliches Verbot aktiver Sterbehilfe und des ärztlich assistierten Suizids das Vertrauen der Menschen in den Ärztestand eher beeinträchtigt als fördert.
135 Vgl. Schöne-Seifert, Bettina (2000): Ist Assistenz zum Sterben unärztlich?, S. 114 und Wiesing, Urban (2000): Ist aktive Sterbehilfe unärztlich?, S. 236.
136 Siep, Ludwig; Quante Michael (2000): Aktive Herbeiführung des Todes, S. 54f.
137 Vgl. ten Have, Henk (2001): Euthanasia: Moral Paradoxes, Oduncu, Fuat S. (2007): In Würde sterben, S. 145f. und Hohendorf, Gerrit; Oduncu Fuat S. (2011b): Der ärztlich assistierte Suizid, S. 234.
138 Dörner, Klaus (2008): Was ist ein guter Arzt?, S. 167.
139 Einen guten Überblick über die rechtliche und ethische Debatte über Patientenverfügungen und das Gesetz bieten Verrel, Thorsten; Simon, Alfred (2010): Patientenverfügungen, vgl. auch Höfling, Wolfram (2009): Das neue Patientenverfügungsgesetz, kritisch Maio, Giovanni (2009): Sterbehilfe nach Checkliste?.
140 Vgl. Jox, Ralf J. et al. (2008): Verbindlichkeit der Patientenverfügungen.
141 Lewinski, Manfred v. (2009): Patientenverfügung – Bundestag setzt Meilensteine.
142 Vgl. die Studie von Fischer, Elena (2004): Recht auf Sterben?!. Die Autorin hält das niederländische Modell unter rechtlichen Gesichtspunkten auf die Gesetzgebung in Deutschland für übertragbar. Dabei betont sie im Hinblick auf das Selbstbestimmungsrecht des Menschen die Notwendigkeit, bestehende Grenzen des Lebensschutzes zu modifizieren, ohne daß diese gänzlich aufgegeben werden und zu einem Dammbruch führen müßten.
143 Vgl. Legemaate, Johan (1998): Dutch Experience and Policy on Euthanasia and Assisted Suicide.
144 Vgl. z. B. Rutenfrans, Chris (1994): Befreiung oder schiefe Ebene. Der ehemalige Mitarbeiter des niederländischen Justizministeriums sieht durch die Praxis der Euthanasie in den Niederlanden das Lebensschutzprinzip gefährdet.
145 Thomasma, David C. et al. (Hg.) (1998): Asking to Die, S. 3. Die niederländische Definition von Euthanasie lautet: »intentionally taking the life of another person upon his or her explicit request«.
146 Die Zahl der Einleitungen von Ermittlungsverfahren wegen ärztlicher Tötungshandlungen ist ohnehin gering, sie betrug in den Jahren 1981 bis 1995 ein bis fünf Fälle pro Jahr, vgl. van der Wal, Gerrit et al. (1996): Evaluation of the Notification Procedure, S. 1708.
147 Diese Sorgfaltskriterien wurden bereits in den 1980er Jahren von der Royal Dutch Medical Association als Voraussetzung für gerechtfertigte Euthanasie entwickelt und veröffentlicht. An ihr orientierten sich verschiedene Gerichtsentscheidungen, die ärztliche Euthanasiehandlungen unter dem Aspekt des Notstandes bei einer unauflöslichen Pflichtenkollision (zwischen der Pflicht zur Leidlinderung und zu gesetzeskonformem Verhalten, nicht zu töten) als gerechtfertigt ansahen. 1994 wurde eine Änderung des Leichenschaurechts vorgenommen, die es dem zuständigen Staatsanwalt ermöglichte, auf Strafverfolgung zu verzichten, wenn die Tötung auf ausdrücklichen Wunsch des Patienten erfolgt war und die (in der Gesetzesänderung allerdings

nicht explizit formulierten) Sorgfaltskriterien eingehalten worden waren. Nach der ersten empirischen Studie über die Häufigkeit von medizinischen Entscheidungen über das Lebensende aus dem Jahr 1990 (Remmelink-Report) wurde 1995 eine zweite Studie durchgeführt, die medizinische Entscheidungen am Lebensende nach der Gesetzesänderung und der Einführung der Meldepflicht untersuchte, vgl. Thomasma, David C. et al. (Hg.) (1998): Asking to Die, S. 7-16 und Legemaate, Johan (1998): Dutch Experience and Policy in Euthanasia and Assisted Suicide (Sorgfaltskriterien S. 21), zu den Studien vgl. van der Maas, Paul J. et al. (1991): Euthanasia and other medical decisions concerning the end of life und van der Maas, Paul J. et al. (1996): Euthanasia, Physician-Assisted Suicide, and other medical Practices.

148 Zum geschichtlich-kulturellen Hintergrund der niederländischen Duldungspolitik vgl. Gordijn, Bert (1998): Euthanasie: strafbar und doch zugestanden.

149 Als weiteres Kriterium ist definiert, daß die Euthanasie mit medizinischer Sorgfalt durchgeführt wird. Eine deutsche Übersetzung wurde abgedruckt in der Frankfurter Rundschau, 19.4.2001, S. 7. Vgl. auch Fischer, Elena (2004): Recht auf Sterben?!, S. XIX-XXVI.

150 Vgl. Rurup, Mette L. et al. (2011): The first five years, S. 47.

151 Vgl. Onwuteaka-Philipsen, Bregje et al. (2003): Euthanasia and other end-of-life decisions, S. 396 und van der Heide, Agnes (2007): End-of-Life Practices, S. 1961. Hier wurden Daten aus der Untersuchung der Todesbescheinigungen zugrunde gelegt, vgl. auch Oduncu, Fuat S. (2007): In Würde sterben, S. 80. Bei etwa gleichbleibender absoluter und relativer Häufigkeit der Tötungen ohne explizites Verlangen nahm in der Interviewstudie der Anteil der Ärzte, die Patienten zur Leidbeendigung auch ohne explizites Verlangen töten würden, von 59% auf 29% ab.

152 Rurup, Mette et al. (2011): The first five years.

153 Vgl. van der Waal, Gerrit et al. (1996): Evaluation of the Notification Procedure und Oduncu, Fuat S. (2007): In Würde sterben, S. 84, zur Schätzung der aktuellen Meldequote vgl. Rurup, Mette et al. (2011): The first five years, S. 47.

154 Vgl. Griffiths, John (1998): The Slippery Slope, S. 99.

155 Pijnenborg, Loes et al. (1993): Life-terminating acts without explicit request of patient. In der Studie von van der Maas aus dem Jahr 1996 wurden 21% der ohne ausdrückliches Verlangen getöteten Patienten als urteilsfähig eingeschätzt, vgl. van der Maas, Paul J. et al. (1996): Euthanasia, Physician-Assisted Suicide, and other medical Practices, S. 1704.

156 Vgl. Oduncu, Fuat, S. (2007): In Würde sterben, S. 81.

157 Vgl. auch Zimmermann-Acklin, Markus (2002): Euthanasie, S. 388-391 mit Blick auf die Ergebnisse der Studie von Pijnenborg.

158 Eine Ausnahme bildet Dänemark, wo freiwillige Euthanasie und assistierter Suizid ebenfalls verboten sind, nichtfreiwillige Euthanasie jedoch in 0,67% der Todesfälle vorkommt.

159 Vgl. van der Heide, Agnes et al. (2003): End-of-life decision making in six european countries.

160 Nur für den flämischen Landesteil.

161 Nur vier Regionen.

162 Nur für den deutschsprachigen Landesteil.

163 Vgl. Deliens, Luc et al. (2000): End-of-life decicions in medical practice. Die Autoren geben für 3,2% aller Todesfälle im Jahr 1998 eine ärztliche Tötung ohne ausdrückliches Verlangen des Patienten an (etwa 1796 Fälle). Das belgische Euthanasiegesetz aus dem Jahre 2002 lehnt sich an das niederländische Gesetz an, legalisiert jedoch nur die aktive Sterbehilfe, nicht den ärztlich assistierten Suizid. Un-

ter gewissen Voraussetzungen ist auch die Sterbehilfe bei noch nicht absehbarem Tod explizit erlaubt, vgl. Oduncu, Fuat S. (2007). In Würde sterben, S. 93-97. Auch in Luxemburg gibt es inzwischen ein Euthanasiegesetz.

164 Vgl. Gevers, Sjef; Legemaate, Johan (1998): Physician Assisted Suicide in Psychiatry. Dazu kritisch Fuchs, Thomas; Lauter, Hans (1998): Der Fall Chabot. Die Autoren betonen die Hoffnung, die der Psychiater dem suizidalen Patienten als Repräsentant der Gemeinschaft vermitteln sollte.

165 Vgl. auch Gevers, Sjef; Legemaate, Johan (1998): Physician Assisted Suicide in Psychiatry, S. 83-87.

166 Vgl. Sheldon, Tony (2005): Dutch approve euthanasia for a patient with Alzheimer's disease und Berghmans, Ron; Molewijk, Bert; Widdershoven, Guy (2009): Alzheimer's disease.

167 Vgl. Verhagen, Eduard; Sauer, Pieter J. J. (2005): The Groningen Protocol, S. 959. »Erfahrene Pflegekräfte und die Eltern sind in der Lage, das Ausmaß des Leidens eines Neugeborenen zu beurteilen, ebenso wie die Erleichterung des Leidens, das durch Medikamente und andere Maßnahmen erreicht werden kann.« (Übersetzung vom Verfasser).

168 Bei verschiedenen Gelegenheiten hat der Vorsitzende von Dignitas/Deutsche Schweiz Ludwig Minelli den assistierten Suizid als Ausweg in der Sterbehilfedebatte in deutschen Medien angepriesen.

169 Ganzini, Linda (2009): Oregonian's reasons, S. 489.

170 Vgl, Jox, Ralf J. (2011): Sterben lassen, S. 183-187 und Beauchamp, Tom L.; Childress, James F. (2009): Principles of Biomedical Ethics, S. 179 f.

171 Springer, Dan (2008): Oregon Offers Terminal Patients Doctor Assisted Suicide Instead of Medical Care, www.foxnews.com/story/0,2933,392962,00.html, letzter Zugriff 11. 7. 2013. Für den Hinweis auf diese Dokumente danke ich Herrn Sheldon Rubenfeld, MD, Präsident des Houston Center for Medicine after the Holocaust.

172 Harding, Susan (2008): Letter noting assisted suicide raises questions, www.katu/news/26119539.html [letzter Zugriff 11. 7. 2013].

173 Vgl. Bosshard, Georg; Fischer, Susanne; Bär, Walter (2002): Open regulation and practice in assisted suicide.

174 SAMW (2004a): Betreuung von Patientinnen und Patienten am Lebensende.

175 Vgl. Biller-Andorno, Nikola (2007): Suizidbeihilfe im Akutspital.

176 Frei, Andreas et al. (2001): Assisted suicide as conducted by a »Right-to-Die«-society in Switzerland, vgl. auch Bosshard, Georg; Ulrich, Esther; Bär, Walter (2003): 748 cases of suicide assisted: Die Studie untersuchte alle durch die Freitodorganisation EXIT in den Jahren 1990 bis 2000 begleiteten Suizide, 47,4% der Patienten litten an Krebserkrankungen, 78,9% der Krankheiten wurden als tödlich (fatal diseases) angesehen.

177 Dieses Zitat findet sich unter der Rubrik »Prinzipien/Philosophie auf der website von dignitas.ch: http://www.dignitas.ch/index.php?option=com_content&view=article&id=10&Itemid=46&lang=de [letzter Zugriff 15. 7. 2013].

178 Minelli, Ludwig A. (2012): Wie weit geht das Menschenrecht, S. 174.

179 Zum folgenden vgl. Hohendorf, Gerrit; Oduncu Fuat (2011b): Der ärztlich assistierte Suizid.

180 Vgl. Améry, Jean (1976) Hand an sich legen und Bormuth, Matthias (2008): Ambivalenz der Freiheit, S. 221-277.

181 Kelleher, M. J.; Keeley, H. S.; Chambers, D; Cocoran, P. (2000): Suizid, S. 235 und M. J. Kelleher et al. (2000): Parasuizid, S. 253 f.

182 Fenner, Dagmar (2008): Suizid, S. 296 ff. .
183 Wittwer, Héctor (2003): Selbsttötung, S. 47 ff.
184 Diesen Gedanken verdanke ich Klaus Dörner und seinem Vortrag über den guten Arzt am 20. 6. 2011 am Klinikum rechts der Isar in München im Rahmen der Ringvorlesung Humanität in der Medizin.

8. Die Fragen der Geschichte

1 Vgl. Assmann, Aleida (2006): Der lange Schatten, S. 278. Unter Bezugnahme auf den Historiker Christian Meier ist die nachwirkende Präsenz der traumatischen Vergangenheit gemeint, traumatisch – so wäre hinzuzufügen – sowohl für die Nachkommen der Täter als auch für die Opfer und ihre Angehörigen.
2 Vgl. Schopenhauer, Arthur (2005): Über das Mitleid, S. 77 f.
3 Zu den neurobiologischen Grundlagen der Fähigkeit, sich in einen anderen Menschen hineinzuversetzen siehe Förstl, Hans (Hg.) (2012): Theory of Mind.
4 Zit. n. Meltzer, Ewald (1925): Abkürzung »lebensunwerten« Lebens, S. 1.
5 A. a.O. S. 64.
6 Vgl. Dowbiggin, Ian (2003): A Merciful End, S. 1.
7 Zur Position der amerikanischen Theologin S. Cahill vgl. Zimmermann-Acklin, Markus (2002): Euthanasie, S. 187 ff.
8 Dworkin, Ronald (1993): Grenzen des Lebens, S. 247.
9 A. a.O. S. 248.
10 Zit. n. Roth, Karl Heinz (1985): Filmpropaganda, S. 164, Herv. im Original.
11 Vgl. Kapitel 3.2.
12 Jost, Adolf (1895): Recht auf den Tod, S. 29.
13 Gerkan, Roland (1913): Euthanasie, S. 172, vgl. Kap. 3.2.
14 Binding, Karl; Hoche, Alfred (1920): Freigabe der Vernichtung, S. 31 u. 37.
15 Vgl. Hoffmann, Thomas Sören (2013): Mitleidstyrannei. Über die Ambivalenz von Mitleidsargumenten in der Ethik, Vortrag Tagung »Entzugskost« am 10. 1. 2013 im Bayerischen Landtag.
16 Dörner, Klaus (1988): Tödliches Mitleid und Dörner, Klaus (2002): Tödliches Mitleid.
17 Brief Friedrich Hölzel an Direktor Pfannmüller vom 28. 8. 1940, zit. nach Klee, Ernst (1985): Dokumente, S. 246 f., vgl. auch Wilmanns, Juliane C.; Hohendorf, Gerrit (2012): Ideengeschichtlicher Hintergrund, S. 246.
18 Binding, Karl, Hoche, Alfred (1920): Freigabe der Vernichtung, S. 59.
19 Vgl. Hohendorf, Gerrit; Roelcke, Volker; Rotzoll, Maike (1996): Innovation und Vernichtung, Teller, Christine (1990): Biographie eines deutschen Wissenschaftlers und Rotzoll, Maike; Hohendorf (2012): Krankenmord im Dienst des Fortschritts?, vgl. auch Kap. 4.6.
20 C. Schneider 13. 3. 1942 Bemerkungen zum Film »Dasein ohne Leben«, National Archives and Records Administration, College Park/MD, USA, Record Group 549, Records of the U. S. Army Europe, Judge Advocate Division War Crimes Branch Stock 290, Row 59, Compartement 17, boxes 4, folder 6 127 353/9 f., vgl. Kapitel 4.6.
21 Vgl. Kapitel 3.3.
22 Vgl. Kapitel 4.6.
23 National Archives and Records Administration College Park/MD, USA, War Crimes Case Files Cases not Tried, Case 000-12-463, Box 490-491, sogenannte Hart-

heimstatistik. Bei der Angabe der Zahl der getöteten Menschen handelt es sich um einen Druckfehler. Die Statistik selbst geht von 70.273 Menschen aus.

24 Vgl. Jost, Adolf (1895): Recht auf den Tod, S. 13-18.

25 Vgl. Meltzer, Ewald (1925): Abkürzung »lebensunwerten Lebens, S. 1 und Meltzer, Ewald (1932): Die Frage des unwerten Lebens, S. 584f., vgl. auch Kap. 3.2.

26 Vgl. Oduncu, Fuat (2007): In Würde sterben, S. 103f.

27 Vgl. Emanuel, Ezekiel J.; Battin, Margaret P. (1998): What are the Potential Cost Savings?.

28 Vgl. Kapitel 7.8.

29 Vgl. Oduncu, Fuat (2007): In Würde sterben, S. 161ff.

30 Die Kosten für die Durchführung eines assistierten Suizids in der Schweiz belaufen sich auf etwa 6.000 bis 7.000 €.

31 Vgl. die Rekonstruktion des Gesetzentwurfes in Roth, Karl Heinz (Hg.) (1984): Erfassung zur Vernichtung, S. 176f.

32 Bozi, Alfred (1913): Euthanasie und Recht, vgl. Kapitel 3.2.

33 Singer, Peter (1979): Praktische Ethik, S. 189.

34 Vgl. Binding, Karl; Hoche Alfred (1920): Freigabe der Vernichtung, siehe Kapitel 3.2.

35 Vgl. Wunder, Michael (2010): Des Lebens Wert.

36 Vgl. Kapitel 7.7. Tabelle 9.

37 Ausführlich zur Position von Singer vgl. Kapitel 7.4. und 7.5.

38 Bis zu diesem Punkt folgen sowohl Guckes als auch Hoerster den Überlegungen von Singer. Darüber hinaus sehen sie jedoch die Gefahr, daß bei einem unscharf definierten Lebensrecht für Neugeborene, etwa ab dem 1. Lebensmonat, auch ältere Kinder mit einem wahrscheinlich vorhandenen Lebensrecht getötet werden könnten, vgl. Guckes, Barbara (1997a): Argument der schiefen Ebene, S. 202-206 und Hoerster, Norbert (1995): Neugeborene und das Recht auf Leben, S. 11-48. Das Problem einer zulässigen, aber nicht gebotenen, in jedem Fall jedoch schmerzfreien Tötung von Menschen, die noch nicht Personen sind, macht auch dem Philosophen Ernst Tugendhat zu schaffen: Er hält das pragmatische Argument eines eindeutigen Lebensrechts für Neugeborene vom Zeitpunkt der Geburt an nicht für ausreichend begründbar: »Wir stoßen hier ins Dunkel.« Vgl. Tugendhat, Ernst (1994): Euthanasieproblem, S. 137f.

39 Vgl. Verhagen, Eduard; Sauer, Pieter J. J. (2005): The Groningen Protocol und Kapitel 7.4.

40. Singer, Peter (1993): Praktische Ethik, S. 244.

41 Singer, Peter (1993): Praktische Ethik, S. 232.

42 Binding, Karl; Hoche, Alfred (1920): Freigabe der Vernichtung, S. 31, im Original hervorgehoben.

43 A a. O. S. 57f., Herv. im Original.

44 A. a.O. S. 57.

45 Vgl. auch Schockenhoff, Erberhard (1991): Sterbehilfe und Menschenwürde, S. 64.

46 Brief Johann Duken an Mathilde N. vom 6.7.1943, Universitätsarchiv Heidelberg, Bestand Kinderklinik, Acc. 15/01 L-II, Krankenblatt Christel N. Prot.-Nr. 1648/1943, zit. n. Hohendorf, Gerrit; Rotzoll, Maike (2004): »Kindereuthanasie« in Heidelberg, S. 141.

47 Prof. Dr. C. Schneider an Prof. Nitsche vom 24.1.1944: Bericht über Stand, Möglichkeiten und Ziele der Forschung an Idioten und Epileptikern im Rahmen der Aktion, National Archives and Records Administration, College Park/MD, USA, Record Group 549, Records of the U.S.Army Europe, Judge Advocate Division War Crimes Branch Stock 290, Row 59, Compartement 17, box 5, folder 5, 127 870-

875 u. 127 878-883, hier S. 127 883, Hervorhebung vom Verf., vgl. auch Hohendorf, Gerrit; Roelcke, Volker; Rotzoll, Maike (1996): Innovation und Vernichtung.

48 Vgl. hierzu Hoerster, Norbert (1995): Neugeborene und das Recht auf Leben, S. 113-128 und kritisch Habermas, Jürgen (2001): Auf dem Weg zu einer liberalen Eugenik?

49 Die nationalsozialistischen Machthaber waren durchaus an einer ethischen Legitimation ihrer Gesundheitspolitik interessiert, zur Etablierung der Medizinethik im Nationalsozialismus vgl. die erhellende Studie von Bruns, Florian (2009): Medizinethik.

50 Vgl. Aussage Karl Brandt vom 4.2.1947 vor dem Nürnberger Kriegsverbrechertribunal zit. n. Dörner et al. (Hg.) (2000): Nürnberger Ärzteprozeß, S. 2/2406 ff.

51 A.a.O. S. 2/2447.

52 Vgl. Wilmanns, Juliane (2000): Ethische Normen im Arzt-Patienten-Verhältnis.

53 Vgl. Dörner et al (Hg.) (2000): Nürnberger Ärzteprozeß, S. 3/4423-4448. Schreiben Blome an Reichsstatthalter Greiser vom 18.11.1942: 3/4440-4446.

54 Vgl. Hufeland, Christoph Wilhelm (1806): Die Verhältnisse des Arztes, S. 15 f., hier zit. n. Hufeland, Christoph Wilhelm (1836): Enchiridion medicum, S. 502, siehe auch Kapitel 3.1.

55 Zu dieser phänomenologischen Definition des Tötens vgl. Fuchs, Thomas (1997): Was heißt töten?, S. 83 f.

56 Vgl. auch Hohendorf, Gerrit (2011b): Die nationalsozialistischen Krankenmorde zwischen Tabu und Argument.

57 Vgl. die Übersicht bei Guckes, Barbara (1997a): Argument der schiefen Ebene, S. 15-55. Nur das Präzedenzfallargument der empirischen Version ist nach Guckes ein gutes Argument (S. 54). Zusätzlich läßt Guckes noch das erweiterte Präzedenzfallargument gelten, das neben dem Präzedenzfall noch einen weiteren beliebigen Faktor berücksichtigt.

58 Vgl. Jost, Adolf (1895): Das Recht auf den Tod, S. 47 f., siehe ausführlich Kapitel 3.2.

59 Vgl. Gerkan, Roland (1913): Euthanasie, S. 170 f., siehe auch Kapitel 3.2.

60 Binding, Karl; Hoche, Alfred (1920): Freigabe der Vernichtung, S. 29-33, Herv. im Original, siehe auch Kapitel 3.2.

61 A.a.O. S. 55.

62 Vgl. Kapitel 3.2.

63 Vgl. Kapitel 3.3.

64 Vgl. Kapitel 4.1.

65 Vgl. den Abdruck der Predigt von Bischof Graf von Galen in Dörner, Klaus et al. (Hg.) (1989): Krieg gegen die psychisch Kranken, S. 112-124: »Nie, unter keinen Umständen darf der Mensch, außerhalb des Krieges und der gerechten Notwehr einen Unschuldigen töten.« (S. 114). Daß sich der Protest der Kirchen nicht in gleicher Weise für die in ihrem Leben bedrohten jüdischen Mitbürger stark machte, steht als historische Schuld im Raum.

66 Vgl. Kapitel 4.4.

67 Vgl. auch das Kapitel Sterbehilfe und Euthanasie in Helmchen, Hanfried; Kanwoski, Siegfried; Lauter, Hans (2006): Ethik in der Altermedizin, S. 262: Eine unmittelbare Analogie zwischen der aktuellen Sterbehilfe-Debatte in Deutschland und der »Vernichtung lebensunwerten Lebens« bestehe nicht.

68 So auch ausführlich Guckes, Barbara (1997a): Argument der schiefen Ebene, S. 219-224. Die Autorin hält die Gefahr, daß sich bei Zulassung der aktiven Sterbehilfe Menschen gedrängt fühlen könnten, um Sterbehilfe zu bitten, um anderen nicht zur Last zu fallen, angesichts der ökonomischen Situation im Gesundheits-

wesen für realistisch. Gleichwohl sei die Zulassung aktive Sterbehilfe unter Berücksichtigung des dadurch vermiedenen Leidens der Betroffenen gerechtfertigt.

69 Vgl. Kapitel 7.3.

70 Nassauer, Max (1911): Sterben ....., S. 83, vgl. Kapitel 3.2.

71 So der Vorschlag von Hoerster (1998): Sterbehilfe, S. 170 f.

72 Vgl. Hohendorf, Gerrit; Oduncu, Fuat (2011b): Der ärztlich assistierte Suizid, S. 234 und Kapitel 7.5.

73 Auch Guckes hält diesen Schritt des Übergangs von der freiwilligen zur nichtfreiwilligen Sterbehilfe für nachvollziehbar, vgl. Guckes, Barbara (1997a): Argument der schiefen Ebene, S. 210.

74 Vgl. Singer, Peter (1993): Praktische Ethik, S. 238-244 und Kap. 7.4.

75 Diesen Schritt will Guckes nicht nachvollziehen, Guckes, Barbara (1997a): Argument der schiefen Ebene, S. 220-222.

76 So pointiert Tugendhat, Ernst (1994): Euthanasieproblem, S. 132 f.

9. Abschließende Überlegungen

1 Zu naturwüchsigen Gewordenheit des Menschen als Voraussetzung der gegenseitigen Anerkennung moralischer Subjekte vgl. Habermas, Jürgen (2001): Liberale Eugenik?, S. 80 ff., zur Bedeutung des Todes für die Subjekthaftigkeit des Menschen, vgl. Hindrichs, Gunnar (2004): Welt ohne Tod.

2 Zu diesen Überlegungen vgl. auch Spaemann, Robert (1997): Kein gutes Töten, S. 18-21.

3 Büchner, Georg (1839): Lenz, S. 111.

Quellen und Literatur

Unveröffentlichte Quellen

National Archives and Records Administration, College Park/MD, USA

Record Group 549, Records of the U.S. Army Europe, Judge Advocate Division War Crimes Branch: sogenannte Heidelberger Dokumente

War Crimes Case Files Cases not Tried, Case 000-12-463, Box 490-491: sogenannte Hartheimstatistik

Bundesarchiv Berlin

R 96/I Heidelberger Dokumente (Kopien aus amerikanischen Ermittlungsakten, Originalien: National Archives Washington, Mikrofilme im Bundesarchiv)

R 179 Kanzlei des Führers – Hauptamt IIb – Patientenakten

Bundesarchiv Ludwigsburg

Aussagensammlung Euthanasie

Die Bundesbeauftragte für die Unterlagen des Staatssicherheitsdienstes der ehemaligen Deutschen Demokratischen Republik, Berlin

HA IX/11 ZUV 45

HA IX/11 ZUV 9

Archiv der Außenstelle Gera, AOP 613/66

Staatsarchiv München

Staatsanwaltschaften

Film 19051/1+2 Ermittlungsakten Walter Schultze

Film 17.460/1-13 Ermittlungsakten Hermann Pfannmüller

Hessisches Hauptstaatsarchiv Wiesbaden

Abt. 430/1, Krankenakten der Landesheilanstalt Eichberg

Archiv des Bezirks Oberbayern, München

Bestand Heil- und Pflegeanstalt Eglfing-Haar

Archiv des Bezirkskrankenhauses Kaufbeuren

Schriftwechsel mit Angehörigen

Universitätsarchiv Heidelberg

Bestand Kinderklinik, Acc. 15/01

Historisches Archiv der Klinik für Allgemeine Psychiatrie am Universitätsklinkum Heidelberg

Akten der »Forschungskinder«

Archiv der Heime Scheuern

Pfleglingsakte Nr. 6186-1

Archiv des Erzbistums München und Freising

Archiv Schönbrunn, Pfleglingsakte 1.3.3.6.2.2./23. Mai 1941 / Nr. 13

Literatur

Ach, Johann S.; Gaidt, Andreas (Hg.) (1993): Herausforderung der Bioethik, Stuttgart: frommann-holzboog

Ach, Johann S.; Gaidt, Andreas (1994): Am Rande des Abgrunds? Anmerkungen zu einem Argument gegen die moderne Euthanasie-Debatte, Ethik in der Medizin 6, S. 172-188

Ach, Johann S.; Gaidt, Andreas (2000): Wehret den Anfängen? Anmerkungen zum Argument der »schiefen Ebene« in der gegenwärtigen Euthanasie-Debatte, in: Frewer, Andreas; Eickhoff, Clemens (Hg.) (2000): »Euthanasie« und die aktuelle Sterbehilfe-Debatte – Die historischen Hintergründe medizinischer Ethik, Frankfurt/M., New York: Campus, S. 427-447

Adorno, Theodor W. (1971): Erziehung nach Auschwitz, in: ders. (1971): Erziehung zur Mündigkeit, Vorträge und Gespräche mit Hellmut Becker 1959-1969, Frankfurt/M.: Suhrkamp, S. 88-104

Adorno, Theodor W. (1997): »Ob nach Auschwitz sich noch leben lasse« – Ein philosophisches Lesebuch, hg. v. Rolf Tiedemann, Frankfurt/M.: Suhrkamp

Agamben, Giorgio (1995): Homo sacer – Die souveräne Macht und das nackte Leben, dt. Übers. 2002 Frankfurt/M.: Suhrkamp

Alexander, Leo (1949): Medical Science under Dictatorship, The New England Journal of Medicine 241, Heft 2, 1949, S. 39-47

Aly, Götz (1984): Der Mord an behinderten Hamburger Kindern zwischen 1939 und 1945, in: Ebbinghaus, Angelika; Kaupen-Haas, Heidrun; Roth, Karl Heinz (Hg.) (1984): Heilen und Vernichten im Mustergau Hamburg – Bevölkerungs- und Gesundheitspolitik im Dritten Reich, Hamburg: Konkret Literatur Verlag, S. 147-155

Aly, Götz (1985a): Medizin gegen Unbrauchbare, in: Aly, Götz; Ebbinghaus, Angelika; Hamann, Matthias; Pfäfflin, Friedemann; Preissler, Gerd (1985): Aussonderung und Tod – Die klinische Hinrichtung der Unbrauchbaren (= Beiträge zur nationalsozialistischen Gesundheits- und Sozialpolitik 1), Berlin: Rotbuch, S. 9-74

Aly, Götz (1985b): Der saubere und der schmutzige Fortschritt, in: Aly, Götz; Masuhr, Karl Friedrich; Lehmann, Maria; Roth, Karl Heinz; Schultz, Ulrich (1985): Reform und Gewissen – »Euthanasie« im Dienst des Fortschritts (= Beiträge zur nationalsozialistischen Gesundheits- und Sozialpolitik 2), 2. Aufl 1989 Berlin: Rotbuch, S. 9-78

Aly, Götz (1993): Erwiderung auf Dan Diner, Vierteljahrshefte für Zeitgeschichte 41, S. 621-635

Aly, Götz (1995): »Endlösung« – Völkerverschiebung und der Mord an den europäischen Juden, Frankfurt/M.: S. Fischer

Aly, Götz (2013): Die Belasteten – ›Euthanasie‹ 1939-1945 – Eine Gesellschaftsgeschichte, Frankfurt/M.: S. Fischer

Améry, Jean (1976): Hand an sich legen – Diskurs über den Freitod, 13. Aufl. 2008 Stuttgart: Klett-Cotta

Annas, George J.; Grodin, Michael A. (Hg.) (1992): The Nazi Doctors and the Nuremberg Code – Human Rights in Human Experimentation, New York, Oxford: Oxford University Press

Arbeitskreis zur Erforschung der nationalsozialistischen »Euthanasie« und Zwangssterilisation (Hg.) (2000): Protokoll der Herbsttagung 19. – 21. November 1999 in Gießen, Kassel: Landeswohlfahrtsverband Hessen

Arbeitskreis zur Erforschung der nationalsozialistischen »Euthanasie« und Zwangssterilisation (Hg.) (2011): Den Opfern ihre Namen geben – NS-»Euthanasie«-Verbrechen, historisch-politische Verantwortung und Erinnerungskultur – Fachtagung vom 13. Mai bis 15. Mai in Kloster Irsee (= Berichte des Arbeitskreises 7), [Ulm u. Münster]: Klemm & Oelschläger

Ariès, Philippe (1978): Geschichte des Todes, dt. Übers. 1980 München, Wien: Hanser

Arnold, Uwe Christian (2012): Ärztlich Assistierter Suizid – Theorie und Praxis, in: Neumann, Gita (Hg.) (2012): Suizidhilfe als Herausforderung – Arztethos und Strafbarkeitsmythos (= Schriftenreihe der Humanistischen Akademie Berlin 5), Aschaffenburg: Alibri, S. 22-47

Assmann, Aleida (2006): Der lange Schatten der Vergangenheit – Erinnerungskultur und Geschichtspolitik, München: C. H. Beck

Atrott, Hans Henning; Pohlmeier, Hermann (Hg.) (1990): Sterbehilfe in der Gegenwart, Regensburg: Roderer

Atrott, Hans Henning (1990): Der ersehnte Tod – Interview, in: Atrott, Hans Henning; Pohlmeier, Hermann (Hg.) (1990): Sterbehilfe in der Gegenwart, Regensburg: Roderer, S. 7-24

Augstein, Rudolf et al. (1987): »Historikerstreit« – Die Dokumentation der Kontroverse um die Einzigartigkeit der nationalsozialistischen Judenvernichtung, München: Piper

Ayaß, Wolfgang (1995): »Asoziale« im Nationalsozialismus, Stuttgart: Klett-Cotta

Baader, Gerhard; Schultz, Ulrich (Hg.) (1980): Medizin und Nationalsozialismus – Tabuisierte Vergangenheit – Ungebrochene Tradition? Dokumentation des Gesundheitstages Berlin 1980, 4. Aufl. 1989, Frankfurt/M.: Mabuse

Bader, Helmut (2007): Martin Bader – »Mein Name ist in Giengen und Umgebung gut bekannt«, in: Fuchs, Petra; Rotzoll, Maike; Müller, Ulrich; Richter, Paul; Hohendorf, Gerrit (Hg.) (2007): »Das Vergessen der Vernichtung ist Teil der Vernichtung selbst« – Lebensgeschichten von Opfern der nationalsozialistischen »Euthanasie«, Göttingen: Wallstein, S. 105-122

Baeyer, Walter v. (1966): Die Bestätigung der NS-Ideologie in der Medizin unter besonderer Berücksichtigung der Euthanasie, in: Universitätstage 1966 – Nationalsozialismus und die deutsche Universität, Berlin: Walter de Gruyter, S. 63-75

Banach, Jens (1998): Heydrichs Elite – Das Führerkorps der Sicherheitspolizei und des SD 1936-1945, 3. Aufl. 2002, Paderborn, München, Wien, Zürich: Schöningh

Bauby, Jean-Dominique (1997): Schmetterling und Taucherglocke, dt. Übers. 1998, München: Deutscher Taschenbuch Verlag

Baumann, Ursula (2001): Vom Recht auf den eigenen Tod – Die Geschichte des Suizids vom 18. bis zum 20. Jahrhundert, Weimar: Verlag Hermann Böhlaus Nachfolger

Bauman, Zygmunt (1989): Dialektik der Ordnung – Die Moderne und der Holocaust, dt. Übers. Hamburg 1992: Europäische Verlagsanstalt

Beauchamp, Tom L.; Childress, James F. (2009): Principles of Biomedical Ethics, 6. Aufl. New York, Oxford: Oxford University Press

Beck, Christoph (1995): Sozialdarwinismus, Rassenhygiene, Zwangssterilisation und Vernichtung »lebensunwerten Lebens« – Eine Bibliographie zum Umgang mit behinderten Menschen im »Dritten Reich« – und heute, 2. Aufl. Bonn: Psychiatrie-Verlag

Beckmann, Rainer (2004): Gibt es ein »Recht auf selbstbestimmtes Sterben«?, in: Beckmann, Rainer; Löhr, Mechthild; Schätzle, Julia (Hg.) (2004): Sterben in Würde – Beiträge zur Debatte über Sterbehilfe, Krefeld: Sinius-Verlag, S. 205-231

Beddies, Thomas (2000): Vorläufige quantitative Aussagen zum Bestand R 179 im Bundesarchiv Berlin, in: Frühjahrstagung des »Arbeitskreises zur Erforschung der nationalsozialistischen ›Euthanasie‹ und Zwangssterilisation« im Bundesarchiv Berlin (unveröffentlichtes Typoskript Bundesarchiv Berlin), S. 29-50

Beddies, Thomas (2002a): Kinder und Jugendliche in der brandenburgischen Heil- und Pflegeanstalt Görden als Opfer der NS-Medizinverbrechen, in: Hübener, Kristina (Hg.) (2002): Brandenburgische Heil- und Pflegeanstalten in der NS-Zeit (= Schriftenreihe zur Medizin-Geschichte des Landes Brandenburg 3), Berlin: be.bra, S. 129-154

Beddies, Thomas (2002b): Die Heil- und Pflegeanstalt Meseritz-Obrawalde im Dritten Reich, in: Hübener, Kristina (Hg.) (2002): Brandenburgische Heil- und Pflegeanstalten in der NS-Zeit (= Schriftenreihe zur Medizin-Geschichte des Landes Brandenburg 3), Berlin: be.bra, S. 231-258

Beddies, Thomas; Hübener, Kristina (Hg.) (2004): Kinder in der NS-Psychiatrie (= Schriftenreihe zur Medizin-Geschichte des Landes Brandenburg 10), Berlin: be.bra

Beddies, Thomas (Hg.) (2012): Im Gedenken der Kinder – Die Kinderärzte und die Verbrechen an Kindern in der NS-Zeit, Berlin: Deutsche Gesellschaft für Kinder- und Jugendmedizin e. V. (DGKJ)

Benzenhöfer, Udo (1997): Der »gute Tod« – Zur Begriffsgeschichte der Euthanasie in der Antike, Münchner Medizinische Wochenschrift 139, S. 760-763

Benzenhöfer, Udo; Finsterbusch, Karin (1998): Moraltheologie pro »NS-Euthanasie« – Studien zu einem »Gutachten« (1940) von Prof. Joseph Mayer mit Edition des Textes, Hannover: Laurentius

Benzenhöfer, Udo (1998a): »Das Recht auf den Tod«: Bemerkungen zu einer Schrift von Adolf Jost aus dem Jahre 1895, Recht & Psychiatrie 16, Heft 4, S. 198-202

Benzenhöfer, Udo (1998b): »Kindereuthanasie« im Dritten Reich. Der Fall »Kind Knauer«, Deutsches Ärzteblatt 95, Heft 19, S. B 954f.

Benzenhöfer, Udo (1999): Der gute Tod? – Euthanasie und Sterbehilfe in Geschichte und Gegenwart, München: C. H. Beck

Benzenhöfer, Udo (2000a): Geschichte und Recht: NS-»Euthanasie« in neueren Gerichtsbeschlüssen zum Thema »Behandlungsbegrenzung« (AG Hanau 1995, OLG Frankfurt 1998), in: Frewer, Andreas; Eickhoff, Clemens (Hg.) (2000): »Euthanasie« und die aktuelle Sterbehilfe-Debatte – Die historischen Hintergründe medizinischer Ethik, Frankfurt/M., New York: Campus, S. 356- 369

Benzenhöfer, Udo (2000b): »Kinderfachabteilungen« und »NS-Kindereuthanasie« (= Studien zur Geschichte der Medizin im Nationalsozialismus 1), Wetzlar: GWAB-Verlag

Benzenhöfer, Udo (2001): Bemerkungen zur Planung der NS-»Euthanasie«, in: Arbeitskreis zur Erforschung der nationalsozialistischen »Euthanasie« und Zwangssterilisation (Hg.) (2001): Der sächsische Sonderweg bei der NS-»Euthanasie« – Fachtagung vom 15. bis 17. Mai 2001 in Pirna-Sonnenstein (= Berichte des Arbeitskreises 1), Ulm: Klemm & Oelschläger, S. 21-53

Benzenhöfer, Udo (2003): Genese und Struktur der »NS-Kinder- und Jugendlicheneuthanasie«, Monatsschrift für Kinderheilkunde 151, S. 1012-1019

Benzenhöfer, Udo (2005): Bemerkungen zur Binding-Hoche-Rezeption in der NS-Zeit, in: Riha, Ortrun (Hg.) (2005): ›Die Freigabe der Vernichtung lebensunwerten Lebens‹ – Beiträge des Symposiums über Karl Binding und Alfred Hoche am 2. Dezember 2004 in Leipzig (= Schriftenreihe des Instituts für Ethik in der Medizin Leipzig e. V. 7), Aachen: Shaker, S. 114-133

Benzenhöfer, Udo (2008): Der Fall Leipzig (alias Fall »Kind Knauer«) und die Planung der NS-»Kindereuthanasie«, Münster: Klemm & Oelschläger

Benzenhöfer, Udo (2009): Der gute Tod? – Geschichte der Euthanasie und Sterbehilfe, 2. überarb. Aufl., Göttingen: Vandenhoeck & Ruprecht

Benzler, Susanne (1988): Justiz und Anstaltsmord nach 1945, Kritische Justiz 21, S. 127-158

Berghmans, Ron; Molewijk, Bert; Widdershoven, Guy (2009): Alzheimer's disease and life termination: the Dutch debate, Bioethica Forum 2, Heft 1, S. 33 f.

Bernhardt, Heike (1993): »Niemals auch nur zu den primitivsten Arbeitsleistungen zu gebrauchen« – Die Tötung behinderter und kranker Kinder 1939 bis 1945 in der Landesheilanstalt Ueckermünde, Praxis der Kinderpsychologie und Kinderpsychiatrie 42, S. 240-248

Bernhardt, Heike (1994): Anstaltspsychiatrie und »Euthanasie« in Pommern 1933 bis 1945 – Die Krankenmorde an Kindern und Erwachsenen am Beispiel der Landesheilanstalt Ueckermünde, Frankfurt/M.: Mabuse

Beyer, Christoph (2013): Gottfried Ewald und die »Aktion T4«, Der Nervenarzt 84, im Druck

Biller-Andorno, Nikola (2007): Suizidbeihilfe im Akutspital: Ethische Aspekte, Bioethica Forum, Heft 54, September 2007, S. 9-13

Binding, Karl; Hoche, Alfred (1920): Die Freigabe der Vernichtung lebensunwerten Lebens. Ihr Maß und ihre Form, Leipzig: Felix Meiner

Binding, Karl; Hoche, Alfred (2006): Die Freigabe der Vernichtung lebensunwerten Lebens – Ihr Maß und ihre Form (1920) (= Juristische Zeitgeschichte Taschenbücher 1), Berlin: Berliner Wissenschafts-Verlag

Biomedical Ethics and the Shadow of Nazism – A conference on the Proper Use of the Nazi Analogy in Ethical Debate/April 8, 1976, Hastings Center Report 6, Heft 4, 1976, Special Supplement, S. 1-19

Birnbacher, Dieter (1990): Ist die Unterscheidung zwischen aktiver und passiver Sterbehilfe ethisch bedeutsam?, in: Atrott, Hans Henning; Pohlmeier, Hermann (Hg.) (1990): Sterbehilfe in der Gegenwart, Regensburg: Roderer, S. 25-40

Birnbacher, Dieter (2010): Sterbehilfe – Eine philosophische Sicht, in: Thiele, Felix (Hg.) (2000): Aktive und passive Sterbehilfe – Medizinische, rechtswissenschaftliche und philosophische Aspekte, 2. überarb. Aufl., München: Wilhelm Fink, S. 31-42

Blasius, Dirk (1994): »Einfache Seelenstörung« – Geschichte der deutschen Psychiatrie 1800-1945, Frankfurt/M.: Fischer Taschenbuch

Bleek, Julian (2012): Ist die Beihilfe zum Suizid auf der Grundlage des Wunsches, anderen nicht zur Last zu fallen, ethisch gerechtfertigt?, Ethik in der Medizin 24, S. 193-205

Bock, Gisela (1986): Zwangssterilisation im Nationalsozialismus – Studien zur Rassenpolitik und Geschlechterpolitik, 2. Aufl. 2010 Münster: Monsenstein und Vannerdat

Böhm, Boris (2001): Funktion und Verantwortung des Sächsischen Innenministeriums während der »Aktion T4« – Eine erste Annäherung., in: Arbeitskreis zur Erforschung der nationalsozialistischen »Euthanasie« und Zwangssterilisation (Hg.) (2001): Der sächsische Sonderweg bei der NS-»Euthanasie« – Fachtagung vom 15. bis 17. Mai in Pirna-Sonnenstein (= Berichte des Arbeitskreises 1), Ulm: Klemm & Oelschläger, S. 63-90

Böhm, Boris; Hacke, Gerald (Hg.) (2008): Fundamentale Gebote der Sittlichkeit – Der »Euthanasie«-Prozess vor dem Landgericht Dresden 1947 (= Schriftenreihe der Stiftung Sächsische Gedenkstätten zur Erinnerung an die Opfer politischer Gewaltherrschaft 14), Dresden: Sandstein Verlag

Böhme, Klaus; Lohalm, Uwe (Hg.) (1993): Wege in den Tod – Hamburgs Anstalt Langenhorn und die Euthanasie in der Zeit des Nationalsozialismus (= Forum Zeitgeschichte Bd. 2), Hamburg: Ergebnisse Verlag

Börner, Wilhelm (1913): Euthanasie (Eine Erwiderung), Das Monistische Jahrhundert Jg. 2 Erster Halbband, Heft 10, S. 249-254

Böttger-Kessler, Grit (2006): Aktive Sterbehilfe bei Wachkomapatienten – Die Einstellungen von Ärzten und Pflegepersonen zur Aktiven Sterbehilfe bei Menschen im Wachkoma (= Mabuse-Verlag Wissenschaft Bd. 103), Frankfurt/M.: Mabuse-Verlag

Böttger-Kessler, Grit; Beine, K.H. (2007): Aktive Sterbehilfe bei Menschen im Wachkoma? – Ergebnisse einer Einstellungsuntersuchung bei Ärzten und Pflegenden, Der Nervenarzt 78, S. 802-808

Borasio, Gian Domenico (2009): Der assistierte Suizid aus palliativmedizinischer Sicht, Zeitschrift für medizinische Ethik 55, S. 235-242

Borasio, Gian Domenico (2011): Über das Sterben – Was wir wissen – Was wir tun können – Wie wir uns darauf einstellen können, München: C.H. Beck

Borchardt (1922): Die Freigabe der Vernichtung lebensunwerten Lebens, Deutsche Strafrechtszeitung 9, Heft 7/8, Sp. 206-210

Bormuth, Mattias (2008): Ambivalenz der Freiheit – Suizidales Denken im 20. Jahrhundert, Göttingen: Wallstein

Bosshard, Georg; Fischer, Susanne; Bär, Walter (2002): Open regulation and practice in assisted suicide, Swiss Medical Weekly 132, S. 527-534

Bosshard, Georg; Ulrich, Esther; Bär, Walter (2003): 748 cases of suicide assisted by a Swiss right-to-die organization, Swiss Medical Weekly 133, S. 310-317

Bozi, Alfred (1913): Euthanasie und Recht, Das Monistische Jahrhundert 2, S. 576-580

Brand-Claussen, Bettina; Röske, Thomas; Rotzoll, Maike (Hg.) (2002): Todesursache: Euthanasie – Verdeckte Morde in der NS-Zeit, 2. überarbeitete und ergänzte Aufl. 2012, Heidelberg: Sammlung Prinzhorn/Verlag Das Wunderhorn

Brand-Claussen, Bettina; Rotzoll, Maike (2010): Schikaniert und schaponiert. Karl Ahrendt, Kutscher ohne Gnadenbrot, in: Rotzoll, Maike; Hohendorf, Gerrit; Fuchs, Petra; Richter, Paul; Mundt, Christoph; Eckart, Wolfgang U. (Hg.) (2010): Die nationalsozialistische »Euthanasie«-Aktion »T4« und ihre Opfer – Geschichte und ethische Konsequenzen für die Gegenwart, Paderborn, München, Wien, Zürich: Schöningh, S. 214-219

Braß, Christoph (2004): Zwangssterilisation und ›Euthanasie‹ im Saarland, Paderborn u.a.: Schöningh

Bratz, E. (1932): Kann die Versorgung der Geisteskranken billiger gestaltet werden und wie? (Vom Deutschen Verein für Psychiatrie gestellte Preisarbeit.), Allgemeine Zeitschrift für Psychiatrie und psychisch-gerichtliche Medizin 98, S. 1-40

Brennecke, H. (1922): Kritische Bemerkungen zu der Forderung Bindings und Hoches »Der Freigabe der Vernichtung lebensunwerten Lebens«, Psychiatrisch-Neurologische Wochenschrift 23, S. 4-9

Bresler, Johannes (1920): Karl Bindings »letzte Tat für die leidende Menschheit.«, Psychiatrisch-Neurologische Wochenschrift 22, Heft 35/36, S. 289-290

Broszat, Martin (1985): Plädoyer für eine Historisierung des Nationalsozialismus, Merkur 39, Heft 435, 1985, S. 373-385

Brudermüller, Gerd; Marx, Wolfgang; Schüttauf, Konrad (Hg.) (2003): Suizid und Sterbehilfe (= Schriften des Instituts für angewandte Ethik e.V. 4), Würzburg: Königshausen & Neumann

Bruns, Florian (2009): Medizinethik im Nationalsozialismus – Entwicklungen und Protagonisten in Berlin (1939-1945) (= Geschichte und Philosophie der Medizin Bd. 7), Stuttgart: Franz Steiner

Büchner, Georg (1839): Lenz, in ders. (1958): Werke und Briefe. Gesamtausgabe, Wiesbaden: Insel-Verlag, S. 85-111

Bundesärztekammer (2004): Grundsätze der Bundesärztekammer zur ärztlichen Sterbebegleitung, Deutsches Ärzteblatt 101, Heft 19, S. A 1098 f.
Bundesärztekammer (2011): Grundsätze der Bundesärztekammer zur ärztlichen Sterbebegleitung, Deutsches Ärzteblatt 108, Heft 7, S. A 346-348
Burgess, J. A. (1993): The great slippery-slope argument, Journal of medical ethics 19, S. 169-174
Burkhardt, Claudia (1981): Euthanasie – »Vernichtung lebensunwerten Lebens« im Spiegel der Diskussionen zwischen Juristen und Medizinern von 1900 bis 1940, Medizinische Dissertation Mainz
Burleigh, Michael (1994): Death and Deliverance – ›Euthanasia‹ in Germany c. 1900-1945, Cambridge: Cambridge University Press, dt. Übers. Tod und Erlösung – Euthanasie in Deutschland 1900-1945, Zürich, München 2002: Pendo
Burleigh, Michael (1997): Ethics and extermination – Reflections on Nazi genocide, Cambridge: Cambridge University Press
Burleigh, Michael (2000): Die Nazi-Analogie und die Debatten zur Euthanasie, in: Frewer, Andreas; Eickhoff, Clemens (Hg.) (2000): »Euthanasie« und die aktuelle Sterbehilfe-Debatte – Die historischen Hintergründe medizinischer Ethik, Frankfurt/M., New York: Campus, S. 408-423
Caplan, Arthur (1992): The Doctors' Trial and Analogies in Contemporary Bioethical Debate, in: Annas, George J.; Grodin, Michael A. (Hg.) (1992): The Nazi Doctors and the Nuremberg Code – Human Rights in Human Experimentation, New York, Oxford: Oxford University Press, S. 258-275
Caplan, Arthur (1994): The Relevance of the Holocaust to Current Bio-Medical Issues, in: Michalczyk, John J. (Hg.) (1994): Medicine, Ethics, and the Third Reich: Historical and Contemporary Issues, Kansas: Sheed & Ward, S. 3-12
Catel, Werner (1962): Grenzsituationen des Lebens – Beitrag zum Problem der begrenzten Euthanasie, Nürnberg: Glock und Lutz
Chroust, Peter (1987): Friedrich Mennecke – Innenansichten eines medizinischen Täters im Nationalsozialismus, in: Aly, Götz; Chroust, Peter; Heilmann, H. D.; Langbein, Hermann (1987): Biedermann und Schreibtischtäter – Materialien zur deutschen Täter-Biographie (= Beiträge zur nationalsozialistischen Gesundheits- und Sozialpolitik 4), 2. Aufl. 1989, Berlin: Rotbuch, S. 67-122
Chroust, Peter (Hg.) (1988): Friedrich Mennecke – Innenansichten eines medizinischen Täters im Nationalsozialismus – Eine Edition seiner Briefe 1935-1947 (= Forschungsberichte des Hamburger Instituts für Sozialforschung 2), Hamburg: 2 Bde
Cranach, Michael v.; Siemen, Hans-Ludwig (Hg.) (1999): Psychiatrie im Nationalsozialismus – Die Bayerischen Heil- und Pflegeanstalten zwischen 1933 und 1945, München: Oldenbourg
Cranach, Michael v. (2012): Handlungsmotivation der NS-Euthanasieärzte, in: Förstl, Hans (Hg.) (2012): Theory of Mind – Neurobiologie und Psychologie sozialen Verhaltens, 2. überarb. Aufl., Heidelberg: Springer, S. 253-262
Czech, Herwig (2002): Forschen ohne Skrupel – Die wissenschaftliche Verwertung von Opfern der NS-Psychiatriemorde in Wien, in: Gabriel, Eberhard; Neugebauer, Wolfgang (Hg.) (2002): Von der Zwangssterilisierung zur Ermordung – Zur Geschichte der NS-Euthanasie in Wien Teil II, Wien, Köln, Weimar: Böhlau, S. 143-163
Czech, Herwig (2013): Julius Tandler – Vom »Architekten des Roten Wien« zum Wegbereiter der »Rassenhygiene«?, Online-Publikation www.diezukunft.at/?p=2898
Czech, Herwig (2013): Ärzte am »Volkskörper« – Die Wiener Medizin und der Nationalsozialismus Medizinische Biopolitik in Wien, 1938-1945 Vorbedingungen – Durchsetzung – Nachwirkungen, Wien: im Druck

Czerner, Frank (2004): Das Euthanasie-Tabu – Vom Sterbehilfe-Diskurs zur Novellierung des § 216 StGB, Dortmund: Humanitas Verlag

Dahl, Matthias (1998): Endstation Spiegelgrund – Die Tötung behinderter Kinder während des Nationalsozialismus am Beispiel einer Kinderfachabteilung in Wien 1940 bis 1945 (= Perspektiven der Wissenschaftsgeschichte Bd. 13), 2. Aufl., Wien: Erasmus.

Dahl, Matthias (2000): »Vollständig bildungs- und arbeitsunfähig« – Kinder-»Euthanasie« während des Nationalsozialismus und die Sterbehilfe-Debatte, in: Frewer, Andreas; Eickhoff, Clemens (Hg.) (2000): »Euthanasie« und die aktuelle Sterbehilfe-Debatte – Die historischen Hintergründe medizinischer Ethik, Frankfurt/M., New York: Campus, S. 144-176

Dahl, Matthias (2001): Aussonderung und Vernichtung – Der Umgang mit »lebensunwerten« Kindern während des Dritten Reiches und die Rolle der Kinder- und Jugendpsychiatrie, Praxis der Kinderpsychologie und Kinderpsychiatrie 50, S. 170-191

Dahl, Matthias (2002): »... deren Lebenserhaltung für die Nation keinen Vorteil bedeutet.« Behinderte Kinder als Versuchsobjekte und die Entwicklung der Tuberkulose-Schutzimpfung, Medizinhistorisches Journal 37, S. 57-90

Daub, Ute; Wunder, Michael (Hg.) (1994): Des Lebens Wert – Zur Diskussion über Euthanasie und Menschenwürde, Freiburg i. Br.: Lambertus

Deliens, Luc; Mortier, Freddy; Bilsen, Johan; Cosyns, Marc; Stichele, Robert Vander Stichele; Vanoverloop, Johan; Ingels, Koen (2000): End-of-life decisions in medical practice in Flanders, Belgium: a nationwide survey, The Lancet 356, S. 1806-1811

Diner, Dan (1987): Zwischen Aporie und Apologie – Über Grenzen der Historisierbarkeit des Nationalsozialismus, in: ders. (Hg.) (1987): Ist der Nationalsozialismus Geschichte – zu Historisierung und Historikerstreit, Frankfurt/M.: Fischer Taschenbuch, S. 62-73

Diner, Dan (1990): Perspektivenwahl und Geschichtserfahrung – Bedarf es einer besonderen Historik des Nationalsozialismus, in: Pehle, Walter H. (1990): Der historische Ort des Nationalsozialismus – Annäherungen, Frankfurt/M.: Fischer Taschenbuch, S. 94-113

Diner, Dan (1992): Rationalisierung und Methode – Zu einem neuen Erklärungsversuch der »Endlösung«, Vierteljahrshefte für Zeitgeschichte 40, 1992, S. 359-382

Dorner, Adolf (1935): Mathematik im Dienste der nationalpolitischen Erziehung mit Anwendungsbeispielen aus Volkswissenschaft, Geländekunde und Naturwissenschaft. Ein Handbuch für Lehrer, Frankfurt/M.: Moritz Diesterweg

Dörner, Klaus (1967): Nationalsozialismus und Lebensvernichtung, Vierteljahrshefte für Zeitgeschichte 15, S. 121-152

Dörner, Klaus (1986): Carl Schneider: Genialer Therapeut, moderner ökologischer Systemtheoretiker und Euthanasie-Mörder – Zu Carl Schneiders »Behandlung und Verhütung der Geisteskrankheiten«, Berlin: Springer 1939, Psychiatrische Praxis 13, S. 112-114

Dörner, Klaus (1988): Tödliches Mitleid – Zur Frage der Unerträglichkeit des Lebens oder: die Soziale Frage: Entstehung – Medizinisierung – NS-Endlösung – heute – morgen, 2. Aufl. 1989 Gütersloh: Jakob van Hoddis

Dörner, Klaus; Haerlin, Christiane; Rau, Veronika; Schernus, Renate; Schwendy, Arnd (Hg.) (1989): Der Krieg gegen die psychisch Kranken – Nach »Holocaust«: Erinnern – Trauern – Begegnen, 2. Aufl. Frankfurt/M.: Mabuse u. Bonn: Psychiatrie-Verlag

Dörner, Klaus; Ebbinghaus, Angelika; Linne, Karsten (Hg.) (2000): Der Nürnberger Ärzteprozeß 1946/47 – Wortprotokolle, Anklage- und Verteidigungsmaterial, Quellen zum Umfeld, Microfiche-Edition, deutsche Ausgabe, München: K. G. Saur

Dörner, Klaus (2001): Die »Endlösung« der Sozialen Frage, in: Mundt, Christoph; Hohendorf, Gerrit; Rotzoll, Maike (Hg.) (2001): Psychiatrische Forschung und NS-»Euthanasie« – Beiträge zu einer Gedenkveranstaltung an der Psychiatrischen Universitätsklinik Heidelberg, Heidelberg: Wunderhorn, S. 193-201

Dörner, Klaus (2002): Tödliches Mitleid – Zur Sozialen Frage der Unerträglichkeit des Lebens, Neuauflage Neumünster: Paranus

Dörner, Klaus (2003): Der gute Arzt – Lehrbuch der ärztlichen Grundhaltung, 2. überarb. Aufl., Stuttgart: Schattauer

Dörner, Klaus (2008): Alles dreht sich um den autonomen Patienten, aber was ist ein guter Arzt? – Ein ausgeblendeter Diskurs, in: Illhardt, Franz Josef (Hg.) (2008): Die ausgeblendete Seite der Autonomie – Kritik eines bioethischen Prinzips (= Ethik in der Praxis/Kontroversen Bd. 27), Berlin: LIT, S. 165-176

Dörner, Klaus (2010): Die soziale Frage und der Diskurs um die »Euthanasie«, in: Rotzoll, Maike; Hohendorf, Gerrit; Fuchs, Petra; Richter, Paul; Mundt, Christoph; Eckart, Wolfgang U. (Hg.) (2010): Die nationalsozialistische »Euthanasie«-Aktion »T4« und ihre Opfer – Geschichte und ethische Konsequenzen für die Gegenwart, Paderborn, München, Wien, Zürich: Schöningh, S. 42-46

Dörries, Andrea; Vollmann, Jochen (1997): Medizinische und ethische Probleme der Klassifikation psychischer Störungen – Dargestellt am Beispiel des »Würzburger Schlüssels« von 1933, Fortschritte der Neurologie . Psychiatrie 65, S. 550-554

Dowbiggin, Ian (2003): A Merciful End – The Euthanasia Movement in Modern America, Oxford, New York: Oxford University Press

Dreßen, Willi (1996): NS-»Euthanasie«-Prozesse in der Bundesrepublik Deutschland im Wandel der Zeit, in: Loewy, Hanno; Winter, Bettina (Hg.) (1996): NS-»Euthanasie« vor Gericht – Fritz Bauer und die Grenzen juristischer Bewältigung (= Wissenschaftliche Reihe des Fritz Bauer Instituts 1), Frankfurt/M., New York: Campus, S. 35-58

Duttge, Gunnar (2009: Der assistierte Suizid aus rechtlicher Sicht – »Menschenwürdiges Sterben« zwischen Patientenautonomie, ärztlichem Selbstverständnis und Kommerzialisierung, Zeitschrift für medizinische Ethik 55, S. 257-270

Dworkin, Ronald (1993): Die Grenzen des Lebens – Abtreibung, Euthanasie und persönliche Freiheit, dt. Übers. 1994, Reinbek bei Hamburg: Rowohlt

Ebbinghaus, Angelika; Preissler, Gerd (1985): Die Ermordung psychisch kranker Menschen in der Sowjetunion – Dokumentation, in: Aly, Götz; Ebbinghaus, Angelika; Hammen, Matthias; Pfäfflin, Friedemann; Preissler, Gerd (1985): Aussonderung und Tod – Die klinische Hinrichtung der Unbrauchbaren (= Beiträge zur nationalsozialistischen Gesundheits- und Sozialpolitik 1), Berlin: Rotbuch, S. 75-107

Ebermayer, Ludwig (1920): Die Freigabe der Vernichtung lebensunwerten Lebens, Leipziger Zeitschrift für Deutsches Recht 14, S. 599-604, abgedruckt in: Grübler, Gerd (2007): Quellen zur deutschen Euthanasie-Diskussion 1895-1941 (= Geschichte in Quellen Bd. 2), Berlin: LIT-Verlag, S. 157-162

Ebermayer, Ludwig (1922): Erwiderung gegen Borchardt, Deutsche Medizinische Wochenschrift 48, Sp. 1655, abgedruckt in: Grübler, Gerd (2007): Quellen zur deutschen Euthanasie-Diskussion 1895-1941 (= Geschichte in Quellen 2), Berlin: LIT-Verlag, S. 217 f.

Eckart, Wolfgang U. (2010): »Ein Feld der rationalen Vernichtungspolitik«. Biopolitische Ideen und Praktiken vom Malthusianismus bis zum nationalsozialistischen Sterilisationsgesetz, in: Rotzoll, Maike; Hohendorf, Gerrit; Fuchs, Petra; Richter, Paul; Mundt, Christoph; Eckart, Wolfgang U. (Hg.) (2010): Die nationalsozialistische »Euthanasie«-Aktion »T4« und ihre Opfer – Geschichte und ethische Konsequenzen für die Gegenwart, Paderborn, München, Wien, Zürich: Schöningh, S. 25-41

Ehrhardt, Helmut (1965): Euthanasie und Vernichtung »lebensunwerten« Lebens (= Forum der Psychiatrie Nr. 11), Stuttgart: Ferdinand Enke

Einbecker Empfehlungen der Deutschen Gesellschaft für Medizinrecht (DGMR) zu den Grenzen ärztlicher Behandlungspflicht bei schwerstgeschädigten Neugeborenen (1986/1992), Monatsschrift für Kinderheilkunde 140, S. 427

Elsaghe, Yahya (2011): Sterbehilfe, Glaubensverlust und Religionsersatz in Theodor Storms *Bekenntnis*, Zeitschrift für Religions- und Geistesgeschichte 63, S. 23-44

Elster, Alexander (1923): Freigabe lebensunwerten Lebens, Zeitschrift für die gesamte Strafrechtswissenschaft 44 (1923/24), S. 130-135, abgedruckt in: Grübler, Gerd (2007): Quellen zur deutschen Euthanasie-Diskussion 1895-1941 (= Geschichte in Quellen Bd. 2), Berlin: LIT-Verlag, S. 283-287

Emanuel, Ezekiel J. (1994): The History of Euthanasia Debates in the United States and Britain, Annals of Internal Medicine 121, S. 793-802

Emanuel, Ezekiel J.; Battin Margaret P. (1998): What are the Potential Cost Savings from Legalizing Physician Assisted Suicide?, The New England Journal of Medicine 339, S. 167-172

Engelhardt, Dietrich v. (1993): Euthanasie in historischer Perspektive, Zeitschrift für medizinische Ethik 39, S. 15-25

Engelhardt, Dietrich v. (2000): Euthanasie zwischen Lebensverkürzung und Sterbebeistand (= Schriften der Juristischen Gesellschaft Mittelfranken zu Nürnberg e.V. 14), Regensburg: S. Roderer

Engelhardt, Dietrich v. (2005): Die Beurteilung des Suizids im Wandel der Geschichte, in: Wolfslast, Gabriele; Schmidt, Kurt W. (Hg.) (2005): Suizid und Suizidversuch – Ethische und rechtliche Herausforderungen im klinischen Alltag, München: C. H. Beck, S. 11-26

Engelhardt, Dietrich v. (2010): Euthanasie in Geschichte und Gegenwart – im Spektrum zwischen Lebensbeendigung und Sterbebeistand, Acta Historica Leopoldina 55, S. 187-212

Erices, Rainer; Gumz, Antje (2005): Der Fall Rosemarie Albrecht – Zu Ende begutachtet, Deutsches Ärzteblatt 102, Heft 33, S. A 2223-2227

Falkenstein, Sigrid (2012): Annas Spuren – Ein Opfer der NS-»Euthanasie«, München: Herbig

Faulstich, Heinz (1993): Von der Irrenfürsorge zur »Euthanasie« – Geschichte der badischen Psychiatrie bis 1945, Freiburg i. Br.: Lambertus

Faulstich, Heinz (1998): Hungersterben in der Psychiatrie 1914-1949 – Mit einer Topographie der NS-Psychiatrie, Freiburg i. Br.: Lambertus

Faulstich, Heinz (2000): Die Zahl der »Euthanasie«-Opfer, in: Frewer, Andreas; Eickhoff, Clemens (Hg.) (2000): »Euthanasie« und die aktuelle Sterbehilfe-Debatte – Die historischen Hintergründe medizinischer Ethik, Frankfurt/M., New York: Campus, S. 218-234

Faulstich, Heinz (2001): Der sächsische Sonderweg bei der NS-»Euthanasie«, in: Arbeitskreis zur Erforschung der nationalsozialistischen »Euthanasie« und Zwangssterilisation (Hg.) (2001): Der sächsische Sonderweg bei der NS-»Euthanasie« – Fachtagung vom 15. bis 17. Mai in Pirna-Sonnenstein (= Berichte des Arbeitskreises 1), Ulm: Klemm & Oelschläger, S. 55-62

Fenner, Dagmar (2008): Suizid – Krankheitssymptom oder Signatur der Freiheit? Eine medizinethische Untersuchung (= Angewandte Ethik Bd. 8), Freiburg, München: Karl Alber

Fichtner, Gerhard (1976): Die Euthanasiediskussion in der Zeit der Weimarer Republik, in: Eser, Albin (Hg.) (1976): Suizid und Euthanasie als human- und sozialwissenschaftliches Problem (= Medizin und Recht 1), Stuttgart: Enke, S. 24-40

Fischer, Elena (2004): Recht auf Sterben?! – Ein Beitrag zur Reformdiskussion der Sterbehilfe in Deutschland unter besonderer Berücksichtigung der Frage nach der Übertragbarkeit des Holländischen Modells der Sterbehilfe in das deutsche Recht (= Frankfurter Kriminalwissenschaftliche Studien 84), Frankfurt/M. u.a: Peter Lang

Förstl, Hans (2008): Lebenswille statt Euthanasie – Innen- statt Außenansichten neurodegenerativer Erkrankungen, Deutsches Ärzteblatt 105, Heft 23, S. 395 f.

Förstl, Hans (Hg.) (2012): Theory of Mind – Neurobiologie und Psychologie sozialen Verhaltens, 2. überarb. Aufl., Heidelberg: Springer

Foot, Philippa (1977): Euthanasie, dt. Übers., in: Leist, Anton (Hg.) (1990): Um Leben und Tod – Moralische Probleme bei Abtreibung, künstlicher Befruchtung, Euthanasie und Selbstmord, Frankfurt/M.: Suhrkamp, S. 285-317

Forsbach, Ralf (2012): Friedrich Panse – etabliert in allen Systemen – Psychiater in der Weimarer Republik, im »Dritten Reich« und in der Bundesrepublik, Der Nervenarzt 83, S. 329-336

Frei, Andreas; Schenker, Tanja-Anita; Finzen, Asmus; Kräuchi, Kurt; Dittmann, Volker; Hoffmann-Richter, Ulrike (2001): Assisted suicide as conducted by a »Right-to-Die«-society in Switzerland: A descriptive analysis of 43 consecutive cases, Swiss Medical Weekly 131, S. 375-380

Frei, Norbert (1999): Vergangenheitspolitik – Die Anfänge der Bundesrepublik und die NS-Vergangenheit, 2. Aufl. 2003 München: Deutscher Taschenbuchverlag

Friedländer, Saul (1987): Überlegungen zur Historisierung des Nationalsozialismus, in: Diner, Dan (Hg.) (1987): Ist der Nationalsozialismus Geschichte – zu Historisierung und Historikerstreit, Frankfurt/M.: Fischer Taschenbuch, S. 34-50

Friedländer, Saul (1990): Die »Endlösung« – Über das Unbehagen in der Geschichtsdeutung, in: Pehle, Walter H. (1990): Der historische Ort des Nationalsozialismus – Annäherungen, Frankfurt/M.: Fischer Taschenbuch, S. 81-93

Friedlander, Henry (1995): The Origins of Nazi Genocide – From Euthanasia to the Final Solution, Chapel Hill, London: The University of North Carolina Press, dt. Übers. Der Weg zum NS-Genozid – Von der Euthanasie zur Endlösung, Berlin 1997: Berlin Verlag

Frieß, Michael (2008): »Komm süßer Tod« – Europa auf dem Weg zur Euthanasie? – Zur theologischen Akzeptanz von assistiertem Suizid und aktiver Sterbehilfe (= Forum Systematik – Beiträge zur Dogmatik, Ethik und ökumenischer Theologie 32), Stuttgart: W. Kohlhammer

Fuchs, Petra; Rotzoll, Maike; Richter, Paul; Hinz-Wessels, Annette; Hohendorf, Gerrit (2004): Minderjährige als Opfer der Krankenmordaktion »T4«, in: Beddies, Thomas; Hübener, Kristina (Hg.) (2004): Kinder in der NS-Psychiatrie (= Schriftenreihe zur Medizin-Geschichte des Landes Brandenburg 10), Berlin: be.bra, S. 55-70

Fuchs, Petra; Rotzoll, Maike; Richter, Paul; Hinz-Wessels, Annette; Hohendorf, Gerrit (2005): Die Opfer der »Aktion T4«: Versuch einer kollektiven Biographie auf der Grundlage von Krankengeschichten, in: Tögel, Christfried; Lischka, Volkmar (Hg.) (2005): »Euthanasie« und Psychiatrie (=Uchtspringer Schriften zur Psychiatrie, Neurologie, Schlafmedizin, Psychologie und Psychoanalyse 3), Uchtspringe: Sigmund-Freud-Zentrum, S. 37-68

Fuchs, Petra; Hohendorf, Gerrit; Rauh, Philipp; Hinz-Wessels, Annette; Richter, Paul; Rotzoll, Maike (2006): Die NS-»Euthanasie«-Aktion-T4 im Spiegel der Krankenakten – Neue Ergebnisse historischer Forschung und ihre Bedeutung für die heutige Diskussion medizinethischer Fragen, in: Vormbaum, Thomas (2006) (Hg.): Jahrbuch der Juristischen Zeitgeschichte Band 7 (2005/2006), Berlin: Berliner Wissenschafts-Verlag: 16-36

Fuchs, Petra; Rotzoll, Maike; Müller, Ulrich; Richter, Paul; Hohendorf, Gerrit (Hg.) (2007): »Das Vergessen der Vernichtung ist Teil der Vernichtung selbst« – Lebensgeschichten von Opfern der nationalsozialistischen »Euthanasie«, Göttingen: Wallstein

Fuchs, Petra (2007): Die Opfer als Gruppe: Eine kollektivbiographische Skizze auf der Basis empirischer Befunde, in: Fuchs, Petra; Rotzoll, Maike; Müller, Ulrich; Richter, Paul; Hohendorf, Gerrit (Hg.) (2007): »Das Vergessen der Vernichtung ist Teil der Vernichtung selbst« – Lebensgeschichten von Opfern der nationalsozialistischen »Euthanasie«, Göttingen: Wallstein, S. 53-72

Fuchs, Petra (2010): Zur Selektion von Kindern und Jugendlichen nach dem Kriterium der »Bildungsunfähigkeit«, in: Rotzoll, Maike; Hohendorf, Gerrit; Fuchs, Petra; Richter, Paul; Mundt, Christoph; Eckart, Wolfgang U. (Hg.) (2010): Die nationalsozialistische »Euthanasie«-Aktion »T4« und ihre Opfer – Geschichte und ethische Konsequenzen für die Gegenwart, Paderborn, München, Wien, Zürich: Schöningh, S. 287-296

Fuchs, Thomas (1997): Was heißt »töten«? Die Sinnstruktur ärztlichen Handelns bei passiver und aktiver Euthanasie, Ethik in der Medizin 9, S. 78-90

Fuchs, Thomas; Lauter, Hans (1997): Der Fall Chabot – Assistierter Suizid aus psychiatrischer Sicht, Der Nervenarzt 68, S. 878-883

Funke, Andreas (2002): Der Psychiater Alfred Erich Hoche und »Die Freigabe der Vernichtung lebensunwerten Lebens«, in: Grün, Bernd; Hofer, Hans-Georg; Leven, Karl-Heinz (Hg.) (2002): Medizin und Nationalsozialismus – Die Freiburger Medizinische Fakultät und das Klinikum in der Weimarer Republik und im »Dritten Reich« (= Medizingeschichte im Kontext 10), Frankfurt/M. u.a.: Peter Lang, S. 76-91

Fye, Bruce W. (1978): Active Euthanasia – An Historical Survey of its Conceptual Origins and Introduction into Medical Thought, Bulletin for the History of Medicine 52, S. 492-502

Ganzini, Linda; Goy, Elizabeth R.; Dobscha, Steven K. (2009): Oregonians' Reasons for Requesting Physician Aid in Dying, Archives of Internal Medicine 169, S. 489-492

Gaupp [Robert] (1920): Die Freigabe der Vernichtung lebensunwerten Lebens, Deutsche Strafrechts-Zeitung 7, Heft 11/12, S. 332-337

Gavela, Kallia (2013): Ärztlich assistierter Suizid und organisierte Sterbehilfe (= Veröffentlichungen des Instituts für Deutsches, Europäisches und Internationales Medizinrecht, Gesundheitsrecht und Bioethik der Universitäten Heidelberg und Mannheim 39), Heidelberg, New York, Dordrecht, London: Springer

Geddert-Steinacher, Tatjana (1990): Menschwürde als Verfassungsbegriff – Aspekte der Rechtsprechung des Bundesverfassungsgerichts 24 Art. 1 Abs. 1 Grundgesetz (= Tübinger Schriften zum Staats- und Verwaltungsrecht 5), Berlin: Duncker & Humblot

George, Uta; Lilienthal, Georg; Roelcke, Volker; Sandner, Peter; Vanja, Christina (Hg.) (2006): Hadamar Heilstätte – Tötungsanstalt – Therapiezentrum (= Historische Schriftenreihe des Landeswohlfahrtsverbandes Hessen Quellen und Studien 12), Marburg: Jonas-Verlag

Gerkan, Roland (1913): Euthanasie, Das monistische Jahrhundert 2/2, Heft 7, S. 169-173

Gerlach, Christian (1999): Kalkulierte Morde – Die deutsche Wirtschafts- und Vernichtungspolitik in Weißrußland 1941 bis 1944, Hamburg: Hamburger Edition

Gevers, Sjef; Legemaate, Johan (1998): Physician Assisted Suicide in Psychiatry: An Analysis of Case Law and Professional Opinions, in: Thomasma, David C.; Kimbrough-Kushner, Thomasine; Kimsma, Gerrit K.; Ciesielski-Carlucci, Chris (Hg.) (1998): Asking to Die: Inside the Dutch Debate about Euthanasia, Dordrecht, Boston, London: Kluwer, S. 71-91

Godau-Schüttke, Klaus-Detlev (1998): Die Heyde/Sawade-Affäre. Wie Juristen und Mediziner den NS-Euthanasieprofessor nach 1945 deckten und straflos blieben, Baden-Baden: Nomos

Gordijn, Bert (1998): Euthanasie: strafbar und doch zugestanden? Die niederländische Duldungspolitik in Sachen Euthanasie, Ethik in der Medizin 10, S. 12-25

Graefe, Stefanie (2007): Autonomie am Lebensende? Biopolitik, Ökonomisierung und die Debatte um Sterbehilfe (= Campus Forschung Bd. 923), Frankfurt/M., New York: Campus

Griffiths, John (1998): The Slippery Slope: Are the Dutch Sliding Down or Are They Clambering Up, in: Thomasma, David C.; Kimbrough-Kushner, Thomasine; Kimsma, Gerrit K.; Ciesielski-Carlucci, Chris (Hg.) (1998): Asking to Die: Inside the Dutch Debate about Euthanasia, Dordrecht, Boston, London: Kluwer, S. 93-104

Grimm, Carlo; Hillebrand, Ingo (2009): Sterbehilfe – Rechtliche und ethische Aspekte (= Ethik in den Biowissenschaften – Sachstandsberichte des DRZE 8), Freiburg, München: Karl Alber

Grode, Walter (1987): Die »Sonderbehandlung 14f13« in den Konzentrationslagern des Dritten Reiches – Ein Beitrag zur Dynamik faschistischer Vernichtungspolitik (= Europäische Hochschulschriften Reihe 31 Politikwissenschaft 100), Frankfurt/M., Bern, New York: Peter Lang

Große-Vehne, Vera (2005): Tötung auf Verlangen (§ 216 StGB), »Euthanasie« und Sterbehilfe – Reformdiskussion und Gesetzgebung seit 1870 (= Juristische Zeitgeschichte Abt. 3 Beiträge zur modernen Strafgesetzgebung Bd. 19), Berlin: Berliner Wissenschafts-Verlag

Große-Vehne, Vera (2006): »NARA, T-253, roll 44, file 81« – »Euthanasie«-Quellen bei T. Morell, in: Vormbaum, Thomas (Hg.) (2006): Jahrbuch der Juristischen Zeitgeschichte Band 7 (2005/2006), Berlin: Berliner Wissenschafts-Verlag, S. 135-147

Große-Vehne, Vera (2007): Die nationalsozialistischen Pläne für ein »Euthanasie-Gesetz«, Journal der Juristischen Zeitgeschichte 1, S. 2-8

Grübler, Gerd (Hg.) (2007): Quellen zur deutschen Euthanasie-Diskussion 1895-1941 (= Geschichte in Quellen Bd. 2), Berlin: LIT Verlag

Guckes, Barbara (1997a): Das Argument der schiefen Ebene – Schwangerschaftsabbruch, die Tötung Neugeborener und Sterbehilfe in der medizinethischen Diskussion (= Medizinethik Bd. 9), Stuttgart u.a.: Gustav Fischer

Guckes, Barbara (1997b): Das »Faschismus-Argument« in der Diskussion um die Legalisierung von Sterbehilfe, in: Toellner, Richard; Wiesing, Urban (Hg.) (1997): Geschichte und Ethik in der Medizin – Von den Schwierigkeiten einer Kooperation – Dokumentation der Jahresversammlung des Arbeitskreises Medizinischer Ethik-Kommissionen in der Bundesrepublik Deutschland, Köln 1997 (= Medizinethik Bd. 10), Stuttgart u.a.: Gustav Fischer, S. 131-154

Gütt, Arthur; Rüdin, Ernst; Ruttke, Falk (1934): Gesetz zur Verhütung erbkranken Nachwuchses vom 14. Juli 1933 mit Auszug aus dem Gesetz gegen gefährliche Gewohnheitsverbrecher und über Maßregeln der Sicherung und Besserung vom 24. Nov. 1933, München: J.F. Lehmanns

Gula, Richard M. (2000): Zur Euthanasiediskussion in den USA – Zweiter Teil, in: Holderegger, Adrian (Hg.) (2000): Das medizinisch assistierte Sterben – Zur Sterbehilfe aus medizinischer, ethischer, juristischer und theologischer Sicht (= Studien zur

Theologischen Ethik 80), 2. Aufl., Freiburg/CH/Freiburg i. Br.: Universitätsverlag/Herder, S. 137-156
Habermas, Jürgen (2001): Die Zukunft der menschlichen Natur. Auf dem Weg zu einer liberalen Eugenik?, Frankfurt/M.: Suhrkamp
Hachmeister, Sylke (1992): Kinopropaganda gegen Kranke – Die Instrumentalisierung des Spielfilms »Ich klage an« für das nationalsozialistische »Euthanasieprogramm« (= Nomos Universitätsschriften Kulturwissenschaft 2), Baden-Baden: Nomos
Haeckel, Ernst (1904): Die Lebenswunder. Gemeinverständliche Studien über Biologische Philosophie. Ergänzungsband zu dem Buche über die Welträthsel, Stuttgart: Kroener
Haeckel, Ernst (1924): Natürliche Schöpfungsgeschichte Erster Teil, in: Haeckel, Ernst (1924): Gemeinverständliche Werke Bd. 1, hg. v. Heinrich Schmidt-Jena, Leipzig und Berlin: Alfred Kröner und Carl Henschel
Haenel, Hans (1923): »Darf der Arzt töten?« 163. Sitzung der forensisch-psychiatrischen Vereinigung zu Dresden am 22. Juni 1922, Allgemeine Zeitschrift für Psychiatrie und psychisch-gerichtliche Medizin 79, S. 438-442
Häupl, Waltraud (2006): Die ermordeten Kinder vom Spiegelgrund – Gedenkdokumentation für die Opfer der NS-Kindereuthanasie in Wien, Wien, Köln, Weimar: Böhlau
Hafner, Karl-Heinz; Winau, Rolf (1974): »Die Freigabe der Vernichtung lebensunwerten Lebens« – Eine Untersuchung zu der Schrift von Karl Binding und Alfred Hoche, Medizinhistorisches Journal 9, S. 227-254
Hahne, Meo-Micaela (2005): Die Rechtsprechung des XII. Zivilsenats des Bundesgerichtshofs zur Frage der Patientenautonomie am Ende des Lebens, Deutsche Richterzeitung 83, S. 244-247
Halder, Franz (1964): Kriegstagebuch – Bd. III Der Rußlandfeldzug bis zum Marsch auf Stalingrad (22. 6. 1941-24. 9. 1942), bearb. v. Hans-Adolf Jacobsen, Stuttgart: W. Kohlhammer
Hallich, Oliver (1998): Mitleid und Moral – Schopenhauers Leidensethik und die moderne Moralphilosophie (= Beiträge zur Philosophie Schopenhauers 2), Würzburg: Königshausen & Neumann
Hamann, Matthias (1985): Die Morde an polnischen und sowjetischen Zwangsarbeitern in deutschen Anstalten, in: Aly, Götz; Ebbinghaus, Angelika; Hamann, Matthias; Pfäfflin, Friedemann; Preissler, Gerd (1985): Aussonderung und Tod – Die klinische Hinrichtung der Unbrauchbaren (= Beiträge zur nationalsozialistischen Gesundheits- und Sozialpolitik 1), Berlin: Rotbuch, S. 121-187
Harms, Ingo (1996): »Wat mööt hier smachten ...« – Hungertod und »Euthanasie« in der Heil- und Pflegeanstalt Wehnen im Dritten Reich, Oldenburg/Osnabrück: Druck & Verlagscooperative
Harris, John (1985): The value of Life, London, New York: Routledge
Hartmann Julia; Förstl, Hans; Kurz, Alexander (2009): Suizid bei beginnender Demenz, Medizinische und ethische Fragen, Zeitschrift für Medizinische Ethik 55, S. 343-350
Have, Henk ten (2001): Euthanasia: Moral Paradoxes, Palliative Medicine 15, S. 505-511
Hegselmann, Reiner; Merkel, Reinhard (Hg.) (1991): Zur Debatte über Euthanasie – Beiträge und Stellungnahmen, Frankfurt/M.: Suhrkamp
Hegselmann, Reiner (1991): Moralische Aufklärung, moralische Integrität und die schiefe Bahn, in: Hegselmann, Reiner; Merkel, Reinhard (Hg.) (1991): Zur Debatte über Euthanasie – Beiträge und Stellungnahmen, Frankfurt/M.: Suhrkamp, S. 197-226

Heide, Agnes van der; Deliens, Luc; Faisst, Karin; Nilstun, Tore; Norup, Michael; Paci, Eugenio; van der Wal, Gerrit; van der Maas, Paul J. (2003): End-of-life decision-making in six European countries: descriptive study, The Lancet 361, S. 345-350

Heide, Agnes van der; Onwuteaka-Philipsen, Bregje D.; Rurup, Mette L.; Buiting, Hilde M.; van Delden, Johannes, J. M.; Hanssen-de Wolf, Johanna E.; Janssen, Anke G. J. M.; Pasman, H. Roeline W.; Rietjens, Judith A. C.; Prins, Cornelis J. M.; Deerenberg, Ingeborg, M.; Gevers, Joseph K. M.; van der Maas, Paul J.; van der Wal, Gerrit (2007): End-of-Life Practices in the Netherlands under the Euthanasia Act, The New England Journal of Medicine 356, S. 1957-1965

Helmchen, Hanfried (1993): Tötung auf Verlangen – aus ärztlicher Sicht, Zeitschrift für ärztliche Fortbildung 87, S. 36-45

Helmchen, Hanfried; Kanowski, Siegfried, Lauter, Hans (2006): Ethik in der Altersmedizin, Stuttgart: Kohlhammer

Henke, Klaus-Dietmar (Hg.) (2008): Tödliche Medizin im Nationalsozialismus – Von der Rassenhygiene zum Massenmord (= Schriften des Deutschen Hygiene-Museums Dresden 7), Köln, Weimar, Wien: Böhlau

Hermeler, Ludwig (2002): Die Euthanasie und die späte Unschuld der Psychiater – Massenmord, Bedburg-Hau und das Geheimnis rheinischer Widerstandslegenden (= Rheinprovinz – Dokumente und Darstellungen zur Geschichte der rheinischen Provinzialverwaltung und des Landschaftsverbandes Rheinland 14), Essen: Klartext

Herold (1960): Zur Strafbarkeit der Euthanasie, Ärztliche Praxis 12, Heft 9, S. 486

Heyn (1921): Über Sterbehilfe (Euthanasie), Zeitschrift für Medizinalbeamte 34, S. 253-263 und 273-281, abgedruckt in: Grübler, Gerd (2007): Quellen zur deutschen Euthanasie-Diskussion 1895-1941 (= Geschichte in Quellen Bd. 2), Berlin: LIT-Verlag, S. 195-210

Hibbeler, Birgit (2005): Briefe aus der Hölle, Deutsches Ärzteblatt 102, Heft 18, S. B 1090.

Hiersche, Hans-Dieter (Hg.) (1975): Euthanasie – Probleme der Sterbehilfe – Eine interdisziplinäre Stellungnahme, München, Zürich: Piper

Hiersche, Hans-Dieter (1975): Euthanasie aus ärztlicher Sicht, in: Hiersche, Hans-Dieter (Hg.) (1975): Euthanasie – Probleme der Sterbehilfe – Eine interdisziplinäre Stellungnahme, München, Zürich: Piper, S. 209-234

Hindrichs, Gunnar (2004): Beantwortung der Frage: Welt ohne Tod – Hoffnung oder Schreckensvision?, in: Höhn, Hans-Joachim (Hg.) (2004): Welt ohne Tod – Hoffnung oder Schreckensvision? (= Preisschriften des Forschungsinstituts für Philosophie Hannover 2), Göttingen: Wallstein, S. 59-110

Hinz-Wessels, Annette (2002): Das Schicksal jüdischer Patienten in brandenburgischen Heil- und Pflegeanstalten im Nationalsozialismus, in: Hübener, Kristina (Hg.) (2002): Brandenburgische Heil- und Pflegeanstalten in der NS-Zeit (= Schriftenreihe zur Medizin-Geschichte des Landes Brandenburg 3), Berlin: be.bra, S. 259-286

Hinz-Wessels, Annette; Fuchs, Petra; Hohendorf, Gerrit; Rotzoll, Maike (2005): Zur bürokratischen Abwicklung eines Massenmords – Die »Euthanasie«-Aktion im Spiegel neuer Dokumente, Vierteljahrshefte für Zeitgeschichte 53, S. 79-107

Hinz-Wessels, Annette (2010a): Neue Dokumentenfunde zur Organisation und Geheimhaltung der »Aktion T4«, in: Rotzoll, Maike; Hohendorf, Gerrit; Fuchs, Petra; Richter, Paul; Mundt, Christoph; Eckart, Wolfgang U. (Hg.) (2010): Die nationalsozialistische »Euthanasie«-Aktion »T4« – Geschichte und ethische Konsequenzen für die Gegenwart, Paderborn, München, Wien, Zürich: Schöningh, S. 77-82

Hinz-Wessels, Annette (2010b): Jüdische Opfer der »Aktion T4« im Spiegel der überlieferten »Euthanasie«-Krankenakten im Bundesarchiv, in: Rotzoll, Maike; Hohendorf, Gerrit; Fuchs, Petra; Richter, Paul; Mundt, Christoph; Eckart, Wolfgang U. (Hg.) (2010): Die nationalsozialistische »Euthanasie«-Aktion »T4« – Geschichte und ethische Konsequenzen für die Gegenwart, Paderborn, München, Wien, Zürich: Schöningh, S. 143-146

Hinz-Wessels, Annette (2013): Antisemitismus und Krankenmord – Zum Umgang mit jüdischen Anstaltspatienten im Nationalsozialismus, Vierteljahrshefte für Zeitgeschichte 61, S. 65-92

Hitler, Adolf (1994): Reden, Schriften, Anordnungen. Februar 1925 bis Januar 1933, Band 3: Zwischen den Reichstagswahlen Juli 1928 – September 1930, Teil 2: März 1929 – Dezember 1929, hg. v. Institut für Zeitgeschichte u. kommentiert von Klaus A. Lankheit, München [u. a.]: K. G. Saur

Hochmuth, Anneliese (1997): Spurensuche – Eugenik, Sterilisation, Patientenmorde und die v. Bodelschwighschen Anstalten Bethel, hg. v. Matthias Benard, Wolf Kätzner und Eberhard Warns, Bielefeld: Bethel-Verlag

Höfling, Wolfram (2009): Das neue Patientenverfügungsgesetz, Neue Juristische Wochenschrift 62, S. 2849-2851

Hoerster, Norbert (1991): Abtreibung im säkularen Staat – Argumente gegen den § 218, Frankfurt/M.: Suhrkamp

Hoerster, Norbert (1995): Neugeborene und das Recht auf Leben, Frankfurt/M.: Suhrkamp

Hoerster, Norbert (1998): Sterbehilfe im säkularen Staat, Frankfurt/M.: Suhrkamp

Hoffmann, Thomas Sören (2013): Mitleidstyrannei. Über die Ambivalenz von Mitleidsargumenten in der Ethik, Vortrag Tagung »Entzugskost« am 10.1.2013 im Bayerischen Landtag

Hoffmann, Ute (2001): »Da ist wohl ein Stück verdrängt worden …« – Zum Umgang mit den »Euthanasie«-Verbrechen in der DDR, in: Leo, Annette; Reif-Spirek, Peter (Hg.) (2001): Vielstimmiges Schweigen – Neue Studien zum DDR-Antifaschismus, Berlin: Metropol, S. 51-66

Hohendorf, Gerrit; Magull-Seltenreich, Achim (Hg.) (1990): Von der Heilkunde zur Massentötung – Medizin im Nationalsozialismus, Heidelberg: Wunderhorn

Hohendorf, Gerrit; Roelcke, Volker; Rotzoll, Maike (1996): Innovation und Vernichtung – Psychiatrische Forschung und »Euthanasie« an der Heidelberger Psychiatrischen Klinik 1939-1945, Der Nervenarzt 67, S. 935-946

Hohendorf, Gerrit; Roelcke, Volker; Rotzoll, Maike (1997): Von der Ethik des wissenschaftlichen Zugriffs auf den Menschen: Die Verknüpfung von psychiatrischer Forschung und »Euthanasie« im Nationalsozialismus und einige Implikationen für die heutige Diskussion in der medizinischen Ethik, in: Hamann, Matthias; Asbeck, Hans (Hg.) (1997): Halbierte Vernunft und totale Medizin – Zu Grundlagen, Realgeschichte und Fortwirkungen der Psychiatrie im Nationalsozialismus (= Beiträge zur nationalsozialistischen Gesundheits- und Sozialpolitik 13), Berlin/Göttingen: Verlag der Buchläden Schwarze Risse, Rote Straße, S. 81-106

Hohendorf, Gerrit; Weibel-Shah, Stephan; Roelcke, Volker; Rotzoll, Maike (1999): Die »Kinderfachabteilung« der Landesheilanstalt Eichberg 1941 bis 1945 und ihre Beziehung zur Forschungsabteilung der Psychiatrischen Universitätsklinik Heidelberg unter Carl Schneider, in: Vanja, Christina; Haas, Steffen; Deutschle, Gabriela; Eirund, Wolfgang; Sandner, Peter (Hg.) (1999): Wissen und irren. Psychiatriegeschichte aus zwei Jahrhunderten – Eberbach und Eichberg (= Historische Schriftenreihe des Landeswohlfahrtsverbandes Hessen Quellen und Studien 6), Kassel: Eigenverlag des LWV Hessen, S. 221-243

Hohendorf, Gerrit; Roelcke, Volker; Rotzoll, Maike (1999): Innovation without Ethical Restriction: Remarks on the History and Ethics of Psychiatric Research at the University of Heidelberg, 1941–1945, in: Engstrom, Eric J.; Weber, Matthias M.; Hoff, Paul (Hg.) (1999): Knowledge and Power: Perspectives in the History of Psychiatry, Berlin: Verlag für Wissenschaft und Bildung, S. 173-79

Hohendorf, Gerrit; Rotzoll, Maike; Richter, Paul; Mundt, Christoph; Eckart, Wolfgang U. (2002): Die Opfer der nationalsozialistischen »Euthanasie-Aktion T4« – Erste Ergebnisse eines Projektes zur Erschließung von Krankenakten getöteter Patienten im Bundesarchiv Berlin, Der Nervenarzt 73, S. 1065-1074

Hohendorf, Gerrit; Rotzoll, Maike; Richter, Paul; Fuchs, Petra; Hinz-Wessels, Annette; Mundt, Christoph; Eckart, Wolfgang U. (2003): NS-»Euthanasie« – Vom Wahn zur Wirklichkeit – Ein von der Deutschen Forschungsgemeinschaft gefördertes Forschungsprojekt analysiert Krankenakten von Opfern der ersten zentral organisierten Massenvernichtungsaktion im Nationalsozialismus, Deutsches Ärzteblatt 100, S. A 2626-2630

Hohendorf, Gerrit; Rotzoll, Maike (2004): »Kindereuthanasie« in Heidelberg, in: Beddies, Thomas; Hübener, Kristina (Hg.) (2004): Kinder in der NS-Psychiatrie (= Schriftenreihe zur Medizin-Geschichte des Landes Brandenburg 10), Berlin: be.bra, S. 125-148

Hohendorf, Gerrit; Rotzoll, Maike; Fuchs, Petra; Hinz-Wessels, Annette; Richter, Paul (2006): Die Opfer der nationalsozialistischen »Euthanasie«-Aktion T4 in der Tötungsanstalt Hadamar, in: George, Uta; Lilienthal, Georg; Roelcke, Volker; Sandner, Peter; Vanja, Christina (Hg.) (2006): Hadamar – Heilstätte – Tötungsanstalt – Therapiezentrum (= Historische Schriftenreihe des Landeswohlfahrtsverbandes Hessen Quellen und Studien 12), Marburg: Jonas-Verlag, S. 176-188

Hohendorf, Gerrit (2007): Leopoldine S. – »… scheint sie doch zeitlich in einer ganz anderen Welt zu sein«, in: Fuchs, Petra; Rotzoll, Maike; Müller, Ulrich; Richter, Paul; Hohendorf, Gerrit (Hg.) (2007): »Das Vergessen der Vernichtung ist Teil der Vernichtung selbst« – Lebensgeschichten von Opfern der nationalsozialistischen »Euthanasie«, Göttingen: Wallstein, S. 267-273

Hohendorf, Gerrit; Rotzoll, Maike ; Oehler-Klein, Sigrid (2007): Der Pädiater Johann Duken im Dienst nationalsozialistischer Gesundheitspolitik, in: Oehler-Klein, Sigrid (Hg.) (2007): Die Medizinische Fakultät der Universität Gießen im Nationalsozialismus und in der Nachkriegszeit: Personen und Institutionen, Umbrüche und Kontinuitäten (= Die Medizinische Fakultät der Universität Gießen 1607 bis 2007 hg. von Volker Roelcke Bd. 2), Stuttgart: Franz Steiner, S. 323-357

Hohendorf, Gerrit (2009a): Adelheid B. – »… wiederholt fast beständig eine eigentümliche Folge von Tönen«, in: Jüdisches Museum Berlin (Hg.) (2009): Tödliche Medizin – Rassenwahn im Nationalsozialismus, Göttingen: Wallstein Verlag, S. 24-29

Hohendorf, Gerrit (2009b): The Representation of Nazi »Euthanasia« in German Psychiatry 1945 to 1998 – A Preliminary Survey, Korot 19 (2007/2008), S. 29-48

Hohendorf, Gerrit (2010): Die Selektion der Opfer zwischen rassenhygienischer »Ausmerze«, ökonomischer Brauchbarkeit und medizinischem Erlösungsideal, in: Rotzoll, Maike; Hohendorf, Gerrit; Fuchs, Petra; Richter, Paul; Mundt, Christoph; Eckart, Wolfgang U. (Hg.) (2010): Die nationalsozialistische »Euthanasie«-Aktion »T4« und ihre Opfer – Geschichte und ethische Konsequenzen für die Gegenwart, Paderborn, München, Wien, Zürich: Schöningh, S. 310-324

Hohendorf, Gerrit (2011a): Euthanasie im Nationalsozialismus – Historischer Kontext und Handlungsspielräume der Akteure, in: Sirl, M. Sr. Benigna; Pfister, Peter (Hg.) (2011): Die Assoziationsanstalt Schönbrunn und das nationalsozialistische Euthanasie-Programm (= Schriften des Archivs des Erzbistums München und Freising 15), Regensburg: Schnell & Steiner, S. 53-82

Hohendorf, Gerrit (2011b): Die nationalsozialistischen Krankenmorde zwischen Tabu und Argument – Was lässt sich aus der Geschichte der NS-Euthanasie für die gegenwärtige Debatte um die Sterbehilfe lernen?, in: Westermann, Stefanie; Kühl, Richard; Ohnhäuser, Tim (Hg.) (2011): NS-»Euthanasie« und Erinnerung. Vergangenheitsaufarbeitung – Gedenkformen – Betroffenenperspektiven (Medizin und Nationalsozialismus Bd. 3), Münster: LIT, S. 211-229

Hohendorf, Gerrit; Fuat S. Oduncu (2011a): Todeswunsch und Lebenssinn – Die Zulassung einer von Medizinern assistierten Selbsttötung ist moralisch mehr als bedenklich, Süddeutsche Zeitung, 1./2.6.2011, S. 2

Hohendorf, Gerrit; Oduncu Fuat S. (2011b): Der ärztlich assistierte Suizid – Freiheit zum Tode oder Unfreiheit zum Leben?, Zeitschrift für medizinische Ethik 57, S. 230-242

Hohendorf, Gerrit (2013): Therapieunfähigkeit als Selektionskriterium – Die »Schocktherapieverfahren« und die Organisationszentrale der nationalsozialistischen »Euthanasie« in der Berliner Tiergartenstraße 4, 1939-1945, in: Schmuhl, Hans-Walter; Roelcke, Volker (Hg.) (2013): »Heroische Therapien« – Die deutsche Psychiatrie im internationalen Vergleich, 1918-1945, Göttingen: Wallstein, S. 289-309

Hohls, Rüdiger; Kälble, Hartmut (Hg.) (1989): Die regionale Erwerbsstruktur im Deutschen Reich und in der Bundesrepublik Deutschland 1895-1970 (= Quellen und Forschungen zur historischen Statistik in Deutschland 9), St. Katharinen: Scripta Mercaturae

Hohmann, Joachim S.; Wieland, Günther (1996): MfS-Operativvorgang »Teufel« – »Euthanasie«-Arzt Otto Hebold vor Gericht, Berlin: Metropol

Holderegger, Adrian (2000): Zur Euthanasie-Diskussion in den USA – Erster Teil, in: ders. (Hg.) (2000): Das medizinisch assistierte Sterben – Zur Sterbehilfe aus medizinischer, ethischer, juristischer und theologischer Sicht (= Studien zur Theologischen Ethik 80), 2. erw. Aufl. Freiburg/CH, Freiburg i. Br.: Universitätsverlag/Herder, S. 121-135

Holderegger, Adrian (Hg.) (2000): Das medizinisch assistierte Sterben – Zur Sterbehilfe aus medizinischer, ethischer, juristischer und theologischer Sicht (= Studien zur Theologischen Ethik 80), 2. erw. Aufl. Freiburg/CH, Freiburg i. Br.: Universitätsverlag/Herder

Holtkamp, Martin (2002): Werner Villinger (1887-1961) – Die Kontinuität des Minderwertigkeitsgedankens in der Jugend- und Sozialpsychiatrie (= Abhandlungen zur Geschichte der Medizin und Naturwissenschaften 97), Husum: Matthiesen

Holzhaider, Hans (2007): Umkehr ins Leben. Wie die Landrätin Bruni Mayer durch intensive Gespräche die Selbsttötung einer 76jährigen verhinderte, Süddeutsche Zeitung 1./.2.12.2007, S. 49

Honnefelder, Ludger (1996): Lebensrecht und Menschenwürde – Zu Bedeutung und Grenzen der Behandlungspflicht bei Patienten mit komplettem appallischen Syndrom, Ethik in der Medizin 8, S. 1-5

Hoppe, Jörg-Dietrich (2010): »Ein PID-Verbot wäre unlogisch«. Ärztepräsident Hoppe über Präimplantationsdiagnostik und Sterbehilfe, Frankfurter Rundschau 27.12.2010, S. 4

Hübener, Kristina (Hg.) (2002): Brandenburgische Heil- und Pflegeanstalten in der NS-Zeit (= Schriftenreihe zur Medizin-Geschichte des Landes Brandenburg 3), Berlin: be.bra

Hufeland, Christoph Wilhelm (1836): Enchiridion medicum oder Anleitung zur medicinischen Praxis. Vermächtniß einer fünfzigjährigen Erfahrung, 3. Auflage 1837 Herisau: Literatur-Comptoir

Hume, David (1783): Über den Freitod, in: ders. (2009): Über den Freitod und andere Essays, hg. v. Manfred Kühn (= Kleine Bibliothek der Weltweisheit 26), München: C. H. Beck u. Deutscher Taschenbuch Verlag, S. 7-23

Illhardt, Franz Josef; Heiss, Hermann Wolfgang; Dornberg, Martin (Hg.) (1998): Sterbehilfe – Handeln oder Unterlassen? – Referate einer medizinethischen Fortbildungsveranstaltung vom Zentrum für Ethik und Recht in der Medizin und dem Zentrum für Geriatrie und Gerontologie Freiburg am 19. und 20. Januar 1996, Stuttgart, New York: Schattauer

Jachertz, Norbert (1997): Phasen der »Vergangenheitsbewältigung« in der deutschen Ärzteschaft, in: Jütte, Robert (Hg.) (1997): Geschichte der deutschen Ärzteschaft – Organisierte Berufs- und Gesundheitspolitik im 19. und 20. Jahrhundert, Köln: Deutscher Ärzteverlag, S. 275-288

Jaroszewski, Zdzisław (Hg.) (1993): Die Ermordung der Geisteskranken in Polen 1939 – 1945, Warschau: Wydawnictwo Naukowe PWN

Jens, Inge (2008): Ein Nach-Wort in eigener Sache, in: Jens, Walter; Küng, Hans (2009): Menschenwürdig sterben – Ein Plädoyer für Selbstverantwortung, Neuausgabe 2009 München, Zürich: Piper, S. 199-211

Jens, Walter; Küng, Hans (2009): Menschenwürdig sterben – Ein Plädoyer für Selbstverantwortung, 1. Aufl. 1995, Neuausgabe 2009 München, Zürich: Piper

Jost, Adolf (1895): Das Recht auf den Tod. Sociale Studie, Göttingen: Dieterich'sche Verlagsbuchhandlung

Jox, Ralf J.; Krebs, Mirjam; Bickhardt, Jürgen; Heßdörfer, Carlo; Roller, Susanne; Borasio, Gian Domenico (2008): Verbindlichkeit der Patientenverfügung im Urteil ihrer Verfasser, Ethik in der Medizin 21, S. 21-31

Jox, Ralf J. (2011): Sterben lassen – Über Entscheidungen am Ende des Lebens, Hamburg: edition Körber-Stiftung

Jüdisches Museum (Hg.) (2009): Tödliche Medizin – Rassenwahn im Nationalsozialismus, Göttingen: Wallstein

Jüngel, Eberhard (1971): Tod, 3. Aufl. 1985 Gütersloh: Mohn

Kaelber, Lutz; Reiter, Raimond (Hg.) (2011): Kindermord und »Kinderfachabteilungen« im Nationalsozialismus – Gedenken und Forschung, Frankfurt/M. u. a.: Peter Lang

Käser, Rudolf (1998): Arzt, Tod und Text – Grenzen der Medizin im Spiegel deutschsprachiger Literatur, München: Wilhelm Fink

Käubler, Konrad Johannes (1902): Bericht an den Landtag, Mittheilungen über die Verhandlungen des ordentlichen Landtags im Königreiche Sachsen, Erste Kammer (1901/1902), 7. Januar 1902, S. 55-56, in: Grübler, Gerd (Hg.) (2007): Quellen zur deutschen Euthanasie-Diskussion 1895-1941 (= Geschichte in Quellen Bd. 2), Berlin: LIT Verlag, S. 62-64

Kaiser, Jochen-Christoph; Nowak, Kurt; Schwartz, Michael (Hg.) (1992): Eugenik Sterilisation »Euthanasie« – Politische Biologie in Deutschland 1895–1945 – Eine Dokumentation, Berlin: Buchverlag Union

Kaminsky, Uwe (1995): Zwangssterilisation und »Euthanasie« im Rheinland – Evangelische Erziehungsanstalten sowie Heil- und Pflegeanstalten 1933-1945 (= Schriftenreihe des Vereins für Rheinische Kirchengeschichte 116), Köln: Rheinland-Verlag

Kaminsky, Uwe (2008): Die NS-»Euthanasie«. Ein Forschungsüberblick, in: Henke, Klaus-Dietmar (Hg.) (2008): Tödliche Medizin im Nationalsozialismus – Von der Rassenhygiene zum Massenmord (= Schriften des Deutschen Hygiene-Museums Dresden 7), Köln, Weimar, Wien: Böhlau, S. 269-290

Kaul, Friedrich Karl (1979): Die Psychiatrie im Strudel der »Euthanasie« – Ein Bericht über die erste industriemäßig durchgeführte Mordaktion des Naziregimes, Köln, Frankfurt/M.: Europäische Verlagsanstalt

Kaupen-Haas, Heidrun (Hg.) (1986): Der Griff nach der Bevölkerung – Aktualität und Kontinuität nazistischer Bevölkerungspolitik (= Schriften der Hamburger Stiftung für Sozialgeschichte des 20. Jahrhunderts 1), Nördlingen: Franz Greno

Kelleher, M. J.; Keeley, H. S.; Chambers, D; Cocoran, P. (2000): Suizid, in: Helmchen, Hanfried; Henn, F.; Lauter, Hans; Sartorius, N. (Hg.) (2000): Psychiatrie der Gegenwart, Bd. 6, 4. Aufl. Berlin, Heidelberg, New York u. a.: Springer, S. 227-245

Kelleher, M. J. et al. (2000): Parasuizid, in: Helmchen, Hanfried; Henn, F.; Lauter, Hans; Sartorius, N. (Hg.) (2000): Psychiatrie der Gegenwart, Bd. 6, 4. Aufl. Berlin, Heidelberg, New York u. a.: Springer, S. 247-72

Kemp, N. D. A. (2002): ›Merciful release‹ – The history of the British euthanasia movement, Manchester, New York: Manchester University Press

Kepplinger, Brigitte (2003): Die Tötungsanstalt Hartheim 1940 – 1945, in: Arbeitskreis zur Erforschung der nationalsozialistischen »Euthanasie« und Zwangssterilisation (Hg.) (2003): Beiträge zur NS-»Euthanasie«-Forschung 2002 – Fachtagungen vom 24. bis 26. Mai 2002 in Linz und Hartheim/Alkoven und vom 15. bis 17. November 2002 in Potsdam (= Berichte des Arbeitskreises 3), Ulm: Klemm & Oelschläger, S. 53-109

Kepplinger, Brigitte; Marckhgott, Gerhart; Reese, Hartmut (Hg.) (2008): Tötungsanstalt Hartheim (= Oberösterreich zur Zeit des Nationalsozialismus Bd. 3), 2. erw. Aufl., Linz: Oberösterreichisches Landesarchiv

Kerrl, Hans (1933): Nationalsozialistisches Strafrecht – Denkschrift des Preußischen Justizministers, Berlin: R. v. Deckers Verlag

Kersting, Franz-Werner (Hg.) (2003): Psychiatriereform als Gesellschaftsreform – Die Hypothek des Nationalsozialismus und der Aufbruch der sechziger Jahre (= Forschungen zur Regionalgeschichte Bd. 46), Paderborn, München, Wien, Zürich: Schöningh

Kersting, Franz-Werner (2003): Vor Ernst Klee. Die Hypothek der NS-Medizinverbrechen als Reformimpuls, in: Kersting, Franz-Werner (Hg.) (2003): Psychiatriereform als Gesellschaftsreform – Die Hypothek des Nationalsozialismus und der Aufbruch der sechziger Jahre (= Forschungen zur Regionalgeschichte Bd. 46), Paderborn, München, Wien, Zürich: Schöningh, S. 63-80

Kihn, Berthold (1932): Die Ausschaltung der Minderwertigen aus der Gesellschaft., Allgemeine Zeitschrift für Psychiatrie und psychisch-gerichtliche Medizin 98, S. 387-404

Kimsma, Gerrit K.; Leeuwen, Evert van (2000): Euthanasie in den Niederlanden: Historische Entwicklung, Argumente und heutige Lage, in: Frewer, Andreas; Eickhoff, Clemens (Hg.) (2000): »Euthanasie« und die aktuelle Sterbehilfe-Debatte – Die historischen Hintergründe medizinischer Ethik, Frankfurt/M., New York: Campus, S. 276-312

Kinast, Andreas (2010): »Das Kind ist nicht abrichtfähig …« – Euthanasie in der Kinderfachabteilung Waldniel 1941-1943 (= Rheinprovinz Dokumente und Darstellungen zur Geschichte der rheinischen Provinzialverwaltung und des Landschaftsverbandes Rheinland 18), [ohne Ort]: sh Verlag

Kipfelsperger, Tanja (2011): Medizinhistorische Erkenntnisse aus den Krankenakten von Schönbrunn, in: Sirl, Sr. M. Benigna; Pfister, Peter (Hg.) (2011): Die Assoziationsanstalt Schönbrunn und das nationalsozialistische Euthanasie-Programm (= Schriften des Archivs des Erzbistums München und Freising 15), Regensburg: Schnell & Steiner, S. 119-138

Kipke, Roland (2008): Schiefe-Bahn-Argumente in der Sterbehilfe-Debatte, Zeitschrift für medizinische Ethik 54, S. 135-146

Klee, Ernst (1983): »Euthanasie« im NS-Staat – Die »Vernichtung lebensunwerten Lebens«, Frankfurt/M: S. Fischer, Fischer Taschenbuch 1985

Klee, Ernst (Hg.) (1985): Dokumente zur »Euthanasie«, Frankfurt/M.: Fischer Taschenbuch

Klee, Ernst (1986): Was sie taten – Was sie wurden – Ärzte, Juristen und andere Beteiligte am Kranken- oder Judenmord, Frankfurt/M.: S. Fischer, Fischer Taschenbuch 1986

Klee, Ernst (1990): »Durch Zyankali erlöst« – Sterbehilfe und Euthanasie heute, Frankfurt/M.: Fischer Taschenbuch

Klee, Ernst (2003): Das Personenlexikon zum Dritten Reich – Wer war was vor und nach 1945?, Frankfurt/M.: S. Fischer

Klee, Ernst (2010): »Euthanasie« im Dritten Reich – Die »Vernichtung lebensunwerten Lebens«, vollständig überarbeitete Neuausgabe, Frankfurt/M.: Fischer Taschenbuch Verlag

Klee, Hedi (2004): Von »nicht zu beschäftigen« bis »arbeitet fleißig« Meldebogen der »T4«-Aktion im Philippshospital von 1940 bis 1943, in: Sahmland, Irmtraut; Trosse, Sabine; Vanja, Christina; Berger, Hartmut; Ernst, Kurt (Hg.) (2004): »Haltestation Philippshospital« Ein psychiatrisches Zentrum – Kontinuität und Wandel 1535 – 1904 –2004 – Eine Festschrift zum 500. Geburtstag Philipps von Hessen (= Historische Schriftenreihe des Landeswohlfahrtsverbandes Hessen Quellen und Studien 10), Marburg: Jonas-Verlag, S. 225-242

Klee, Karl (1921): Die Freigabe der Vernichtung lebensunwerten Lebens, Ärztliche Sachverständigen-Zeitung 27, S. 1-7, abgedruckt in: Grübler, Gerd (2007): Quellen zur deutschen Euthanasie-Diskussion 1895-1941 (= Geschichte in Quellen Bd. 2), Berlin: LIT-Verlag, S. 168-176

Kliemt, Hartmut (1991): Ein guter Philosoph ist stets darauf bedacht, ob nicht auch ein anderer Böses macht, in: Hegselmann, Reiner; Merkel, Reinhard (Hg.) (1991): Zur Debatte über Euthanasie – Beiträge und Stellungnahmen, Frankfurt/M.: Suhrkamp S. 227-248

Koch, Gerhard (1990): Euthanasie, Sterbehilfe – Eine dokumentierte Bibliographie, 2. Aufl. Erlangen: Palm und Enke

Koch, Hannsjoachim W. (1973): Der Sozialdarwinismus – Seine Genese und sein Einfluß auf das imperialistische Denken, Müchnen: C. H. Beck

Koch, Julia (2011): Die »Kinderfachabteilung« in der Heil- und Pflegeanstalt Eglfing-Haar: zwei Lebensgeschichten, in: Arbeitskreis zur Erforschung der nationalsozialistischen »Euthanasie« und Zwangssterilisation (Hg.) (2011): Den Opfern ihre Namen geben – NS-»Euthanasie«-Verbrechen, historisch-politische Verantwortung und Erinnerungskultur – Fachtagung vom 13. Mai bis 15. Mai in Kloster Irsee (= Berichte des Arbeitskreises 7), [Ulm u. Münster]: Klemm & Oelschläger, S. 181-199

Kodalle, Klaus-M. (2003): Ein Tabu bröckelt. Über Suizid, »Tötung auf Verlangen«, Aktive Sterbehilfe, in: ders. (Hg.) (2003): Das Recht auf ein Sterben in Würde – Eine aktuelle Herausforderung in historischer und systematischer Perspektive (= Kritisches Jahrbuch der Philosophie Beiheft 4/2003), Würzburg: Königshausen & Neumann, S. 11-28

Kodalle, Klaus-M. (2003) (Hg.) (2003): Das Recht auf ein Sterben in Würde – Eine aktuelle Herausforderung in historischer und systematischer Perspektive (= Kritisches Jahrbuch der Philosophie Beiheft 4/2003), Würzburg: Königshausen & Neumann

Kohl, Marvin (1974): The Morality of killing – Sanctity of Life, Abortion and Euthanasia, London: Peter Owen

Kohl, Marvin (Hg.) (1975): Beneficient Euthanasia, Buffalo/NY: Prometheus Books
Kohl, Marvin (Hg.) (1978): Infanticide and the Value of Life, Buffalo/NY: Prometheus Books
Kouwenhoven, Pauline S. C.; Rajmakers, Natasja J. H.; van Delden, Johannes J. M.; Rietjens, Judith A. C.; Schermer, Maartje H. N.; van Thiel, Ghislaine J. M. W.; Trappenburg Margo J.; van de Vathorst, Suzanne; van der Vegt, Bea J.; Vezzoni, Cristiano; Weyers, Heleen; van Tol, Donald G.; van der Heide, Agnes (2013): Opinions of health care professionals and the public after eight years of euthanasia legislation in the Netherlands: A mixed methods approach, Palliative Medicine 27, S. 273-280
Kreuer, Alma (1996): Deutschsprachige Neurologen und Psychiater: ein biographisch-bibliographisches Lexikon von den Vorläufern bis zur Mitte des 20. Jahrhunderts, 3 Bde. München: K. G. Saur
Krischer, Markus (2006): Kinderhaus – Leben und Ermordung des Mädchens Edith Hecht, München: Deutsche Verlags-Anstalt
Kröner, Hans Peter (1997): Die Bedeutung der NS-Geschichte für die medizinische Ethik, in: Toellner, Richard; Wiesing, Urban (Hg.) (1997): Geschichte und Ethik in der Medizin – Von den Schwierigkeiten einer Kooperation – Dokumentation der Jahresversammlung des Arbeitskreises Medizinischer Ethik-Kommissionen in der Bundesrepublik Deutschland, Köln 1997 (= Medizinethik Bd. 10), Stuttgart u. a.: Gustav Fischer, S. 155-172
Krüger, Martina (1989): Kinderfachabteilung Wiesengrund – Die Tötung behinderter Kinder in Wittenau, in: Arbeitsgruppe zur Erforschung der Geschichte der Karl-Bonhoeffer-Nervenklinik (Hg.) (1989): Totgeschwiegen 1933-1945 – Die Geschichte der Karl-Bonhoeffer-Nervenklinik (= Stätten der Geschichte Berlins 17), Berlin: edition hentrich, S. 151-180
Kübler-Ross, Elisabeth (1973): Interviews mit Sterbenden, dt. Übers. 7. Aufl. Stuttgart, Berlin: Kreuz-Verlag
Kühl, Stefan (1997): Die Internationale der Rassisten – Aufstieg und Niedergang der internationalen Bewegung für Rassenhygiene und Eugenik im 20. Jahrhundert, Frankfurt/M., New York: Campus
Kuhlmann, Andreas (1995): Sterbehilfe, Reinbek: rororo
Kuhse, Helga; Singer, Peter (1985): Should the Baby live? – The Problem of Handicapped Infants, Oxford, New York, Melbourne: Oxford University Press
Kuhse, Helga (1987): Die »Heiligkeit des Lebens« in der Medizin – Eine philosophische Kritik, dt. Übers., Erlangen: Harald Fischer 1994
Kuhse, Helga; Singer, Peter (1993): Muß dieses Kind am Leben bleiben? Das Problem schwerstgeschädigter Neugeborener, überarb. u. erw. dt. Ausgabe, Erlangen: Harald Fischer
Kuhse, Helga; Singer, Peter (1994): Individuals, Humans, Persons – Questions of Life and Death (= Beiträge zur Angewandten Ethik 1), Sankt Augustin: Academia Verlag
Kusch, Roger (2012): Das letzte Recht im Leben – Wer hat die Nase vorn: Deutschland oder die Schweiz?, in: Wehrli, Hans; Sutter, Bernhard; Kaufmann, Peter (Hg.) (2012): Der organisierte Tod – Sterbehilfe und Selbstbestimmung am Lebensende – Pro und Contra, Zürich: Orell Füssli, S. 57-64
Lakotta, Beate (2006): Sterbehilfe – Alexanders Abschied – Wie lange muss man warten, bis man sterben darf?, Der Spiegel, Heft 46/2006, S. 170-178
Lamb, David (1988): Down the Slippery Slope – Arguing in Applied Ethics, London, New York, Sydney: Croom Helm
Lanzerath, Dirk (1996): Selbstbestimmung und Fürsorge – Zur ethischen Diskussion

um die Behandlung von Patienten mit komplettem appallischen Syndrom, Zeitschrift für medizinische Ethik 42, S. 287-305

Laufs, Adolf; Katzenmeier, Christian; Lipp, Volker (2009): Arztrecht (= NJW Praxis Bd. 29), 4. neu bearb. Aufl. München: C. H. Beck

Lauter, Hans; Meyer, Joachim-Ernst (1992): Die neue Euthanasie-Diskussion aus psychiatrischer Sicht, Fortschritte der Neurologie . Psychiatrie 60, S. 441-448

Lauter, Hans (1993): Tötung ohne Verlangen – Tötung bei unterstelltem Verlangen, Zeitschrift für ärztliche Fortbildung 87, S. 46-51

Lauter, Hans (1999): Ärztliche Überlegungen zur aktuellen Euthanasiediskussion, in: Barocka, Arnd; Lungershausen, Eberhard (Hg.) (1999): Ethische Brennpunkte in der Psychiatrie, Würzburg: Königshausen & Neumann, S. 111-126

Lauter, Hans (2000): Euthanasie: Überlegungen zu Diskussionen und Praktiken im 20. Jahrhundert aus historischer und medizinethischer Sicht, Spektrum der Psychiatrie, Psychotherapie und Nervenheilkunde 29, S. 86-91

Lauter, Hans (2001): Euthanasie – früher und heute, in: Mundt, Christoph; Hohendorf, Gerrit; Rotzoll, Maike (Hg.) (2001): Psychiatrische Forschung und NS-»Euthanasie« – Beiträge zu einer Gedenkveranstaltung an der Psychiatrischen Universitätsklinik Heidelberg, Heidelberg: Wunderhorn, S. 231-245

Lauter, Hans (2011): Ärztliche Suizidassistenz bei Demenzerkrankungen?, Der Nervenarzt 82, S. 50-56

Legemaate, Johan (1998): Twenty-Five Years of Dutch Experience and Policy on Euthanasia and Assisted Suicide: An Overview, in: Thomasma, David C.; Kimbrough-Kushner, Thomasine; Kimsma, Gerrit K.; Ciesielski-Carlucci, Chris (Hg.) (1998): Asking to Die: Inside the Dutch Debate about Euthanasia, Dordrecht, Boston, London: Kluwer, S. 19-34

Leggewie, Claus; Meyer, Erik (2005): »Ein Ort, an den man gerne geht« – Das Holocaust-Mahnmal und die deutsche Geschichtspolitik nach 1989, München, Wien: Carl Hanser

Leibbrand, Werner (Hg.) (1946): Um die Menschenrechte der Geisteskranken, Nürnberg: Die Egge

Leide, Henry (2005): NS-Verbrecher und Staatssicherheit – Die geheime Vergangenheitspolitik der DDR (= Analysen und Dokumente 28), Göttingen: Vandenhoeck & Ruprecht

Leist, Anton (Hg.) (1990): Um Leben und Tod – Moralische Probleme bei Abtreibung, künstlicher Befruchtung, Euthanasie und Selbstmord, Frankfurt/M.: Suhrkamp

Leitner, Irene (2008): NS-Euthanasie: Wissen und Widerstand Wahrnehmungen in der Bevölkerung und der Widerstand Einzelner, in: Kepplinger, Brigitte; Marckhgott, Gerhart; Reese, Hartmut (Hg.) (2008): Tötungsanstalt Hartheim (= Oberösterreich in der Zeit des Nationalsozialismus Bd. 3), 2. erw. Aufl. Linz: Oberösterreichisches Landesarchiv, S. 217-259

Lenz, Fritz (1920): Die Freigabe der Vernichtung lebensunwerten Lebens. Von Prof. Dr. jur. et phil. Karl Binding und Prof. Dr. med. Alfred Hoche. 62 S. Leipzig 1920. Meiner, Münchner Medizinische Wochenschrift 67, Heft 36, 3. September 1920, S. 1048

Lenz, Fritz (1931): Menschliche Auslese und Rassenhygiene (Eugenik) (= Menschliche Erblichkeitslehre und Rassenhygiene Bd. 2), 3. Aufl. München: J. F. Lehmanns

Leß, Erwin (1934): Die Sterbehilfe im neuen Strafrecht., Monatsschrift für Kriminalpsychologie und Strafrechtsreform 25, S. 522-526

Leven, Karl-Heinz (1998): Die NS-»Euthanasie« und die gegenwärtige Debatte um aktive Sterbehilfe, in: Illhardt, Franz-Josef; Heiss, Wolfgang; Dornberg, Matthias

(Hg.) (1998): Sterbehilfe – Handeln oder Unterlassen? – Referate einer medizinethischen Fortbildungsveranstaltung vom Zentrum für Ethik in der Medizin und dem Zentrum für Geriatrie und Gerontologie Freiburg am 19. und 20. Januar 1996, Stuttgart, New York: Schattauer, S. 9-23

Lewinski, Manfred v. (2009): Patientenverfügung – Bundestag setzt Meilensteine, Neue Juristische Wochenschrift 62, Heft 39, S. III.

Ley, Astrid (2011): Die »Aktion 14f13« in den Konzentrationslagern, in: Morsch, Günter; Perz, Bertrand (Hg.) (2011): Neue Studien zu den nationalsozialistischen Massentötungen durch Giftgas – Historische Bedeutung, technische Entwicklung, revisionistische Leugnung (= Schriftenreihe der Stiftung Brandenburgische Gedenkstätten 29), Berlin: Metropol S. 232-243

Ley, Astrid; Hinz-Wessels, Annette (Hg.) (2012): Die Euthanasie-Anstalt Brandenburg an der Havel – Morde an Kranken und Behinderten im Nationalsozialismus, Berlin: Metropol

Lifton, Robert Jay (1986): The Nazi Doctors, dt. Übers.: Ärzte im Dritten Reich Stuttgart: Klett-Cotta 1988

Lilienthal, Georg (2010a): Falsche Sterbebeurkundung durch die »T4« und ihre Korrektur im Bundesland Hessen, in: Rotzoll, Maike; Hohendorf, Gerrit; Fuchs, Petra; Richter, Paul; Mundt, Christoph; Eckart, Wolfgang U. (Hg.) (2010): Die nationalsozialistische »Euthanasie«-Aktion »T4« und ihre Opfer – Geschichte und ethische Konsequenzen für die Gegenwart, Paderborn, München, Wien, Zürich: Schöningh, S. 350-357

Lilienthal, Georg (2010b): Von der »zentralen« zur »kooperativen Euthanasie«. Die Tötungsanstalt Hadamar und die »T4« (1942-45), in: Rotzoll, Maike; Hohendorf, Gerrit; Fuchs, Petra; Richter, Paul; Mundt, Christoph; Eckart, Wolfgang U. (Hg.) (2010): Die nationalsozialistische »Euthanasie«-Aktion »T4« und ihre Opfer – Geschichte und ethische Konsequenzen für die Gegenwart, Paderborn, München, Wien, Zürich: Schöningh, S. 100-110

Limacher, F. (1934): Vernichtung lebensunwerten Lebens, Internationales Ärztliches Bulletin 1, Heft 12, S. 181-183

Linder, Joachim; Ort, Claus-Michael (2000): ›Recht auf den Tod‹ – ›Pflicht zum Sterben‹. Diskurse über Tötung auf Verlangen, Sterbehilfe und ›Euthanasie‹ in Literatur, Recht und Medizin des 19. und frühen 20. Jahrhunderts, in: Barsch, Achim; Hejl, Peter M. (Hg.) (2000): Menschenbilder – Zur Pluralisierung der Vorstellung von der menschlichen Natur (1850-1914), Frankfurt/M.: Suhrkamp, S. 260-319

Linke, Detlev (1991): In Würde altern und sterben – Zur Ethik der Medizin, Gütersloh: Gerd Mohn

Lipp, Volker; Simon, Alfred (2011): Beihilfe zum Suizid – Keine ärztliche Aufgabe, Deutsches Ärzteblatt 108, Heft 5, S. C 166-170

Loewy, Hanno; Winter, Bettina (Hg.) (1996): NS-»Euthanasie« vor Gericht – Fritz Bauer und die Grenzen juristischer Bewältigung (= Wissenschaftliche Reihe des Fritz Bauer Instituts 1), Frankfurt/M., New York: Campus

Lorenz, Sarah (2010): Lernen aus der Geschichte? Die Bedeutung der nationalsozialistischen Kindereuthanasie für die gegenwärtige Debatte um Sterbehilfe bei behinderten Neugeborenen, Medizinische Dissertation, Technische Universität München

Lulé, Dorothée; Häcker, Sonja; Ludolph, Albert; Birnbaumer, Nils; Kübler, Andrea (2008): Depression und Lebensqualität bei Patienten mit amyotropher Lateralsklerose, Deutsches Ärzteblatt 105, Heft 23, S. 397-403

Lutz, Petra (2001): NS-Gesellschaft und »Euthanasie«: die Reaktionen der Eltern ermordeter Kinder, in: Mundt, Christoph; Hohendorf, Gerrit; Rotzoll, Maike (Hg.)

(2001): Psychiatrische Forschung und NS-»Euthanasie« – Beiträge zu einer Gedenkveranstaltung an der Psychiatrischen Universitätsklinik Heidelberg, Heidelberg: Wunderhorn, S. 97-113

Lutz, Petra (2006): Mit Herz und Vernunft. Angehörige von »Euthanasie«-Opfern im Schriftwechsel mit den Anstalten, in: Fangerau, Heiner; Nolte, Karen (Hg.) (2006): »Moderne« Anstaltspsychiatrie im 19. Jahrhundert – Legitimation und Kritik (= Medizin, Gesellschaft und Geschichte Beiheft 26), Stuttgart: Franz Steiner, S. 143-167

Maas, Paul J. van der; van Delden, Johannes J. M.; Pijnenborg, Loes; Looman, Caspar W. N. (1991): Euthanasia and other medical decisions concerning the end of life, The Lancet 338, S. 669-674

Maas, Paul J. van der; van der Waal, Gerrit; Haverkate, Ilinka; de Graaf, Carmen L. M.; Kester, John G. C.; Onwuteaka-Philipsen, Bregje D.; van der Heide, Agnes; Bosma, Jacqueline M.; Willems, Dick L. (1996): Euthanasia, Physician-Assisted Suicide, and other Medical Practices Involving the End of Life in the Netherlands, 1990-1995, The New England Journal of Medicine 335, S. 1699-1705

Maio, Giovanni (2009): Sterbehilfe nach Checkliste? Zu den Fallstricken einer rechtlichen Verankerung der Patientenverfügungen, Deutsche Medizinische Wochenschrift 134, S. 1565-1566

Makowski, Christine Charlotte (1996): Eugenik, Sterilisationspolitik, »Euthanasie« und Bevölkerungspolitik in der nationalsozialistischen Parteipresse (= Abhandlungen zur Geschichte der Medizin und Naturwissenschaften 77), Husum: Matthiesen

Manemann, Jürgen (1995): »Weil es nicht nur Geschichte ist« (Hilde Sherman) – Die Begründung der Notwendigkeit einer fragmentarischen Historiographie des Nationalsozialismus aus politisch-theologischer Sicht (= Religion – Geschichte – Gesellschaft Fundamentaltheologische Studien 2), Münster, Hamburg: LIT Verlag

Mann, Ernst [id est Gerhard Hoffmann] (1922): Die Erlösung der Menschheit vom Elend, Weimar: Fritz Fink

Mann, Gunter (Hg.) (1973): Biologismus im 19. Jahrhundert – Vorträge eines Symposiums vom 30. bis 31. Oktober 1970 in Frankfurt am Main (= Studien zur Medizingeschichte des neunzehnten Jahrhunderts 5), Stuttgart: Enke

Martin, Elke (2011): Verlegt – Krankenmorde 1940-41 am Beispiel der Region Stuttgart, Verlag Peter Grohmann

Martin, Daniela (2010): »... Die Blumen haben fein geschmeckt« – Das Leben meiner Urgroßmutter Anna L. (1893-1940) (= Lebenszeugnisse – Leidenswege Bd. 21), Dresden: Stiftung Sächsische Gedenkstätten zur Erinnerung an die Opfer politischer Gewaltherrschaft

May, Johannes (1996): Die Staatliche Heilanstalt Schussenried in den Jahren 1933 bis 1945, in: Pretsch, Hermann J. (Hg.) (1996): »Euthanasie« – Krankenmorde in Südwestdeutschland, Zwiefalten: Verlag Psychiatrie und Geschichte, S. 74-83

McPherson, Christine J.; Wilson, Keith, G.; Murray Mary Ann (2007): Feeling like a burden to others: a systematic review focusing on the end of life, Palliative Medicine 21, S. 115-128

Meltzer, Ewald (1925): Das Problem der Abkürzung »lebensunwerten Lebens«, Halle/S.: Carl Marhold Verlagsbuchhandlung

Meltzer, Ewald (1932): Die Frage des unwerten Lebens (Vita non iam vitalis) und die Jetztzeit, Psychiatrisch-Neurologische Wochenschrift 34, Heft 48, S. 584-591

Meltzer, Ewald (1934): Euthanasie auch bei Geisteskranken?, Ethik – Sexual- und Gesellschaftsethik 10, 1934/35, S. 82-90

Mendelsohn, Martin (1898): Euthanasie, in: Liebreich, Oskar (1898): Encyklopaedie der Therapie. Bd. 2, Berlin: August Hirschwald, S. 245-250

Merkel, Christian (2006): »Tod den Idioten« – Eugenik und Euthanasie in juristischer Rezeption vom Kaiserreich zur Hitlerzeit (= Das Strafrecht vor neuen Herausforderungen Bd. 8), 2. durchgesehene Auflage 2007 Berlin: logos

Merkel, Reinhard (2001): Früheuthanasie – Rechtsethische und strafrechtliche Grundlagen ärztlicher Entscheidungen über Leben und Tod in der Neonatalmedizin, Baden-Baden: Nomos

Meyer, Joachim-Ernst (1977): »Gnadentod« für behinderte Kinder, für Demente und chronisch Geisteskranke – Die neuesten Zielvorstellungen der Euthanasie, Der Nervenarzt 48, S. 564-566

Meyer, Joachim Ernst (1988): »Die Freigabe der Vernichtung lebensunwerten Lebens« von Binding und Hoche im Spiegel der deutschen Psychiatrie vor 1933, Der Nervenarzt 59, S. 85-91

Minelli, Ludwig A. (2012): Freitodhilfe als menschenrechtlicher Anspruch in Deutschland und Anmerkungen zur fehlenden Suizidversuchsprophylaxe, in: Wehrli, Hans; Sutter, Bernhard; Kaufmann, Peter (Hg.) (2012): Der organisierte Tod – Sterbehilfe und Selbstbestimmung am Lebensende – Pro und Contra, Zürich: Orell Füssli, S. 169-175

Mitscherlich, Alexander; Mielke, Fred (1947): Das Diktat der Menschenverachtung, Heidelberg: Lambert Schneider

Mitscherlich, Alexander, Mielke Fred (1960): Medizin ohne Menschlichkeit – Dokumente des Nürnberger Ärzteprozesses, Frankfurt/M., Hamburg: Fischer Taschenbuch

Mommsen, Hans (1990): Nationalsozialismus als vorgetäuschte Modernisierung, in: Pehle, Walter H. (1990): Der historische Ort des Nationalsozialismus – Annäherungen, Frankfurt/M.: Fischer Taschenbuch, S. 31-46

Müller, Ulrich (2007): Metamorphosen – Krankenakten als Quellen für Lebensgeschichten, in: Fuchs, Petra; Rotzoll, Maike; Müller, Ulrich; Richter, Paul; Hohendorf, Gerrit (Hg.) (2007): »Das Vergessen der Vernichtung ist Teil der Vernichtung selbst« – Lebensgeschichten von Opfern der nationalsozialistischen »Euthanasie«, Göttingen: Wallstein, S. 80-96

Mundt, Christoph (1995): Dignified Death: A German Perspective, Psychiatry and Clinical Neurosciences 49 Suppl. 1, S. 149-154

Mundt, Christoph; Hohendorf, Gerrit; Rotzoll, Maike (Hg.) (2001): Psychiatrische Forschung und NS-»Euthanasie« – Beiträge zu einer Gedenkveranstaltung an der Psychiatrischen Universitätsklinik Heidelberg, Heidelberg: Wunderhorn

Munk, William (1887): Euthanasia: or, Medical Treatment in Aid of an Easy Death, London: Longmans, Green, and Co.

Mursinna, Christian Ludwig (1801): Etwas über den Gebrauch des Cosmischen Mittels und dessen Wirkung, Journal für die Chirurgie, Arzneykunde und Geburtshülfe 1, S. 440-479

Nacimiento, Wilhelm (2005): Appalisches Syndrom, Wachkoma, persistent vegetative state: Wovon redet und was weiß die Medizin?, in: Höfling, Wolfram (Hg.) (2005): Das sog. Wachkoma – Rechtliche, medizinische und ethische Aspekte (= Recht – Ethik – Gesundheit Bd. 1), Münster: LIT, S. 29-48

Nagl-Docekal, Herta (Hg.) (1996): Der Sinn des Historischen – Geschichtsphilosophische Debatten, Frankfurt/M.: Fischer Taschenbuch

Nassauer, Max (1911): Sterben ..... ich bitte darum!, München: Otto Gmelin

Nationaler Ethikrat (2006): Selbstbestimmung und Fürsorge am Lebensende – Stellungnahme, Berlin 13. Juli 2006, www.ethikrat.org/stellungahmen/pdf/Stellungnahme_Selbstbestimmung_und Fuersorge_am_Lebensende.pdf [letzter Zugriff 19.8.2013]

Naucke, Wolfgang (2006): Einführung: Rechtstheorie und Staatsverbrechen, in: Binding, Karl; Hoche, Alfred (2006): Die Freigabe der Vernichtung lebensunwerten Lebens – Ihr Maß und ihre Form (1920) (= Juristische Zeitgeschichte Taschenbücher 1), Berlin: Berliner Wissenschafts-Verlag, S. V-LXXI

Naucke, Wolfgang (2009): Ein fortwirkender juristischer Einbruch in das Tötungsverbot: »Binding/Hoche. Die Freigabe der Vernichtung lebensunwerten Lebens. Ihr Maß und ihre Form«, 1920., in: Czeguhn, Ignacio; Hilgendorf, Eric; Weitzel, Jürgen (Hg.) (2009): Eugenik und Euthanasie 1850-1945 – Frühformen, Ursachen, Entwicklungen, Folgen (= Schriftenreihe des Zentrums für rechtwissenschaftliche Grundlagenforschung Würzburg 2); Baden-Baden: Nomos, S. 71-86

Nedoschill, Jan; Castell, Rolf (2001): »Kindereuthanasie« während der nationalsozialistischen Diktatur: Die »Kinderfachabteilung« Ansbach in Mittelfranken, Praxis der Kinderpsychologie und Kinderpsychiatrie 50, S. 192-210

Neugebauer, Wolfgang; Czech, Herwig (2010): Die »Aktion T4« in Österreich, in: Rotzoll, Maike; Hohendorf, Gerrit; Fuchs, Petra; Richter, Paul; Mundt, Christoph; Eckart, Wolfgang U. (Hg.) (2010): Die nationalsozialistische »Euthanasie«-Aktion »T4« und ihre Opfer – Geschichte und ethische Konsequenzen für die Ethik in der Gegenwart, Paderborn, München, Wien, Zürich, S. 111-117

Neukamp, Franz (1937): Zum Problem des Gnadentodes oder der Sterbehilfe, Zeitschrift für Psychische Hygiene 10, Heft 6, S. 161-167

Neumann, Gita (Hg.) (2012): Suizidhilfe als Herausforderung – Arztethos und Strafbarkeitsmythos (= Schriftenreihe der Humanistischen Akademie Berlin 5), Aschaffenburg: Alibri

Niemz, Susanne (2010): Sozialverträgliches Sterben, Regensburg: Roderer

Nietzsche, Friedrich (1889): Götzen-Dämmerung oder Wie man mit dem Hammer philosophirt, Leipzig: C. G. Naumann

Nolte, Ernst (1986): Die Vergangenheit, die nicht vergehen will. Eine Rede, die geschrieben, aber nicht gehalten werden konnte, Frankfurter Allgemeine Zeitung, 6.6.1986

Nolte, Karen (2010): Ärztliche Praxis am Sterbebett in der ersten Hälfte des 19. Jahrhunderts, in: Bruchhausen, Walter; Hofer, Hans-Georg (Hg.) (2010): Ärztliches Ethos im Kontext – Historische, phänomenologische und didaktische Analysen (= Medizin und Kulturwissenschaft. Bonner Beiträge zur Geschichte, Anthropologie und Ethik in der Medizin 6), Bonn: Bonn University Press / V&R unipress S. 39-57

Nowak, Kurt (1978): »Euthanasie« und Sterilisierung im »Dritten Reich« – Die Konfrontation der evangelischen und katholischen Kirche mit dem »Gesetz zur Verhütung erbkranken Nachwuchses« und der »Euthanasie«-Aktion (= Arbeiten zur Geschichte des Kirchenkampfes, Ergänzungsreihe 12), 1984 Göttingen: Vandenhoeck & Ruprecht

Nowak, Kurt (1991): Widerstand, Zustimmung, Hinnahme. Das Verhalten der Bevölkerung zur »Euthanasie«, in: Frei, Norbert (Hg.) (1991): Medizin und Gesundheitspolitik in der NS-Zeit (= Schriftenreihe der Vierteljahrshefte für Zeitgeschichte Sondernummer), München: Oldenbourg, S. 235-251

Oduncu, Fuat S. (2007): In Würde sterben – Medizinische, ethische und rechtliche Aspekte der Sterbebegleitung und Patientenverfügung, Göttingen: Vandenhoeck & Ruprecht

Oduncu, Fuat S.; Sahm, Stephan (2010): Doctor-cared Dying instead of Physician Assisted Suicide, Medicine, Health Care and Philosophy 13, S. 371-381

Oduncu, Fuat S.; Hohendorf, Gerrit (2011): Assistierter Suizid – Die ethische Verantwortung des Arztes, Deutsches Ärzteblatt 108, Heft 24, S. A 1362-1364

Oesterle, Günter (Hg.) (2005): Erinnerung, Gedächtnis, Wissen – Studien zur kulturwissenschaftlichen Gedächtnisforschung (= Formen der Erinnerung Bd. 26), Göttingen: Vandenhoeck & Ruprecht

Onwuteaka-Philipsen, Bregje D.; van der Heide, Agnes; Koper, Dirk; Keij-Deerenberg, Ingeborg; Rietjens, Judith A.C.; Rurup, Mette L.; Vrakking, Astrid M.; Georges, Jean Jacques; Muller, Martien T.; van der Wal, Gerrit; van der Maas, Paul J. (2003): Euthanasia and other end-of-life decisions in the Netherlands 1990, 1995, and 2001, The Lancet 362, S. 395-399

Oppler (1901): Dem Hunde einen Gnadenstoß, dem Menschen keinen, Das Recht 5, S. 501

Otlowski, Margaret (1997): Voluntary Euthanasia and the Common Law, Oxford: Clarendon Press

Paradys, Nikolaus (1796): Rede von Nikolaus Paradys, Professor in Leyden über das, was die Arzneywissenschaft vermag, den Tod leicht und schmerzlos zu machen, bey Gelegenheit seines Abschieds vom Akademischen Prorectorat gehalten den 8 Februar 1794 aus dem Lateinischen übersetzt von Johann Georg Klees, Arzt zu Frankfurt am Mayn, Neues Magazin für Ärzte 18, 6. Stück, S. 560-572

Paul, Norbert (1997): Von der medizinethischen Reichweite strukturhistorischer Erklärungsmodelle in der Medizingeschichte, in: Toellner, Richard; Wiesing, Urban (Hg.) (1997): Geschichte und Ethik in der Medizin – Von den Schwierigkeiten einer Kooperation – Dokumentation der Jahresversammlung des Arbeitskreises Medizinischer Ethik-Kommissionen in der Bundesrepublik Deutschland, Köln 1997 (= Medizinethik Bd. 10), Stuttgart u. a.: Gustav Fischer, S. 49-65

Payk, Theo R. (2004): Töten aus Mitleid? Über das Recht und die Pflicht zu sterben, Leipzig: Reclam

Peiffer, Jürgen (1997): Hirnforschung im Zwielicht: Beispiele verführbarer Wissenschaft aus der Zeit des Nationalsozialismus – Julius Hallervorden – H.-J. Scherer – Bertold Ostertag (= Abhandlungen zur Geschichte der Medizin und der Naturwissenschaften 79), Husum: Matthiesen

Peiffer, Jürgen (2000): Neuropathologische Forschung an »Euthanasie«-Opfern in zwei Kaiser-Wilhelm-Instituten, in: Kaufmann, Doris (Hg.) (2000): Geschichte der Kaiser-Wilhelm-Gesellschaft im Nationalsozialismus – Bestandsaufnahme und Perspektiven der Forschung (= Geschichte der Kaiser-Wilhelm-Gesellschaft im Nationalsozialismus Bd. 1/1), Göttingen: Wallstein, S. 150-173

Peiffer, Jürgen (2007): Phasen der deutschen Nachkriegsauseinandersetzung mit den Krankentötungen 1939-1945, in: Oehler-Klein, Sigrid; Roelcke, Volker (Hg.) (2007): Vergangenheitspolitik in der universitären Medizin nach 1945 – Institutionelle und individuelle Strategien im Umgang mit dem Nationalsozialismus (= Pallas Athene Beiträge zur Universitäts- und Wissenschaftsgeschichte 22), Stuttgart: Franz Steiner, S. 331-359

Pelckmann, Fritz (1923): Euthanasie. Das Recht des Arztes zur Tötung, Monatsschrift für Kriminalpsychologie und Strafrechtsreform 14, S. 178-199, abgedruckt in: Grübler, Gerd (2007): Quellen zur deutschen Euthanasie-Diskussion 1895-1941 (= Geschichte in Quellen 2), Berlin: LIT-Verlag, S. 265-279

Peschke, Franz (2012): Ökonomie, Mord und Planwirtschaft – Die Heil- und Pflegeanstalt Wiesloch im Dritten Reich (= Aspekte der Medizinphilosophie Bd. 10), Bochum, Freiburg: projekt verlag

Petersen, Hans-Christian; Zankel, Sönke (2008): »Ein exzellenter Kinderarzt, wenn man von den Euthanasie-Dingen einmal absieht« – Werner Catel und die Vergangenheitspolitik der Universität Kiel, in: Lahm, Berit; Seyde, Thomas; Ulm, Eberhard (Hg.) (2008): 505 Kindereuthanasieverbrechen in Leipzig – Verantwortung und Rezeption, Leipzig: Plöttner, S. 165-219

Peukert, Detlev J. K. (1988): Die Genesis der »Endlösung« aus dem Geist der Wissenschaft, in: ders. (1989): Max Webers Diagnose der Moderne, Göttingen: Vandenhoeck & Ruprecht, S. 102-121

Pijnenborg; Loes; van der Maas, Paul J.; van Delden, Johannes J. M.; Looman, Caspar W. N. (1993): Life-terminating acts without explicit request of patient, The Lancet 341, S. 1196-1199

Pingel, Falk (1993): Die NS-Psychiatrie im Spiegel des historischen Bewußtseins und sozialpolitischen Denkens in der Bundesrepublik, in: Kersting, Franz-Werner; Teppe, Karl; Walter, Bernd (Hg.) (1993): Nach Hadamar – Zum Verhältnis von Psychiatrie und Gesellschaft im 20. Jahrhundert (= Forschungen zur Regionalgeschichte Bd. 16), Paderborn: Schöningh, S. 174-201

Platen-Hallermund, Alice (1948): Die Tötung Geisteskranker in Deutschland, Frankfurt/M.: Verlag der Frankfurter Hefte

Ploetz, Alfred (1895): Die Tüchtigkeit unsrer Rasse und der Schutz der Schwachen. Ein Versuch über Rassenhygiene und ihr Verhältnis zu den humanen Idealen, besonders zum Socialismus (= Grundlinien einer Rassen-Hygiene I. Theil), Berlin: S. Fischer

Poitrot, R. (1945): Die Ermordeten waren schuldig? – Amtliche Dokumente der Direction de la Santé Publique der französischen Militärregierung, 2. Aufl. 1946 Baden-Baden: Schröder-Verlag

Prinz, Michael; Zitelmann, Rainer (Hg.) (1991): Nationalsozialismus und Modernisierung, Darmstadt, 2. Aufl. 1994: Wissenschaftliche Buchgesellschaft

Putz, Wolfgang; Steldinger, Beate (2007): Patientenrechte am Ende des Lebens – Vorsorgevollmacht · Patientenverfügung Selbstbestimmtes Sterben, 3. aktual. Aufl. München: Deutscher Taschenbuch Verlag

Putz, Wolfgang; Gloor, Elke (2011): Sterben dürfen, Hamburg: Hoffmann und Campe

Putz, Wolfgang (2012): Strafrechtliche Aspekte der Suizid-Begleitung im Lichte der Entwicklung von Rechtsprechung und Patientenverfügung, in: Neumann, Gita (Hg.) (2012): Suizidhilfe als Herausforderung – Arztethos und Strafbarkeitsmythos (= Schriftenreihe der Humanistischen Akademie Berlin 5), Aschaffenburg: Alibri, S. 50-69

Quante, Michael (1998): Passive, indirekt und direkt aktive Sterbehilfe – deskriptiv und ethisch tragfähige Unterscheidungen?, Ethik in der Medizin 10, S. 206-226

Quante, Michael (2002): Personales Leben und menschlicher Tod – Personale Identität als Prinzip biomedizinischer Ethik, Frankfurt/M.: Suhrkamp

Rachels, James (1975): Aktive und passive Sterbehilfe, dt. Übers. in: Sass, Hans-Martin (Hg.) (1989): Medizin und Ethik, Stuttgart: Reclam, S. 254-264

Rauh, Philipp (2005): Die Selektion von Patienten für die »Euthanasie« – Das Meldebogenverfahren der »Aktion T4« anhand des Aktenbestandes R 179 (Bundesarchiv Berlin), Freie wissenschaftliche Arbeit zur Erlangung des Grades eines Magister Artium am Fachbereich Geschichts- und Kulturwissenschaften der Freien Universität Berlin

Rauh, Philipp (2007): »Ist mein Bruder in der Anstalt noch seines Lebens sicher? Oder bekommt er eines Tages ›Lungenentzündung‹ […] und wir bekommen die Urne???« – Die Angehörigen von Anstaltspatienten während der nationalsozialistischen Krankenmordaktion »T4«, Praxis – Schweizerische Rundschau für Medizin 96, Heft 34, S. 1281-1286

Rauh, Philipp (2010): Medizinische Selektionskriterien versus ökonomisch-utilitaristische Verwaltungsinteressen – Ergebnisse der Meldebogenauswertung, in: Rotzoll, Maike; Hohendorf, Gerrit; Fuchs, Petra; Richter, Paul; Mundt, Christoph; Eckart,

Wolfgang U. (Hg.) (2010): Die nationalsozialistische »Euthanasie«-Aktion »T4« und ihre Opfer – Geschichte und ethische Konsequenzen für die Gegenwart, Paderborn, München, Wien, Zürich: Schöningh, S. 297-309

Reinis, Austra (2010): Ars moriendi – Ritual- und Textgeschichte, in: Wittwer, Héctor; Schäfer, Daniel; Frewer, Andreas (Hg.) (2010): Sterben und Tod. Geschichte – Theorie – Ethik. Ein interdisziplinäres Handbuch, Stuttgart, Weimar: Metzler, S. 159-165

Reiter, Raimond (1997): Psychiatrie im Dritten Reich in Niedersachsen (= Veröffentlichungen der Historischen Kommission für Niedersachsen und Bremen XXXIX Niedersachsen 1933-1945 7), Hannover: Hahnsche Buchhandlung

Renner, Renate; Zimmermann, Susanne (2003): Der Jenaer Kinderarzt Jussuf Ibrahim (1877-1953) und die Tötung behinderter Kinder während des Nationalsozialismus, in: Hoßfeld, Uwe; John, Jürgen; Lemuth, Oliver; Stutz, Rüdiger (Hg.) (2003): »Kämpferische Wissenschaft« – Studien zur Universität Jena im Nationalsozialismus, Köln u. a.: böhlau, S. 437-451

Rest, Franco (1992): Das kontrollierte Töten – Lebensethik gegen Euthanasie und Eugenik, Gütersloh: Gerhard Mohn

Reusch, Tanja (2000): Die Ethik des Sozialdarwinismus (= Europäische Hochschulschriften Reihe XX Philosophie 619), Frankfurt a. M. u. a.: Peter Lang

Ricciardi-von Platen, Alice (1948): Die Wurzeln des Euthanasiegedankens, in: Frewer, Andreas; Eickhoff, Clemens (Hg.) (2000): »Euthanasie« und die aktuelle Sterbehilfe-Debatte – Die historischen Hintergründe medizinischer Ethik, Frankfurt/M.: Campus, S. 46-64

Richter, Ingrid (2001): Katholizismus und Eugenik in der Weimarer Republik und im Dritten Reich – Zwischen Sittlichkeitsreform und Rassenhygiene (= Veröffentlichungen der Kommission für Zeitgeschichte, Reihe b: Forschungen 88), Paderborn, München, Wien, Zürich: Ferdinand Schönigh

Richter, Paul (2010): Statistik und historische Forschung. Das Beispiel des DFG-Projektes zur wissenschaftlichen Erschließung des Krankenaktenbestandes der »Aktion T4«, in: Rotzoll, Maike; Hohendorf, Gerrit; Fuchs, Petra; Richter, Paul; Mundt, Christoph; Eckart, Wolfgang U. (Hg.) (2010): Die nationalsozialistische »Euthanasie«-Aktion »T4«. Geschichte und ethische Konsequenzen für die Gegenwart, Paderborn, München, Wien, Zürich: Schöningh, S. 232-241

de Ridder, Michael (2010): Wie wollen wir sterben? Ein ärztliches Plädoyer für eine neue Sterbekultur in Zeiten der Hochleistungsmedizin, München: Deutsche Verlags-Anstalt

Rieß, Volker (1995): Die Anfänge der Vernichtung »lebensunwerten Lebens« in den Reichsgauen Danzig-Westpreußen und Wartheland 1939/1940, Frankfurt/M. u.a.: Peter Lang

Ritzel, Günther (Hg.) (1998): Beihilfe zum Suizid – Ein Weg im Streit um Sterbehilfe, Regensburg: S. Roderer

Roebel, Martin (2010): Forensische Patient/innen als Opfer der »Aktion T4«, in: Rotzoll, Maike; Hohendorf, Gerrit; Fuchs, Petra; Richter, Paul; Mundt, Christoph; Eckart, Wolfgang U. (Hg.) (2010): Die nationalsozialistische »Euthanasie«-Aktion »T4« und ihre Opfer – Geschichte und ethische Konsequenzen für die Gegenwart, Paderborn, München, Wien, Zürich: Schöningh, S. 137-142

Roelcke, Volker; Hohendorf, Gerrit (1993): Akten der »Euthanasie«-Aktion T4 gefunden, Vierteljahrshefte für Zeitgeschichte 41, S. 479-481

Roelcke, Volker; Hohendorf, Gerrit; Rotzoll, Maike (1994): Psychiatric research and ›euthanasia‹. The case of the psychiatric department at the University of Heidelberg, 1941 – 1945, History of Psychiatry 5, S. 517-532

Roelcke, Volker; Hohendorf, Gerrit; Rotzoll, Maike (1998): Erbpsychologische Forschung im Kontext der »Euthanasie«: Neue Dokumente zu Carl Schneider, Julius Deussen und Ernst Rüdin, Fortschritte der Neurologie · Psychiatrie 66, S. 331-336

Roelcke, Volker; Hohendorf, Gerrit; Rotzoll, Maike (2000a): Psychiatrische Genetik und »Erbgesundheitspolitik« im Nationalsozialismus: Zur Zusammenarbeit zwischen Ernst Rüdin, Carl Schneider und Paul Nitsche, in: Nissen, G.; Badura, F. (Hg.) (2000): Schriftenreihe der Deutschen Gesellschaft für Geschichte der Nervenheilkunde 6, Würzburg: Königshausen und Neumann, S. 59-73

Roelcke, Volker; Hohendorf, Gerrit; Rotzoll, Maike (2000b): Psychiatrische Forschung, »Euthanasie« und der »Neue Mensch«: Zur Debatte um Menschenbild und Wertsetzungen im Nationalsozialismus, in: Frewer, Andreas; Eickhoff, Clemens (Hg.) (2000): »Euthanasie« und die aktuelle Sterbehilfe-Debatte – Die historischen Hintergründe medizinischer Ethik, Frankfurt/M., New York: Campus, S. 193-217

Roelcke, Volker (2000): Psychiatrische Wissenschaft im Kontext nationalsozialistischer Politik und »Euthanasie«: Zur Rolle von Ernst Rüdin und der Deutschen Forschungsanstalt (KWI) für Psychiatrie, in: Kaufmann, Doris (Hg.) (2000): Geschichte der Kaiser-Wilhelm-Gesellschaft im Nationalsozialismus – Bestandsaufnahme und Perspektiven der Forschung (= Geschichte der Kaiser-Wilhelm-Gesellschaft im Nationalsozialismus Bd. 1/1), Göttingen: Wallstein, S. 112-150

Roelcke, Volker (2002): Zeitgeist und Erbgesundheitsgesetzgebung im Europa der 1930er Jahre – Eugenik, Genetik und Politik im historischen Kontext, Der Nervenarzt 73, S. 1019-1030

Roelcke, Volker (2005): »Lebensunwertes Leben« und Rechtfertigung zum Töten – Zu Entstehungskontexten und Rezeption der Publikation von Binding und Hoche aus dem Jahr 1920, in: Riha, Ortrun (Hg.) (2005): ›Die Freigabe der Vernichtung lebensunwerten Lebens‹ – Beiträge des Symposiums über Karl Binding und Alfred Hoche am 2. Dezember 2004 in Leipzig (= Schriftenreihe des Instituts für Ethik in der Medizin Leipzig e. V. 7), Aachen: Shaker Verlag, S. 14-34

Roelcke, Volker (2006): »Ars moriendi« und »euthanasia medica«: Zur Neukonfiguration und ärztlichen Aneignung normativer Vorstellungen über den »guten Tod« um 1800, in: Jordan, Lothar (Hg.) (2006): Sterben und Tod bei Heinrich von Kleist und in seinem historischen Kontext (= Beiträge zur Kleist-Forschung 2004 18), Würzburg: Königshausen & Neumann, S. 29-44

Roelcke, Volker (2007): Trauma or Responsibility? Memories and Historiographies of Nazi Psychiatry in Postwar Germany, in: Sarat, Austin; Davidovitch, Nadav; Alberstein, Michal (Hg.) (2007): Trauma and Memory. Reading, Healing, and Making Law, Stanford: Stanford University Press, S. 225-242

Roelcke, Volker (2010): Deutscher Sonderweg? Die Eugenische Bewegung in europäischer Perspektive bis in die 1930er Jahre, in: Rotzoll, Maike; Hohendorf, Gerrit; Fuchs, Petra; Richter, Paul; Mundt, Christoph; Eckart, Wolfgang U. (Hg.) (2010): Die nationalsozialistische »Euthanasie«-Aktion »T4« und ihre Opfer – Geschichte und ethische Konsequenzen für die Gegenwart, Paderborn, München, Wien, Zürich: Schöningh, S. 47-55

Roelcke, Volker (2012): Ernst Rüdin – renommierter Wissenschaftler, radikaler Rassenhygieniker, Der Nervenarzt 83, S. 303-310

Roer, Dorothee; Henkel, Dieter (Hg.) (1986): Psychiatrie im Faschismus – Die Anstalt Hadamar 1933-1945, Bonn: Psychiatrie-Verlag

Roer, Dorothee (1997): »Lebens-unwert« – Kinder und Jugendliche in der NS-Psychiatrie, in: Hamann, Matthias; Asbeck, Hans (Hg.) (1997): Halbierte Vernunft und totale Medizin – Zu Grundlagen, Realgeschichte und Fortwirkungen der Psychiatrie im Nationalsozialismus (= Beiträge zur nationalsozialistischen Gesundheits- und Sozialpolitik 13), Berlin/Göttingen: Verlag der Buchläden Schwarze Risse/Rote Straße, S. 107-130

Rost, Karl Ludwig (1987): Sterilisation und Euthanasie im Film des »Dritten Reiches« – Nationalsozialistische Propaganda in ihrer Beziehung zu rassenhygienischen Maßnahmen des NS-Staates (= Abhandlungen zur Geschichte der Medizin und der Naturwissenschaften 55), Husum: Matthiesen

Roth, Karl Heinz (1984): »Erbbiologische Bestandsaufnahme« – ein Aspekt »ausmerzender« Erfassung vor der Entfesselung des Zweiten Weltkrieges, in: Roth, Karl Heinz (Hg.) (1984): Erfassung zur Vernichtung – Von der Sozialhygiene zum »Gesetz über Sterbehilfe«, Berlin: Verlagsgesellschaft Gesundheit, S. 57-100

Roth, Karl Heinz; Aly, Götz (1984): Das »Gesetz über die Sterbehilfe bei unheilbar Kranken« – Protokolle der Diskussion über die Legalisierung der nationalsozialistischen Anstaltsmorde in den Jahren 1938-1941, in: Roth, Karl Heinz (Hg.) (1984): Erfassung zur Vernichtung – Von der Sozialhygiene zum »Gesetz über Sterbehilfe«, Berlin: Verlagsgesellschaft Gesundheit, S. 101-179

Roth, Karl Heinz (1985): Filmpropaganda für die Vernichtung der Geisteskranken und Behinderten im »Dritten Reich«, in: Aly, Götz; Masuhr, Karl Friedrich; Lehmann, Maria; Roth, Karl Heinz; Schultz, Ulrich (1985): Reform und Gewissen – »Euthanasie« im Dienst des Fortschritts (= Beiträge zur nationalsozialistischen Gesundheits- und Sozialpolitik 2), 2. Aufl. 1989 Berlin: Rotbuch, S. 125-193

Rotzoll, Maike (2002): Karl Ahrendt – »Fürst Friedrich Carl Wilhelm Ahrendt v. Ahrendtberg«, in: Brand-Claussen, Bettina; Röske, Thomas; Rotzoll, Maike (Hg.) (2002): Todesursache: Euthanasie – Verdeckte Morde in der NS-Zeit, 2. überarb. u. ergänzte Aufl. 2012, Heidelberg: Sammlung Prinzhorn/Verlag Das Wunderhorn, S. 18-27

Rotzoll, Maike; Fuchs, Petra; Hinz-Wessels, Annette; Hohendorf, Gerrit; Richter, Paul (2004): Frauenbild und Frauenschicksal. Weiblichkeit im Spiegel psychiatrischer Krankengeschichten zwischen 1900 und 1940, in: Brand-Claussen, Bettina; Michely, Viola (Hg.) (2004): Irre ist weiblich – Künstlerische Interventionen von Frauen in der Psychiatrie um 1900 (Ausstellungskatalog), Heidelberg: Sammlung Prinzhorn/Wunderhorn, S. 45-52

Rotzoll, Maike; Hohendorf, Gerrit (2006): Die Psychiatrisch-Neurologische Klinik, in: Eckart, Wolfgang U.; Sellin, Volker; Wolgast, Eike (Hg.) (2006): Die Universität Heidelberg im Nationalsozialismus, Heidelberg: Springer, S. 909-939

Rotzoll, Maike (2007a): Verwahren, verpflegen, vernichten – Die Entwicklung der Anstaltspsychiatrie in Deutschland und die NS-»Euthanasie«, in: Fuchs, Petra; Rotzoll, Maike; Müller, Ulrich; Richter, Paul; Hohendorf, Gerrit (Hg.) (2007): »Das Vergessen der Vernichtung ist Teil der Vernichtung selbst« – Lebensgeschichten von Opfern der nationalsozialistischen »Euthanasie«, Göttingen: Wallstein, S. 24-35

Rotzoll, Maike (2007b): Karl Ahrendt – »Fürst Friedrich Carl Wilhelm Ahrendt v. Ahrendtberg«, in: Fuchs, Petra; Rotzoll, Maike; Müller, Ulrich; Richter, Paul; Hohendorf, Gerrit (Hg.) (2007): »Das Vergessen der Vernichtung ist Teil der Vernichtung selbst« – Lebensgeschichten von Opfern der nationalsozialistischen »Euthanasie«, Göttingen: Wallstein, S. 99-104

Rotzoll, Maike; Hohendorf, Gerrit (2007): Zwischen Tabu und Reformimpuls – Der Umgang mit der nationalsozialistischen Vergangenheit in der Heidelberger Psychiatrischen Universitätsklinik nach 1945, in: Oehler-Klein, Sigrid; Roelcke, Volker (Hg.) (2007): Vergangenheitspolitik in der universitären Medizin nach 1945 – Institutionelle und individuelle Strategien im Umgang mit dem Nationalsozialismus

(= Pallas Athene Beiträge zur Universitäts- und Wissenschaftsgeschichte 22), Stuttgart: Franz Steiner, S. 307-330

Rotzoll, Maike (2010): Wahnsinn und Kalkül. Einige kollektivbiografische Charakteristika erwachsener Opfer der »Aktion T4«, in: Rotzoll, Maike; Hohendorf, Gerrit; Fuchs, Petra; Richter, Paul; Mundt, Christoph; Eckart, Wolfgang U. (Hg.) (2010): Die nationalsozialistische »Euthanasie«-Aktion »T4« – Geschichte und ethische Konsequenzen für die Gegenwart, Paderborn, München, Zürich, Wien: Schöningh, S. 272-283

Rotzoll, Maike; Hohendorf, Gerrit; Fuchs, Petra; Richter, Paul; Mundt, Christoph; Eckart, Wolfgang U. (Hg.) (2010): Die nationalsozialistische »Euthanasie«-Aktion »T4« und ihre Opfer – Geschichte und ethische Konsequenzen für die Gegenwart, Paderborn, München, Wien, Zürich: Schöningh

Rotzoll, Maike; Fuchs, Petra; Richter, Paul; Hohendorf, Gerrit (2010): Die nationalsozialistische »Euthanasieaktion T4« – Historische Forschung, individuelle Lebensgeschichten und Erinnerungskultur, Der Nervenarzt 81, S. 1326-1332

Rotzoll, Maike; Hohendorf, Gerrit (2012): Krankenmord im Dienst des Fortschritts? – Der Heidelberger Psychiater Carl Schneider als Gehirnforscher und »therapeutischer Idealist«, Der Nervenarzt 83, S. 311-320

Roxin, Claus (2010): Zur strafrechtlichen Beurteilung der Sterbehilfe, in: Roxin, Claus; Schroth, Ulrich (Hg.) (2010): Handbuch des Medizinstrafrechts, 4. aktual., überarb. u. erw. Aufl. Stuttgart u. a.: Richard Boorberg, S. 75-121

Rüdenburg, Bodo (2010): Die »Rückkehrer« aus Grafeneck in der Heil- und Pflegeanstalt Zwiefalten, in: Rotzoll, Maike; Hohendorf, Gerrit; Fuchs, Petra; Richter, Paul; Mundt, Christoph; Eckart, Wolfgang U. (Hg.) (2010): Die nationalsozialistische »Euthanasie«-Aktion »T4« und ihre Opfer – Geschichte und ethische Konsequenzen für die Gegenwart, Paderborn, München, Wien, Zürich: Schöningh, S. 152-155

Ruhland, Isabella (2011): Der Gedenkort Irsee-Kaufbeuren – nationalsozialistische »Euthanasie« und Zwangssterilisation in der bildenden Kunst nach 1945, in: Arbeitskreis zur Erforschung der nationalsozialistischen »Euthanasie« und Zwangssterilisation (Hg.) (2011): Den Opfern ihre Namen geben – NS-»Euthanasie«-Verbrechen, historisch-politische Verantwortung und Erinnerungskultur – Fachtagung vom 13. Mai bis 15. Mai in Kloster Irsee (= Berichte des Arbeitskreises 7), [Ulm u. Münster]: Klemm & Oelschläger; S. 143-164

Rurup, Mette L.; Smets Tinne; Cohen, Joachim; Bilsen, Johan; Onwuteaka-Philipsen, Bregje D.; Deliens, Luc (2011): The first five years of euthanasia legislation in Belgium and the Netherlands: Description and comparison of cases, Palliative Medicine 26, S. 43-49

Rutenfrans, Chris (1994): Befreiung oder schiefe Ebene – Das niederländische Gesetz zur »Euthanasie«, in: Daub, Ute; Wunder, Michael (Hg.) (1994): Des Lebens Wert – Zur Diskussion über Euthanasie und Menschenwürde, Freiburg i. Br.: Lambertus, S. 94-99

Sahm, Stephan (2006): Sterbebegleitung und Patientenverfügung – Ärztliches Handeln an den Grenzen von Ethik und Recht (= Kultur der Medizin Geschichte – Theorie – Ethik Bd. 21), Frankfurt, New York: Campus

SAMW [Schweizerische Akademie der Medizinischen Wissenschaften] (2004a): Betreuung von Patientinnen und Patienten am Lebensende – Medizinisch-ethische Richtlinien der SAMW, www.samw.ch/docs/Richtlinien/d_RL_Lebensende.pdf [letzter Zugriff 13. 8. 2008]

SAMW [Schweizerische Akademie der Medizinischen Wissenschaften] (2004b): Behandlung und Betreuung von älteren, pflegebedürftigen Menschen – Medizinisch-ethische Richtlinien und Empfehlungen, www.samw.ch/docs/Richtinien/d_RL_AeltererMensch.pdf [letzter Zugriff 13. 8. 2008]

Sandmann, Jürgen (1990): Der Bruch mit der humanitären Tradition – Die Biologisierung der Ethik bei Ernst Haeckel und anderen Darwinisten seiner Zeit (= Forschungen zur Neueren Medizin- und Biologiegeschichte Bd. 2), Stuttgart, New York: Gustav Fischer

Sandner, Peter (1999): Die »Euthanasie«-Akten im Bundesarchiv – Zur Geschichte eines lange verschollenen Bestandes, Vierteljahrshefte für Zeitgeschichte 47, S. 385-400

Sandner, Peter (2003a): Verwaltung des Krankenmordes – Der Bezirksverband Nassau im Nationalsozialismus (= Historische Schriftenreihe des Landeswohlfahrtsverbandes Hessen Hochschriften 2), Gießen: Psychosozial-Verlag

Sandner, Peter (2003b): Schlüsseldokumente zur Überlieferungsgeschichte der NS-»Euthanasie«-Akten gefunden, Vierteljahrshefte für Zeitgeschichte 51, S. 285-290

Sandner, Peter (2010): Von den Illusionen der Mediziner zu den Maßnahmen der Manager. Der Bezirk Wiesbaden als Beispiel für die rassenhygienische Kehrtwende 1933-1939, in: Rotzoll, Maike; Hohendorf, Gerrit; Fuchs, Petra; Richter, Paul; Mundt, Christoph; Eckart, Wolfgang U. (Hg.) (2010): Die nationalsozialistische »Euthanasie«-Aktion »T4« und ihre Opfer – Geschichte und ethische Konsequenzen für die Gegenwart, Paderborn, München, Wien, Zürich: Schöningh, S. 56-65

Sass, Hans-Martin (1991): Medizin, Krankheit und Gesundheit, in: Bayertz, Kurt (Hg.) (1991): Praktische Philosophie – Grundorientierungen angewandter Ethik, Reinbek: rowohlt, S. 210-242

Sass, Hans-Martin (1994): Hippokratisches Ethos und nachhippokratische Ethik (= Zentrum für Medizinische Ethik Bochum, Medizinethische Materialien Bd. 92), Typoskript Bochum

Schallmayer, Wilhelm (1904): Vererbung und Auslese im Lebenslauf der Völker – Eine staatswissenschaftliche Studie auf Grund der neueren Biologie, Jena: G. Fischer

Schilling, Katharina (2011): Ach gieb mir doch nur etwas Luft, Du hast der Luft so viel! – Palliativmedizin im frühen 19. Jahrhundert, Duisburg, Köln: WiKu-Verlag

Schilter, Thomas (1999): Unmenschliches Ermessen – Die nationalsozialistische »Euthanasie«-Tötungsanstalt Pirna-Sonnenstein 1940/41 (= Schriftenreihe Sächsische Gedenkstätten zur Erinnerung an die Opfer politischer Gewaltherrschaft 5), Leipzig: Gustav Kiepenheuer

Schmidt, Caroline (2007): Ethik – »Schlimmer als der Tod«, Der Spiegel, Heft 42/2007, S. 44-48

Schmidt, Gerhard (1965): Selektion in der Heilanstalt 1939-1945, 2. Aufl. 1983, Frankfurt/M.: Suhrkamp

Schmidt, Gerhardt (1988): Das unerwünschte Buch, in: Böcker, Felix; Weig, W. (Hg.) (1988): Aktuelle Kernfragen in der Psychiatrie, Berlin u. a.: Springer, S. 3-10

Schmidt, Gerhard (2012): Selektion in der Heilanstalt, Neuausgabe mit ergänzenden Texten hg. von Frank Schneider, Berlin u. Heidelberg: Springer

Schmidt, Martin; Kuhlmann, Robert; Cranach, Michael v. (1999): Heil- und Pflegeanstalt Kaufbeuren, in: Cranach, Michael v.; Siemen, Hans-Ludwig (Hg.) (1999): Psychiatrie im Nationalsozialismus – Die Bayerischen Heil- und Pflegeanstalten zwischen 1933 und 1945, München: Oldenbourg, S. 265-325

Schmidt, Ulf (2007): Karl Brandt: The Nazi Doctor – Medicine and Power in the Third Reich, London, New York: Hambledon Continuum, dt. Übers.: Hitlers Arzt Karl Brandt – Medizin und Macht im Dritten Reich, Berlin: Aufbau Verlag 2009

Schmiedebach, Hans-Peter (1998): »… Kein Platz für halbe, Viertels- und Achtels-Kräfte« – Historische Anmerkungen zur ›Euthanasie‹-Debatte, in: Kolb, Stephan;

Seithe, Horst (Hg.) (1998): Medizin und Gewissen – 50 Jahre nach dem Nürnberger Ärzteprozeß – Kongreßdokumentation, Frankfurt/M.: Mabuse, S. 39-51

Schmitt, Stephanie (2006): Die »Aktion T4« im Reichsgau Sudentenland. Freie wissenschaftliche Arbeit zur Erlangung des Grades eines Magister Artium am Fachbereich Geschichts- und Kulturwissenschaften der Freien Universität Berlin

Schmitt, Stephanie; Fuchs, Petra; Hohendorf, Gerrit; Rotzoll, Maike; Hinz-Wessels, Annette; Richter, Paul (2008): Die »Aktion T4« im Reichsgau Sudetenland am Beispiel der Gau-Heil- und-Pflegeanstalten in Sternberg [Šternberk na Moravě], Troppau [Opava] und Wiesengrund bei Pilsen [Dobřany u Plzně] auf Basis des Bestandes R179 im Bundesarchiv Berlin (1939-1941), in: Šimůnek, Michal; Schulze, Dietmar (Hg.) (2008): Die nationalsozialistische »Euthanasie« im Reichsgau Sudetenland und Protektorat Böhmen und Mähren 1939-1945(= Studies in the History of Sciences and Humanities 22), Prag: Pavel Mervat, S. 76-116

Schmuhl, Hans-Walter (1987): Rassenhygiene, Nationalsozialismus, Euthanasie – Von der Verhütung zur Vernichtung ›lebensunwerten‹ Lebens, 1890-1945 (= Kritische Studien zur Geschichtswissenschaft 75), 2. Aufl. 1992 Göttingen: Vandenhoeck & Ruprecht

Schmuhl, Hans-Walter (1991a): Reformpsychiatrie und Massenmord, in: Prinz, Michael; Zitelmann, Rainer (Hg.): Nationalsozialismus und Modernisierung, Darmstadt: Wissenschaftliche Buchgesellschaft, 2. Aufl. 1994, S. 239-266

Schmuhl, Hans-Walter (1991b): Der Holocaust – Ein transzendentaler Vernichtungsprozeß? Kritische Anmerkungen zu Ernst Noltes Interpretation des Mordes an den Juden im Zweiten Weltkrieg, in: Donat, Helmut; Wieland, Lothar (Hg.) (1991): »Auschwitz erst möglich gemacht?« – Überlegungen zur jüngsten konservativen Geschichtsbewältigung, Bremen: Donat, S. 119-133

Schmuhl, Hans-Walter (1994): Die Geschichte der Lebens(un)wertdiskussion – Bruch oder Kontinuität, in: Daub, Ute; Wunder, Michael (Hg.) (1994): Des Lebens Wert – Zur Diskussion über Euthanasie und Menschenwürde, Freiburg i. Br.: Lambertus, S. 51-60

Schmuhl, Hans-Walter (1997): Eugenik und »Euthanasie« – Zwei Paar Schuhe? – Eine Antwort auf Michael Schwartz, Westfälische Forschungen 47, S. 757-762

Schmuhl, Hans-Walter (1998): Ärzte in der Anstalt Bethel 1870-1945, Bielefeld: Bethel-Verlag

Schmuhl, Hans-Walter (2000): Nationalsozialismus als Argument im aktuellen Medizinethik-Diskurs. Eine Zwischenbilanz, in: Frewer, Andreas; Eickhoff, Clemens (Hg.) (2000): »Euthanasie« und die aktuelle Sterbehilfe-Debatte – Die historischen Hintergründe medizinischer Ethik, Frankfurt/M., New York: Campus, S. 385-407

Schmuhl, Hans-Walter (2002): Hirnforschung und Krankenmord – Das Kaiser-Wilhelm-Institut für Hirnforschung 1937-1945, Vierteljahrshefte für Zeitgeschichte 50, S. 559-609

Schmuhl, Hans-Walter (2010): Die Genesis der »Euthanasie« – Interpretationsansätze, in: Rotzoll, Maike; Hohendorf, Gerrit; Fuchs, Petra; Richter, Paul; Mundt, Christoph; Eckart, Wolfgang U. (Hg.) (2010): Die nationalsozialistische »Euthanasie«-Aktion »T4« – Geschichte und ethische Konsequenzen für die Gegenwart, Paderborn, München, Wien, Zürich: Schöningh, S. 66-73

Schmuhl, Hans-Walter (2011): »Euthanasie« und Krankenmord, in: Jütte, Robert; Eckart, Wolfgang U.; Schmuhl, Hans-Walter; Süß, Winfried (2011): Medizin und Nationalsozialismus – Bilanz und Perspektiven der Forschung, Göttingen: Wallstein, S. 214-255

Schneider, Carl (1939): Behandlung und Verhütung der Geisteskrankheiten – Allgemeine Erfahrungen Grundsätze Technik Biologie (= Monographien aus dem Gesamtgebiete der Neurologie und Psychiatrie 67), Heidelberg: Julius Springer

Schneider, Christoph (2011): Das Subjekt der Euthanasie – Transformationen einer tödlichen Praxis, Münster: Westfälisches Dampfboot

Schneider, Frank (Hg.) (2011): Psychiatrie im Nationalsozialismus – Erinnerung und Verantwortung, Berlin, Heidelberg, New York: Springer

Schneider, Wolfgang (Hg.) (1991): »Vernichtungspolitik« – Eine Debatte über den Zusammenhang von Sozialpolitik und Genozid im nationalsozialistischen Deutschland, Hamburg: Junius

Schockenhoff, Eberhard (1991): Sterbehilfe und Menschenwürde – Begleitung zu einem »eigenen Tod«, Regensburg: Friedrich Pustet

Schöch, Heinz; Verrel, Thorsten u.a. (2005): Alternativ-Entwurf Sterbebegleitung (AE-Stb), Goltdammer's Archiv für Strafrecht 152, S. 553-586

Schöne-Seifert, Bettina (2000): Ist Assistenz zum Sterben unärztlich?, in: Holderegger, Adrian (Hg.) (2000): Das medizinisch assistierte Sterben – Zur Sterbehilfe aus medizinischer, ethischer, juristischer und theologischer Sicht (= Studien zur Theologischen Ethik 80), 2. erw. Aufl. Freiburg/CH, Freiburg i. Br.: Universitätsverlag/Herder, S. 98-118

Schopenhauer, Arthur (2005): Über das Mitleid (= Kleine Bibliothek der Weltweisheit 10), hg. von Franco Volpi, München: dtv C. H. Beck

Schreiber, H.-L. (1998): Juristische Aspekte der Suizidbeihilfe, in: Ritzel, Günther (Hg.) (1998): Beihilfe zum Suizid – Ein Weg im Streit um Sterbehilfe, Regensburg: S. Roderer, S. 30-35

Schröder, Wilhelm Heinz (Hg.) (1985): Lebenslauf und Gesellschaft. Zum Einsatz von kollektiven Biographien in der Historischen Sozialforschung (= Historische Sozialwissenschaftliche Forschungen 18), Stuttgart: Klett Cotta

Schröter, Sonja (1994): Psychiatrie in Waldheim/Sachsen (1716-1946) – Ein Beitrag zur Geschichte der forensischen Psychiatrie in Deutschland (= Mabuse-Verlag Wissenschaft Bd. 11), 2. Aufl. 2003 Frankfurt/M.: Mabuse

Schulze, Dietmar (1999): »Euthanasie« in Bernburg – Die Landes- Heil- und Pflegeanstalt/Anhaltische Nervenklinik in der Zeit des Nationalsozialismus (= Historie in der Blauen Eule Bd. 8), Essen: Die Blaue Eule

Schulze, Dietmar (2003): »Euthanasie« im Reichsgau Sudetenland und im Protektorat Böhmen und Mähren. Ein Forschungsbericht., in: Arbeitskreis zur Erforschung der nationalsozialistischen »Euthanasie« und Zwangssterilisation (Hg.) (2003): Beiträge zur NS-»Euthanasie«-Forschung 2002 – Fachtagungen vom 24. bis 26. Mai 2002 in Linz und Hartheim/Alkoven und vom 15. bis 17. November 2002 in Potsdam (= Berichte des Arbeitskreises 3), S. 147-168

Schumann, Eva (2005): Karl Bindings Schrift ›Die Freigabe der Vernichtung lebensunwerten Lebens‹ Vorläufer, Reaktionen und Fortwirkung in rechtshistorischer Perspektive, in: Riha, Ortrun (Hg.) (2005): ›Die Freigabe der Vernichtung lebensunwerten Lebens‹ – Beiträge des Symposiums über Karl Binding und Alfred Hoche am 2. Dezember 2004 in Leipzig (= Schriftenreihe des Instituts für Ethik in der Medizin Leipzig e. V. 7), Aachen: Shaker, S. 35-67

Schwartz, Michael (1995): Sozialistische Eugenik – Eugenische Sozialtechnologien in Debatten und Politik der deutschen Sozialdemokratie 1890-1945 (= Forschungsinstitut der Friedrich-Ebert-Stiftung Reihe Politik- und Gesellschaftsgeschichte 42), Bonn: Dietz

Schwartz, Michael (1996): ›Rassenhygiene, Nationalsozialismus, Euthanasie‹? – Kriti-

sche Anfragen an eine These Hans-Walter Schmuhls, Westfälische Forschungen 46, 1996, S. 603-622
Schwartz, Michael (1998): »Euthanasie«-Debatten in Deutschland (1895-1945), Vierteljahrshefte für Zeitgeschichte 46, S. 617-665
Schwartz, Michael (2001): Einfallstore der »Euthanasie« – Deutsche Debatten über die »Vernichtung lebensunwerten Lebens« 1895-1945, in: Vormbaum, Thomas (Hg.) (2001): Jahrbuch der Juristischen Zeitgeschichte Band 2 (2000/2001), Berlin: Berliner Wissenschafts-Verlag, S. 131-152
Schwartz, Michael (2008): Eugenik und »Euthanasie«: Die internationale Debatte und Praxis bis 1933/45, in: Henke, Klaus-Dietmar (Hg.) (2008): Tödliche Medizin im Nationalsozialismus – Von der Rassenhygiene zum Massenmord (= Schriften des Deutschen Hygiene-Museums Dresden 7), Köln, Weimar, Wien: Böhlau, S. 65-83
Schweizer-Martinschek, Petra (2004): Tbc-Versuche an behinderten Kindern in der Heil- und Pflegeanstalt Kaufbeuren-Irsee 1942-1944, in: Wirsching, Andreas (Hg.) (2004): Nationalsozialismus in Bayerisch-Schwaben – Herrschaft – Verwaltung – Kultur (= Augsburger Beiträge zur Landesgeschichte Bayerisch-Schwabens 9), Ostfildern: Jan Thorbecke, S. 231-258
Seidler, Eduard (2001): »Kindereuthanasie« im Nationalsozialismus, in: Mundt, Christoph; Hohendorf, Gerrit; Rotzoll, Maike (Hg.) (2001): Psychiatrische Forschung und NS-»Euthanasie« – Beiträge zu einer Gedenkveranstaltung an der Psychiatrischen Universitätsklinik Heidelberg, Heidelberg: Wunderhorn, S. 129-144
Sheldon, Tony (2005): Dutch approve euthanasia for a patient with Alzheimer's disease, British Medical Journal 330, S. 1041
Siemen, Hans-Ludwig (1987): Menschen blieben auf der Strecke … – Psychiatrie zwischen Reform und Nationalsozialismus, Gütersloh: Jakob van Hoddis
Siep, Ludwig; Quante, Michael (2000): Ist die aktive Herbeiführung des Todes im Bereich des medizinischen Handelns philosophisch zu rechtfertigen?, in: Holderegger, Adrian (Hg.) (2000): Das medizinisch assistierte Sterben – Zur Sterbehilfe aus medizinischer, ethischer, juristischer und theologischer Sicht (= Studien zur Theologischen Ethik 80), 2. erw. Aufl. Freiburg/CH, Freiburg i. Br.: Universitätsverlag/Herder, S. 39-56
Silberzahn-Jandt, Gudrun; Schmuhl, Hans-Walter (2012): Friedrich Mauz – T4-Gutachter und Militärpsychiater, Der Nervenarzt 83, S. 321-328
Simon, Alfred (2005): Was ist der rechtlich und ethisch angemessene Umgang mit Wachkomapatienten?, in: Höfling, Wolfram (Hg.) (2005): Das sog. Wachkoma – Rechtliche, medizinische und ethische Aspekte (= Recht – Ethik – Gesundheit Bd. 1), S. 103-111
Simon, Alfred (2010): Einstellung der Ärzte zur Suizidbeihilfe – Ausbau der Palliativmedizin gefordert, Deutsches Ärzteblatt 107, Heft 28/29, S. A 1383-1385
Simon, Eva (2004): Geschichte als Argument in der Medizinethik: Die Bezugnahme auf die Zeit des Nationalsozialismus im internationalen Diskurs, Medizinische Dissertation, Justus-Liebig Universität Gießen
Singer, Peter (1979): Praktische Ethik, 1. Aufl. dt. Übers. Stuttgart 1984: Reclam
Singer, Peter (1993): Praktische Ethik, 2. Aufl., dt. Übers. Stuttgart 1994: Reclam
Singer, Peter (1991): Bioethik und akademische Freiheit, in: Hegselmann, Reiner; Merkel, Reinhard (Hg.) (1991): Zur Debatte über Euthanasie – Beiträge und Stellungnahmen, Frankfurt/M.: Suhrkamp, S. 312-326
Sirl, Sr. M. Benigna; Pfister, Peter (Hg.) (2011): Die Assoziationsanstalt Schönbrunn und das nationalsozialistische Euthanasieprogramm (= Schriften des Archivs des Erzbistums München und Freising 15), Regensburg: Schnell & Steiner

Sluis, I. van der (1979): The Movement for Euthanasia 1875-1975, Janus 66, S. 131-172
Spaemann, Robert (1992): Wir dürfen das Tabu nicht aufgeben, in: Frensch, Michael; Schmidt, Martin; Schmidt, Michael (Hg.) (1992): Euthanasie – Sind alle Menschen Personen?, Schaffhausen: Novalis, S. 156-164
Spaemann, Robert; Fuchs, Thomas (1997): Töten oder sterben lassen? – Worum es in der Euthanasiedebatte geht, Freiburg i. Br., Basel, Wien: Herder
Spaemann, Robert (1997): Es gibt kein gutes Töten, in: Spaemann, Robert; Fuchs, Thomas (1997): Töten oder sterben lassen? – Worum es in der Euthanasiedebatte geht, Freiburg i. Br.: Herder, S. 12-30
Spaemann, Robert (1996): Personen – Versuch über den Unterschied zwischen ›etwas‹ und ›jemand‹, Stuttgart: Klett-Cotta
Sparing, Frank (2003): Psychiatrie in Düsseldorf nach 1945, in: Woelk, Wolfgang; Sparing, Frank; Bayer, Karen; Esch, Michael G. (Hg.) (2003): Nach der Diktatur – Die Medizinische Akademie Düsseldorf vom Ende des Zweiten Weltkriegs bis in die 1960er Jahre (= Düsseldorfer Schriften zur Neueren Landesgeschichte und zur Geschichte Nordrhein-Westfalens 66), Essen: Klartext, S. 325-364
Spittler, Johann Friedrich (2004): Die präsuizidale Entwicklung zu einem assistierten Suizid, Nervenheilkunde 23, S. 292-296
Spittler, Johann Friedrich (2006): Argumente, Gründe und Motive auf dem Weg in einen assistierten Suizid, Nervenheilkunde 25, S. 855-860
Spittler, Johann Friedrich (2012): Organisierte Suizid-Beihilfe in Deutschland – Die Realität aus ärztlich-psychiatrischer Sicht, in: Neumann, Gita (Hg.) (2012): Suizidhilfe als Herausforderung – Arztethos und Strafbarkeitsmythos (= Schriftenreihe der Humanistischen Akademie Berlin 5), Aschaffenburg: Alibri, S. 139-160
Stadler, Christian (1991): Sterbehilfe – gestern und heute (= Werkstattschriften zur Sozialpsychiatrie 49), Bonn: Psychiatrie-Verlag
Statistisches Reichsamt (1940): Die ständige Bevölkerung nach Wirtschaftsabteilungen und nach der sozialen Stellung – Weitere Reichsergebnisse der Volks- und Berufszählung vom 17. Mai 1939, Wirtschaft und Statistik 20, Heft 16, S. 333-337
Steger, Florian (2004): Medizinische Forschung an Kindern zur Zeit des Nationalsozialismus. Die »Kinderfachabteilung« der Heil- und Pflegeanstalt Kaufbeuren-Irsee, in: Medizin, Gesellschaft und Geschichte – Jahrbuch des Instituts für Geschichte der Medizin der Robert Bosch Stiftung 22 Berichtsjahr 2003, Stuttgart: Franz Steiner, S. 61-88
Steinberg, Holger (2005): Alfred Erich Hoche in der Psychiatrie seiner Zeit vor dem Hintergrund der Schrift ›Die Freigabe der Vernichtung lebensunwerten Lebens‹, in: Riha, Ortrun (Hg.) (2005): ›Die Freigabe der Vernichtung lebensunwerten Lebens‹ – Beiträge des Symposiums über Karl Binding und Alfred Hoche am 2. Dezember 2004 in Leipzig (= Schriftenreihe des Instituts für Ethik in der Medizin Leipzig e. V. 7), Aachen: Shaker, S. 68-102
Stobäus, Ricarda (2000): »Euthanasie« im Nationalsozialismus: Gottfried Ewald und der Protest gegen die »Aktion T4«, in: Frewer, Andreas; Eickhoff, Clemens (Hg.) (2000): »Euthanasie« und die aktuelle Sterbehilfe-Debatte – Die historischen Hintergründe medizinischer Ethik, Frankfurt/M., New York: Campus, S. 177-192
Stöckle, Thomas (2002): Grafeneck 1940 – Die Euthanasie-Verbrechen in Südwestdeutschland, Tübingen: Silberburg-Verlag
Stöckle, Thomas (2010): Die Reaktionen der Angehörigen und der Bevölkerung auf die »Aktion T4«, in: Rotzoll, Maike; Hohendorf, Gerrit; Fuchs, Petra; Richter, Paul; Mundt, Christoph; Eckart, Wolfgang U. (Hg.) (2010): Die nationalsozialistische »Euthanasie«-Aktion »T4« – Geschichte und ethische Konsequenzen für die Gegenwart, Paderborn, München, Wien, Zürich: Schöningh, S. 118-124

Stolberg, Michael (2007): Active Euthanasia in Pre-Modern Society, 1500-1800: Learned Debates and Popular Practices, Social History of Medicine 20, S. 205-221

Stolberg, Michael (2008): Pioneers of Euthanasia: Two German Physicians Made the Break around 1800, Hastings Center Report 38, S. 19-22

Stolberg, Michael (2011): Die Geschichte der Palliativmedizin – Medizinische Sterbebegleitung von 1500 bis heute, Frankfurt/M.: Mabuse-Verlag

Storm, Theodor (1887): Ein Bekenntnis, in: Storm, Theodor (1919): Ausgewählte Werke, hg. v. Alfred Biese, Bd. 7, Leipzig: Hesse & Becker, S. 19-71

Strassmann, F. (1921): Die Freigabe der Vernichtung lebensunwerten Lebens. Koreferat zu Karl Klee, Ärztliche Sachverständigen-Zeitung 27, S. 7-10, abgedruckt in: Grübler, Gerd (Hg.) (2007): Quellen zur deutschen Euthanasie-Diskussion 1895-1941 (= Geschichte in Quellen Bd. 2), Berlin: LIT-Verlag, S. 176-180

Stroothenke, Wolfgang (1940): Erbpflege und Christentum – Fragen der Sterilisation, Aufnordnung, Euthanasie, Ehe, Leipzig: Leopold Klotz

Sueße, Thorsten; Meyer, Heinrich (1988): Abtransport der »Lebensunwerten« – Die Konfrontation niedersächsischer Anstalten mit der NS-»Euthanasie«, Hannover: Clemens Koechert

Süß, Winfried (2003): Der »Volkskörper« im Krieg – Gesundheitspolitik, Gesundheitsverhältnisse und Krankenmord im nationalsozialistischen Deutschland 1939-1945 (= Studien zur Zeitgeschichte 65), München: Oldenbourg

Sueße, Thorsten; Meyer, Heinrich (1993): Die »Kinderfachabteilung« in Lüneburg: Tötung behinderter Kinder zwischen 1941-1945, Praxis der Kinderpsychologie und Kinderpsychiatrie 42, S. 234-240

Surmann, Rolf (2005): Was ist typisches NS-Unrecht? Die verweigerte Entschädigung für Zwangssterilisierte und »Euthanasie«-Geschädigte, in: Hamm, Margret (Hg.) (2005): Lebensunwert zerstörte Leben – Zwangssterilisation und »Euthanasie, Frankfurt/M: VAS, S. 198-211

Synofzik, Matthis; Marckmann, Georg (2005): Persistent vegetative state – Verdursten lassen oder sterben dürfen?, Deutsches Ärzteblatt 102, Heft 30, S. A 2079-2082

Teller, Christine (1990): Carl Schneider – Zur Biographie eines deutschen Wissenschaftlers, Geschichte und Gesellschaft 16, S. 464-478

The Multi-Society Task Force on PVS (1996): Medical Aspects of the Persistent Vegetative State (Second of Two Parts), The New England Journal of Medicine 330, S. 1572-1579

Thiele, Felix (Hg.) (2010): Aktive und passive Sterbehilfe – Medizinische, rechtswissenschaftliche und philosophische Aspekte, 2. überarb. Aufl., München: Wilhelm Fink

Thomasma, David C.; Kimbrough-Kushner, Thomasine; Kimsma, Gerrit K.; Ciesielski-Carlucci, Chris (Hg.) (1998): Asking to Die: Inside the Dutch Debate about Euthanasia, Dordrecht, Boston, London: Kluwer

Tolmein, Oliver (2005): Integritätsschutz und Selbstbestimmungsrecht bei Wachkomapatienten. Eine rechtsvergleichende Perspektive, in: Höfling, Wolfram (Hg.) (2005): Das sog. Wachkoma – Rechtliche, medizinische und ethische Aspekte (= Recht – Ethik – Gesundheit Bd. 1), Münster: LIT, S. 115-131

Tolmein, Oliver (2006): Keiner stirbt für sich allein – Sterbehilfe, Pflegenotstand und das Recht auf Sterbehilfe, München: C. Bertelsmann

Tolmein, Oliver (2012): Arzthilfe beim Suizid? Ein missbrauchtes Urteil des Berliner Verwaltungsgerichts, Frankfurter Allgemeine Zeitung 3. 4. 2012

Topp, Sascha (2004): Der »Reichsausschuß zur wissenschaftlichen Erfassung erb- und anlagebedingter schwerer Leiden« – Zur Organisation der Ermordung minderjähriger Kranker im Nationalsozialismus 1939-1945, in: Beddies, Thomas; Hübener,

Kristina (Hg.) (2004): Kinder in der NS-Psychiatrie (= Schriftenreihe zur Medizin-Geschichte des Landes Brandenburg 10), Berlin: be.bra, S. 17-54

Topp, Sascha (2008): Facetten der Vergegenwärtigung der nationalsozialistischen »Euthanasie« in der DDR, in: Lahm, Berit; Seyde, Thomas; Ulm, Eberhard (Hg.) (2008): 505 Kindereuthanasieverbrechen in Leipzig – Verantwortung und Rezeption, Leipzig: Plöttner, S. 229-266

Topp, Sascha; Fuchs, Petra; Hohendorf, Gerrit; Richter, Paul; Rotzoll, Maike (2008): Die Provinz Ostpreußen und die nationalsozialistische »Euthanasie«: SS-»Aktion Lange« und »Aktion T4«, Medizinhistorisches Journal 43, S. 20-55

Topp, Sascha (2010): Krankentötungen in Ostpreußen. Ein Vergleich der »Aktion Lange« und der »Aktion T4«, in: Rotzoll, Maike; Hohendorf, Gerrit; Fuchs, Petra; Richter, Paul; Mundt, Christoph; Eckart, Wolfgang U. (Hg.) (2010): Die nationalsozialistische »Euthanasie«-Aktion »T4« und ihre Opfer – Geschichte und ethische Konsequenzen für die Gegenwart, Paderborn, München, Wien, Zürich: Schöningh, S. 169-174

Topp, Sascha (2012): Das Ringen der Zwangssterilisierten und NS-»Euthanasie«-Geschädigten um »Wiedergutmachung« und 25 Jahre Arbeitskreis NS-»Euthanasie«, in: Arbeitskreis zur Erforschung der nationalsozialistischen »Euthanasie« und Zwangssterilisation (Hg.) (2012): NS- Euthanasie in der Ostmark – Fachtagung vom 17. bis 19. April 2009 im Lern- und Gedenkort Schloss Hartheim, Alkoven, (= Berichte des Arbeitskreises 8), [Ulm u. Münster): Klemm & Oelschläger, S. 255-286

Topp, Sascha (2013): Geschichte als Argument in der Nachkriegsmedizin: Formen der Vergegenwärtigung der nationalsozialistischen Euthanasie zwischen Politisierung und Historiographie (= Formen der Erinnerung Bd. 53), Göttingen: Vandenhoeck und Ruprecht: im Druck

Trenckmann, Ulrich (1993): Nach Hadamar – Zur Rezeption der NS-Vergangenheit durch die deutsche Psychiatrie, in: Kersting, Franz-Werner; Teppe, Karl; Walter, Bernd (Hg.) (1993): Nach Hadamar – Zum Verhältnis von Psychiatrie und Gesellschaft im 20. Jahrhundert (= Forschungen zur Regionalgeschichte Bd. 16), Paderborn: Schöningh, S. 273-286

Tröhler, Ulrich; Reiter-Theil, Stella (Hg.) (1997): Ethik und Medizin 1947-1997 – Was leistet die Kodifizierung von Ethik?, Göttingen: Wallstein

Trus, Arnim (1995): »… vom Leid erlösen« Zur Geschichte der nationalsozialistischen »Euthanasie«-Verbrechen – Texte und Materialien für Unterricht und Studium, 2. Aufl. 2003, Frankfurt/M.: Mabuse

Tucker, Kathryn, L. (2010): What does »Medicine after the Holocaust« Have to Do with Aid in Dying?, in: Rubenfeld, Sheldon (Hg.) (2010): Medicine after the Holocaust – From the Master Race to the Human Genome and Beyond, New York: Palgrave Macmillan, S. 123-133

Tümmers, Henning (2011): Anerkennungskämpfe – Die Nachgeschichte der nationalsozialistischen Zwangssterilisationen in der Bundesrepublik (= Beiträge zur Geschichte des 20. Jahrhunderts 11), Göttingen: Wallstein

Tugendhat, Ernst (1994): Das Euthanasieproblem in philosophischer Sicht, Logos (Neue Folge) 1, 1993/94, S. 123-138

Ulbrich, Martin (1935): Nochmals die Frage der Euthanasie bei unheilbar kranken Menschen, Ethik – Sexual- und Gesellschaftsethik 10, 1934/35, S. 176-178

Verrel, Thorsten; Simon, Alfred (2010): Patientenverfügungen – Rechtliche und ethische Aspekte (= Ethik in den Biowissenschaften – Sachstandsberichte des DRZE 11), Freiburg i. Br.: Karl Alber

Verhagen, Eduard; Sauer, Pieter J. J. (2005): The Groningen Protocol – Euthanasia in Severly Ill Newborns, The New England Journal of Medicine 352, S. 959-962

Villaret, A. (Hg.) (1888): Handwörterbuch der gesamten Medizin, 2. Bde., Stuttgart: Ferdinand Enke

Vogt, Martin (1997): Sozialdarwinismus – Wissenschaftstheorie, politische und theologisch-ethische Aspekte der Evolutionstheorie, Freiburg, Basel, Wien: Herder

Vollmann (1921): Vom 42. Ordentlichen Deutschen Aerztetag am 16. und 17. September in Karlsruhe. (Vorläufiger Bericht.), Aerztliches Vereinsblatt 50, 9. Oktober 1921, Sp. 261-270

Vollmann, Jochen; Bauer, Armin; Breden, Thorsten Marcus; Danker-Hopfe, Heidi; Hartung, Heinz-Dieter; Helmchen, Hanfried; Herrmann, Eva; Kühl, Klaus-Peter; Schildmann, Jan; Tilmann, Amely (2008): Patientenselbstbestimmung und Selbstbestimmungsfähigkeit – Beiträge zur Klinischen Ethik, Stuttgart: W. Kohlhammer

Vollmann, Jochen (2011): Auf dem letzten Weg – Warum es nicht inhuman ist, wenn sich todkranke Menschen von Ärzten beim Sterben helfen lassen, Süddeutsche Zeitung 18.11.2011, S. 2 (Außenansicht)

Vormbaum, Thomas (Hg.) (2005): »Euthanasie« vor Gericht – Die Anklageschrift des Generalstaatsanwalts beim OLG Frankfurt/M. gegen Dr. Werner Heyde u.a. vom 22. Mai 1962 (= Juristische Zeitgeschichte Abteilung I Allgemeine Reihe 17), Berlin: Berliner Wissenschafts-Verlag

Wal, Gerrit van der; van der Maas, Paul J.; Bosma, Jacqueline M.; Onwuteaka-Philipsen, Bregje D.; Willems, Dick L.; Haverkate, Ilinka; Kostense, Piet J. (1996): Evaluation of the Notification Procedure for Physician-Assisted Death in the Netherlands, The New England Journal of Medicine 335, S. 1706-1711

Walser, Martin (1998): Erfahrungen beim Verfassen einer Sonntagsrede, Frankfurter Rundschau, 12.10.1998, S. 10

Walter, Bernd (1991): Anstaltsleben als Schicksal. Die nationalsozialistische Erb- und Rassenpflege an Psychiatriepatienten, in: Frei, Norbert (Hg.) (1991): Medizin und Gsundheitspolitik in der NS-Zeit (= Schriftenreihe der Vierteljahrshefte für Zeitgeschichte Sondernummer), München: Oldenbourg, S. 217-233

Walter, Bernd (1996): Psychiatrie und Gesellschaft in der Moderne – Geisteskrankenfürsorge in der Provinz Westfalen zwischen Kaiserreich und NS-Regime (= Forschungen zur Regionalgeschichte 16), Paderborn: Schöningh

Walter, Bernd (2001): Die NS-»Kinder-Euthanasie«-Aktion in der Provinz Westfalen (1940-1945), Praxis der Kinderpsychologie und Kinderpsychiatrie 50, S. 211-227

Walton, Douglas (1992): Slippery Slope Arguments, Oxford: Clarendon Press 1992

Wehler, Hans-Ulrich (1988a): Aus der Geschichte lernen?, in: ders. (1988): Aus der Geschichte lernen? – Essays, München: C.H. Beck, S. 11-18

Wehler, Hans-Ulrich (1988b): Entsorgung der deutschen Vergangenheit? – Ein polemischer Essay zum »Historikerstreit«, München: C.H. Beck

Wehlte, Christian (2000): Über die »Heiligkeit des Lebens« – Zur Vernachlässigung soziokultureller Dimensionen in der Euthanasie-Diskussion; in: Frewer, Andreas; Eickhoff, Clemens (Hg.) (2000): »Euthanasie« und die aktuelle Sterbehilfe-Debatte – Die historischen Hintergründe medizinischer Ethik, Frankfurt/M.: Campus, S. 336-355

Wehrli, Hans; Sutter, Bernhard; Kaufmann, Peter (Hg.) (2012): Der organisierte Tod – Sterbehilfe und Selbstbestimmung am Lebensende – Pro und Contra, Zürich: Orell Füssli

Weindling, Paul (1989): Health, race and German politics between national unification and Nazism, 1870-1945, Cambridge, New York u.a.: Cambridge University Press

Weingart, Peter; Kroll, Jürgen; Bayertz, Kurt (1988): Rasse, Blut und Gene – Zur Geschichte der Eugenik und Rassenhygiene in Deutschland, Frankfurt/M.: Suhrkamp

Weizsäcker, Viktor von (1947): »Euthanasie« und Menschenversuche, Psyche 1, S. 68-102

Wenker, M. (2013): Durfte der Kieler Ärztetag den ärztlich assistierten Suizid verbieten? Ja!, Ethik in der Medizin 25, S. 73-77

Westermann, Stefanie (2010): Verschwiegenes Leid – Der Umgang mit den NS-Zwangssterilisationen in der Bundesrepublik Deutschland (= Menschen und Kulturen – Beihefte zum Saeculum Jahrbuch für Universalgeschichte 7); Köln; Weimar, Wien: Böhlau

Wiesel, Elie (1997): Ethics and Memory – Ethik und Erinnerung, Ernst Reuter-Vorlesung im Wissenschaftskolleg zu Berlin 26. Juni 1996, Berlin, New York: Walter de Gruyter

Wiesing, Urban (1995): Zum Verhältnis von Geschichte und Ethik in der Medizin, Internationale Zeitschrift für Geschichte und Ethik der Naturwissenschaften, Technik und Medizin 3, 1995, S. 129-144

Wiesing, Urban (2000): Ist aktive Sterbehilfe »unärztlich«?, in: Holderegger, Adrian (Hg.) (2000): Das medizinisch assistierte Sterben – Zur Sterbehilfe aus medizinischer, ethischer, juristischer und theologischer Sicht (= Studien zur Theologischen Ethik 80), 2. erw. Aufl. Freiburg/CH, Freiburg i. Br.: Universitätsverlag/Herder, S. 229-241

Wiesing, Urban (2013): Durfte der Kieler Ärztetag den ärztlich assistierten Suizid verbieten? Nein!, Ethik in der Medizin 25, S. 67-71

Williams, S. D. jr. (1870): Euthanasia, in: Essays by the Birmingham Speculative Club, London: Williams & Norgate, S. 210-237

Wilmanns, Juliane (2000): Ethische Normen im Arzt-Patienten-Verhältnis auf der Grundlage des Hippokratischen Eides, in: Knoepffler, Nikolaus; Haniel, Anja (Hg.) (2000): Menschenwürde und medizinethische Konfliktfälle, Stuttgart, Leipzig: S. Hirzel, S. 203-220

Wilmanns, Juliane C.; Hohendorf, Gerrit (2012): Der ideengeschichtliche Hintergrund des Verlustes des Mitgefühls in der Psychiatrie im Nationalsozialismus, in: Förstl, Hans (Hg.) (2012): Theory of Mind – Neurobiologie und Psychologie sittlichen Verhaltens, 2. überarb. u. akt. Aufl. Heidelberg: Springer, S. 227-251

Wilutzky (1901): Dem Hunde einen Gnadenstoß, dem Menschen keinen, Das Recht 5, S. 458, zit. n. Grübler, Gerd (Hg.) (2007): Quellen zur deutschen Euthanasie-Diskussion 1895-1941 (= Geschichte in Quellen Bd. 2), Berlin: LIT Verlag, S. 60-61

Winau, Rolf (1989): Die Freigabe der Vernichtung »lebensunwerten Lebens« – Euthanasie – Wandlungen eines Begriffs, in: Bleker, Johanna; Jachertz, Norbert (Hg.) (1989): Medizin im Dritten Reich, Köln: Deutscher Ärzteverlag, S. 76-85

Winau, Rolf (1993): Der eigene und der fremde Tod – Überlegungen zur Geschichte der Sterbehilfe, Zeitschrift für ärztliche Fortbildung 87, S. 3-12

Winkler, Ulrike; Hohendorf, Gerrit (2011): »Nun ist Mogiljow frei von Verrückten« – Die Ermordung der PsychiatriepatientInnen in Mogilew 1941/42, in: Quinkert, Babette; Rauh, Philipp; Winkler, Ulrike (Hg.) (2011): Krieg und Psychiatrie 1914-1950 (= Beiträge zur Geschichte des Nationalsozialsimus 26), Göttingen: Wallstein, S. 75-103

Wittmann, Roland (1991): Metaethische Überlegungen zu dem ethischen Diskurs über Peter Singers »Praktische Ethik«, in: Hegselmann, Reiner; Merkel, Reinhard (Hg.) (1991): Zur Debatte über Euthanasie – Beiträge und Stellungnahmen, Frankfurt/M.: Suhrkamp S. 249-275

Wittwer, Héctor (2003): Selbsttötung als philosophisches Problem – Über die Rationalität und Moralität des Suizids, Paderborn: mentis

Wittwer, Héctor; Schäfer, Daniel; Frewer, Andreas (Hg.) (2010): Sterben und Tod. Geschichte – Theorie – Ethik. Ein interdisziplinäres Handbuch, Stuttgart, Weimar: Metzler

Woellert, Katharina; Schmiedebach, Heinz-Peter (2008): Sterbehilfe, Basel, München: Ernst Reinhardt

Wolf, Ursula (1991): Philosophie und Öffentlichkeit – Anmerkungen zur Euthanasiedebatte, in: Hegselmann, Reiner; Merkel, Reinhard (Hg.) (1991): Zur Debatte über Euthanasie – Beiträge und Stellungnahmen, Frankfurt/M.: Suhrkamp S. 181-196

Wolfsdorf, Eugen (1913): Euthanasie und Monismus, Das Monistische Jahrhundert Jg. 2, 1. Halbband, Heft 12, S. 305-309

Wulff, Erich (2006): La réception du massacre des aliénés par la profession psychiatrique en Allemagne, in: Bonah, Christian; Danion-Grilliat, Anne; Olff-Nathan, Josiane; Schappacher, Norbert (Hg.) (2006): Nazisme, Science et Médecine, Paris: Editions Glyphe, S. 219-233

Wunder, Michael (1992): Euthanasie in den letzten Kriegsjahren – Die Jahre 1944 und 1945 in der Heil- und Pflegeanstalt Hamburg-Langenhorn (= Abhandlungen zur Geschichte der Medizin und der Naturwissenschaften 65), Husum: Matthiesen

Wunder, Michael (1994): Die neue Lebens(un)wertdiskussion und die alten Erlösungshoffnungen, in: Daub, Ute; Wunder, Michael (Hg.) (1994): Des Lebens Wert – Zur Diskussion über Euthanasie und Menschenwürde, Freiburg: Lambertus, S. 26-34

Wunder, Michael (2000): Medizin und Gewissen – Die neue Euthanasie-Debatte in Deutschland vor dem historischen und internationalen Hintergrund, in: Frewer, Andreas; Eickhoff, Clemens (Hg.) (2000): »Euthanasie« und die aktuelle Sterbehilfe-Debatte – Die historischen Hintergründe medizinischer Ethik, Frankfurt/M., New York: Campus, S. 250-275

Wunder, Michael (2001): Zur Geschichte des »Arbeitskreises zur Erforschung der nationalsozialistischen ›Euthanasie‹ und Zwangssterilisation«, in: Arbeitskreis zur Erforschung der nationalsozialistischen »Euthanasie« und Zwangssterilisation (Hg.) (2001): Der sächsische Sonderweg bei der NS-»Euthanasie« – Fachtagung vom 15. bis 17. Mai 2001 in Pirna-Sonnenstein (= Berichte des Arbeitskreises 1), Ulm: Klemm & Oelschläger, S. 9-19

Wunder, Michael (2010): Des Lebens Wert. Zur alten und zur neuen Debatte um Autonomie und Euthanasie, in: Rotzoll, Maike; Hohendorf, Gerrit; Fuchs, Petra; Richter, Paul; Mundt, Christoph; Eckart, Wolfgang U. (Hg.) (2010): Die nationalsozialistische »Euthanasie«-Aktion »T4«. Geschichte und ethische Konsequenzen für die Gegenwart, Paderborn, München, Wien, Zürich: Schöningh, S. 391-401

Wunder, Michael, (2013): Die alte und die neue Euthanasiediskussion: Tötung auf wessen Verlangen? (= Wiener Vorlesungen im Rathaus 169), Wien: Picus

Zieger, Andreas (2005): Beziehungsmedizinisches Wissen im Umgang mit so genannten Wachkomapatienten, in: Höfling, Wolfram (Hg.) (2005): Das sog. Wachkoma – Rechtliche, medizinische und ethische Aspekte (= Recht – Ethik – Gesundheit Bd. 1), Münster: LIT, S. 49-90

Zimmermann, Mirjam (1997): Geburtshilfe als Sterbehilfe? – Zur Behandlungsentscheidung bei schwergeschädigten Neugeborenen und Frühgeborenen – Medizinisch-empirische, juristische, sozialpsychologische und philosophische Grundlagen, ethische Beurteilung und Folgerungen, unter besonderer Berücksichtigung der Infantizidthesen von Peter Singer und Helga Kuhse, Frankfurt/M. u.a.: Peter Lang

Zimmermann-Acklin, Markus (2002): Euthanasie – Eine theologisch-ethische Untersuchung (= Studien zur theologischen Ethik 79), 2. erw. und überarb. Aufl. Freiburg/Schweiz: Universitätsverlag

Zmarzlik, Hans-Günter (1963): Der Sozialdarwinismus in Deutschland als geschichtliches Problem, Vierteljahrshefte für Zeitgeschichte 11, 1963, S. 246-273

Abb. 1: Die Zeitschrift Neues Volk, Blätter des Rassenpolitischen Amtes der NSDAP, publizierte ab 1933 in hoher Auflage stigmatisierende Propagandabilder über psychisch kranken Menschen. Die naheliegende Konsequenz der »Vernichtung lebensunwerten Lebens« wurde nicht offen ausgesprochen.
[Neues Volk 1, 1933, Heft 5, S. 16.]

Abb. 2: Dieses Propagandaplakat sollte die angeblich auf dem Volk lastenden Kosten der »Erbkranken« verdeutlichen und forderte dazu auf, sich von dieser Last zu befreien. [Neues Volk 4, 1936, Heft 3, S. 38.]

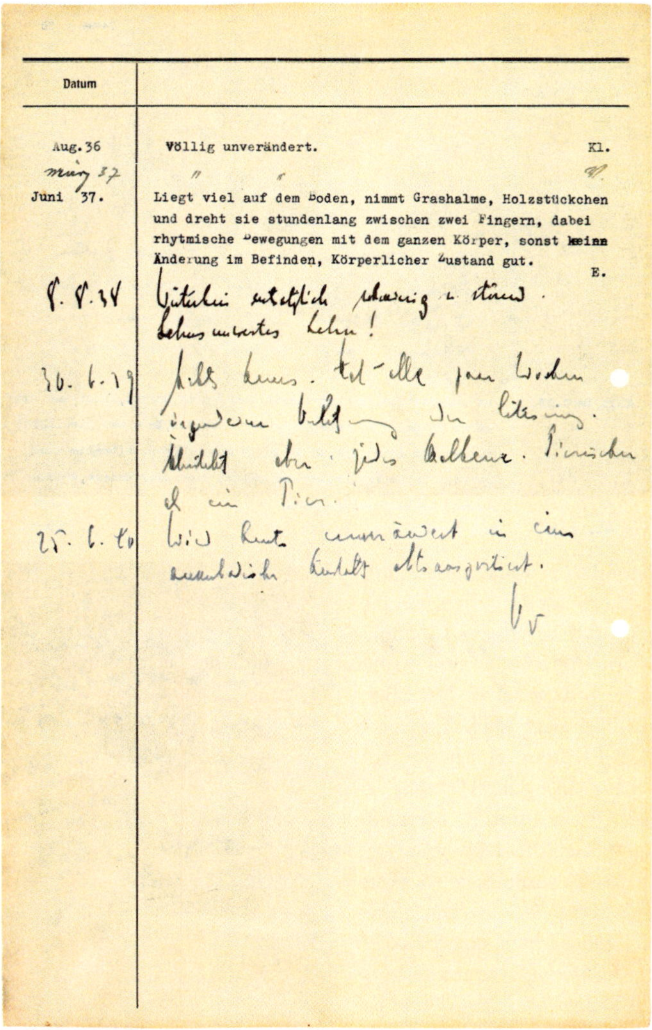

Datum	
Aug. 36	Völlig unverändert. Kl.
März 37	" "
Juni 37.	Liegt viel auf dem Boden, nimmt Grashalme, Holzstückchen und dreht sie stundenlang zwischen zwei Fingern, dabei rhythmische Bewegungen mit dem ganzen Körper, sonst keine Änderung im Befinden, Körperlicher Zustand gut. E.
8.8.38	
30.6.39	
25.6.40	

Abb. 3: Adelheid B. litt seit ihrer Kindheit an den Folgen einer Gehirnentzündung, seit ihrem achten Lebensjahr befand sie sich in Anstaltspflege. Am 8. August 1938 notierte Dr. Overhamm, Oberarzt der Heil- und Pflegeanstalt Wiesloch, in der Krankenakte: »Weiterhin entsetzlich schwierig u. störend. Lebensunwertes Leben !« Es folgte am 30. Juni 1939 der Eintrag: »Nichts Neues. Hat alle paar Wochen irgendeine Verletzung oder Eiterung. Übersteht aber jedes Malheur. Tierischer als ein Tier.« Der letzte Eintrag lautete am 25. Juni 1940: »Wird heute unverändert in eine ausserbadische Anstalt abtransportiert.« Adelheid wurde in der Gaskammer der Tötungsanstalt Grafeneck um ihr Leben gebracht. [Bundesarchiv Berlin R 179/22496.]

Abb. 4a und 4b: Wilhelmine Haußner wurde 1927 als das drittes von insgesamt fünf Kindern des Lagermeisters Martin Haußner und seiner Ehefrau Barbara geboren. Das obenstehende Bild zeigt Wilhelmine mit ihren Geschwistern als zweite von links stehend neben ihrer Mutter um 1930. Nach einer Impfung erkrankte sie an einer Gehirnentzündung. 1932 wurde sie in die katholische Pflegeanstalt Schönbrunn bei Dachau aufgenommen. Dort erhielt sie oft Besuch von ihrer Familie. Das untenstehende Bild zeigt Helma, wie sie von ihrer Familie genannt wurde, mit ihrem Vater in Schönbrunn. Im Rahmen einer Verlegungsaktion im Zusammenhang mit der »Aktion T4« mußte sie Schönbrunn am 23. Mai 1941 verlassen und kam, nun 13 Jahre alt, in die Heil- und Pflegeanstalt Eglfing-Haar. Dort wurde sie als »tiefstehende Idiotin« klassifiziert und in die Kinderfachabteilung eingewiesen. Ihr Tod war nach einem Schreiben des »Reichsausschusses« beschlossene Sache. Wilhelmine starb am 7. November 1942. Man hatte ihr die Überdosis eines Beruhigungsmittels gegeben. [Privatbesitz Dr. Claudia Busch, München]

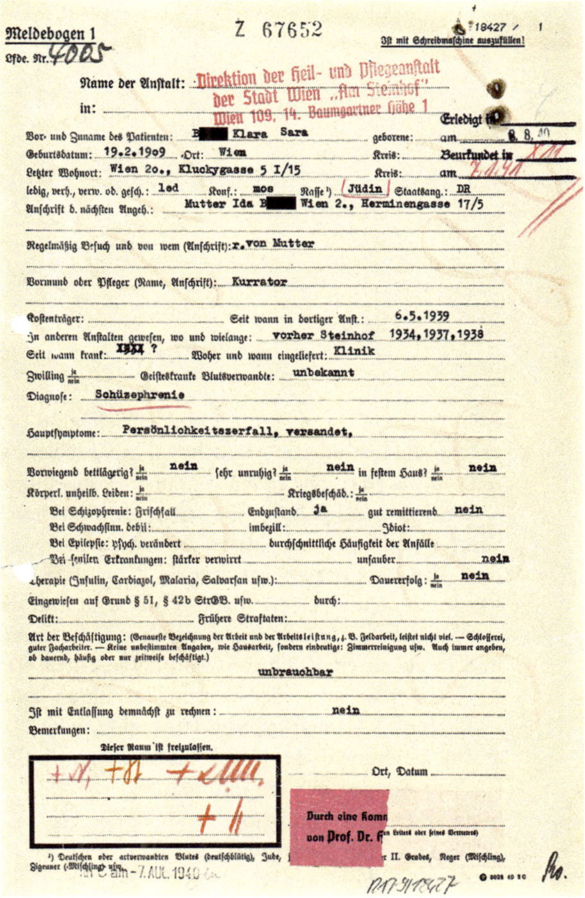

Meldebogen 1 Z 67652 18427 / 1

Ist mit Schreibmaschine auszufüllen!

Lfde. Nr. 4005

Name der Anstalt: Direktion der Heil- und Pflegeanstalt der Stadt Wien „Am Steinhof"

in: Wien 109, 14. Baumgartner Höhe 1

Erledigt in C am 8. 8. 40

Beurkundet in X II am 7.1.41

Vor- und Zuname des Patienten: B[redacted] Klara Sara geborene:

Geburtsdatum: 19.2.1909 Ort: Wien Kreis:

Letzter Wohnort: Wien 2o., Kluckygasse 5 I/15 Kreis:

ledig, verh., verw. od. gesch.: led Konf.: mos Rasse [1]) Jüdin Staatsang.: DR

Anschrift d. nächsten Angeh.: Mutter Ida B[redacted] Wien 2., Herminengasse 17/5

Regelmäßig Besuch und von wem (Anschrift): r. von Mutter

Vormund oder Pfleger (Name, Anschrift): Kurrator

Kostenträger: Seit wann in dortiger Anst.: 6.5.1939

In anderen Anstalten gewesen, wo und wielange: vorher Steinhof 1934, 1937, 1938

Seit wann krank: XXXX ? Woher und wann eingeliefert: Klinik

Zwilling ja/nein Geisteskranke Blutsverwandte: unbekannt

Diagnose: Schüzephrenie

Hauptsymptome: Persönlichkeitszerfall, versandet,

Vorwiegend bettlägerig? ja/nein nein sehr unruhig? ja/nein nein in festem Haus? ja/nein nein

Körperl. unheilb. Leiden: ja/nein Kriegsbeschäd.: ja/nein

Bei Schizophrenie: Frischfall Endzustand ja gut remittierend nein

Bei Schwachsinn. debil: imbezill: Idiot:

Bei Epilepsie: psych. verändert durchschnittliche Häufigkeit der Anfälle

Bei senilen Erkrankungen: stärker verwirrt unsauber nein

Therapie (Insulin, Cardiazol, Malaria, Salvarsan usw.): Dauererfolg: ja/nein nein

Eingewiesen auf Grund § 51, § 42b StrGB. usw. durch:

Delikt: Frühere Straftaten:

Art der Beschäftigung: (Genaueste Bezeichnung der Arbeit und der Arbeitsleistung, z. B. Feldarbeit, leistet nicht viel. — Schlosserei, guter Facharbeiter. — Keine unbestimmten Angaben, wie Hausarbeit, sondern eindeutige: Zimmerreinigung usw. Auch immer angeben, ob dauernd, häufig oder nur zeitweise beschäftigt.)

unbrauchbar

Ist mit Entlassung demnächst zu rechnen: nein

Bemerkungen:

Dieser Raum ist freizulassen.

Ort, Datum

Durch eine Komm... von Prof. Dr. H...

...en Leiters oder seines Vertreters)

[1]) Deutschen oder artverwandten Blutes (deutschblütig), Jude, ... II. Grades, Neger (Mischling), Zigeuner (Mischling) usw.

... C am - 7. AUG. 1940

Abb. 5 Meldebogen der »Aktion T4«. Der hier abgebildete Meldebogen ist der einzige bisher aufgefundene mit den Bearbeitungsvermerken der Gutachter und der T4-Zentrale. Er betrifft die jüdische Patientin Klara B. aus Wien. Sie wurde zuletzt am 6.5.1939 in die Wiener Heil- und Pflegeanstalt »Am Steinhof« eingewiesen worden war. Der Meldebogen wurde im Juni 1940 »Durch eine Kommission unter der Leitung von Prof. Dr. Heyde aufgenommen« (abgerissener roter Aufkleber). Die Diagnose lautete »Schizophrenie«. Unter Hauptsymptomen wurde in damals üblicher abwertender Sprache vermerkt: »Persönlichkeitszerfall, versandet«. Die Arbeitsleistung wurde als »unbrauchbar« eingeschätzt. Die Begutachtung des Meldebogens erfolgte mit roten Plus-Zeichen für Tötung durch Prof. Dr. Nitsche, Dr. Steinmeyer, Dr. Mennecke und den Obergutachter Prof. Heyde (schwarz umrandetes Feld mit Paraphen). Die Nummer Z 67652 ist die Registriernummer der »Euthanasie«-Zentrale, die an jeden gemeldeten Patienten vergeben wurde. Der Stempel oben rechts verschleiert die Tötung in der Gasmordanstalt Schloß Hartheim bei Linz in Oberösterreich unter dem Vermerk »erledigt in C am 8.8.40.« Die Beurkundung des Todes erfolgte jedoch erst am 7.1.1941 mit dem Zeichen X II, ein Kennzeichen, das für jüdische Patienten verwendet wurde. Für die Zeit von der Tötung bis zur Beurkundung des Todes wurden Pflegekosten geltend gemacht. [Bundesarchiv Berlin R 179/18427]

Abb. 6: Die Karte zeigt die Orte der Selektion und Tötung psychisch kranker und geistig behinderter Menschen im deutschen Herrschaftsbereich in den Jahren 1939 bis 1941. Die ersten Patiententötungen begannen kurz nach Beginn des 2. Weltkriegs auf polnischem Territorium mit Erschießungen und Vergasungen von polnischen und deutschen Psychiatriepatienten durch SS-Sonderkommandos. Ab Oktober 1939 wurden die Patientinnen und Patienten der Heil- und Pflegeanstalten in Deutschland, Österreich und den angeschlossenen Gebieten mit Meldebogen erfaßt, durch psychiatrische Gutachter zur Tötung ausgewählt und in eigens eingerichteten Tötungsanstalten ermordet. Farbig markiert sind die Gasmordanstalten der »Aktion T4«, die ab Januar 1940 in Betrieb waren:

- Grafeneck (Januar 1940 bis November 1941)
- Brandenburg an der Havel (Februar 1940 bis Oktober 1941)
- Pirna-Sonnenstein (ab Juni 1940)
- Hartheim (ab Mai 1940)
- Hadamar (ab Januar 1941)
- Bernburg (ab Januar 1941)

Im Verlauf der »Aktion T4« richtete man Zwischenanstalten ein, in die die zur Tötung bestimmten Patienten aus den Heil- und Pflegeanstalten des Deutschen Reiches verlegt wurden, um dort auf den Weitertransport in die jeweilige Tötungsanstalt zu warten. Die österreichischen und bayerischen Sammelanstalten sind staatliche Heil- und Pflegeanstalten, die Pfleglinge aus den kirchlichen Anstalten aufnahmen, bevor sie zum Weitertransport in die Tötungsanstalten selektiert wurden. In einigen Anstalten, insbesondere in Sachsen, wurde auch schon während der »Aktion T4« Patienten mit Medikamenten getötet, eine Form der »Euthanasie«, die nach dem Stopp der »Aktion T4« im August 1941 ausgeweitet wurde. Die jüdischen Anstaltspatienten wurden ab Frühjahr 1940 ausnahmslos in Sammelanstalten zusammengefaßt und in den Gasmordanstalten der »Aktion T4« ermordet. Die Karte zeigt weiterhin das Netz der Kinderfachabteilungen, in die ab 1940 geistig bzw. körperlich behinderte Kinder zur Selektion und Tötung eingewiesen worden sind.
[Institut für Zeitgeschichte, München - Berlin / Gerrit Hohendorf]

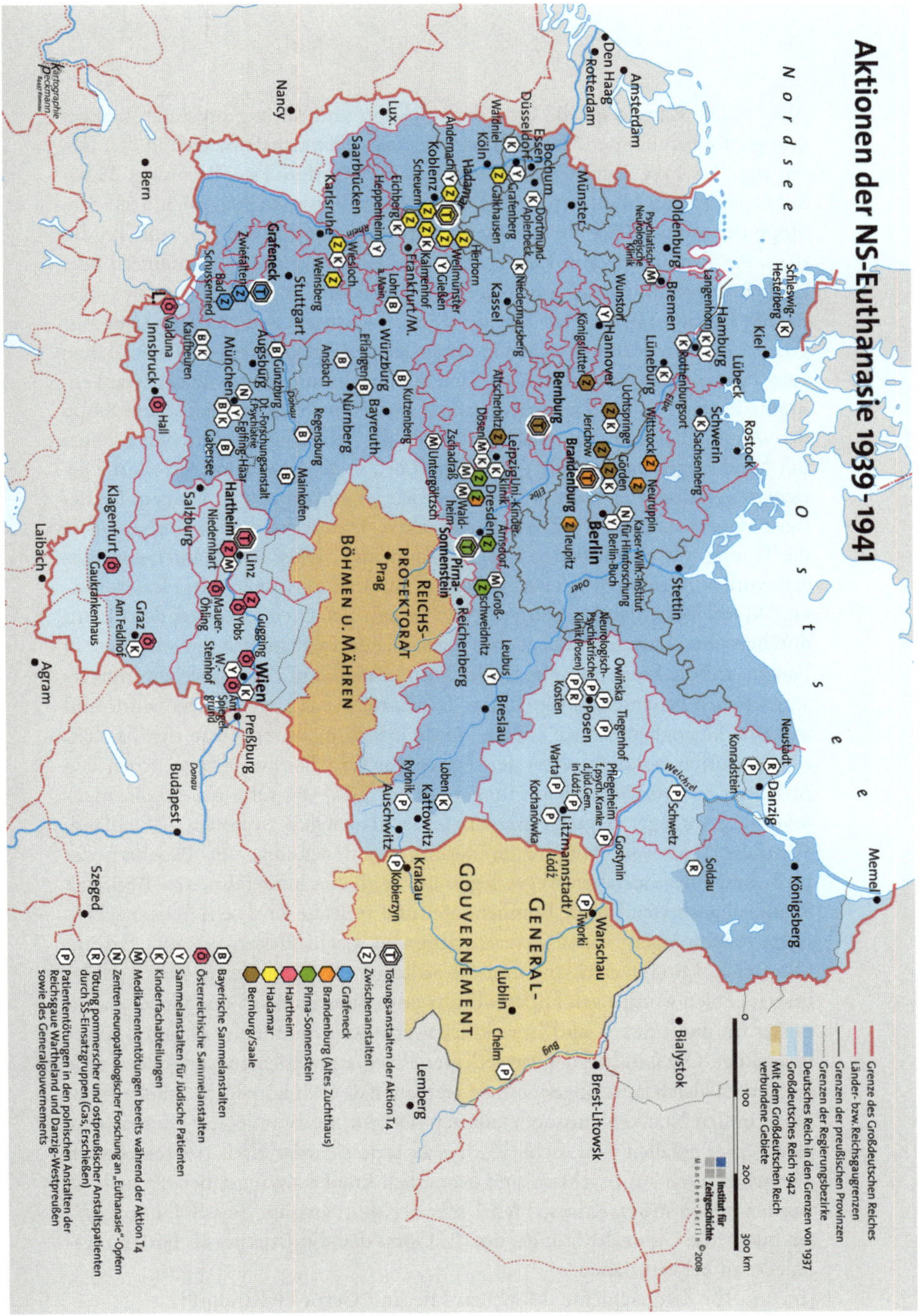
Aktionen der NS-Euthanasie 1939-1941
Nordsee
Ostsee
Grenze des Großdeutschen Reiches
Länder- bzw. Reichsgaugrenzen
Grenzen der preußischen Provinzen
Grenzen der Regierungsbezirke
Deutsches Reich in den Grenzen von 1937
Großdeutsches Reich 1942
Mit dem Großdeutschen Reich verbundene Gebiete
0 100 200 300 km
Institut für Zeitgeschichte München-Berlin ©2008
Tötungsanstalten der Aktion T4
Zwischenanstalten
Grafeneck
Brandenburg (Altes Zuchthaus)
Pirna-Sonnenstein
Hartheim
Hadamar
Bernburg/Saale
Bayerische Sammelanstalten
Österreichische Sammelanstalten
Sammelanstalten für Jüdische Patienten
Kinderfachabteilungen
Medikamententötungen bereits während der Aktion T4
Zentren neuropathologischer Forschung an „Euthanasie"-Opfern
Tötung pommerscher und ostpreußischer Anstaltspatienten durch SS-Einsatzgruppen (Gas, Erschießen)
Patiententötungen in den polnischen Anstalten der Reichsgaue Wartheland und Danzig-Westpreußen sowie des Generalgouvernements
Reichsprotektorat Böhmen u. Mähren
Generalgouvernement
Kartographie Peckmann

Abb. 7: Die Karte zeigt die Orte der Selektion und Tötung psychisch kranker und geistig behinderter Menschen im deutschen Herrschaftsbereich in den Jahren 1942 bis 1945. Drei Gasmordanstalten der »Aktion T4« (Bernburg, Pirna-Sonnenstein und Hartheim) stellten ihre Vernichtungstätigkeit auch nach dem Stopp der »Aktion T4« am 24. August 1941 nicht ein. Sie dienten, zum Teil bis 1944, der Ermordung von Konzentrationslagerhäftlingen, die als politisch oder rassisch unerwünscht, als arbeitsunfähig oder krank angesehen wurden (sogenannte »Aktion 14f13«). Das Netz der Kinderfachabteilungen wurde weiter ausgebaut, die Ermordung von behinderten Kindern ging in einzelnen Anstalten zum Teil bis Juli 1945 weiter. Aber auch die Organisationszentrale der Krankenmorde in der Berliner Tiergartenstraße 4 stellte ihre Tätigkeit nach dem Stopp der »Aktion T4« nicht ein, vielmehr wurde die Erfaßung der Anstaltspatienten mit Meldebögen bis Sommer 1944 fortgeführt, in der Erwartung, die zentral gesteuerte »Aktion« der Gasmorde jederzeit wieder aufnehmen zu können. Ersatzweise unterstützte die T4-Zentrale alternative Tötungsmethoden, insbesondere die Tötung mit überdosierten mit Medikamenten. Diese Medikamententötungen wurden in regional unterschiedlichem Ausmaß in Anstalten in Hessen-Nassau, Mitteldeutschland, Österreich und in den besetzten Gebieten des Ostens durchgeführt. Demgegenüber setzte man in anderen Regionen, insbesondere in Bayern, auf die Einrichtung spezieller Hungerhäuser, um die als »lebensunwert« angesehenen Patienten zu vernichten. Die Entscheidung, wer getötet wurde und wer eine Überlebenschance erhielt, wurde jedoch nicht mehr von der T4-Zentrale getroffen, sondern oblag den Ärzten vor Ort. Die Karte zeigt neben den Anstalten mit vorwiegendem Hungersterben (gelb) die Orte der Medikamententötung (orange). Gezeigt werden ferner diejenigen Regionen (Rheinland, Westfalen, Nordwestdeutschland, Berlin), aus denen man die Patienten der Heil- und Pflegeanstalten wegverlegte, um in diesen luftgefährdeten Regionen Krankenhausbetten für die Bombenopfer und verletzte Zivilisten freizumachen. Diese Verlegungen von Psychiatriepatienten nach Hessen-Nassau, Bayern, Österreich, Mitteldeutschland und die östlichen Provinzen des Reiches und das besetzte Polen wurde nach Hitlers »Euthanasie-Beauftragtem« und Generalkommissar für das Sanitäts- und Gesundheitswesen Karl Brandt als »Aktion Brandt« bezeichnet. Der Großteil der wegverlegten Psychiatriepatienten starb oder wurde getötet. Zugleich kann angenommen werden, daß auch körperlich kranke Menschen in den Krankenhaussonderanlagen der »Aktion Brandt« der »Euthanasie« zum Opfer gefallen sind. Schließlich erweiterte sich der Kreis der selektierten Menschen auch auf psychisch und körperlich kranke Zwangsarbeiter: auch sie wurden in den späten Kriegsjahren Opfer der »Euthanasie«. Eine Reihe von Ärzten nutzte die Gunst der Stunde, um die Opfer der »Euthanasie« als Forschungsobjekte zu heranzuziehen.
[Institut für Zeitgeschichte, München - Berlin / Gerrit Hohendorf]

Aktionen der NS-Euthanasie 1942 - 1945
Nordsee
Ostsee
Grenze des Großdeutschen Reiches
Länder- bzw. Reichsgaugrenzen
Grenzen der preußischen Provinzen
Grenzen der Regierungsbezirke
Deutsches Reich in den Grenzen von 1937
Großdeutsches Reich 1942
Mit dem Großdeutschen Reich verbundene Gebiete
0 100 200 300 km
Institut für Zeitgeschichte München-Berlin ©2008
„Sonderbehandlung 14f13" Selektion und Tötung arbeitsunfähiger und jüdischer Konzentrationslagerhäftlinge 1941-1944
Pirna-Sonnenstein
Hartheim
Bernburg/Saale
Tötungsanstalten der dezentralen „Euthanasie": Tötung durch Medikamente und Nahrungsentzug
Anstalten mit gezieltem Nahrungsentzug und deutlich erhöhten Sterberaten
Deportation von Patienten aus jüdischen und polnischen Heil- u. Pflegeanstalten in die Vernichtungslager des Ostens
Tötung von psychisch und körperlich kranken Zwangsarbeiterinnen und -arbeitern
Forschungsabteilungen der T4-Zentrale
Krankenhaussonderanlagen der „Aktion Brandt" mit Tötung körperlich kranker Patienten 1944/45
Kinderfachabteilungen
Zentren neuropathologischer Forschung an „Euthanasie"-Opfern
luftgefährdete Gebiete mit Wegverlegungen von Patienten im Rahmen der „Aktion Brandt"
Regionen mit Aufnahme und Wegverlegung von Patienten im Rahmen der „Aktion Brandt" (1941-1945)
vorwiegende Aufnahmeregionen der „Aktion Brandt"
Reichs-Protektorat
Böhmen u. Mähren
General-Gouvernement
Memel
Königsberg
Danzig
Konradstein
Bialystok
Warschau
Tworki
Zofiówka
Brest-Litowsk
Lublin
Lemberg
Krakau
Kobierzyn
Posen
Tiegenhof
Pflegeheim Jüdische Gemeinde
Warta
Litzmannstadt/Lodz
Breslau
Krankenhaus Nord
Neurologisches Forschungsinstitut
Loben
Kattowitz
Auschwitz
Schleswig-Stadtfeld (Hesterberg)
Kiel
Lübeck
Rostock
Hamburg
Langenhorn
Rothenburgsort
Schwerin
Sachsenberg
Ueckermünde
Stettin
Wehnen
Oldenburg
Huntlosen
Bremen
Lüneburg
Elbe
Den Haag
Amsterdam
Rotterdam
Hannover
Uchtspringe
Königslutter
Berlin-Wittenau
Wiesengrund
Kaiser-Wilh.-Institut f. Hirnforschung Berlin-Buch
Berlin
Brandenburg-Görden
Rudolf-Virchow-Krankenhaus
Meseritz-Obrawalde
Oder
Münster
Bochum
Dortmund-Aplerbeck
Essen
Düsseldorf
Waldniel
Köln
Kassel
Bernburg
Altscherbitz
Uni.-Kinderklinik
Leipzig
Dösen
Pfafferode
Stadtroda
Dresden
Waldheim
Pirna-Sonnenstein
Groß-schweidnitz
Reichenberg
Kosmanos
Hadamar
Weilmünster
Bendorf-Sayn
Koblenz
Kalmenhof
Köppern
Eichberg
Frankfurt/M.
Goddelau
Lux.
Würzburg
Bayreuth
Wiesengrund/Dobrany
Prag
Saarbrücken
Psych.-Neurol. Uni-Klinik Heidelberg
Wiesloch
Erlangen
Nürnberg
Ansbach
Klingenmünster
Karlsruhe
Regensburg
Mainkofen
Hoerdt
Städtische Kinderheime
Winnental
Stuttgart
Donau
Nancy
Zwiefalten
Augsburg
Eglfing-Haar
Dt. Forschungsanstalt f. Psychiatrie
München
Kaufbeuren
Linz
Hartheim
Niederhart
Gugging
Wien
Am Steinhof
Am Spiegelgrund
Mauer-Oehling
Preßburg
Salzburg
Budapest
Bern
Innsbruck
Graz
Am Feldhof
Gaukrankenhaus Klagenfurt
Klagenfurt
Laibach
Agram
Kartographie Peckmann

Abb. 8: Abtransport der Patienten aus der Evangelischen Pflegeanstalt Bruckberg in Bayern im Frühjahr 1941. [Zentralarchiv der Diakonie Neuendettelsau]

Abb. 9: Die Gaskammer der Tötungsanstalt Hadamar [Gedenkstätte Hadamar]

Abb. 10: Die Tötungsanstalt Hadamar 1941 mit rauchendem Schornstein [Gedenkstätte Hadamar]

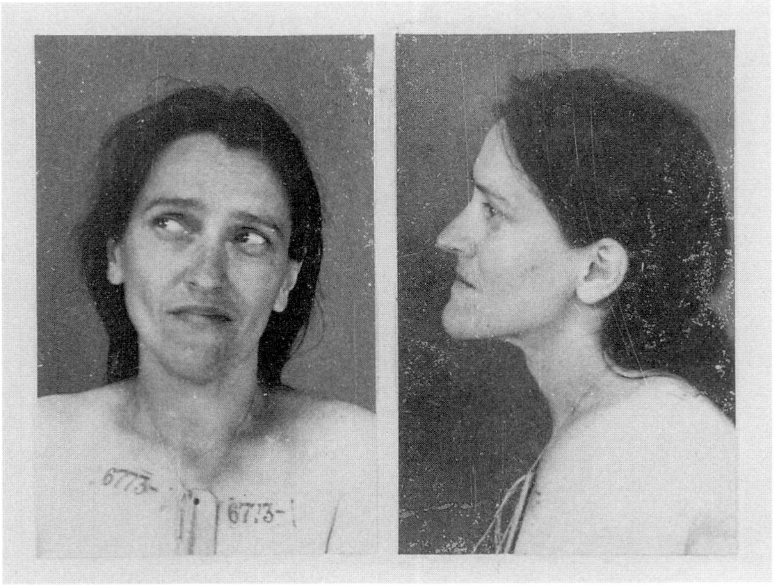

Abb. 11: Die ledige Telegraphenmanipulantin Leopoldine S. aus dem Wiener Bezirk Ottakring wurde am 16. November 1935 zum vierten Male in die Heilanstalt Am Steinhof in Wien aufgenommen und am 1937 in die Pflegeanstalt überstellt. Am 12. August 1940 wurde sie in die Zwischenanstalt Niederhart verlegt und am 16. August 1940 in der Tötungsanstalt Hartheim bei Linz in Oberösterreich ermordet. Vor ihrer Tötung wurde sie photographiert. Die beiden Photos, die sich in der Krankenakte erhalten haben, dokumentieren die existentielle Angst, die das Leben von Leopoldine S. bereits in der Anstalt bestimmt hat, ebenso wie die Schutz- und Hilflosigkeit, mit der sie ihren Mördern ausgeliefert war. Ihr Tod wurde bürokratisch abgewickelt, sie erhielt die Tötungsnummer C 6773, die ihr auf Brust und Rücken aufgestempelt wurde. Auf der Rückseite des Pappdeckels mit den Photos findet sich mit Bleistift die Notiz »Des 16.8.1940.« Dabei steht »Des« in der Sprache des Todes für »Desinfektion«. Ihr Tod wurde unter der Nummer B 8794 in der Tötungsanstalt Brandenburg an der Havel beurkundet. Von dort werden die Angehörigen den »Trostbrief« und die gefälschte Sterbeurkunde erhalten haben. [Bundesarchiv Berlin, R 179/18428]

Abb. 12: Der Kutscher Karl Ahrendt wurde 1853 in Wesenberg/Mecklenburg geboren. 1907 erregte er auf dem Berliner Alexanderplatz durch das Tragen eines Generalsmantels Aufsehen und einen Menschenauflauf. Als »gemeingefährlich geisteskrank« beurteilt kam er in die Berliner Heil- und Pflegeanstalt Herzberge und verbrachte den Rest seines Lebens in Berliner Heil- und Pflegeanstalten. Dort versuchte er, »das Menschliche dasein in mier selpst aufrecht« zu erhalten, und er zeichnete, einige seiner phantasievollen Bilder befinden sich heute in der Heidelberger Sammlung Prinzhorn. Bis 1931 holte ihn seine Familie noch auf Urlaub nach Hause. 1936, inzwischen in der Heil- und Pflegeanstalt Wuhlgarten, beklagte er sich darüber, daß er nicht – wie die arbeitenden Kranken - Wurstbelag und Tabak bekomme. Am 31. Oktober 1940 wurde er in die Zwischenanstalt Teupitz verlegt, wo er beim »Zupfen« helfen mußte. Im Alter von 87 Jahren, am 18. März 1941 wurde Karl Ahrendt ein letztes Mal verlegt, in die Tötungsanstalt Bernburg an der Saale. Karl Ahrendt gehört zu den ältesten Opfern der nationalsozialistischen »Euthanasie«-Aktion. [Bundesarchiv Berlin R 179/5597]

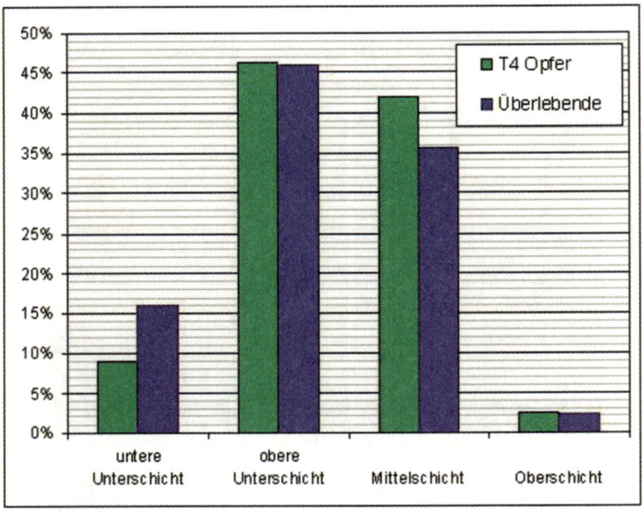

Abb. 13: Schichtverteilung für T4-Opfer und Überlebende, die Schichtzuordnung erfolgte nach eigenem Beruf bzw. dem Beruf des Ehemannes, Angaben in Prozent, nicht auswertbare Akten ausgeschlossen. Die Schichtzugehörigkeit der T4-Opfer entsprach relativ genau der Schichtzusammensetzung der Bevölkerung. [Verfasser]

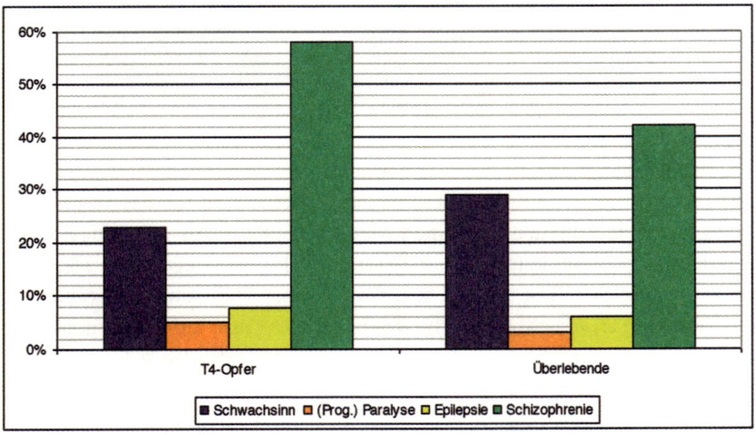

Abb. 14: Diagnoseverteilung für die T4-Opfer und die Überlebenden in Prozent. Als schizophren diagnostizierte Patienten hatten, wie der Vergleich mit der Diagnoseverteilung der Überlebenden zeigt, ein deutlich erhöhtes Risiko, zur Tötung selektiert zu werden: In der Gruppe der T4-Opfer liegt ihr Anteil bei 58,0%, in der Gruppe der Überlebenden nur bei 42,2%. [Verfasser]

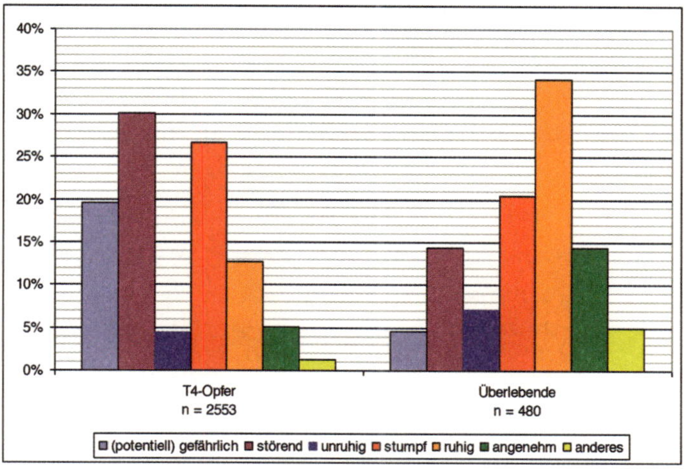

Abb. 15: Verhaltensbewertung von T4-Opfern und Überlebenden, nicht auswertbare Akten ausgeschlossen, $\chi^2 = 297{,}6$; $p < 0005$. Als »störend« oder »gefährlich« eingestufte Patienten hatten ein deutlich erhöhtes Risiko zur Tötung selektiert zu werden. [Verfasser]

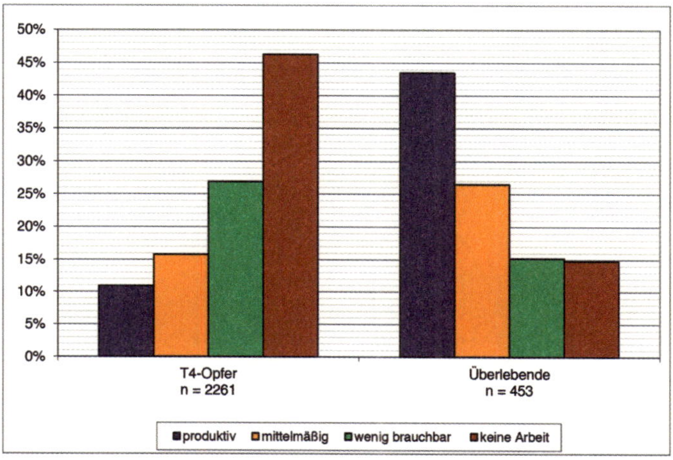

Abb. 16: Bewertung der Arbeitsleistung in den Krankenakten für T4-Opfer und Überlebende, nichtauswertbare Akten und Kinder jünger als 14 Jahre ausgeschlossen, $\chi^2 = 382{,}3$; $p < 0{,}005$. 73,2% der T4-Opferarbeiteten in den Anstalten nicht oder wurden als »wenig brauchbar« eingeschätzt. Bei den Überlebenden war es genau umgekehrt: Hier wurden 70,0% der Patienten als produktive bzw. mittelmäßige Arbeiter/innen bewertet. Die ökonomische (Un)brauchbarkeit der Patienten in der Anstalt war das entscheidende Selektionskriterium der »Aktion T4«. [Verfasser]

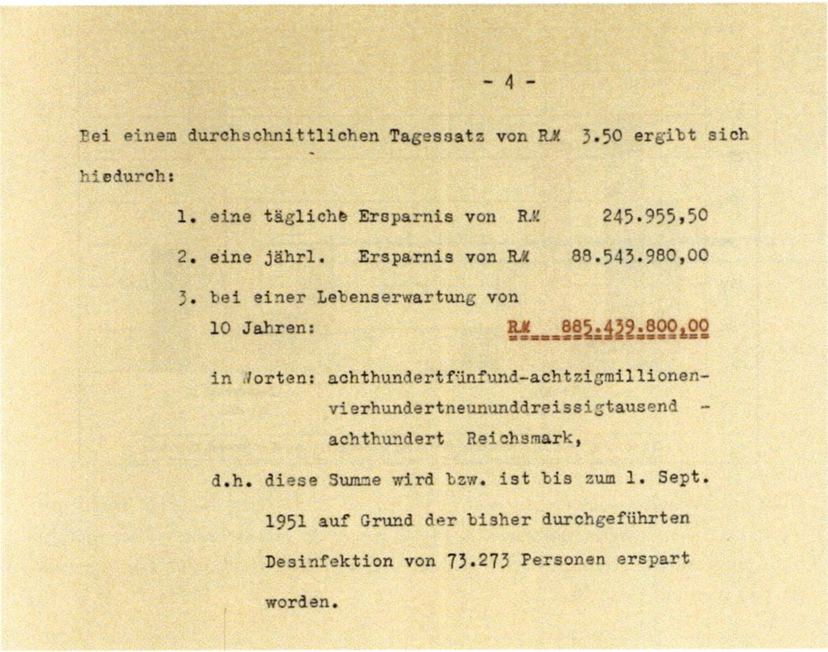

- 4 -

Bei einem durchschnittlichen Tagessatz von RM 3.50 ergibt sich hiedurch:

1. eine tägliche Ersparnis von RM 245.955,50
2. eine jährl. Ersparnis von RM 88.543.980,00
3. bei einer Lebenserwartung von 10 Jahren: RM 885.439.800,00

in Worten: achthundertfünfund-achtzigmillionen-vierhundertneununddreissigtausend - achthundert Reichsmark,

d.h. diese Summe wird bzw. ist bis zum 1. Sept. 1951 auf Grund der bisher durchgeführten Desinfektion von 73.273 Personen erspart worden.

Abb. 17: Nach Stopp der »Aktion T4« errechnete der Statistiker E. Brandt für die T4-Zentrale die durch die »Desinfektion« von 70.273 Menschen bis zum Jahre 1951 eingesparten Geld- und Nahrungsmittel. Das Heft wurde 1945 in der ehemaligen Tötungsanstalt Hartheim gefunden.
[National Archives and Records Administration, College Park/MD, USA, War Crimes Case Files Cases not Tried, Case 000-12-463, Box 490-491: sogenannte Hartheimstatistik]

Dank

Dieses Buch hätte nicht geschrieben werden können ohne die Zusammenarbeit mit und die Unterstützung von vielen Menschen. Dank gebührt zunächst Frau Prof. Dr. Dr. Juliane C. Wilmanns, die mir die Habilitation an der Medizinischen Fakultät der Technischen Universität München ermöglicht und mich ermutigt hat, historische Forschung und aktuelle ethische Fragestellungen in dieser Arbeit miteinander zu verbinden. Nach ihrem tragischen Tod Anfang 2008 hat Herr Prof. Dr. Hans Förstl sofort angeboten, den Vorsitz des Fachmentorats zu übernehmen. Er hat die Arbeit in diesem Jahr mit großem Engagement und strukturierender Hand begleitet. Dafür bin ich ihm ausgesprochen dankbar. Herzlich gedankt sei auch den Mitgliedern des Fachmentorats, Herrn Prof. Dr. Reiner Gradinger, Ärztlicher Direktor des Klinikums rechts der Isar, und Herrn Dekan Prof. Dr. Peter Henningsen für ihre Unterstützung. Herr Prof. Dr. Dietrich von Engelhardt, ehemals kommissarischer Leiter des Instituts für Geschichte und Ethik der Medizin der Technischen Universität München, hat das Entstehen der Arbeit mit großem Wohlwollen begleitet und mir am Institut die notwendige Freiheit gegeben, die Habilitationsschrift zum Abschluß zu bringen. Dafür sei ihm ein herzlicher Dank gesagt. Ein solch herzlicher Dank gilt ebenfalls den studentischen Mitarbeitern und Mitarbeiterinnen am Institut für Geschichte und Ethik der Medizin, namentlich Frau Stephanie Wanner und Frau Johanna Reiter. Frau Reiter hat mit ihrer unermüdlichen Hilfe bei der Literaturbeschaffung und beim Korrekturlesen wesentlich zum Abschluß des Buches beigetragen. Auch unserer ehemaligen Sekretärin, Frau Inge Hahn, sei für die immer freundliche Begleitung meiner Arbeit herzlich gedankt. Ein ganz besonderer Dank gilt Frau Prof. Dr. Dr. Mariacarla Gadebusch Bondio, Direktorin des Instituts für Geschichte und Ethik der Medizin, für die großzügige finanzielle Unterstützung der Drucklegung dieses Buches. Mit den Doktorandinnen und Doktoranden Frau Dr. Sarah Lorenz, Frau Tanja Kipfelsperger, Frau Isabella Ruhland, Frau Julia Koch, Frau Hannah Mrozynski und Herrn Dominik Rehm verbindet mich ein intensiver Austausch zur Geschichte der NS-»Euthanasie« und zu ethischen Fragen.

Mit Herrn Prof. Dr. Dr. Fuat S. Oduncu (Medizinische Klinik Innenstadt, Klinikum der Universität München), Herrn PD Dr. Rüdiger Ilg (Neurologische Klinik am Klinikum rechts der Isar der Technischen Universität München), Frau PD Dr. Bettina Kuschel (Frauenklinik am

Klinikum rechts der Isar) Herrn Dr. Thomas Binsack (ehemals Leiter der Palliativstation am Krankenhaus der Barmherzigen Brüder in München) und Prof. Dr. Thomas Zilker, Herrn Prof. Dr. Florian Eyer und dem Team der Abteilung für Toxikologie am Klinikum rechts der Isar verbindet mich ein intensiver Gedankenaustausch über ethische Fragen, für den ich sehr dankbar bin. Danken möchte ich auch den Medizinstudierenden an der Technischen Universität München für ihre kritischen Anregungen und Diskussionsbeiträge im Ethik-Unterricht. Durch Korrekturvorschläge und anregende Diskussionen zum Manuskript der Habilitationsschrift haben Herr Prof. Dr. Hans Lauter (München) und Frau Dr. Claudia Levin (München) zu diesem Buch beigetragen.

Das DFG-Projekt »Wissenschaftliche Erschließung und Auswertung des Krankenaktenbestandes der nationalsozialistischen ›Euthanasie‹-Aktion T4« wurde von der Klinik für Allgemeine Psychiatrie am Universitätsklinikum Heidelberg und vom dortigen Institut für Geschichte der Medizin getragen. Herrn Prof. Dr. Christoph Mundt und Herrn Prof. Dr. Wolfgang U. Eckart sei an dieser Stelle für die gemeinsame Projektarbeit gedankt. Dieses Projekt hätte nicht durchgeführt werden können ohne die langjährige freundschaftliche Zusammenarbeit mit Dr. Maike Rotzoll (Heidelberg), Dr. Paul Richter (Heidelberg) und Dr. Petra Fuchs (Berlin). Maike Rotzoll hat die Vorstudie für das Auswertungsschema durchgeführt, war verantwortlich für die Konzeption und Erarbeitung der Auswertungsmaske und hat die Vergleichsstichprobe konzipiert. Paul Richter hat die elektronische Datenverarbeitung und die statistischen Auswertungen zuverlässig betreut. Petra Fuchs war für die Auswertungsgruppe im Bundesarchiv Berlin verantwortlich und hat diese mit großem Engagement und Einfühlungsvermögen geleitet. Ihnen sei, ebenso wie allen anderen Projektmitarbeiter/innen (Dr. Annette Hinz-Wessels, Philipp Rauh, Sascha Topp, Stephanie Schmitt, Nadin Zierau, Christine Dewitz, Babette Reicherdt), ganz besonders herzlich für die produktive Zusammenarbeit gedankt. Mit allen Projektmitarbeiter/innen verbindet mich bis heute eine intensive Forschungskooperation, hinzugetreten ist Dr. Christof Beyer, der zusammen mit Dr. Annette Hinz-Wessels im DFG-Erkenntnistransfer-Projekt zum Informations- und Gedenkort für die Opfer der NS-»Euthanasie« in der Berliner Tiergartenstraße 4 arbeitet. Die biographische Arbeit mit den Krankenakten wäre ohne den kritischen Geist von Dr. Ulrich Müller (1944-2010) nicht möglich gewesen. Er hat auch das Manuskript der Habilitationsschrift mit wesentlichen Anregungen versehen. Ihm ist dieses Buch gewidmet. Das DFG-Projekt hätte nicht durchgeführt werden können ohne die außergewöhnliche Unterstützung von Seiten des Bundesarchivs Berlin. Hier gilt ein besonderer Dank Herrn Archivoberrat Matthias Meissner, der das Projekt und unsere Arbeit immer wohlwollend begleitet hat. Nicht zuletzt sei allen Archiven und ihren Mitarbeitern und Mitarbeiterinnen gedankt, die mich im Rahmen meiner Forschungen zur »NS-Euthanasie« unterstützt haben. Stellvertretend seien genannt Frau Jenny Gohr vom Bundesbeauftragten für die Unterlagen des Staatssicherheitsdienstes der ehemaligen Deutschen Demokratischen Republik (BStU), Berlin, und Herr Nikolaus Braun vom Archiv des Bezirks Oberbayern in München. Eine Reihe von Wissenschaftlern und Wissenschaftlerinnen hat die Projektarbeit von Anfang an wohlwollend und kritisch begleitet. Zu danken ist insbesondere Prof. Dr. Hans-Walter Schmuhl (Bielefeld), PD Dr. Thomas Beddies (Berlin), PD Dr. Christina Vanja (Kassel) und Dr. Peter Sandner (Wiesbaden). Danken möchte ich auch Prof. Dr. Michael von Cranach, Dr. Annette Eberle und Dr. Sibylle von Tiedemann für die gute Zusammenarbeit der letzten Jahre im Arbeitskreis »Psychiatrie und Fürsorge im Nationalsozialismus« in München. Schließlich ist der Deutschen Forschungsgemeinschaft, insbesondere Herrn Dr. Guido Lammers, für die vierjährige Förderungszeit und der Medizinischen Fakultät der Universität Heidelberg sowie der Boehringer-Ingelheim-Stiftung für zusätzliche finanzielle Förderungen des Projekts zu den Krankenakten der Opfer der »Aktion T4« herzlich zu danken.

Prof. Dr. Volker Roelcke (Gießen) und Prof. Dr. Etienne Lepicard (Jerusalem) und Dr. Sascha Topp (Gießen) sei für die stimulierende Zusammenarbeit im Gießener SFB Erinnerungskulturen herzlich gedankt. Schließlich sei allen Mitgliedern des »Arbeitskreises zur Erforschung der nationalsozialistischen ›Euthanasie‹ und Zwangssterilisation« für die kritischen Diskussionen unserer Projektergebnisse gedankt. Herrn Dr. Michael Wunder (Hamburg) und Herrn Prof. Dr. Dr. Klaus Dörner (Hamburg) verdanke ich wesentliche Anregungen für dieses Buch.

Nicht zuletzt möchte ich ganz besonders herzlich meiner Ehefrau, Dr. Regina Doll, meinen Töchtern Sarah, Hannah, Christine und Charlotte meiner Schwester Julia Hohendorf und meinen Eltern für die Unterstützung und den großzügigen Freiraum danken, in dem dieses Buch überhaupt erst entstehen konnte. Ein ganz besonderer Dank gilt Herrn Dirk Scheel (Berlin) für viele nächtliche Gespräche, die nicht ohne Einfluß auf dieses Buch geblieben sind. Dem Wallstein Verlag bin ich sehr verbunden, daß er dieses Buch in sein Programm aufgenommen hat. Herrn Hajo Gevers sei für die ausgezeichnete und geduldige Kooperation bei der Drucklegung dieses Buches besonders gedankt.

Personenregister

Adorno, Theodor W. 141
Albrecht, Rosemarie 136, 246
Alexander, Eduard 57
Alexander, Leo 23
Arnold, Uwe Christian 151
Atrott, Hans Henning 248

Bacon, Francis 28
Baeyer, Walter von 137
Bauby, Jean-Dominique 161
Bauman, Zygmunt 23
Beauchamp, Tom 175 f.
Beeck, Manfred in der 137
Bernotat, Fritz 66, 122
Binding, Karl 21 f., 26, 47-63, 67 f., 73 f., 108, 133, 135, 145, 195, 197, 200, 203, 209, 228
Blome, Kurt 206
Bodelschwingh, Friedrich von 89
Borasio, Gian Domenico 152, 250
Borchardt, Leo 55
Bostroem, August 240
Bouhler, Philipp 73, 82, 112
Bozi, Alfred 47, 200
Brack, Viktor 90
Bradfisch, Otto 79
Brandt, Edmund 197
Brandt, Karl 73, 81 f., 112, 123-125, 128, 205
Bratz, E.
Braunmühl, Anton Edler von 136
Brennecke, Hans 54, 229
Bresler, Johannes 54
Büchner, Georg 9, 219
Bumke, Oswald 62, 240
Bunke, Heinrich 245 f.
Burleigh, Michaal 20

Caplan, Arthur 19
Catel, Werner 80 f., 132, 134
Chauliac, Guy de 28
Childress, James 175 f.
Conti, Leonardo 128
Cruzan, Nancy 248

Darwin, Charles 36 f.
Detharding, Georg Christoph 28, 224
Deussen, Julius 85
Dörner, Klaus 22, 101, 140, 177, 195, 239
Duken, Johann 85 f., 204
Dworkin, Ronald 171 f., 193

Eberl, Irmfried 126
Ehrhardt, Helmut 136 f.
Eichholzer, Herbert 93
Eimann, Kurt 75, 77
Elster, Alexander 60
Ewald, Gottfried 235, 240
Eypelthauer (Staatsanwalt) 93

Faltlhauser, Valentin 119, 127
Foot, Philippa 19
Foucault, Michel 22
Freisler, Roland 64
Frentzel, Georg 80

Galen, Clemens August Graf von 93, 210, 259
Gaupp, Robert 53
Gerkan, Roland 45-47, 160, 194, 209
Gleispach, Wenzeslaus Graf von 64
Grabowski, Walter 123
Greiser, Arthur 206
Guckes, Barbara 20, 24 f., 208, 214, 223, 258-260
Gürtner, Franz 64

Hackethal, Julius 147
Haeckel, Ernst 37, 44, 225, 227
Haenel, Hans 54
Haiselden, Harry J. 40
Halder, Franz 78, 233
Hatheyer, Elisabeth 68

Hebold, Otto 135
Hefelmann, Hans 81, 134
Heinze, Hans 81, 129, 234, 242
Heyde, Werner 87, 90 f., 134
Heyn (Medizinalbeamter) 54
Hielscher, Margarethe 135
Hiersche, Hans-Dieter 147
Himmler, Heinrich 206
Hitler, Adolf 20 f., 64, 67, 69, 73 f., 78, 81, 93, 117, 123, 133, 138, 141, 209
Hoche, Alfred 21 f., 26, 47 f., 50-55, 57 f., 60-63, 67 f., 74, 108, 116, 133, 135, 145, 196 f., 200, 203 f., 209, 217, 228
Hoerster, Norbert 168-170, 172-175, 250, 253, 258
Hoppe, Jörg-Dietrich 150
Hufeland, Christoph Wilhelm 30 f., 43, 207
Hume, David 33

Ibrahim, Yussuf 86

Jaspers, Karl 136
Jaspersen, Karsten 240
Jens, Walter 145 f.
Jost, Adolf 25, 40-43, 46, 48, 54, 194, 197, 208, 227

Kaul, Karl Friedrich 95, 237
Kerrl, Hans
Kevorkian, Jack 157, 251
Kihn, Berthold 62
Klee, Ernst 17
Klee, Karl 55
Klipzan, Meer Moisejewitsch 79
Koch, Erich 77
Kopicz, Józef 75
Kortum, Karl Georg Theodor 29 f.
Kreyssig, Lothar 93
Küng, Hans 145
Kusch, Roger 151 f., 157, 162

Lauter, Hans 26, 139, 164, 259
Leibbrand, Werner 136
Lemme (Theologe) 229
Lenz, Fritz 38, 53
Leonhardt, Ernst 132
Leven, Karl-Heinz 20
Limacher, f. 55
Linden, Herbert 88, 103, 124, 128, 243

Mauz, Friedrich 134
Mayer, Joseph 69
Meltzer, Ewald 57-59, 61, 67, 84, 192, 198, 229
Mendelsohn, Martin 32
Mennecke, Friedrich 91, 126 f.
Merkel, Reinhard 170
Meyer, Joachim Ernst 53 f., 139
Milde, Erich 76
Minelli, Ludwig A. 187, 256
Morell, Theodor 67 f.
Munk, William 32
Mursinna, Christian Ludwig 30

Nassauer, Max 44 f., 211
Neukamp, Franz
Nietzsche, Friedrich 35 f., 40
Nitsche, Hermann Paul 65, 87, 91, 127 f., 132

Olberg, Oda 60
Olshausen, Justus von 229
Ostwald, Wilhelm 45, 47, 227
Overhamm, Gregor 66, 72

Paradys, Nikolaus 29

Pelckmann, Fritz 56
Peukert, Detlev K. 22
Pfannmüller, Hermann 45, 82, 99, 127, 227
Ploetz, Alfred 38, 225
Postma-van Boven, Geertruida 146
Putz, Wolfgang 154, 163, 166

Quante, Michael 172, 176
Quinlan, Karen 147

Radbruch, Gustav 56, 229
Ratka, Wilhelm 76
Rauch, Hans-Joachim 136

Reil, Johann Christian 28 f., 31
Renno, Georg 240
Ridder, Michael de 14 f.

Sampedros, Ramon 147
Schallmeyer, Wilhelm 37
Schiavo, Terry 148
Schmalenbach, Curt 89, 106, 236
Schmidt, Gerhard 136, 233
Schmidt, Walter 83
Schmuhl, Hans-Walter 21, 25, 38, 227, 239, 243
Schneider, Carl 84, 86 f., 127-130, 136, 196, 204
Schneider, Frank
Schneider, Kurt 136
Schöne-Seifert, Bettina 175 f.
Schopenhauer, Arthur 54, 192
Schreck, Arthur 235
Schultze, Walter 133
Schwede-Coburg, Franz 77, 123
Siep, Ludwig 176
Singer, Peter 18-21, 139 f., 148, 168 f., 174 f., 200, 202-204, 213, 248 f.
Spaemann, Robert 252
Spencer, Herbert 37
Spittler, Johann Friedrich 160-162
Sprenger, Jakob 122
Steinmeyer, Theodor 91
Stepanow, A.N. 79
Storm, Theodor 34
Strassmann, F. 54

Tandler, Julius 60, 230
Thrändorf (Theologe) 229
Tille, Alexander 37
Tolmein, Oliver 166

Ulbrich, Martin 230
Ullrich, Aquilin 245

Villinger, Werner 134
Voss, Ernst 86

Wahlmann, Adolf 122
Weidel, Karl 229
Wenker, M. 150 f.
Widmann, Albert 79 f.
Wiesel, Elie 142
Wiesing, Urban 16, 150, 254
Williams, Samuel D. jr. 39
Wilutzky (Oberlandesgerichtsrat) 44
Wischer, Georg 121
Wunder, Michael 26, 140